IM REICH DER SINNE

Die schönsten
erotischen Romane
aus dem kaiserlichen
China

JOU PU TUAN
von LI YÜ

Ein erotisch-moralischer Roman
aus der Ming-Zeit (1633)

Mit 14 chinesischen Holzschnitten
einer Ausgabe von 1894

ULLSTEIN

Ins Deutsche übertragen von Franz Kuhn

Mit freundlicher Genehmigung des
Verlags Die Waage, Zürich
© 1959 by Verlag Die Waage, Zürich
© dieser Ausgabe Verlag Ullstein GmbH,
Frankfurt/M. · Berlin
Alle Rechte vorbehalten
Gesamtherstellung: Mohndruck, Gütersloh
Printed in Germany 1989
ISBN 3 550 06685 6

Umschlag: Theodor Bayer-Eynck

CIP-Titelaufnahme der Deutschen Bibliothek

Im Reich der Sinne : d. schönsten erot. Romane aus
d. kaiserl. China. – Frankfurt/M. ; Berlin : Ullstein.
ISBN 3-550-06634-1

Bd. 1 Li Yü: Jou-pu-tuan. - 1989

Li Yü
Jou-pu-tuan: e. erot.-moral. Roman aus d. Ming-Zeit
(1633)/Li Yü. [Ins Dt. übertr. von Franz Kuhn]. -
Frankfurt/M.; Berlin : Ullstein, 1989
(Im Reich der Sinne; Bd. 1)
Einheitssacht.: Jou-pu-tuan <dt.>

Jou Pu Tuan

JOU PU TUAN

I. KAPITEL

Um Jünger anzulocken, bringt der alte Einsiedler einen leeren Ledersack vor seiner Hütte zum Aushang. Der junge Scholar verschmäht die harte Andachtsmatte aus Bast und zieht das weiche Andachtspolster aus Fleisch vor.

Unsere Geschichte trug sich zur Zeit der Mongolen-Herrschaft (1280–1368) zu, während der Regierungsaera Tschi Ho ‹erreichte Harmonie› (1328). Damals lebte auf dem Kwa tsang schan, dem ‹in Azurbläue gehüllten Berg›, ein Dhûta, ein buddhistischer Einsiedler mit Tempelnamen Ku Fong ‹Einsamer Gipfel›. Er stammte aus der Grafschaft Tschu Tschou in der Provinz Tsche Kiang und war ursprünglich ein begabter, junger Kandidat der konfuzianischen Staatslehre und aussichtsreicher Amtsanwärter gewesen. Seiner Veranlagung nach neigte er jedoch weniger zu praktischer Amtstätigkeit, als zu besinnlicher Forschung, zum philosophischen Nachdenken über Wurzel und Urgrund der Dinge.

Noch Kleinkind in Windeln und Steckkissen, hatte er die Gepflogenheit, irgendwelches unverständliches Zeug vor sich hinzulallen nach Art eines Studiosus, der beim Auswendiglernen klassische Textstellen halblaut vor sich hinsagt. Die Eltern standen vor einem Rätsel.

Eines Tages klopfte ein wandernder Bettelmönch an die Tür. Er sammelte Subskriptionsbeiträge für einen frommen Zweck ein. Die Magd mit dem Kleinen im Arm machte ihm auf. Als er nun den Knaben halb greinend, halb vergnügt irgendetwas vor sich hinplappern und lallen hörte, da rief er voll ehrfürchtigen Staunens aus: «Das sind ja Sätze aus der berühmten Long Yen King ‹Sutra der kantigen Strenge› (1312 ins Chinesische übersetzt), die der Kleine da herplappert! Offenbar spricht aus seinem Munde ein früherer Heiliger, der in ihm wiedergeboren ward!» Und er wandte sich an die Eltern mit dem Wunsch, sie möchten ihm ihren Sprößling überlassen, auf daß er ihn für den geistlichen Beruf vorbereite und zu seinem künftigen Gehilfen heranbilde. Die Eltern, aufgeklärte, nüchterne Konfuzianer, nahmen seine Angaben als haltloses, abergläubisches Geschwätz und wiesen sein Ansinnen entrüstet zurück.

Frühzeitig begann der Vater den heranwachsenden Sprößling im Schreiben und Lesen der klassischen Bücher zu unterrichten. Dabei zeigte der Kleine eine erstaunlich leichte und rasche Auffassungsgabe: eine Textstelle brauchte er nur einmal zu überlesen, und schon hatte er sie seinem Gedächtnis eingeprägt, konnte sie auswendig hersagen. Aber merkwürdig, immer wieder zog es den Knaben zum buddhistischen Schrifttum. Wiederholt ertappte ihn sein Vater dabei, wie er das Studium der konfuzianischen Klassiker unterbrach, um sich heimlich in die Lektüre buddhistischer Sutras zu vertiefen. Vater und Mutter mußten ihn darob streng verweisen und ihm sogar eine schmerzhafte Züchtigung mit dem Stock verabreichen, ehe er von dieser heimlichen Liebhaberei abließ.

Es kam der wichtige Lebensabschnitt, da ihm die bis dahin aufrecht stehenden Zöpfchen, Zeichen des kindlichen Alters, gelöst und in glatten Strähnen über den Kopf gekämmt wurden. Er war zum Jüngling herangewachsen. Und dann rückte der Zeitpunkt heran, da er sich zur ersten Prüfung stellen sollte. Zwecks Vorbereitung schickte ihn sein Vater in die öffentliche Landesschule seiner Provinz. Auf der Schule zeichnete er sich dermaßen aus, daß ihn der Schulleiter zu seinem Famulus bestellte und ihm die Aufsicht über seine Mitschüler übertrug. Bei alledem aber war er gar nicht so sehr auf eine erfolgreiche Prüfung erpicht, sein Ehrgeiz stand keineswegs nach der herkömmlichen, elterlicherseits gewünschten Ämterlaufbahn und äußeren Erfolgen. Der Umstand, daß kurz nach bestandener erster Staatsprüfung beide Eltern starben, ermöglichte ihm sehr bald, seiner eigenen Neigung zu folgen. Zwar hielt er noch die vorgeschriebenen drei Trauerjahre, wie es sich für einen pflichttreuen Haussohn gehört, gewissenhaft ein, aber dann verwirklichte er seinen lange gehegten Plan, der bürgerlichen Welt zu entsagen.

Er verteilte kurzerhand sein Erbe, Haus und Hof und an die zehntausend Silberbatzen, unter die Mitglieder seiner Sippe, stopfte einen selbstgenähten Ledersack mit all dem Kram voll, den ein bedürfnisloser Einsiedler benötigt, wie hölzernen Fisch, Andachtsmatte, Gebetsrollen und Sutras, ließ sich den Kopf kahl scheren, wanderte in die Einsamkeit der Berge und ward Einsiedler.

Im Volksmund, soweit man ihn persönlich kannte, sprach man von ihm fortan respektvoll als vom Ku Fong tschang lao ‹Priester Einsamer Gipfel›, soweit man ihn nicht persönlich kannte, nannte man ihn scherzhaft Pi pu tai ho schang ‹Mönchlein Ledersack›.

Im Unterschied zu den anderen Mönchen begnügte sich ‹Einsamer Gipfel› nicht damit, die herkömmlichen Klosterregeln und Vorschriften – wie Abstinenz von Fleisch und fleischlichen Genüssen, von Wein und Schnaps, von Zwiebel, Knoblauch und anderen Gewürzen –, strikt zu befolgen, er hatte sich überdies freiwillig noch drei weitere, absonderliche Beschränkungen auferlegt: Kein Betteln um Almosen! Keine Exegese von Sutratexten! Kein berühmter Wallfahrtsberg als Wohnsitz!

Wenn man ihn nach dem Grund fragte, weshalb er es verschmähe, um Almosen zu betteln, was doch unter seinesgleichen sonst üblich war, gab er zur Antwort:

«Wer Buddha nachfolgen will, der muß schon einige Härten des Daseins auf sich nehmen. Der Weg zu Buddha ist nun einmal mit Bitternis gepflastert. Ohne rücksichtslose Abhärtung von Nerven und Knochen, ohne Kasteiung und Entbehrung geht es nicht. Sollen ihm getrost Hunger und Kälte täglich zu schaffen machen. Unter dem täglichen Knurren des Magens und Ertragen von Hitze und Kälte kommen bei ihm sinnliche Gelüste gar nicht erst auf. Je weniger sinnliche Gelüste bei ihm aufkommen, desto mehr schwinden von Tag zu Tag unreine Gedanken, desto mehr gelangt er von Tag zu Tag zu Läuterung und Seelenfrieden. Allmählich erreicht er so ganz von selber Vollendung und wird buddhagleich. Sich nähren wollen, ohne den Acker selber zu bestellen, sich kleiden wollen, ohne die Hand selber an den Webstuhl zu legen, sich beständig auf wohltätige Patrone und Almosen verlassen und mühelos den Bauch zu füllen, das muß zum Müßiggang führen. Wärme und Behaglichkeit machen schläfrig. Müßiggang erzeugt üppige Gelüste, Schläfrigkeit lullt den Geist in sinnliche Träume ein. Das aber ist das gerade Gegenteil von dem, was man unter Nachfolge Buddhas zu verstehen hat, und führt unweigerlich Schritt für Schritt, wenn auch ungewollt, geradewegs ins Verderben. Das ist der Grund, weshalb ich Almosen verschmähe und mich auf meine eigene Kraft verlasse.»

Wenn man ihn fragte, warum er jegliche Exegese von Sutratexten ablehne, dann gab er zur Antwort:

«Was in den Sutras geschrieben steht, stammt aus dem Gottesmund Buddhas. Nur Buddha selber vermag seine eigenen Worte zu erklären. Wer außer ihm vermöchte es? Buddhas Wort mit profanem Menschenmund deuten zu wollen, das kommt auf nichts anderes als Narrengeschwätz heraus. Ein Tao Yüan Ming (berühmter Dichter und Chrysanthemen-Züchter 365 bis 427) hat sogar beim Studium von Kung tse und seinen klassischen Schriften jedwede Exegese und jedweden Kommentar abgelehnt – und das, obwohl er doch Chinese war und es mit chinesischen Lehren, also heimischem Schrifttum, in seiner eigenen Landessprache zu tun hatte! Um wieviel vergeblicher und vermessener wäre das Unterfangen, wenn ein Chinese beim Studium indischer Sutras, also ausländischen Schrifttums, das ihm noch dazu in chinesischer Übersetzung zugänglich ist, sich an Exegese wagen wollte. Ich bin nicht so vermessen, mir ein Ministeramt bei Buddha anmaßen zu wollen, vielmehr möchte ich vermeiden, an Buddha zum Mißdeuter, ja Verräter zu werden. In Erkenntnis meiner Einfalt und Unwissenheit lehne ich daher jedwede Exegese der heiligen Sutras ab.»

Wenn man ihn schließlich fragte, warum er es vermeide, seine Einsiedlerklause auf berühmten Wallfahrtsbergen aufzuschlagen, dann gab er zur Antwort:

«Wer sich der Nachfolge Buddhas weiht, muß sich hüten, seine Sinne durch begehrenswerte äußere Annehmlichkeiten ablenken und verwirren zu lassen. Zu begehrenswerten Annehmlichkeiten des Daseins zählen aber nicht nur Wohlleben, Fleischeslust und Musik, sondern auch Dinge wie erquickende Höhenluft, betörender Mondschein, lieblicher Vogelgesang, anmutige Bergfarne und schönfarbige Blumen, all das ist auch geeignet, die Sinne zu erfreuen und von der Verinnerlichung abzulenken. In einer ausgesucht schönen Landschaft hausen, mit phantastischen Bergschroffen, tosenden Wildbächen und rauschenden Wasserfällen, das verleitet zu müßiger Naturschwärmerei, zu lyrischen Anwandlungen, zu poetischem Anschmachten von ‹Mondschwestern› und ‹Windbräuten›, das alles verhindert innere Sammlung und Abklärung. Schon ein Scholar, ein lernbeflissener Kung tse-Jünger, der sich einen berühmten Berg zur Studierklause erwählt, kommt ob der vielen Naturschönheiten ringsum nicht zu konzentriertem Studium, ein Tao-Jünger in der gleichen Umgebung kommt aus demselben Grunde nicht zur rechten Sammlung, die er braucht, wenn er über den Ursprung der Dinge nachdenken will.

Um wieviel mehr gilt das von dem, der sich der Nachfolge Buddhas weihen möchte. Wie vielen Ablenkungen ist er auf so einem berühmten Wallfahrtsberg ausgesetzt! – Da sind die hübschen jungen Frauen und Mädchen, die fein geputzt und kokett lächelnd herangewallfahrtet kommen, um droben ihren Weihrauch abzubrennen und ihre Andacht zu verrichten. Da sind die Vornehmen und Reichen, die in Sänften mit großem Gefolge ankommen, die droben üppig

Lao to-tou Ku Fong, der alte Priester ‹Einsamer Gipfel›

tafeln und lärmend zechen und die Wallfahrt zur vergnüglichen Landpartie machen. Wie soll denn unter so weltlichen Eindrücken, die von ringsum auf ihn eindringen, der Buddha-Beflissene zur Abstraktion und Sammlung für die heilige Lehre gelangen? – Das ist der Grund, warum ich es meide, mich als Einsiedler auf einem berühmten Wallfahrtsberg niederzulassen.»

Seine Antworten machten tiefen Eindruck auf die Fragesteller und flößten größte Hochachtung ein. Man fand, daß es nicht einmal die alten Patriarchen so ernst und konsequent mit ihrer heiligen Aufgabe genommen hätten wie er. Seine drei ernsten und eigenwilligen Antworten sprachen sich herum und verschafften ihm ungewollt Berühmtheit. Von nah und fern kamen Verehrer und Bewunderer herbei, um ihm zu huldigen. Auch an Bewerbern, die es sich zur Ehre angerechnet hätten, von ihm als Jünger und Gehilfen aufgenommen zu werden, war kein Mangel. Aber er war auch in diesem Punkte äußerst wählerisch und kritisch.

Solche jugendlichen Bewerber pflegte er auf Herz und Nieren zu prüfen, ob sie von guter Veranlagung und auch ernstlich gewillt seien, sich von jeglichem Staub irdischen Trachtens zu lösen. Bisher hatte keiner vor seiner strengen Prüfung bestanden, er hatte nicht einen einzigen für würdig befunden, sein Gehilfe zu werden. Und so kam es, daß er noch immer allein in seiner bescheidenen Einsiedlerklause hauste, die er sich am Rande eines Bergbachs erbaut hatte. Ein Stück Acker gehörte dazu, den er selber bestellte und der ihn nährte. Als Getränk genügte ihm klares Quellwasser.

Es war eines Tages im Herbst, in der Zeit, da der kühle Goldwind säuselt, die Bäume ihr Blätterkleid ablegen und das Summen der Bienen und Zirpen der Grillen verstummt. ‹Einsamer Gipfel› war wie gewohnt frühzeitig am Morgen aufgestanden, hatte das über Nacht herabgefallene Herbstlaub vor der Tür beiseitegefegt, hatte den Wassernapf vor dem Buddhabildnis frisch gefüllt und neue Weihrauchkerzen auf dem Altar angesteckt. Dann hatte er seine Andachtsmatte aus Bast auf den Boden gebreitet und sich auf ihr zur Meditation niedergelassen. Während er so in stummer Versenkung auf der Matte hockte, erschien auf einmal ein Besucher. Es war ein schmucker Jüngling in Akademikertracht, ein fahrender Scholar. Er war offenbar von vornehmer Herkunft, denn er hatte gleich zwei Diener im Gefolge.

Sein Erscheinen – es war, als ob eine lichte Lenzwolke hereingeschwebt käme und das Düster der muffigen Klause jäh erhellte. Es war die Frische der blanken Herbstwelle, die von der Person des jugendlichen Besuchers ausging. Vollends ungewöhnlich war sein strahlender, von Feuer förmlich lodernder Blick. Es war ein verräterisches Gleißen in diesem Blick. Der Menschenkenner konnte unschwer auf eine Natur schließen, die nach jeder Art Sinnengenuß lechzte. An braver, ernster Lebensführung hatte der Besitzer eines solchen Augenpaares bestimmt keine Freude.

Nach hübschen Frauen und jungen Mädchen spähen, das war in der Tat unseres Jünglings Haupt- und Lieblingsbeschäftigung. Für etwas anderes hatte er kaum noch Sinn. In der Ausübung besagter Beschäftigung hatte er sich dermaßen zum Spezialisten entwickelt, daß ihm schon ein flüchtiger Blick von weitem, aus einigen zehn Klaftern Entfernung, genügte, um ein weibliches Wesen auf schön oder häßlich abzuschätzen. Dazu bedurfte er gar keiner Betrachtung aus nächster Nähe. Fand er unterwegs eine beachtlich, dann pflegte er seinen Blick voll auf sie zu richten. War die Betreffende sittsam geartet, dann senkte sie den Kopf, schlug die Augen nieder und ging an ihm vorüber, ohne seinen Blick zu erwidern. War sie dagegen mit der gleichen Schwäche behaftet wie er selber, dann erwiderte sie seinen Blick, und es kam von hüben und drüben zu jener stummen Verständigung, zu jenem gewissen Austausch von ‹Liebesbriefen aus dem Augenwinkel›, der für beide Teile, ach, soviel Gefahren birgt. Mit einem solchen Augenpaar begabt zu sein, ist nun einmal eine unselige Mitgift der Natur, sowohl für einen Er, wie auch für eine Sie. Verlust von Ruf und Ehre ist ja leider gar zu oft auf den Besitz eines solchen Augenpaares zurückzuführen. Dies, geschätzte Leserschaft, gegebenen Falles, zu eurer wohlgemeinten Warnung und Beherzigung!

Der Besucher verrichtete artig einen vierfachen Stirnaufschlag, erst vor dem Buddhabildnis, dann vor dem alten Einsiedler, dann nahm er schweigend und abwartend zu seiten der Andachtsmatte Aufstellung. ‹Einsamer Gipfel›, mitten in Versenkung begriffen, ließ ihn eine Weile warten und stehen. Erst nachdem er seine heilige Morgenandacht zu Ende verrichtet und sich von der Matte erhoben hatte, wandte er sich dem Besucher zu, erwiderte seinen Gruß mit vier tiefen Verneigungen und lud ihn zum Platznehmen neben sich auf den Kang. Er eröffnete das Gespräch mit der herkömmlichen Frage nach Namen und Herkunft.

«Ich stamme von einer fernen Gegend und bin zur Zeit auf einer Wanderschaft durch die Provinz Tsche Kiang begriffen. Ich heiße mit Beinamen Weh Yang Schong ‹Vormitternachts-Scholar›. Unterwegs vernahm ich vom hohen Ruf des ehrwürdigen Meisters, den die Mitwelt als wahren lebenden Buddha von heute preist. Da habe ich mich fastend und an Leib und Seele gebührend gesäubert aufgemacht, um dem Meister ehrerbietig zu huldigen und der Ehre seiner Belehrung teilhaftig zu werden.» –

‹Halt, Erzähler!› wird hier die geschätzte Leserschaft einwenden. ‹Der Einsiedler hat seinen Besucher doch nach Hsing und Ming, nach Familiennamen und Vornamen gefragt. Wieso lässest du den Besucher statt dessen bloß seinen Beinamen angeben?› Werte Leserschaft, ihr müßt wissen, in der damaligen Zeit, gegen Ende der Mongolenherrschaft, bestand in akademischen Kreisen der kuriose Brauch, sich einen Decknamen zuzulegen und inkognito zu reisen. Dabei wurde je nach dem Alter dreifach unterschieden: Jungakademiker bezeichneten sich als schong ‹Scholar›, Akademiker mittleren Alters als tze ‹Meister›, Altakademiker als tao jen ‹tao-Jünger›. Bei der Wahl des Decknamens selber wurde darauf Bedacht genommen, daß er in Beziehung zu einer ganz persönlichen Veranlagung oder Eigenart des Namensträgers stand. Die versteckte Bedeutung des Decknamens blieb Außenstehenden natürlich fremd und war nur für Akademiker verständlich, die sich von den Zeiten gemeinsamen Studiums her vertraut waren. Was unseren Jüngling betrifft, so entsprach es seiner natürlichen Veranlagung, daß er weiblichen Umgang und Liebesgenuß weniger bei Tag als bei Nacht schätzte, bei Nacht aber nur bis Mitternacht, nicht später. Unter Benutzung einer Textstelle aus dem Schi king, dem heiligen Buch der Lieder (2. Jahrtausend v. Chr.), wo sich die Wendung weh yang yiä ‹Vormitternacht› findet, hatte er sich also den Decknamen Weh Yang Schong ‹Vormitternachts-Scholar› zugelegt. Der versteckte Sinn seines Decknamens war daher natürlich nur ihm selber und wenigen befreundeten Kommilitonen vertraut. –

«Pu kan tang! Zuviel Ehre! Euer übertriebenes Lob beschämt mich!» wehrte der Einsiedler bescheiden ab und lud den Besucher zur Teilnahme an seinem frugalen Frühstück ein. Es bestand aus einer Reis- und Gemüsesuppe, die, zum Anrichten fertig, in dem irdenen Henkeltopf über dem Herdfeuer dampfte und brodelte. Während sie sich ihr morgendliches Mahl schmecken ließen, verwickelte der Einsiedler seinen Gast sachte in einen geistlichen Disput. Er wollte ihn einer Intelligenzprobe unterziehen. Da erlebte er nun zu seiner Überraschung, daß der Jüngling auch über die kniffligsten Dinge, wie etwa über das Thema tschan oder dhyana, Übung, Versenkung, Abstraktion, recht gut Bescheid wußte und durchaus sachkundig mitreden konnte. Je mehr er ihm auf den Zahn fühlte, desto mehr stellte es sich heraus, daß er es mit einem ungewöhnlich begabten und unterrichteten jungen Menschen zu tun hatte, der das Schrifttum der drei erhabenen Lehren und der neun philosophischen Schulen nicht nur gelesen hatte, sondern auch spielend beherrschte. Zumal auf dem schwierigen Gebiet des tschan-Buddhismus zeigte er sich erstaunlich bewandert. Wo er, der Meister, sonst tausend Worte und hundert Erklärungen verschwenden mußte, ehe er bei so einem jugendlichen Gesprächspartner Verständnis erweckte, bedurfte es bei diesem außerordentlichen Jüngling nur eines Satzes, eines leisen Antippens, um ihn den angeschlagenen Gedankengang behend aufnehmen und bis in die Tiefe und bis ans Ende erschöpfend weiterverfolgen zu lassen.

‹Einsamer Gipfel› dachte im stillen bei sich: ‹Wahrlich, ein seltener Jüngling! Soviel Verstand und Wissen beisammen! Nur schade, daß dem Schöpfer der Fehler unterlaufen ist, ihm, der seinen geistigen Vorzügen nach zum Buddhadiener förmlich prädestiniert ist, als Beigabe ein so sündhaft bestechendes und verführerisches Äußere zu verleihen! Wenn ich ihn mir so betrachte, sein Gesicht, seine Gestalt, sein Mienenspiel, seine Haltung und Bewegung – der ist ja als wahrer Lustteufel geschaffen! Wenn man den nicht von vorneherein in einen Ledersack und gegen die Außenwelt absperrt, dann ist ja gar nicht auszudenken, was für Unheil der künftig noch unter seinen Mitmenschen anrichten wird. Um seiner Lust frönen zu können, wird so einer vor nichts zurückschrecken, er wird Gräben durchwaten und Mauern überklettern, er wird die tollsten Listen ersinnen und die verwegensten Pläne aushecken, um in Jungfrauenkammern zu dringen und Unheil hineinzutragen. Wer weiß, wieviel Frauen und Mädchen der künftig unglücklich machen, ihnen das Leben beschmutzen und vergiften wird! – Wenn ich mich angesichts dieses offenkundig alle bürgerliche Zucht und Ordnung bedrohenden Wildlings aus Sorge um das Allgemeinwohl nicht vorbeugend einschalten wollte, dann wäre ich kein rechter Buddhadiener, dann würde ich das Gebot des Erbarmens, das mir Buddha auferlegt, sträflich mißachten.›

Und er sprach also zu dem Jüngling: «Seit ich hier als Einsiedler hause, bin ich von allen möglichen Besuchern überlaufen worden, die sich danach drängten, von mir als Gehilfen aufgenommen zu werden. Von ungebildeten Dummköpfen, die überhaupt nicht in Betracht kamen, ganz zu schweigen, befanden sich unter ihnen auch ernst zu nehmende Leute von Stand und Bildung; Doktoren, Magister, Gelehrte, sogar Würdenträger, die in meiner Klause zeitweilig Unterschlupf suchten, wohl um sich einem peinlichen Verfahren wegen irgendwelcher Amtsvergehen zu entziehen. – Aber wenn auch der eine oder andere dieser Anwärter sich schon ernsthaft mit dem Studium der buddhistischen Lehre befaßt hatte, so war doch bei keinem von Reife, von Erweckung die Rede. Keiner genügte meinen Ansprüchen.

Da – wer hätte es gedacht! – kommt nun Ihr, mein werter, junger Laienbruder daher und bekundet soviel Erleuchtung und Verstand! Bei Euch bedarf es nur noch weniger Jahre Vertiefung in die Lehre Buddhas, und Ihr werdet zum Samadhi, zum erhabenen Zustand der Vollendung, zum irdischen Nirvana, emporgestiegen sein. Von der Natur mit hohen Geistesgaben bedacht sein, hält schwerer, als mit äußeren Vorzügen des Körpers beschenkt zu sein. Eine kurze Glanzzeit zu erleben wiegt leichter, als Katastrophen zu überstehen. Da mein werter junger Laienbruder ganz offenbar über das Zeug zu einem Buddha verfügt, sollte er gar nicht erst die von Teufeln und Dämonen umlauerte Straße gewöhnlichen Erdenwallens beschreiten, vielmehr sollte er gleich die jetzige frühe Stunde, da sich der Morgendunst noch nicht verflüchtigt hat, nutzen, um mit kräftigem Schnitt alle irdischen Wünsche und Gelüste abzutun und in die Pforte der Leere einzutreten. Obzwar ich, der geringe Einsiedler, auch nur Mensch und von gewöhnlichem Stoff geschaffen bin, traue ich mir schon zu, Euch kraft meines Willens und im Bund mit der Vorsehung dazu zu verhelfen, daß Ihr dereinst, wenn die hundert Jahre irdischen Lebens abgelaufen sind, droben in der Gemeinschaft der Heiligen alle Seligkeit genießen könnt und davor bewahrt bleibt, drunten in der Hölle garstigen Teufeln und Rakschas untertan und botmäßig zu sein. Nun, was meint Ihr zu meinem Vorschlag?»

Der Jüngling erwiderte: «Auch ich trage mich seit langem mit der Absicht, meine Zuflucht zu einem Leben in Buddha zu nehmen, und es ist mein fester Vorsatz, eines Tages hier einzukehren und Euch als Jünger und Gehilfe dienen zu dürfen. Aber dafür ist es noch zu früh. Ich bin jung an Jahren und möchte vorher noch zwei weltliche Anliegen erledigen. Laßt mir Zeit, diese beiden Aufgaben zu erfüllen und noch ein paar Jahre weltlichen Glücks genießen, dann werde ich wiederkommen, und Ihr werdet mich zur Nachfolge des Patriarchen Matanga (führte 64 n. Chr. den Buddhismus in China ein) bereitfinden. Und es wird nicht zu spät sein.»

«Darf man fragen, welches die beiden Anliegen sind? Gewiß möchtet Ihr eine ehrenvolle Palastprüfung bestehen und mit erfolg- und ruhmreicher Amtstätigkeit in entlegenen Provinzen dem Thron Euren

Dank abstatten, das meint Ihr wohl?» Der Jüngling schüttelte den Kopf.

«Was Ihr meint, sind nicht meine beiden Anliegen.»

«Dann sprecht, welches sind sie denn?»

«So wißt, eitles Streben nach Amt und Würden, wofür ich dem Thron zu danken hätte, liegt mir fern. Was ich erringen möchte, das möchte ich ganz aus eigener Kraft erringen. Ich möchte keineswegs prahlen, aber ich glaube behaupten zu können, daß meine Belesenheit, mein Gedächtnis, meine Auffassungsgabe, mein literarischer Stil erstklassig sind. Was es heutzutage an namhaften Literaten gibt, das ist alles mäßiger Durchschnitt. Das sind alles Leute, die mit Krampf auswendiglernen, die sich abquälen und nach Ost und West winden müssen, um mit Müh und Not ein Stück Literatur von dem bescheidenen Niveau eines unreifen Übungsaufsatzes, den Studienkameraden in gemeinsamer Studierklause unter sich bauen, zustandezubringen. Wenn diese Leute auch nur einen mäßigen Gedichtband in Druck herausbringen, dann pflanzen sie Freuden- und Dankeswimpel am Altar des Literaturgottes auf, gebärden sich als wunder was für Genies und sonnen sich in eingebildetem Ruhm. Um wirklichen literarischen Ruhm zu erlangen, dazu bedarf es einer gründlichen Menschenkenntnis und großer Welterfahrung.

Um ein wirklich bedeutender Schriftsteller zu werden, genügt es meiner Meinung nach nicht, die gesamte, wesentliche Literatur seines Landes zu kennen, vielmehr sollte man auch in persönlichem Verkehr und geistigem Austausch mit den zeitgenössischen Größen des Schrifttums stehen, man sollte persönlich sämtliche berühmten Berge und Wallfahrtsstätten seines Landes aufgesucht haben, dann erst sollte man sich in die Verborgenheit einer stillen Studierklause zurückziehen und dort in Muße schaffen und ein Buch abfassen, das wert ist, der Nachwelt überliefert zu werden. Sollte man bei den Staatsprüfungen das Glück haben, seinen Namen mit auf den Siegerlisten prangen zu sehen, nun, dann mag man meinetwegen diese oder jene verdienstliche Leistung für den Thron vollbringen. Sollte einem dagegen das Glück bei den Prüfungen nicht hold sein, dann mag man getrost bis ins Alter am Schreibtisch sitzenbleiben und unter dem Fenster seiner Studierklause weiter schriftstellern. So haben es unsere Vorfahren schon vor tausend Jahren gehalten.

Darum versteht mich recht, ich habe den Ehrgeiz, ein bedeutendes Werk zu schreiben und künftig in der Literaturgeschichte unseres Landes als ‹erster Meister der Prosadichtung› fortzuleben.»

«Das ist der eine Vorsatz. Und der andere?» fragte ‹Einsamer Gipfel›. Der Jüngling tat schon den Mund zur Antwort auf, aber er brachte keinen Laut hervor. Anscheinend scheute er sich zu sprechen.

«Ich sehe, Ihr zaudert, den zweiten Vorsatz zu bekennen. Wie wäre es, wenn ich an Eurer Stelle das Wort dazu ergriffe?»

«Also traut Ihr Euch zu, Gedankenleser zu spielen? Na – na –, wenn Euch das nur gelingt!»

«Ich traue es mir schon zu, und wenn ich danebenrate, will ich mich gern einer Buße unterwerfen. Aber wenn ich das Richtige treffe, dürft Ihr es nicht fälschlich ableugnen.»

«Wie käme ich dazu! Wenn Ihr es tatsächlich erratet, seid Ihr in meinen Augen nicht nur ein Bodhisattva, sondern auch als Meister der Magie ein Gottmensch!»

«Wohlan, Ihr wollt die Schönste des Landes gewinnen.»

Ganz sicher und gelassen kam es über die Lippen des Einsiedlers. Der Jüngling sperrte vor Staunen Mund und Augen auf und blieb eine Weile sprachlos. Endlich bekannte er bewundernd:

«Meister, mir scheint, Ihr seid wirklich ein höheres Wesen, daß Ihr meine intimsten Gedanken zu lesen vermögt!»

«Kennt Ihr nicht das Wort:

*Was heimlich unter Menschen sich zusammenbraut,
Der Himmel droben hört es donnerlaut!*»

«Im Ernst, es schien mir nicht ziemlich, in Eurer heiligen Gegenwart das weltliche Thema Liebe und Sinnenfreude anzuschlagen. Nachdem Ihr es selber berührt habt, kann ich ja nun offen darüber sprechen. So wisset, in mir überwiegt das Verlangen nach weltlicher Lust einstweilen noch die Sehnsucht nach Weltflucht. Seit alters sind die Begriffe Geist und Schönheit untrennbar miteinander verknüpft. Zu einem jungen Mann von Geist gehört nun einmal eine schöne Gefährtin und umgekehrt, das ist seit je so gewesen. Über meine geistigen Vorzüge brauche ich kein Wort weiter zu verlieren, aber auch mit meinem Äußeren ist es wohl bestellt. Wenn ich mich so hin und wieder im Spiegel betrachte, dann will es mich bedünken, daß ich mich auch vor einem Pan An (chinesisches Ideal männlicher Schönheit), falls er heute lebte, nicht zu verstecken brauchte. Habe ich, so wie mich der Himmel nun einmal geschaffen hat, etwa kein Anrecht auf etwas ganz Besonderes? Wenn es keine Schönheiten auf der Welt gäbe, gut, dann wäre der Fall für mich abgetan. Da es aber Schönheiten gibt, warum dann nicht auch für mich? Ich bin jetzt knapp zwanzig und noch unverlobt. Es wäre ja förmlich Undank gegen den Himmel, der mich so mit geistigen und körperlichen Vorzügen ausgestattet hat, wenn ich nicht nach einer trachtete, die meinen berechtigten Ansprüchen genügte.

Darum, ehrwürdiger Meister, laßt mich in die Welt ziehen und die eine suchen, die zu mir gehört. Geduldet Euch, bis ich sie gefunden und geheiratet und mit ihr einen Sohn gezeugt habe, der künftig den Dienst an den Schreinen meiner Ahnen fortsetzen wird. Wenn das vollbracht ist, dann sollen mich keine weiteren Wünsche an die Welt des Staubes binden, dann seid sicher, daß nicht nur ich für meine Person das Haupt nach Euch zurückwenden werde, ich werde auch mein Weib zur erhabenen Lehre bekehren und mit ihr das Ufer der Erlösung erklimmen. Was meint Ihr dazu, Meister?»

Der Meister zeigte ein frostiges Lächeln.

«Hört sich überzeugend an. Dann müßte freilich dem Schöpfer und Himmelsfürsten bei Eurer Erschaffung ein Schnitzer unterlaufen sein. Wenn er Euch statt eines vorteilhaften ein abstoßendes Äußere gegeben hätte, dann würde Euch Euer heller Verstand wohl ohne Umweg gleich zu Eurer eigentlichen Bestimmung leiten. Das ist es ja, weshalb seit alters so häufig gerade Menschen mit körperlichen Leiden, Aussätzige, Epileptiker, Krüppel, Lahme in Erkenntnis dessen, daß der Himmel sie irgendeine Schuld aus einem früheren Leben abbüßen läßt, der Welt entsagen und ein heiliges Eremitendasein in Buddha oder Lao tse gewählt haben. Bei Euch, mein werter, junger Laienbruder, liegt der Fall gerade umgekehrt. Euch hat der Himmelsfürst bei der Erschaffung versehentlich allzu gut bedacht. Es ist, wie wenn Eltern ihr Kind aus übertriebener Liebe verwöhnen und verhätscheln. Aus Besorgnis, es könne Schaden nehmen, scheuen sie sich, es zu schelten oder gar zu schlagen, wenn es unartig ist. Das birgt eine ernste Gefahr für das Kind in sich. Wenn es später groß geworden ist, sagt es sich trotzig, so wie ich bin, haben mich Himmel und Erde geschaffen, haben mich meine Eltern erzogen, was kann ich dafür? Damit lullt es sein Gewissen ein und entschuldigt sich vor sich selber. Ohne Hemmung folgt es seinem Hang zum Bösen, mit kleinen Unarten und dummen Streichen fängt es an, mit Verbrechen hört es auf. Es kommt zu peinlichen Gerichtsverfahren mit empfindlicher Bestrafung, womöglich zu Kerker und Hinrichtung. Dann wird der Betroffene – leider zu spät – einsehen und es verwünschen, daß es zu dem traurigen Ende kommen mußte, weil er in der Jugend von den Eltern verzogen und verhätschelt worden war. Demnach bieten Schönheit, Begabung und ein stolzer, hochgemuter Geist allein noch lange nicht Gewähr für Lebensglück.

Ihr pocht also auf Euer Aussehen und Eure Geistesgaben, die Euch vermeintlich zum ersten Genie des Landes stempeln, und möchtet nun ausziehen, um die erste Schönheit des Landes zu gewinnen. Lassen wir dahingestellt, ob Ihr die Gesuchte findet und in Besitz bekommt, aber wer sagt denn, daß die Betreffende wirklich die erste Schönheit des Landes ist?

Vielleicht gibt es irgendwo eine noch Schönere? Steht denn Euer Prädikat ‹Allerschönste› etwa einer auf der Stirn geschrieben? Vielleicht findet Ihr eines Tages eine noch schönere als die Erste, dann werdet Ihr von der Ersten abschwenken und der Schöneren nachjagen, nicht wahr? – Weiter, wenn nun Eure Schönheit genau so geartet ist wie Ihr, dann wird sie ihrerseits in der Auswahl ihres Gatten auch anspruchsvoll und wählerisch sein. Wer sagt denn, daß gerade Ihr ihren Ansprüchen genügen werdet? Wie wollt Ihr denn eine so anspruchsvolle Schönheit daran hindern, daß sie sich hinter Eurem Rücken einen Geliebten hält? Wenn Ihr es nun mit hundert Listen und tausend Schlichen unternehmt, die Eine, die Schönste zu ergattern, dann werdet Ihr unweigerlich Schritt für Schritt und Stufe für Stufe in die Grube des Verderbens geraten. Wollt Ihr lieber in die Hölle fahren, oder in den Himmel kommen? Wenn Euch ein Sturz in die Hölle nichts ausmacht, dann zieht getrost in die Welt und macht Euch auf die Suche nach Eurer Allerschönsten. Zieht Ihr es dagegen vor, in den Himmelspalast zu kommen, dann werft Euren irdischen Vorsatz hinter Euch, löscht ihn aus Eurem Gedächtnis, entsagt beizeiten der Welt und bleibt bei mir!»

Jetzt war es freilich an dem Jüngling, nachsichtig zu lächeln.

«Gemeinplätze und Schlagworte wie ‹Himmel› und ‹Hölle› in die Debatte zu werfen, scheint mir der seriösen Sprechweise eines heiligen Buddha-Dieners und Meisters von hohen Graden nicht recht angemessen, eher der Sprechweise naiver Laien, die auf solchen Kinderglauben hereinfallen. Soweit ich das

Wesen des Buddhismus recht verstehe, kommt es darauf an, von selber zur Erweckung und Erleuchtung und zu einem höheren Zustand jenseits von Leben und Sterben zu gelangen. ‹Himmelspalast› und ‹Hölle› – das sind doch leere Schlagworte, Buchdeckel ohne Buch, so etwas gibt es in Wirklichkeit doch gar nicht! Wenn unsereins aus Überschwang an Lebenslust etwas über die Stränge schlägt, so besudelt das allenfalls Kung tse's Moralgrundsätze, aber uns deswegen zu verdammen und gleich in die angebliche ‹Hölle› fahren zu lassen – das geht doch wohl zu weit.»

«Zugegeben, die Ausdrücke ‹Himmelspalast› und ‹Erdverließ› sind leere Schlagworte, Buchdeckel ohne Buch, zugegeben, der Satz ‹wer Gutes tut, kommt in den Himmel, wer Böses tut, fährt in die Hölle› ist naiver Kinderglaube, aber wir brauchen ihn. Wir brauchen die Vorstellung von einem seligen Leben im Himmel, um die Menschheit zum Guten zu ermuntern, wir brauchen die Vorstellung von Qualen der Hölle, um die Menschheit vom Bösen abzuschrekken. Ihr jungen Leute, die ihr auf Kung tse und seine Vernunftlehre schwört, mögt euch von allem möglichen Kinderglauben frei halten, aber einem gewissen Sittenkodex könnt ihr euch nicht entziehen. Da Ihr leere Schlagworte ablehnt, will ich jetzt nicht mehr von Vergeltung im Jenseits, vielmehr nur von Vergeltung im Diesseits reden. Es gibt einen Satz, der lautet:

Buhle nicht mit deines Nächsten Weib,
Dann buhlt der Nächste nicht mit deinem Weib.

Natürlich ist auch das wieder ein Gemeinplatz, ein Schlagwort, aber es hat sich im praktischen Leben immer wieder bewahrheitet. Wer eines anderen Frau oder Tochter verführt, pflegt in der Regel selber hereinzufallen, indem ihm selber Frau oder Tochter von einem anderen verführt werden. Nur wer selber auf Tugend hält, wird die Tugend der eigenen Frau und Tochter geschützt sehen.

Nun, werter junger Laienbruder, müßt Ihr Euch entscheiden: wollt Ihr solchen Reinfall am eigenen Leib erleben oder wollt Ihr vor Reinfall bewahrt bleiben? Im ersten Fall zieht hin und sucht nach Eurer Herrlichsten von allen. Im anderen Fall gebt Euren törichten Vorsatz auf, entsagt der Welt und bleibt bei mir!»

Der Jüngling erwiderte:

«Eure Ausführung ist von zwingender Logik und wäre geeignet, unwissende Anfänger so gewaltig zu beeindrucken und einzuschüchtern, daß ihnen die Haare zu Berge stehen und die Glieder schlottern. Aber ich bin leider kein unwissender Anfänger. Um mich kleinzukriegen, müßtet Ihr schon triftigere Argumente anführen. Erlaubt mir einen Einwand: so streng in der Theorie auch die Gebote des Himmelsfürsten lauten mögen, in der Praxis zeigt er sich mitunter als recht nachsichtiger Richter und läßt Milde walten. Mag auch die Mehrzahl der Verführer die von Euch behauptete Strafe und Vergeltung treffen, die Fälle, daß Verführer straflos ausgehen, sind auch nicht selten. Angenommen, man würde von Haus zu Haus gehen und eine genaue Statistik der Fälle aufstellen, da Verführer von Frauen und Töchtern anderer ihre Schuld mit Verführung der eigenen Frau oder Tochter abbüßen mußten, so würde sich herausstellen, daß der Himmelsfürst recht parteiisch und willkürlich richtet. Damit will ich keineswegs in Abrede stellen, daß es im großen ganzen mit der Theorie von einem Rad des Schicksals und einer höheren Vergeltung seine Richtigkeit hat. Wo kämen wir denn ohne Moralerziehung hin? Das ist doch ein Grundpfeiler aller bürgerlichen Ordnung. An diesem Pfeiler darf natürlich nicht gerüttelt werden.»

‹Einsamer Gipfel› sprach:

«Ihr meint also, es kommen auch Fälle vor, daß Verführer einer Vergeltung und Strafe entgehen? Das möchte ich bezweifeln. Ich fürchte vielmehr, der Himmelsfürst läßt keinen Missetäter durch die Maschen schlüpfen. Mag sein, daß Ihr vielleicht so großmütig sein würdet, Missetäter durch die Maschen seines Gesetzes schlüpfen zu lassen, der Himmelsfürst tut es bestimmt nicht. Das ist meine Meinung, und sie wird durch alte und neue Erfahrungen immer wieder bestätigt. Das lehren tausendfach unsere amtliche Geschichte, unsere Literatur und die Überlieferung des Volksmundes.

Bedenkt auch, bitte, folgendes: Während es männliche Gepflogenheit ist, mit Erfolgen in der Liebe Fremden und Bekannten gegenüber zu prahlen, ist es weibliche Art, heimliche Erlebnisse hübsch für sich zu behalten. Aus Scham und Angst um ihren guten Ruf werden Opfer der Verführung nicht einmal dem eigenen Gatten gegenüber den Mund auftun, geschweige denn guten Freundinnen oder nahen Verwandten gegenüber. Sie werden Schweigen bewahren, bis sich der Sargdeckel über ihnen geschlossen hat. Die Statistik, von der Ihr spracht, dürfte also recht lückenhaft ausfallen, weil die Fälle, daß Verführer mit Verführung der eigenen Frau oder Tochter Vergeltung erleben, nur schwer zu erfassen sind. Bedenkt ferner, daß es Ehebruch auch schon in Gedanken gibt! Schon bei dem bloßen Verdacht, von ihrem Ehemann betrogen zu werden, kann sich in der Frau der Wunsch regen, es ihm mit gleicher Münze heimzuzahlen, und sie tut es mittels Einbildung. Bei Nacht, während seiner Umarmung, die sie vielleicht nicht voll befriedigt oder gar abstößt, falls er häßlich und widerwärtig ist, bildet sie sich ein, irgendein hübsches, fremdes Mannsbild, in das sie sich bei Tage vergafft hat, zu umarmen, und schöpft aus solcher Einbildung Befriedigung, wie es ja auch umgekehrt beim Manne denkbar ist. So etwas ist keine leere Theorie, das gibt es tatsächlich im Leben. Obgleich es hierbei an einem tätlichen Angriff auf die ehefrauliche Ehre fehlt, so liegt doch ein Akt von ehefraulicher Untreue vor, und auch das zählt als Vergeltung für ehemännliche Untreue mit Ausschweifung.»

Wieder antwortete der Jüngling mit einem überlegenen Lächeln.

«Das klingt soweit ganz logisch und einleuchtend, nur gestattet mir noch einen kleinen Einwand: Ihr sprecht immer von Vergeltung an der eigenen Frau und Tochter, die den Verführer treffen soll. Wenn nun der Verführer überhaupt keine Frau oder Tochter hat, was ist dann mit der Vergeltung? Dann kann der Himmelsfürst die von Euch angedrohte Strafe und Vergeltung doch gar nicht anwenden. Und noch etwas: die Zahl der Frauen und Töchter, die sich ein Einzelner leisten kann, ist begrenzt. Nehmen wir an, es besitzt einer eine Hauptgattin, eine Nebenfrau und zwei Töchter, er verführt aber die vielfache Zahl von fremden Frauen und Töchtern – schließlich gibt es ja unendlich viel Frauen und Töchter des Landes – wie stuft der Himmelsfürst im Einzelfalle Strafe und Vergeltung gerecht ab? Im angenommenen Falle würde der betreffende Verführer, auch wenn er Verführung seiner sämtlichen vier Frauen und Töchter als Buße hinnehmen müßte, doch immer noch recht vorteilhaft abschneiden, nicht wahr?»

«Ihr seid allzu spitzfindig. Das arme Mönchlein ist so viel Spiegelfechterei nicht gewachsen. Ich gebe es auf. Ihr seid ungläubig, weil ich meine Worte nicht mit Beweisen bekräftigen kann. Gut, warten wir ab. Tut, wie Ihr es für richtig haltet, und Ihr werdet mir eines Tages recht geben. Zieht hin und begebt Euch auf die Suche nach der Schönsten von allen. Einmal wird die Stunde kommen, da sich Euch die Augen öffnen werden. Auf dem Jou pu tuan, auf dem Andachtspolster aus Fleisch, werdet Ihr zur Erweckung gelangen! Ich weiß es bestimmt, denn ich sehe an Euch Fähigkeiten, die Euch weit über die profane Menge hinausheben. Ihr habt eben das Zeug zum Heiligen, Ihr seid nun einmal dazu berufen, dereinst das steile Ufer der Erlösung zu erklimmen. Darum fällt es mir so schwer, Euch ziehen zu lassen. Aber unser heutiger Abschied soll keine Trennung für immer sein. Wenn eines Tages die große Erleuchtung über Euch gekommen sein wird, dann kommt wieder! Ich warte auf Euch! Ab morgen werde ich bei jeder Frühandacht in Tränen Eurer gedenken und auf Euch warten.»

Nach diesen Abschiedsworten holte ‹Einsamer Gipfel› ein Blatt Papier hervor, rührte sich Tusche an, ergriff den Pinsel und schrieb einen Merkspruch von vier Zeilen nieder:

Weh Yang Schong, der ‹Vormitternachts-Scholar›

Wohlan, der Weltflucht Ledersack werft fort!
Wählt Fleisch als Polster und als Andachtsort!
Geduld, die Stunde kommt, die späte Reue kündet,
Dann klagt nicht, wenn Ihr einen Sarg geschlossen
  findet.

‹Einsamer Gipfel› überreichte das Blatt dem Jüngling.

«Nehmt und verargt es dem unbeholfenen Tölpel von dhûta nicht, daß er in seinem Merkspruch einen Punkt berührt hat, von dem zu sprechen die Menschen sonst ängstlich vermeiden. Für uns dhûtas gibt es solches Tabu nicht mehr. Lest aus meinem primitiven Geschreibsel weniger Verdruß über Euch, als zärtliche Sorge um Euch heraus, und behaltet es als künftiges Zeugnis, daß ich mit meiner Warnung recht hatte.» Er stand auf und gab zu erkennen, daß er die Unterredung für beendet ansehe. Der Jüngling war wohlerzogen genug, um sich zu sagen, daß er von einem so verehrungswürdigen Einsiedler und Meister hoher Grade nicht im Zorn weglaufen dürfe. Und so senkte er demütig sein Haupt und stammelte ein paar artige Worte der Entschuldigung:

«Haltet es, bitte, nachsichtig meiner jugendlichen Einfalt und Verstocktheit zugute, daß ich mich Eurer weisen Belehrung nicht ohne weiteres fügen kann. Ich hoffe und flehe aber, wenn ich eines Tages wiederkomme, daß Ihr mir dann Euer Herz meeresweit auftun und mich in Gnaden einlassen werdet.» Es folgte eine viermalige gegenseitige Verneigung, der Einsiedler brachte seinen Besucher vor die Tür, und der Jüngling zog von dannen. –

Der Auftritt des alten Einsiedlers ist damit beendet. Er wird vorläufig nicht wieder auftreten, vielmehr wird von jetzt ab der ‹Vormitternachts-Scholar› im

Mittelpunkt der Erzählung stehen. Es wird geschildert werden, wie er sich verirrte und an Weib und weltlichen Genuß verlor. Wenn ihr erfahren wollt, wie sich dabei die Vorhersage des Einsiedlers Stück für Stück erfüllt, bis das Ende zum Anfang zurückkehrt, so müßt ihr das nächste Kapitel lesen.

Des Mannes Sinne zu verwirren, ist von Natur
Der Schönen Stärke und Vergnügen.
Wenn er zu keck verwegnen Wünschen sich versteigt,
Wer ist dran schuld? – Wir wolln uns nicht belügen –

Wer schwärmt denn noch beim Bettschwatz mit
    dem Gatten
Von einem Jemand namens «Steil» und seinem
    Charme?
Wer animiert denn außerhalb der eignen Mauern
Herrn «Stolz» zu Lautenspiel und Ständchen warm?

Komödie freilich, die den Liebeswirrwarr geistvoll
    klärt,
Stammt nicht von jenen Logen, die für Damen
    vorbehalten,
Die Stanze, die mit eleganter Kunst der Liebe huldigt,
Wird kaum ein Frauenzimmer je gestalten.

Hört auf, in Bausch und Bogen zu verdammen
    und zu keifen,
‹Wilde Geschichte› schädige Moral und gute Lehr!
Die Dichter, die Erweckung ihren Lesern bringen,
Sind aufzuwiegen Wort für Wort mit Golde schwer.

II. KAPITEL

*O Irrtum! Der strenge Tugendwächter nimmt den
lockeren Jüngling als Tochtermann ins Haus. O Verblendung!
Die hochehrbare Jungfrau verliert ihr
Herz an einen herzlosen Galan.*

Nach der Verabschiedung vom Einsiedler hielt der
Jüngling, unwillig vor sich hin brummend und
maulend, noch eine Strecke des Wegs lang Selbstgespräche:

‹Schöner Heiliger das! Mutet mir, einem knapp
Zwanzigjährigen, einer eben erschlossenen herrlichen
Mannesknospe zu, die Tonsur über mich ergehen zu
lassen, der Welt zu entsagen und die Bitternis eines
mönchischen Daseins auf mich zu nehmen! Wo in
der Welt findet man so etwas von Herzlosigkeit wieder?
Ich hatte ihm bloß deswegen meine Aufwartung
gemacht, weil er früher, bevor er Einsiedler wurde,
zu den namhaftesten Leuchten der konfuzianischen
Lehre zählte. Ich bildete mir ein, er würde aus seinem
Busen wunder was für verborgene Weisheiten
und Zaubersprüche hervorkramen und mir zur Förderung
auf meinen Lebensweg mitgeben. Statt dessen
besitzt er die Unverschämtheit, mich als dummen
Jungen zu behandeln, und gibt mir diesen lächerlichen
geistlosen Merkspruch mit, der einem Blitz
ohne Licht gleicht! Einfach unerhört! Ich angehende
Amts- und Respektsperson werde eines Tages, wenn
ich erst in Amt und Würden bin, ein Stück Reichsgebiet
und eine nach Zehntausenden zählende Bevölkerung
unter meiner Fuchtel haben, und ich
sollte meine eigene Frau nicht unter der Fuchtel hal-

ten können? Der Kerl will mir verwehren, daß ich mir vor der Ehe noch etwas Übung im Wind- und Mondspiel und Erfahrung verschaffe, damit ich nicht ahnungslos in die Ehe tappe und womöglich an die Falsche gerate! Nicht genug damit, malt er mir die Gefahr an die Wand, es könnte später einer daherkommen und mich eine frühere Schuld heimzahlen lassen, indem er meine streng gehütete Hausehre verletzt! Als ob die Frau, die einen solchen Ausbund aller männlichen Vorzüge wie mich zum Manne bekommt, es nötig hätte, sich von einem anderen Mann verführen zu lassen! Meine eigene Frau mir untreu werden? – So etwas kommt doch überhaupt nicht in Betracht!

Das Machwerk von Merkspruch sollte ich eigentlich zerreißen und ihm in Fetzen vor die Füße werfen. Doch nein, lieber nicht. Ich könnte den Wisch als Beleg gebrauchen, um ihm damit sein Giftmaul zu stopfen. Wenn ich ihn dereinst wieder treffe, werde ich ihm seinen Spruch vorhalten und ihn auf die Probe stellen, ob er sein Unrecht bereut.›

Nachdem er sich solchergestalt schlüssig geworden war, faltete er das Blatt mit dem Merkspruch zusammen und barg es in seiner Gürteltasche.

Wieder zuhause, schickte er seine Diener aus und hieß sie zu allen möglichen Heiratsvermittlerinnen laufen und sie beauftragen, sie möchten sich umsehen und überall in Stadt und Land suchen und die Schönste unter allen heiratsfähigen Haustöchtern für ihn ausfindig machen. Die Betreffende müsse von guter achtbarer Familie sein und neben Schönheit auch Geist und Bildung aufweisen, das machte er außerdem zur Bedingung. Es fehlte nicht an Angeboten. Welcher Familienvater hätte sich nicht ihn als Eidam, welche Haustochter hätte sich nicht ihn als Gatten gewünscht? Täglich erhielt er Besuche gleich von mehreren Heiratsmaklerinnen, die ihm diese oder jene Partie in Vorschlag brachten. Dabei pflegten sie die jungen Mädchen ihrer Wahl, sofern sie aus einfacheren Kreisen stammten, zwecks persönlicher Vorstellung und Besichtigung gleich mitzubringen. Wenn es sich dagegen um Töchter aus vornehmen Häusern handelte, die auf Form und Etikette hielten, dann pflegte es so arrangiert zu werden, daß der Jüngling die Betreffende irgendwo außer Hause wie zufällig zu Gesicht bekommen konnte, sei es in irgendeinem Tempelhof, sei es bei einem Spaziergang im Grünen draußen vor dem Stadtwall.

Alle diese vielen Besichtigungen und Begegnungen zeitigten lediglich das eine Ergebnis, daß so und so viele artige Mägdelein von gutem Ruf aus ihrer gewohnten Ruhe unnütz aufgescheucht wurden und mit vergeblicher Sehnsucht im wunden Herzchen wieder nach Hause kamen. Denn so viele Kandidatinnen auch vorgeführt wurden, keine einzige fand bei dem anspruchsvollen Freier Beachtung.

Da war nun eine Heiratsmaklerin, die sprach eines Tages also zu dem Jüngling:

«Nach alledem kommt für Euch unter allen jungen Anwärterinnen nur noch eine in Betracht: Fräulein Edelduft, Tochter eines Privatgelehrten, der unter dem Beinamen Tiä Feh tao jen ‹Tao-Jünger Eisentür› stadtbekannt ist. Sie ist die einzige, die Euren hohen Ansprüchen genügen dürfte. Aber mit der hat es eine Schwierigkeit: ihr Vater ist ein Sonderling und Eigenbrötler, der starr an altmodischen Konventionen festhält. Eine vorherige persönliche Besichtigung seiner Tochter wird der auf keinen Fall zulassen. Demnach scheidet auch diese letzte Möglichkeit von vornerein für Euch aus.»

«Wie kommt er zu dem sonderbaren Beinamen Tao-Jünger Eisentür? Warum wünscht er nicht, daß man seine Tochter zu Gesicht bekommt? Wenn er sie aber so vor aller Welt versteckt hält, wie wollt Ihr da wissen, daß sie schön ist?»

«Der alte Herr ist wie gesagt etwas wunderlich, ein verschrobener Einzelgänger, der völlig zurückgezogen nur seinen Büchern lebt und jeglichen geselligen Umgang meidet. Nicht mit einem einzigen Freund unterhält er Verkehr. Es mag an seine Haustür – er bewohnt ein stattliches Landhaus am Stadtrand, es gehören Felder und Wiesen dazu – klopfen wer will, er macht nicht auf. Da kam eines Tages ein angesehener Herr von auswärts, ein unbekannter Verehrer und Bewunderer, der ihm, dem namhaften Schriftgelehrten, seine Aufwartung machen wollte. Als ihm auf andauerndes Pochen und Anklopfen nicht geöffnet wurde und trotz wiederholtem Rufen drinnen alles stumm blieb, da schrieb er vor dem Fortgehen zum Scherz vier Zeilen an die Haustür:

Genügend ist von Efeu ein Gerank
Anstelle einer Haustür für den Weisen,
Der hohe Herr indes – wer hätt's gedacht! –
Verkriecht sich hinter einer Tür von Eisen.

Als später der Hausherr den Spruch entdeckte, fand er die beiden Schriftzeichen Tiä Eisen und Feh Tür recht passend zur Kennzeichnung seiner Eigenart und wählte sie kurzerhand als Beinamen. Fortan nannte er sich Tiä Feh tao jen ‹Tao-Jünger Eisentür›. Er ist vermögender Witwer und besitzt an Kindern nur die eine Tochter. Was deren äußere Vorzüge betrifft, so ist sie ohne Übertreibung tatsächlich einer holden Blume, einem köstlichen Edelstein vergleichbar. Ferner hat sie von Kind auf durch ihren Vater eine sehr gediegene geistige Bildung genossen und hat das Köpfchen voll von gelehrtem Wissen. Gedichte, Essays in Zierprosastil, Lieder, Stanzen, auf alles versteht sie sich und kann in jeder Kunstform dichten. Im übrigen ist sie äußerst streng erzogen und hat den Fuß kaum über die Schwelle ihres jungfräulichen Wohnbereichs gesetzt. Sie geht niemals aus, nicht einmal zum herkömmlichen Opferdienst an Tempelfesten, geschweige denn zu Besuchen von Verwandtschaft oder Bekanntschaft. Sie zählt jetzt sechzehn Lenze und hat sich noch niemals in der Öffentlichkeit gezeigt. Schließlich haben wir drei Mittelstanten und sechs Heiratsmaklerinnen keine Flügel, um in ihren Wohnbereich zu fliegen, und so konnten wir ihrer bisher nicht ansichtig werden. Es ist einem puren Zufall zu danken, daß ich sie neulich endlich zu Gesicht bekommen habe.

Also, ich kam gestern zufällig an seinem Haus vorüber, und da stand der alte Herr gerade vor der Tür. Er hielt mich an und fragte, ob ich nicht die Mutter Liu sei, die gewerbsmäßig Eheanbahnung betreibe. Als ich bejahte, bat er mich in seine Wohnung und stellte mir seine Tochter vor. ‹Das ist das gnädige Fräulein, mein einziges Kind›, sprach er und fuhr fort: ‹Nun seht Euch um und schafft mir einen passenden Schwiegersohn herbei, der ihrer würdig ist und die nötigen Eigenschaften besitzt, um mir Sohn und Stütze im Alter zu sein.› Darauf schlug ich gleich den jungen Herrn als geeignete Partie vor. Er meinte: ‹Ich habe bereits von ihm gehört, man rühmt ihm hohe geistige und äußere Vorzüge nach. Aber wie steht es mit seinem Charakter und seiner Tugend?› Darauf gab ich zur Antwort: ‹Der junge Herr ist von einer geistigen und sittlichen Reife, wie man sie bei seiner Jugend nicht erwarten könnte. Sein Charakter weist nicht den kleinsten Riß, nicht die geringste brüchige Stelle auf. Da ist nur eines: Er besteht unbedingt darauf, seine Zukünftige vor der Verlobung mit eigenen Augen sehen zu können.› Augenblicklich wechselte der alte Herr seine bisher wohlwollende Miene und bemerkte ärgerlich: ‹Dummes Zeug! Vorherige Besichtigung – das mag allenfalls bei einer käuflichen Puderlarve, bei einer Magerstute aus Yang Tschou am Platze sein! Aber seit wann ist es Brauch, eine ehrbare Tochter aus gutem Haus fremden Männeraugen preiszugeben? Das wäre noch schöner! Aus dieser dreisten Zumutung ersehe ich, daß der junge Mann für meine Tochter nicht der Geeignete ist. Der Fall ist erledigt.› Damit brach er das Gespräch ab und schickte mich meines Wegs. Ihr seht also, junger Herr, mit dieser Partie wird leider nichts zu machen sein.»

Der Jüngling dachte scharf nach.

‹Wenn ich diese junge Schöne als Gattin zu mir ins Haus nähme, wer außer mir, der ich ohne Eltern und Brüder bin, würde denn auf sie acht geben? Da müßte ich selber den ganzen lieben Tag zuhause hocken und sie bewachen, an Ausgehen wäre gar nicht mehr zu denken. Wenn ich dagegen als Tochtermann in ihr Haus hineinheiraten würde, dann bestünde diese

Schwierigkeit nicht, da wäre ja dieser alte und altmodische Tugendwächter von Schwiegerpapa da, der in meiner Abwesenheit schon auf sie aufpassen würde, ich könnte mich dann völlig ohne Sorge außer Haus bewegen. Nur der eine Punkt schafft mir Unruhe, daß ich sie vorher nicht zu Gesicht bekommen soll. Wie kann man denn ohne weiteres glauben, was so eine Mittelstante daherredet? So eine pflegt den Mund gewaltig voll zu nehmen, wenn sie die Vorzüge der Gegenseite herausstreicht› – also ging es ihm durch den Sinn, und er sprach zu Mama Liu:

«Wenn ich Euren Worten glauben darf, so wäre das eine vortreffliche, die richtige Partie für mich. Da möchte ich Euch nun bloß noch ersuchen, Mittel und Wege ausfindig zu machen, daß ich wenigstens ein Stück Schatten von ihr erspähen, einen Laut aus ihrem Munde aufschnappen kann. Wenn sie mir im großen ganzen gefällt, dann kann diese Partie in Ordnung gehen.»

«Sie vorher sehen? – Ausgeschlossen! Aber wenn Ihr mir nicht traut, bitte, wendet Euch an einen Wahrsager und befragt die Schicksalsstäbchen.»

«Da bringt Ihr mich auf einen guten Gedanken. Ich habe einen Freund, der versteht sich auf Geisterbeschwörung und Wahrsagen, und seine Vorhersagen haben sich noch immer bestätigt. Den werde ich zu Rate ziehen. Warten wir ab, wie das Los entscheidet. Dann werde ich Euch wieder rufen lassen und Euch berichten.»

So wurde es abgemacht, und die Maklerin empfahl sich.

Am nächsten Tag fastete und badete der Jüngling und lud seinen Freund, den Geisterbeschwörer, zu einer Sitzung in sein Haus. Im von Kerzen erhellten und von Weihrauchdüften erfüllten Haustempel trug er ihm mit demütig gesenktem Haupt und mit gedämpfter Stimme feierlich, als ob er zu einem höheren Wesen bete, sein Anliegen vor:

«Der jüngere Bruder hat von der unübertrefflichen Schönheit des Fräuleins Edelduft, Tochter des Tao-Jüngers Eisentür, vernommen und möchte sie zur Frau nehmen. Aber von ihrem Liebreiz hat nur sein Ohr gehört, sein Auge hat sie noch nicht gesehen. Darum bittet er, den erhabenen Geist befragen zu dürfen, ob sie wirklich so schön ist, und ob ihm der erhabene Geist eine eheliche Verbindung mit ihr empfiehlt. Wenn es bei ihr auch nur an etwas fehlen sollte, dann möchte er von solcher Verbindung lieber absehen. Und so fleht er inbrünstig, der hohe Geist möge ihm gnädig einen Fingerzeig geben, auf daß er nicht auf bloße Rederei hin in die Irre tappe und sich sein Glück verscherze.»

Nachdem er seinen Spruch inbrünstiglich hergebetet hatte, brachte er dem unbekannten Geist mit vierfachem Stirnaufschlag seine Huldigung dar. Wieder auf den Füßen, nahm er aus der Hand des Freundes als Sinnbild des zitierten Geistes ein Scheit Holz vom zauberkräftigen Luan-Baum entgegen, hielt es in Brusthöhe vor sich und wartete mit angehaltenem Atem und starr auf das magische Holzscheit gerichtetem Blick auf das, was nun kommen würde. Es war das leise Geräusch eines über knisterndes Papier huschenden Pinsels, das an sein Ohr drang. Ein Zupfen am Ärmel weckte ihn aus der Erstarrung. Sein Freund hielt ihm ein Blatt beschriebenen Papiers hin. Es war ein Vierzeiler, den er drauf geschrieben fand:

Nummer 1

An dieser Geisterbotschaft brauchst du nicht zu zweifeln:
Die Erste ist sie in dem Hain der roten Blüten.
Doch Sorge macht, daß soviel Schönheit lockt die Buhlen.
Ob Eheglück – ob nicht – ist Frage der Moral.

Der Jüngling dachte bei sich: ‹Demnach ist sie eine erstklassige Schönheit. Das ist die Hauptsache. Was den zweiten Teil des Geisterspruchs betrifft, so deutet er freilich unverblümt die Gefahr an, die ihre Schönheit birgt. Sollte sie etwa eine schon aufgebrochene Melone sein? – Aber das ist doch wohl kaum anzunehmen. Warten wir ab, wie der zweite Geisterspruch ausfällt. Es muß ja wohl noch einer kommen, nachdem der obige als Nummer 1 beziffert ist.›

Wieder hielt er eine Weile das magische Holzscheit vor sich hin, dann hörte er es wieder rascheln, und dann las er einen weiteren Geisterspruch: Er lautete:

‹*Auf deines Weibes Treue wetten wär' vermessen,*
Drum wenn der Gatte Harmonie im Hause schätzt,
Dann schließt er Pforten und läßt keine Fliege ein.
Schon kleinster Fliegendreck verdirbt den Edelstein.›

     Verfaßt von Hui tao jen
    dem wiedergekehrten Tao-Jünger.

Die drei Schriftzeichen Hui tao jen waren unserem Jüngling geläufig; sie ergaben, wie er wußte, den Beinamen, hinter dem sich der taoistische Patriarch Lü Schun Yang (Lü Yen auch Lü Tung Pin, geb. 750 n. Chr.) versteckt hatte; über seine Person und sein

Leben war er gleichfalls im Bilde; das war doch seinerzeit ein großer Freund und Kenner von Wein und Weib gewesen, stellte er mit Genugtuung fest. Also dessen Geist war während der Sitzung in seinen Freund gefahren und hatte ihm den Pinsel geführt. Auch der zweite Spruch dünkte ihn günstig. Nun ja, er brachte ihm eine kleine Abkühlung und Ernüchterung, indem er vor Untreue der Weiber warnte und ihn zur Vorsicht mahnte. Aber in dieser Hinsicht konnte er ja beruhigt sein. Er würde ja den altmodischen Sittenwächter von Schwiegerpapa als Aufpasser im Hause haben, der würde schon über die Tugend seiner jungen Frau wachen. Wozu hieß er denn Eisentür? Übrigens deuteten Zeile 3 und 4 des zweiten Spruchs ganz klar auf seine Person hin. Kein Zweifel, der zitierte Geist hieß seine Wahl gut.

Er verrichtete nach der leeren Luft hin eine Dankesverneigung. Sie galt dem Geist des Patriarchen Lü Schun Yang. Dann schickte er nach der Heiratsvermittlerin Mama Liu.

«Also der Geistersspruch hat zugunsten meiner Verbindung mit Fräulein Edelduft entschieden. Eine persönliche Besichtigung erübrigt sich. Nun lauft und macht die Sache perfekt», beschied er sie, worauf sich Mama Liu hurtig auf den Weg zum Hause des Doktors Eisentür machte.

Sie eröffnete ihm, daß ihr Auftraggeber nicht länger auf vorheriger Besichtigung der Braut bestehe.

«Aber anfänglich hat er darauf bestanden», knurrte Doktor Eisentür, «und er hat damit bewiesen, daß er von ganz oberflächlicher Denkart ist und mehr Wert auf Äußeres als auf Gediegenheit des Charakters legt. So einen kann ich als Schwiegersohn nicht

Tiä Feh tao jen, der ‹Tao-Jünger Eisentür›

brauchen. Der Betreffende, den ich mir wünsche, muß ein Mensch von sittlichem Ernst und grundsolider Lebensauffassung sein.»

Verzweifelt suchte Mama Liu, die doch auf ihre Vermittlungsprovision lauerte, mit Aufgebot all ihres einfallsreichen Verstandes seine Bedenken zu entkräften:

«Wenn er anfänglich die vorherige Besichtigung des gnädigen Fräuleins wünschte, so bewog ihn dazu lediglich rücksichtsvolles Taktgefühl. Er war besorgt, sie könne womöglich allzu zart und gebrechlich beschaffen sein, um eine Ehe ertragen zu können. Nachdem ich ihn hinsichtlich dieses Punktes beruhigen konnte, machte ihm weiter besonderen Eindruck zu hören, eine wie sorgfältige, ja strenge Erziehung sie durch Euch genossen und wie sie sich dank Eurer Führung zu einem wahren Ausbund aller jungfräulichen Tugend entfaltet habe. Das hat bei ihm den Ausschlag gegeben, und so hat er mich ersucht, ihm zur Ehre einer Verbindung mit Eurem würdigen Hause zu verhelfen.»

Doktor Eisentür nickte beifällig und geschmeichelt. Also aus besorgtem Zartgefühl hatte er sie vorher sehen wollen? Und gediegene Erziehung gab bei ihm den Ausschlag? Das klang verständig und sprach entschieden zugunsten des jungen Mannes. Und er erteilte sein väterliches Jawort.

An einem glücklichen Kalendertag also zog der Jüngling als Tochtermann in das Haus von Doktor Eisentür ein und verrichtete mit Edelduft an seiner Seite auf gemeinsamem Teppich die herkömmlichen Verneigungen vor Himmel und Erde, Ahnen und

Schwiegervater. Als er dann am Abend endlich allein mit ihr in der Brautkammer war und sie den Schleier lüftete, da heftete er voll gespannter Erwartung die Pupille auf seine Neue. Denn bis zuletzt hatte er in einem Winkel seines Herzens noch immer einen Zweifel genährt, bis zuletzt hatte er die Zusicherungen und Lobpreisungen von Mama Liu für leicht übertrieben und so etwas wie dichterischen Überschwang gehalten. Nun, da er sie in voller Beleuchtung von Kerzen und Ampeln aus nächster Nähe betrachten konnte, tat sein Herz vor Entzücken einen Satz. Ihre Schönheit übertraf seine kühnsten Erwartungen. Lassen wir, um ihre Reize anzudeuten, eine Stelle aus dem neueren Essay ‹in Erinnerung an die Herrliche von Tsin› sprechen:

‹Über ihre Person ist eine Wolke dunklen Geheimnisses, ein Schleier unermüdlicher Verschlossenheit gebreitet. Über ihrem Antlitz und allen Stellen ihres Leibes lagert geballte Schönheit. Wenn sie lächelt, möchte man ihr liebes Gesicht in beide Hände nehmen. Erst recht und unvergleichlich reizvoll wirkt sie, wenn sie schmollend ihre Brauen zusammenzieht.

Freilich, bräutlicher Umarmung scheint die zarte Taille, scheinen die neun delikaten Stellen ihres Leibes kaum gewachsen. So weich, als ob kein Knochenbau vorhanden, scheint dieser Leib, den schon eine weiche Sessellehne schreckt.›

Wie die Wonne der Vereinigung zwischen Bräutigam und Braut beschreiben? Überlassen wir es wiederum einem Essay aus neuerer Zeit, betitelt ‹Lenz im Jaspisturm›:

‹Unter halbgeschlossenen Lidern ihre Augensterne funkeln zornig Botschaft: nein! Aus festem Schlummer aufgeweckt, noch sträubt der Pfirsichblütenkelch sich, seine Enge aufzutun. Doch nun erzwingt die Zunge angriffslustig sich schmalen Eingang in des Duftmundes Lippen. Ein wonnig Stöhnen – und aufgespeicherte Gefühle sich grenzenlos verströmen. Auf ihrer Brüste seidenweicher Haut formt sich zu feinen Perlen Tau der Lust. Zwei Augenpaare tun sich langsam auf, und Blicke tauchen tief in Blicke. Zwei Herzen lohen in roter Glut.›

Zugegeben, Edelduft war eine unvergleichliche Schönheit, aber zum Leidwesen ihres Partners versagte sie im ‹Wind- und Mondspiel› gänzlich, und so blieben die Erwartungen, die er auf die Freuden der Brautnacht gesetzt hatte, zu gut sieben Zehnteln unerfüllt. Kein Wunder! Dank der altväterischen Erziehung, die sie seitens ihrer sittenstrengen, stockkonservativen Eltern genossen hatte, stak sie in einem förmlichen Panzer von jungfräulicher Scheu und Sprödigkeit, der seine zärtlichen Angriffe wirkungslos abprallen ließ. Es verdroß ihn, daß sie von sich aus seinem eifrigen Liebeswerben so gar nicht entgegenkam. Wenn er ihr gegenüber einmal eine etwas kühne, leicht frivole Redewendung gebrauchte, dann wurde sie gleich rot und lief beleidigt davon. Er hatte sein Vergnügen daran, das ‹Wind- und Mondspiel› auch bei hellem Tageslicht zu betreiben, denn er fand, daß es die Lust bedeutend erhöhe, wenn er den Anblick gewisser versteckter Körperstellen genießen konnte. Etliche Male versuchte er es, bei Tage mit kecker Hand an ihrer Kleidung zu nesteln und zu zerren und ihre untersten Hüllen abzustreifen. Aber da kam er schön an. Sie setzte sich kräftig zur Wehr und erhub ein Geschrei, als ob ihr Gewalt angetan werden solle. Bei Nacht wiederum ließ sie es zwar mit sich geschehen, aber ganz apathisch, wie unter Zwang. Auch konnte er es mit ihr nur nach ganz simplem, gutbürgerlichem Hausrezept treiben, irgendwelchen neuen, verfeinerten Abwandlungen des Liebesspiels setzte sie energischen Widerstand entgegen. Versuchte er es mit der Stellung ‹Feuer hinter dem Hügel holen›, dann erklärte sie empört, so etwas sei grober Unfug und verstoße gegen allen ehrbaren, ehemännlichen Brauch. Versuchte er es mit der Stellung ‹Kerze machen mittels Eintauchen von Docht in Talg›, dann erklärte sie entrüstet, so etwas sei gemein und unanständig. Es bedurfte schon gehöriger Mühe und Überredung, sie dazu zu bringen, daß sie sich die Schenkel über seine Schultern stülpen ließ. Wenn ihrer beider Lust sich dem Höhepunkt näherte, schwang sie sich nicht zu einem einzigen kleinen Schrei, nicht zu einem winzigen Wonnestöhnen auf. Mochte er sie mit zärtlichen Anrufen wie ‹mein Herz, meine Leber! Mein Alles, mein Leben!› überschütten, sie verhielt sich teilnahmslos, als ob sie taubstumm wäre. Es war zum Verzweifeln. Er nannte sie fortan scherzhaft seine ‹kleine Heilige›.

‹So geht das nicht weiter. Ich brauche etwas, das ihrer Aufklärung dienlich ist und sie von ihren lästigen, moralischen Hemmungen befreit – am besten einen aufreizenden Lesestoff›, sagte er sich und machte sich ins Buchhändler-Viertel auf. Dort ergatterte er nach langem Suchen einen wunderbar bebilderten Band, betitelt Tschung Tang ‹Lenzpalast›. Es war ein berühmtes Buch der Liebeskunst, das keinen Geringeren als den Großsekretär Tschao Tse Ang zum Verfasser hat. Es enthielt sechsunddreißig Bilder, die mit aller Deutlichkeit und zeichnerischen Kunst sechsunddreißig verschiedene, von Dichtern der Tang-Zeit besungene ‹Stellungen› lenzlichen Verkehrs wiedergaben. Er nahm das Buch mit nach Hause und legte es seiner ‹kleinen Heiligen› vor. Während sie es gemeinsam Blatt für Blatt überflogen, flüsterte er ihr ein:

«Du siehst, ich mute dir keineswegs Faxen und Extravaganzen eigener Erfindung zu. Das alles sind gebräuchliche Formen liebender Vereinigung im ehelichen Verkehr. Schon unsere Altvorderen haben Liebe in diesen verschiedenen Abwandlungen geübt. Hier an diesen Bildern und ihrem Begleittext hast du den in Tusche gebrachten Beweis dafür.»

Arglos hatte Edelduft den dargereichten Band in die Hand genommen und aufgeschlagen. Als sie nun beim Umblättern auf dem zweiten Blatt die große fette Überschrift Han kung i tschao ‹überlieferte Bildnisse aus dem Kaiserpalast der Han-Zeit (2. Jahrh. v. Chr. bis 2. Jahrh. n. Chr.) las, dachte sie bei sich: ‹Am Hof der alten Han-Herrscher lebten gar manche edlen und tugendhaften Schönen – sicherlich bringt das Buch Portraits von ihnen –, wollen mal sehen, wie diese würdigen Damen ausgeschaut haben›, und erwartungsvoll blätterte sie weiter. Da, zu ihrer bösen Überraschung stieß sie beim dritten Blatt auf eine Darstellung, die sie unwillkürlich erschrocken zurückfahren ließ: ein Mann und ein Weib, beide in rosiger Nacktheit zwischen künstlichen Felsgebilden in einem Park bei intimster Verstrickung befindlich und mit aller Drastik dargestellt. Vor Scham und Empörung hochrot im Gesicht, fuhr sie ihren Gatten an:

»Pfui! So etwas Unanständiges! Wo hast du denn das her? Das beschmutzt und besudelt ja die saubere Atmosphäre meiner keuschen Kemenate!«

Und schon rief sie nach der Zofe und hieß sie das Zeug auf der Stelle verbrennen. Er fiel ihr in den Arm und verwehrte es ihr.

«Nicht doch! Das Buch ist eine alte Kostbarkeit von mindestens hundert Silberbatzen Wert! Ich habe es mir von einem Freund ausgeliehen. Wenn du ihm hundert Batzen Schadenersatz zahlen kannst und willst, nun gut, dann verbrenne es! Wenn nicht, dann tu mir den Gefallen und lasse es mir auf zwei Tage, bis ich es ausgelesen habe, nachher will ich es meinem Freund zurückgeben.»

«Wozu brauchst du so etwas, das wider alle gute Sitte und menschliche Ordnung verstößt, überhaupt zu lesen?»

»Erlaube, wenn es gar so anstößig und sittenwidrig wäre, dann hätte sich kaum ein berühmter Maler dazu hergegeben, das Buch mit Bildern zu schmükken, und es hätte sich schwerlich ein Verlag bereit gefunden, die Herstellungskosten zu tragen und das Buch in den Handel zu bringen. Im Gegenteil, seit Erschaffung der Welt hat es nichts gegeben, das natürlicher und vernünftiger wäre als die Vorgänge, die das Buch behandelt. Darum hat sich ein Meister des Worts mit einem Meister der Farbe zusammengetan, um den Stoff zu einem literarischen und zeichnerischen Kunstwerk zu gestalten, darum hat der Verlag keine Kosten gescheut und das Werk, wie du siehst, in Luxusausstattung auf teurer Seide auf den Markt gebracht, und darum werden die Druckplatten neben anderen Kostbarkeiten der Literatur im Archiv der

Han lin-Akademie, im ‹Wald der Pinsel und Tusche› aufbewahrt, auf daß spätere Geschlechter Kenntnis und Nutzen vom Inhalt ziehen mögen. Andernfalls würde ja dem Liebesverkehr zwischen den Geschlechtern nach und nach aller Reiz und Schwung abhanden kommen, die Gatten würden sich gegenseitig anöden und den Rücken zukehren. Aus würde es sein mit der Freudigkeit, Nachwuchs zu zeugen, lustlose Gleichgültigkeit würde Platz greifen. Ich habe mir das Buch zugelegt nicht nur zur eigenen Unterrichtung, sondern wohlweislich auch zu deiner Belehrung und Anregung: Es soll dich zur Empfängnis aufnahmebereit machen, auf daß dein Schoß gesegnet werde und du mir baldigst ein Kindlein, sei es Knäblein, sei es Mägdelein, bescheren mögest. Oder willst du etwa, daß wir jungen Leute uns schon jetzt die asketische Abgeklärtheit deines Ling tsun ‹befehlenden Ehrwürdigen› zu eigen machen und unsere junge Ehe unfruchtbar bleibt? Verstehst du nun meine gute Absicht? Wozu also die Entrüstung?»

Edelduft war noch nicht völlig überzeugt.

«Ich glaube nicht recht daran, daß das, was das Buch schildert, in Einklang mit Sitte und Vernunft stehen soll. Wäre dem so, warum haben dann unsere Altvorderen, die unsere Gesellschaftsordnung geschaffen haben, uns nicht gelehrt, das Geschäft ganz offen bei hellem Tage und vor fremden Augen zu betreiben? Warum betreiben es die Menschen gleich Dieben heimlich bei Nacht in verschwiegenem Kämmerlein? Daraus ist doch ersichtlich, daß es sich um etwas Unrechtes, Verbotenes handeln muß.»

Der ‹Vormitternachts-Scholar› quittierte ihren Einwand mit herzlichem Lachen.

«Welch drollige Art, die Dinge zu sehen! Aber ich bin weit davon entfernt, meine Niang tse, mein liebes Frauchen, deswegen zu tadeln. Es liegt einfach an der verkehrten Erziehung durch deinen befehlenden Ehrwürdigen. Eingesperrt hat er dich im Hause und von der Außenwelt abgeschlossen. Jeglichen Umgang mit jungen Mädchen deinesgleichen, die dich hätten aufklären können, hat er dir verwehrt. So bist du als völlige Einzelgängerin und gänzlich weltfremd aufgewachsen. Natürlich wird das bewußte Geschäft von Ehepaaren auch bei Tage betrieben, das ist allgemein üblich. Überlege doch einmal: wenn es nicht irgendwann und irgendwo bei Tage und vor fremden Augenzeugen betrieben worden wäre, woher hätte denn dann ein Künstler Kenntnis von den mannigfachen Stellungen, wie sie in diesem Buch abgebildet sind? Wieso hätte er sonst all die verschiedenen Abwandlungen und Formen liebender Vereinigung so drastisch und eindringlich darstellen können, daß man schon beim Anblick der Bilder in hochgradige Erregung gerät?»

«Ja, aber wieso haben es denn meine Eltern nicht bei Tage getrieben?»

«Erlaube, woher willst du denn wissen, daß sie es nicht bei Tage getrieben haben?»

«Dann hätte ich sie schließlich doch irgendwann einmal dabei überraschen müssen. Ich bin nun sechzehn Jahre alt geworden und habe in all dieser Zeit nichts davon gemerkt, weder ein entsprechendes Geräusch gehört, geschweige denn jemals das geringste gesehen.»

Wiederholt mußte der ‹Vormitternachts-Scholar› hell auflachen:

«Ach, was bist du für ein liebes Dummerchen! So ein elterliches Geschäft ist doch nichts für Kinderaugen und Kinderohren! Aber irgendwelche Zofe oder Magd in deinem Elternhaus wird bestimmt gelauscht und mit Augen und Ohren etliches aufgeschnappt haben. Natürlich haben deine Eltern so etwas nicht vor deinen kindlichen Augen und Ohren verrichten wollen, sie haben es wohlweislich hinter verschlossenen Türen getan, aus Besorgnis, ein kleines, unreifes Mädchen wie du könne, wenn es etwas davon merkt, vorzeitig von lenzlichen Gedanken bewegt und erregt werden und sich in das Gestrüpp verfrühter, dem Gemüt abträglicher Wunschträume verirren.»

Edelduft, nach einer Weile stummen Nachdenkens, wie zu sich selbst:

«Richtig, ich entsinne mich, sie haben sich tatsächlich manchmal auch bei Tage in ihre Schlafkammer zurückgezogen und die Tür hinter sich abgeriegelt – Sollten sie es dann miteinander getrieben haben? – Schon möglich – Aber so bei Tage – Eines sieht das andere völlig entblößt – Wie kann man nur! – Man müßte sich doch voreinander schämen!»

«Erlaube, gerade daß man sich gegenseitig in vollem Licht und in aller Nacktheit sieht, macht den eigentlichen Reiz aus und bietet zehnmal mehr Genuß, als wenn man es im Dunkeln treibt. Das gilt für alle Liebespaare – mit zwei einzigen Ausnahmen.»

«Welche zwei einzigen Ausnahmen?»

«Entweder er ist häßlich und sie ist schön, das ist der eine Fall, oder sie ist häßlich und er ist schön, das ist der andere Fall, in dem ein Verkehr bei hellem Licht wenig ratsam ist.»

«Und aus welchem Grunde?»

«Voller Genuß tritt beim Verkehr der Geschlechter nur dann ein, wenn Partner und Partnerin sich mit Leib und Seele urmächtig zueinander hingezogen fühlen und mit allen Fasern nach körperlicher Vereinigung drängen. Wenn sie nun schön ist und mit ihren vollen, weichen Formen und ihrer zarten, hellen, glatten Haut schier einem wohlgeschliffenen Edelstein gleicht, dann wird der Partner, wenn er sie Hülle für Hülle entkleidet und an sich zieht, je mehr er von ihr zu sehen bekommt, in um so mächtigerem Verlangen nach ihr entbrennen, sein Glied wird sich ganz spontan steifen und groß und hart und stark emporrecken. Wenn sie nun dagegen den Blick auf ihren Partner lenkt und zu ihrem Schreck in ihm ein Wesen erkennen muß, das mit seinen häßlichen Gesichtszügen, seinen plumpen Gliedmaßen, seiner groben, schwarzbehaarten Haut fürwahr einem garstigen Teufel gleicht – solange er in Kleidern steckte, mochte es noch gehen – jetzt aber, da all seine Häßlichkeit unverhüllt vor ihrem Auge zutage tritt, und zwar um so erschreckender, je krasser sie selber in der lichten, sanften Schönheit ihres eigenen Körpers und Fleisches absticht, so daß er neben ihr noch um etliche Zehntel häßlicher wirkt, als er tatsächlich ist, ja, muß sie sich denn bei solchem Anblick nicht angewidert und abgestoßen fühlen? Muß ihre vielleicht vorher vorhanden gewesene Bereitschaft zu körperlicher Annäherung nicht augenblicklich in Nichts verwehen? Und wiederum er, muß sein noch eben stolz und groß und stark gereckter Pfeil angesichts ihrer deutlichen Ablehnung und Abneigung nicht augenblicklich wieder zum unansehnlichen Zwerg zusammenschrumpfen? Kurz, bei diesem ungleichen Paar kann es zu keinem fröhlichen Waffengang der Liebe kommen. Sollten sie es trotzdem versuchen, so würde es ein klägliches Fiasko geben. Sollen sie es bei Nacht im Dunkeln unternehmen, wenn sie sich gegenseitig nicht gar zu deutlich sehen können. Das war der eine Ausnahmefall.

Nun zum anderen, zum umgekehrten Fall: er ist schön, die Partnerin ist häßlich. Darüber ist weiter kein Wort zu verlieren. Es verhält sich analog wie im ersten Fall.

Und nun zu unserem Fall: Da steht es gleich zu gleich, helle Haut zu heller Haut, Jugendfrische zu Jugendfrische, wohlgeformt zu wohlgeformt. Und da frage ich dich: Haben wir es nötig, uns ins Dunkel der Nacht zu flüchten, unter Decken und Kissen zu verkriechen und voreinander zu verstecken? Täten wir nicht richtiger daran, uns einander im hellen Licht des Tages zu zeigen und uns am Anblick unserer Körper, wohlgeraten wie sie von Natur sind, zu erfreuen? Wenn du mir nicht glaubst, lassen wir es auf einen Versuch ankommen. Versuchen wir es doch einmal bei Tage!»

Edelduft, nunmehr schon halb überzeugt, war trotz dem schämigen ‹Nein!› mit dem Mund im Grunde bereit. Der leichte Anflug von Röte auf ihren Wangen verriet die aufsteigende Erregung in Erwartung des Kommenden. Er beobachtete es wohl und dachte im stillen: ‹Jetzt kommt sie langsam auf den Geschmack. Zweifellos möchte sie mittun. Aber sie steckt noch ganz im Anfang sinnlicher Empfindung. Mit ihrem Durst und Hunger nach Liebe ist es noch nicht weit her. Wenn ich es allzu unvermittelt mit ihr anstelle, könnte es ihr ergehen wie jenem Vielfraß, der sich wahllos auf Speise und Trank stürzt und blindlings alles hinunterschlingt, ohne sich Zeit zum Beißen und Kauen zu nehmen. Das gäbe eine schwer verdauliche Kost für sie, an der sie wenig Genuß haben würde. Am besten, ich lasse sie noch eine Weile zappeln und gehe ganz gemächlich ans Werk.›

Er schob einen bequemen Lehnsessel heran und setzte sich darauf. Dann zog er sie am Ärmel zu sich und ließ sie auf seinem Schoß Platz nehmen. Dann nahm er das bewußte Bilderbuch zur Hand und blätterte es Seite für Seite und Bild für Bild gemeinsam mit ihr durch.

Das Buch war, abweichend von anderen Büchern ähnlicher Art, so gestaltet, daß die Vorderseite jedes Blattes eine bildliche Darstellung und die Rückseite einen dazugehörigen Begleittext brachte. Der Begleittext bestand aus zwei Abschnitten. Der erste Abschnitt gab in einigen Sätzen eine Erklärung der jeweils abgebildeten Stellung, der zweite Abschnitt erging sich in einer kritischen Würdigung des künstlerischen Wertes der jeweiligen Abbildung.

Der Vormitternachts-Scholar erteilte seiner Schülerin noch eine vorgängige kleine Belehrung: Sie möge scharf aufmerken und Sinn und Geist der Abbildungen zu erfassen versuchen, um bei künftigem Bedarf ein gutes Vorbild und Muster an ihnen zu haben. Dann las er ihr Satz für Satz vor:

«Bild Nr. 1. Der lose Falter flattert auf der Suche nach Blumendüften.»

Begleittext: «Sie sitzt abwartend mit gespreizten Schenkeln auf einem Felsblock am Gestade des Parkweihers. Er, das Gelände zuerst sorgfältig rekognoszierend und abtastend, müht sich ab, seinem Nefritrüssel Eingang in die Tiefe ihres Blütenkelchs zu verschaffen. Beide, da erst bei Beginn des Gefechts und von der Region der Wonne weit entfernt, zeigen in Miene und Blick der weitaufgerissenen Augen noch annähernd normales Aussehen.»

«Bild Nr. 2 zeigt die Biene beim Honigbereiten.»

Begleittext: «Sie liegt rücklings auf Bettkissen hingelagert, beide gespreizten Beine nach oben von sich gestreckt und gleichsam in der Luft hängend, die Hände auf die ‹Frucht› gepreßt und seinem Nefritrüssel den Eingang zum Blütenkelch weisend, auf daß er sich zurechtfinde und nicht in die Irre tauche. Wie zu diesem Zeitpunkt ihre Miene den Ausdruck von Durst und Hunger, seine Miene den Ausdruck von hochgradiger Erregung zeigt, so daß die Betrachter selber mit in Erregung geraten, das ist vom Künstler einfach raffiniert gemacht.»

«Bild Nr. 3. Das Vöglein, das sich verflogen hatte, findet sich zum Nest im Waldesdickicht zurück.»

Begleittext: «Sie liegt etwas seitlich, das eine Bein hoch emporgestreckt, im Kissendickicht vergraben, und hält sich mit beiden Händen an seinen Oberschenkeln fest, als hätte sein strammer Untertan endlich zum rechten Ort, zu ihrer empfindlichsten Stelle, sich gefunden, und sie befürchte, er könne sich wieder entfernen und von neuem in die Irre laufen. Dementsprechend kommt auf ihrer sonst glücklichen Miene auch ein Anflug von Besorgnis zum Ausdruck. Gesamteindruck: Partner und Partnerin sind im vollen Zuge und mit Geist und Seele dem ruckweis zukkenden Schauer des ‹fliegenden Pinsels› und der ‹tanzenden Tusche› verfallen.»

«Bild Nr. 4. Das hungrige Roß galoppiert zur Futterkrippe.»

Begleittext: «Sie, mit dem Rücken flach auf die Kissen gelagert, hält seinen Oberkörper mit beiden Händen, wie mit Fesseln an ihre Brust gepreßt. Er, ihre Füße über seine Schulter geschoben, hat seinen Yakwedel bis zum Heft in ihren Kelch versenkt. Für beide ist es der Zeitpunkt kurz vor Eintritt der Ekstase. Wie ihre gleiche körperliche und seelische Verfassung zu diesem Zeitpunkt dargestellt wird, wie sie beide unter halb geschlossenen Lidern verschleiert blicken, wie ihre Zungen gegenseitig verschlungen scheinen, um sich doch wieder zurückzufinden, verrät den Meister des Pinsels.»

«Bild Nr. 5. Die Drachen sind beide kampfmüde.»

Begleittext: «Ihr Kopf ruht seitlich geneigt auf dem Kissen, ihre beiden Hände hat sie herabsinken lassen, sie fühlt ihre Glieder schlaff wie mit Watte ausgestopft. Er hat seinen Kopf seitlich an ihre Wange gebettet und hält seinen Leib dicht an ihren Leib geschmiegt. Auch er fühlt sich an allen Gliedern schlaff wie Watte. Die Ekstase ist vorüber. Die ‹Duftseele› ist entwichen, der schöne Traum hat den Gipfel überschritten und zerrinnt in nichts. Noch ist in beiden ein dünner Faden Lebens und Regens spürbar. Andernfalls könnte man sie für tot halten, für zwei in gemeinsamen Sarg und gemeinsames Grab gebettete Liebende. Den Betrachtern aber vermittelt das Bild eine Vorstellung von der Erhabenheit der ausgekosteten Wonne.»

Bis dahin hatte Edelduft an seiner Seite die Bilder folgsam mitbetrachtet und die Texterklärung geduldig mitangehört. Aber als er jetzt weiterblätterte und ihr Bild Nr. 6 zeigen wollte, da stieß sie, sichtlich erregt, das Buch von sich, stand auf und sprach:

«Genug! Was ist schon Gutes dran! Bringt einen beim Anschauen bloß aus dem Gleichgewicht! Schau dir das Zeug weiter alleine an! Ich leg mich jetzt schlafen.»

«Hab doch noch ein Weilchen Geduld, bis wir schnell zu Ende durchgeblättert haben! Das Beste kommt ja erst noch! Wenn wir durch sind, gehe ich auch mit schlafen.»

«Als ob zum Angucken nicht morgen auch noch Zeit wäre! Ich für mein Teil habe für heute genug!»

Er umarmte sie und verschloß ihren Mund mit einem Kuß. Und beim Küssen nahm er etwas Neues an ihr wahr. Sie waren nun einen Monat verheiratet. In all dieser Zeit hatte sie, wenn er sie küßte, die Pforte ihrer Zahnreihen immer fest verschlossen gehalten. Nie war es seiner Zunge geglückt, sich durch dieses feste Gehege hindurch zu schlängeln und zu zwängen. Bis heute hatte er noch niemals Fühlung mit ihrer Zunge gewinnen und sich von ihrer Beschaffenheit überzeugen können. Als er diesmal seine Lippen auf ihre Lippen preßte, da – welch freudige Überraschung! – spürte seine Zungenspitze erstmals ihre Zungenspitze! Erstmals hatte sie ihm das zweiflügelige Gatter ihrer Zähne aufgetan!

«Mein Herz, meine Leber!» seufzte er beglückt. «Also endlich! Und jetzt – Ach, wozu erst ins Bett? – Bedienen wir uns dieses bequemen Lehnsessels – er mag die Stelle des Felsblocks am Parkweihergestade vertreten, und wir wollen es den beiden Liebenden auf Blatt Nr. 1 nachtun? – Nun, wie wär's?»

Edelduft, mit gespielter Entrüstung:

Yü Hsiang, Edelduft

«Aber wie kann man...! So etwas ist doch nicht mehr menschenwürdig!»

«Du hast ganz recht, es ist schon eher würdig, Spiel und Zeitvertreib für Götter zu sein. Komm, laß uns Götter spielen!» fiel er lebhaft ein, streckte die Hand nach ihr aus und begann auch schon an ihrer Gürtelschleife zu nesteln. Und sie tat ungeachtet ihrer mißbilligend verzogenen Mundwinkel mit. Nicht nur, daß sie sich widerstandslos an seine Schulter ziehen und gleiten ließ, sie duldete es auch, daß er ihr die unterste Hülle abstreifte. Dabei gewahrte er etwas, das den Brand seiner Erregung zur hellen Flamme entfachte. Er dachte sich sein Teil dabei. So also hatten die Bilder auf sie gewirkt, daß ihre kleine Wiese schon beim bloßen Anschauen vom Tau der Lust genetzt worden war! Er machte sich selber frei, zog sie vollends auf den Sessel und bettete sie dergestalt vor sich, daß ihre Schenkel über seine Schultern zu hängen kamen. Er lenkte behutsam seinen rüstigen Leithammel in die Pforte ihres Lustschlößchens, dann begann er, sie auch ihrer sonstigen Hüllen zu entkleiden.

Ihr werdet fragen: Warum erst jetzt? Warum hat er den Anfang von unten her gemacht? Laßt euch erklären: Dieser Vormitternachts-Scholar war in Liebesdingen eine abgewetzte Türschwelle. Er sagte sich, sie würde, wenn er sie zunächst der Oberkleidung zu entblößen versuchte, schämig und ängstlich tun und sich sträuben und ihm sein Vorhaben unnötig erschweren. Darum richtete er seinen Angriff keck gleich auf ihre empfindlichste Stelle, in der Berechnung, daß sie, wenn sie schon dort kapituliert hatte, an den sonstigen Fronten ihres Leibes erst recht kapitulieren würde. Es entspricht das im Kriege der Taktik, das feindliche Heer mittels Gefangennahme des Feldherrn zu schlagen. Tatsächlich ließ sie sich von ihm nun willig von Kopf zu Fuß entkleiden – halt – mit Ausnahme einer einzigen Stelle, die er selber rücksichts- und taktvoll ausnahm. Das waren ihre kurzen Seidenstrümpfe.

Es ist ja üblich, daß unsere Frauen, wenn sie sich ihre drei Zoll kurzen ‹Goldlilien› mit Bandagen umwickelt haben, noch Strümpfe darüber ziehen, dann erst fühlen sich ihre Zehen und Knöchel wohl. Andernfalls gleichen ihre Füße Blumen ohne Blattwerk und sind unschön anzusehen.

Nunmehr warf auch er die letzten Hüllen von sich und ging mit aufgepflanztem Speer zum eigentlichen Angriff über. Jetzt war sein Leithammel drin in ihrem Lustschlößchen und suchte, sich an der Seitenwandung bald links, bald rechts entlang tastend und reibend, seinen Weg in die Tiefe bis zu jener Geheimkammer, die das ‹Blütenherz›, den Stempel birgt. Sie erleichterte ihm die Suche, indem sie, die Hände auf die Sessellehne als Halt gestützt, ihre Mittelpartie je nach seinen Bewegungen geschmeidig bog und wand und ihm entgegenschob. So trieben sie es eine Weile, genau nach dem Muster von Abbildung Nr. 2 ihres Lehrbuches der Liebeskunst.

Auf einmal spürte sie an einer Stelle ganz zutiefst einen Reiz von sonderbarer, nie gekannter Art, es tat nicht weh, es war vielmehr eine Empfindung von unwiderstehlichem und dabei angenehmem Jucken und Kitzeln.

«Halt ein! Laß es genug sein für heute! Du tust mir weh!» brachte sie, bestürzt über die Fremdartigkeit des Gefühls, hervor und suchte sich ihm zu entwinden.

Ihm, dem erfahrenen Kenner, war klar, daß er an ihre intimste Stelle, an ihr Blütenherz gerührt hatte. Ihrem Wunsche sich rücksichtsvoll fügend, entfernte er sich zunächst wieder von jener kitzligen Stelle und beschränkte sich darauf, seinen Leithammel etliche Dutzend Male in ihrem Lustschlößchen gemächlich auf und ab, von vorn nach hinten und von hinten nach vorn, bald durch enge Wandelgänge, bald durch geräumige Höfe hin und her spazieren zu lassen. Während der Eindringling sich seelenruhig auf ihrem Grund und Boden breit und mausig machte, überkam sie das unbändige Verlangen, ihn ob seiner Frechheit zu bestrafen. Erdrosseln dünkte sie eine gerechte Strafe.

Sie löste die Hände von der Sessellehne, ließ sie seinen Rücken abwärts gleiten und verkrallte sie in seine Hinterbacken, so daß sie nun einen Halt fand, um sich dichter an ihn zu schmiegen, wobei er von sich aus nachhalf, indem er seine Hände um ihre feine Taille legte und ihren Schoß nach Kräften gegen seinen Schoß preßte. Dank der so bewerkstelligten innigen Annäherung – ihre Stellung entsprach jetzt genau dem Muster von Abbildung Nr. 3 – hielt sie seinen strammen, feisten Leithammel nun erst richtig und fest genug in der Klemme, um ihn sachte zu erdrosseln. Während er nach Kräften werkte und ihrem Druck mit Gegendruck begegnete, entging es ihm nicht, wie der Blick ihres Sternenauges allmählich verschwommener wurde und wie sich ihre wohlgeordnete Wolkenfrisur lockerte und aufzulösen drohte.

«Hsin kan, mein Herz, meine Leber, mir scheint, du bist bald soweit – aber auf diesem Sessel ist es reichlich unbequem, machen wir auf dem Bett weiter!» brachte er keuchend und stoßweise hervor.

Sein Vorschlag fand bei ihr freilich keine Gegenliebe. Da hatte sie nun den Schlingel von Eindringling so schön in der Klemme; nur noch ein kurzes Weilchen, und sie würde ihn abwürgen. Sich um dieses Vergnügen jetzt, da sie mitten im vollen Zug war, bringen zu lassen, war sie keineswegs gewillt. Bei einem Umzug von Sessel zu Bett würde er ihr ja wieder entschlüpfen. Nein, nur jetzt keine Unterbrechung! Sie schüttelte energisch den Kopf. Sie fühlte sich viel zu schlaff und müde, um auch nur die paar Schritt zum Bett zu gehen, gab sie, sich mit zugeklappten Augendeckeln schlaftrunken stellend, als Vorwand an.

Ihrem Protest Rechnung tragend, wählte er einen Kompromiß: Sie unten in der bisherigen Stellung belassend und am Gesäß stützend, auf daß sie nicht abwärts rutsche, oben sich von ihr umhalsen lassend und seinen Mund auf ihren Mund pressend, rappelte er sich behutsam in die Höhe und trug sie in solch inniger Verstrickung in die Schlafkammer nebenan, um drüben auf dem Bett das Spiel mit ihr fortzusetzen.

Sie waren mitten drin, da tat sie auf einmal einen Schrei:

«Liebster, ach! ach!...»

Gleichzeitig klammerte sie sich fest und fester an ihn, und ihr Mund brachte Laute hervor, die sich wie das Stöhnen und Ächzen einer Sterbenden anhörten. Ihm war klar: Jetzt war es bei ihr soweit! Und bei ihm auch gleich! Mit letzter Kraft preßte er seinen Nefritrüssel auf das Kissen ihres Blütenstempels. Dann – eine Zeitlang verharrten sie beide eng umklammert wie in todähnlichem Schlummer. Dann räkelte zuerst sie sich, tat einen tiefen Seufzer und sprach:

«Du, hast du es bemerkt? – Ich war eben gestorben.»

«Als ob ich es nicht bemerkt hätte! Aber was du eben durchgemacht hast, war nicht sse ‹Tod›, man nennt es vielmehr tiu ‹eine Kraft abgeben›.»

«Was versteht man unter ‹Kraft abgeben›?»

«Bei Mann wie Weib bildet sich ständig ein feiner Auszug aller vitalen Körpersäfte. Auf dem Gipfel des Lustrausches kommt irgendein Gefäß im Leib zum Überquellen und gibt von diesem Extrakt ab. In dem Zustand unmittelbar vor dem Erguß gerät der ganze Körper, Haut und Fleisch samt Knochengerüst, in eine Art Betäubung, in eine Art tiefen, bewußtlosen Schlafs. Den körperlichen Vorgang unmittelbar vor und nach dem Erguß und während des Ergusses bezeichnet man eben als tiu ‹eine Kraft abgeben›. Er kommt auf Bild Nr. 5 zur Darstellung.»

«Demnach war ich also vorhin nicht gestorben?»

«Ach woher! Eine Kraft hast du abgegeben!»

«Dann möchte ich mich auf solche Art von jetzt ab Tag für Tag und Nacht für Nacht entkräften.»

Er schlug eine schallende Lache an.

«Na, hatte ich recht, dir dieses Bilderbuch als Ratgeber und Leitfaden zu empfehlen? Ist es etwa nicht von unschätzbarem Wert?»

«Tatsächlich, eine Kostbarkeit von unschätzbarem Wert. Wir sollten es immer wieder zu Rate ziehen.

Bloß schade, jener Freund, der es dir geliehen hat, wird es eines Tages zurückfordern.»

«Unbesorgt, das wird er nicht. Ich habe mir das Buch nämlich selber gekauft. Die Geschichte mit dem angeblichen Freund hatte ich dir vorgeschwindelt.»

«O fein!» –

Von Stund an waren die beiden ein Herz und eine Seele. Edelduft wurde eine eifrige Leserin des von ihr nunmehr hoch geschätzten Lehrbuchs ‹Lenzpalast›. Als gelehrige Schülerin war sie bemüht, das Gelernte auch praktisch auszuüben, und sie wurde nicht müde, immer neue Formen und Abwandlungen des ‹Wind und Mondspiels› auszuprobieren. Die spröde ‹kleine Heilige› entwickelte sich zur wahren Meisterin der Liebeskünste. Im Bestreben, die Glut ihres Lenzverlangens durch neuen Brennstoff immer wieder zu schüren und neu anzufachen, lief der Vormitternachts-Scholar unermüdlich von Buchladen zu Buchladen und kaufte weitere Bücher ähnlicher Art ein, wie etwa das Hsiu ta yiä schi ‹die wilde Geschichte der seidegestickten Bettkissen›, oder das Ju i kün tschuan ‹die Erzählung vom Kavalier nach Wunsch›, oder das Tschi po tze tschuan ‹die Erzählung von den liebestollen Weibern› und andere mehr. Alles in allem kaufte er an die zwanzig solcher Bücher zusammen und stapelte sie daheim auf seinem Schreibtisch auf.

Jedes neu erworbene Buch wurde gemeinsam geschmökert und verschlungen und dann auf dem Bücherregal abgestellt, um neuer Lektüre Platz zu machen. In ihrer Gier nach Entdeckung immer neuer Bettfreuden waren beide so unersättlich, daß auch dreihundertsechzig Bilder lenzlicher Stellungen noch nicht ausgereicht hätten, um ihren Appetit auf einschlägige Literatur zu stillen. Es war bei ihnen schier der gleiche Fall, wie wenn ein ganzes Orchester von Lauten und Guitarren nicht ausreicht, um den harmonischen Zusammenklang zweier verliebter Herzen hörbar zu machen, wie wenn auch vereintes Glocken- und Paukengedröhn nicht imstande ist, dem Jubel zweier verliebter Herzen genügend Ausdruck zu verleihen.

Soweit also stand es zwischen den beiden zum allerbesten. Aber da war etwas, das sich störend dazwischen schob und einen Mißklang in die Harmonie ihres jungen Eheglücks brachte.

Es war das unerquickliche Verhältnis zwischen Schwiegervater und Schwiegersohn. Wie schon erwähnt, war dieser Doktor Eisentür ein etwas wunderlicher, altmodischer Herr, ein richtiger Sonderling und Eigenbrödler. Er haftete an der guten alten Zeit, achtete altväterische Einfachheit und Ehrbarkeit und verabscheute die profane Masse und ihr lautes, eitles Getue. Lockere, windige Unterhaltung in seiner Gegenwart war streng verpönt, um so mehr schätzte er ein seriöses Gespräch über Themen der konfuzianischen Lehre.

Von jenem ersten Abend an, da der Vormitternachts-Scholar als Tochtermann Einzug in sein Haus hielt, nahm er an dessen feiner, modischer Kleidung, an dessen geschmeidiger, gewandter, seiner Meinung nach oberflächlicher Art sich zu geben, Anstoß. Vom ersten Augenblick des Kennenlernens an faßte er gegen diesen glatten Hübschling Abneigung.

‹Viel schönes Blattwerk, aber keine Frucht, kein solider Kern; an dem wird meine Tochter im Alter und in der Not keinen Anhalt haben›, also urteilte er damals resigniert im stillen und fuhr in Gedanken seufzend fort: ‹Aber der Form dieser Heirat ist Genüge geschehen, er hat seine Verlobungs- und Hochzeitsgeschenke pünktlich abgeliefert, und wir haben unsere Räume mit dem herkömmlichen Rot drapiert; der Fehler ist geschehen und läßt sich jetzt nicht wieder gut machen. Warten wir ab, bis die Hochzeit vorüber ist, dann werde ich ihn in väterlich strenge Behandlung nehmen und gründlich zurecht schleifen und zu einem ordentlichen Menschen von kantiger Rechtschaffenheit erziehen›, so nahm er sich vor.

Und so tat er denn auch. Zwischen Bett und Schreibtisch ließ er ihm auch nicht den geringsten Verstoß, nicht den kleinsten Fehler im Benehmen durch. Sei es, daß ihm beim Tun und Lassen auch nur der kleinste Fehler widerfuhr, stets gab es einen väterlichen Rüffel und eine strenge Rüge mit ernster Ermahnung und schulmeisterlicher Belehrung, selbst die geringste Unkorrektheit beim Gehen, Stehen, Sitzen, Liegen löste Tadel und wortreiche Erörterungen aus.

Nun war unser Vormitternachts-Scholar als einziger Sohn und Erbe seiner früh verstorbenen Eltern von Jugend auf an ein beträchtliches Maß von Selbständigkeit gewöhnt. Wie hätte er diese lästige Art von Bevormundung, dieses ständige Schulmeistern und Schurigeln auf die Dauer ertragen können?

Ein paarmal war er nahe daran, diesem Pedanten von Schwiegervater seine Meinung zu sagen und sich seine ewige Schulmeisterei energisch zu verbitten. Aber dann dachte er an Edelduft. Ein ernstlicher Streit mit dem alten Herrn würde sie womöglich kränken und eine häßliche Dissonanz in den bisher so schönen Einklang der ehelichen Leiern bringen. Und so beherrschte er sich und schluckte seinen Groll einstweilen hinunter. Als es aber mit dem Hinunterschlucken gar kein Ende nehmen und schier über seine Kraft gehen wollte, reifte in ihm nach langem Nachdenken ein Entschluß:

‹Mein Sinn stand doch von Anfang an nur nach seiner Tochter›, so sagte er sich. ‹Weil er aber so sehr an ihr hing und sie durchaus nicht aus dem Hause geben wollte, tat ich ihm den Gefallen und zog als Tochtermann in sein Heim. Zum Dank läßt er mich nun den vollen, bergeschweren Druck seiner schwiegerväterlichen Tai Schan-Autorität spüren und tyrannisiert mich, wie und wo er nur kann. Mit welchem Recht? Wie kommt so ein alter wurmstichiger Pedant und Doktrinär dazu, mich zu bevormunden? Brauche ich mir das gefallen zu lassen? Er sollte froh und dankbar sein, daß ich seine Schrullen großmütig übersehe und nicht ihn zurecht stauche! Statt dessen maßt er sich an, mich zurecht zu stauchen und auf seine Weise ummodeln zu wollen. Soll er doch seine Erziehungskünste an anderen Leuten ausprobieren, aber nicht an einem jungen, flotten Genie wie mir! Wer sagt denn überhaupt, daß ich einzig und allein auf seine Tochter angewiesen bin? Ich hatte sowieso vor, mich über kurz oder lang auf den Weg zu machen und etwas ‹Düfte stehlen› und ‹Perlen haschen› zu gehen und nebenbei mich auch literarisch zu betätigen. Wer sagt denn, daß ich zeitlebens an eine einzige gefesselt bleiben soll?

Ich habe dieses Gängeln auf Schritt und Tritt, dieses Schulmeistern und Korrigieren bei jedem Wort, das man sagt, nunmehr satt! Nur gut, daß ich noch keinen Skandal außer Hauses provoziert habe, der Kerl würde mich in diesem Falle bestimmt zum Tode verurteilen. Was ist da zu machen? Offener Bruch? Das wäre vergeblich, das würde ihn doch nicht ändern. Geduldig hinunterschlucken? Das hat seine Grenze. Mir reicht es. Bleibt nur eines übrig: fortgehen und Edelduft seiner Obhut überlassen. Ich werde ihm einfach sagen, ich müsse mich irgendwohin verziehen, wo ich in ungestörter Ruhe mein Studium fortsetzen und mich für die nächste Prüfung vorbereiten könne. Das klingt unverfänglich und wird ihm einleuchten. Sollte mir dann unterwegs der Zufall hold sein und mir eine weitere Landesschöne, eine mir von einer früheren Existenz her vorbestimmte Liebste in den Weg führen, um so besser. Natürlich heiraten könnte ich sie nicht, aber ein paar genußreiche Stunden mit einer ‹Wolkenfee auf dem Zauberberg› verleben, wäre auch schön.›

Sein Entschluß war gefaßt.

Eigentlich wollte er zuerst mit Edelduft reden und sich hinterher von ihrem Vater verabschieden. Aber dann sagte er sich, sie würde wahrscheinlich ungern auf die gewohnten Bettfreuden verzichten wollen, ihm eine tränenreiche Szene bereiten und womöglich sein Vorhaben wieder ausreden. Um dem zu entgehen, änderte er seine Taktik und eröffnete sich hinter ihrem Rücken zunächst dem Schwiegervater:

«Euren ergebenen Eidam will es bedünken, daß er hier in diesem abgelegenen Gebirgsnest ziemlich einsam und abgeschnitten von der Welt lebt. Er vermißt den förderlichen Umgang mit bedeutenden Lehrkräften und gleichaltrigen Studienkameraden.

Er vertrödelt hier seine Tage leider ohne rechten Fortschritt im Studium. Darum möchte er sich jetzt von dem ehrwürdigen Herrn Schwiegervater mit geziemendem Respekt verabschieden und auf die Wanderfahrt ins bebaute Flachland begeben, um sich etwas in der Welt umzusehen und seinen Blick zu erweitern. Er möchte seine Schritte nach einer würdigen Pflanzstätte des Geistes lenken, wo er auf erleuchtete Lehrmeister trifft und nützlichen Umgang mit Studienfreunden findet. Dort gedenkt er sein Zelt aufzuschlagen. Wenn dann der Zeitpunkt der großen Herbstprüfung herannaht, gedenkt er sich zur Hauptstadt der Provinz aufzumachen und seinen Mann auf dem Kampffeld des Geistes zu stellen. Er wird bestrebt sein, den ersten oder wenigstens zweiten Platz auf der Siegerliste zu erringen und damit dem verehrungswürdigen Herrn Schwiegervater zu beweisen, daß er ihn nicht grundlos als seinen Tochtermann in seine hochansehnliche Familie aufgenommen hat.

Was ist Eure geschätzte Meinung? Seid Ihr geneigt, den ergebenen Schwiegersohn ziehen zu lassen?»

Der gestrenge Tai Schan von Schwiegervater nahm sein überraschendes Vorhaben mit sichtlichem Wohlwollen auf.

«Endlich einmal ein vernünftiges Wort! In dem halben Jahr, seit mein werter Schwiegersohn unter meinem Dach weilt, das erste Wort, das würdig ist, Eingang in meine Ohrmuschel zu finden! Deinen Wunsch, jetzt fortzugehen und dein Studium zu vollenden, kann ich nur gutheißen. Sehr brav! Sehr vernünftig! Warum sollte ich dagegen sein?»

Der Vormitternachts-Scholar fuhr fort:

«Obzwar Ihr mir damit Eure schwiegerväterliche Zustimmung erteilt, besteht noch eine Schwierigkeit: Ich muß befürchten, daß mir Euer Ling ai ‹befehlender Liebling› Herzlosigkeit vorwerfen wird, wenn ich sie jetzt so kurz nach unserer Heirat wieder verlasse. Darum wäre es nach meiner bescheidenen Meinung vielleicht richtig, wenn man es ihr so darstellte, daß der Entschluß von Euch, mein verehrungswürdiger Schwiegervater, nicht von mir, Eurem geringen Tochtermann, ausgeht. Dann dürfte sie keine Schwierigkeiten bereiten, und ich könnte ruhigen Gewissens von dannen ziehen.»

«Sehr richtig. Ganz meine Meinung», billigte Doktor Eisentür seinen Vorschlag und richtete kurz darauf in Gegenwart der Tochter die erste Mahnung an den Tochtermann, er möge sich gefälligst auf den Weg machen und sich an einem geeigneten Platz für die zweite Staatsprüfung vorbereiten. Als er zum Schein anfänglich nicht recht wollte, schlug er einen strengen Ton an und wiederholte die Mahnung in Form eines schroffen Befehls, worauf der Tochtermann nicht umhin konnte, sich folgsam zu fügen.

Nun befand sich Edelduft gerade im Taumel jungehelicher Freuden. Als sie jetzt von nahe bevorstehender Trennung und Abschiednehmen vom Geliebten hörte, da ward ihr zumute wie einem Kleinkind, das jäh von der Mutterbrust gerissen wird, und sie gebärdete sich anfangs schier untröstlich. Aber da es väterlicher Wille war, fügte sie sich als brave und folgsam erzogene Tochter schließlich drein. Zur Entschädigung verlangte sie allerdings während der letzten Tage und Nächte vor dem Abschied von ihrem Liebsten soweit wie möglich vorausgehende Abzahlung der Liebesschulden, die nach seinem Fortgang erwachsen würden. Er seinerseits verhehlte sich nicht, daß ihm unterwegs auf der langen Reise gehörig viel einsame Nächte ohne liebende Gattin bevorstanden und suchte sich seinerseits für die kommende Zeit der Enthaltsamkeit nach Kräften im voraus schadlos zu halten. Und so gestalteten sich für sie die letzten Nächte zu einer Art Gast- und Festorgie, die jungen Leute hafteten zusammen wie Leim und Lack und kosteten nach Herzenslust noch einmal alle jene Wonnen aus, die im allgemeinen Bettgeheimnis bleiben, und von denen nicht gern vor Dritten gesprochen wird. Nach Verabschiedung von Schwiegervater und Gattin machte sich der Vormitternachts-Scholar in Begleitung seiner beiden Leibdiener eines Tages schließlich auf die Reise.

Welch merkwürdige Abenteuer ihm unterwegs begegnen sollten, wird die geschätzte Leserschaft im nächsten Kapitel erfahren.

Gelehrte Häupter lieben es,
Gelehrtes Zeug zu schwätzen,
Lockere Jugend pflegt
Lockere Unterhaltung mehr zu schätzen.
Hauptsache, daß der Partner des Gesprächs
Von gleichem Geiste sei,
Sonst redet jeder
An dem anderen vorbei.

III. KAPITEL

In der öden Vorstadtherberge nimmt sich des Einsamen mitfühlend ein Fremdling an. Die lange Nacht zu kürzen, klärt ihn der Edelbandit über neue Seiten des Wind- und Mondspiels auf.

Ohne festes Ziel hatte sich der Vormitternachts-Scholar auf die Wanderschaft begeben. Irgendwo eine ungewöhnliche Schönheit zu finden, das war der einzige Gedanke, der ihn leitete. Wo er sie finden würde, dort wollte er verweilen und sich seßhaft machen. Und so zog er von Landkreis zu Stadtkreis, von Bezirk zu Präfektur. Es vergingen Jahre darüber.

Nun ging ihm überall, wo er auch hin kam, ein hoher Ruf voraus als eines blühenden Talentes, eines hoch begabten Hsiu tsai, der die erste Staatsprüfung als erster Sieger bestanden hatte und zu den höchsten Zukunftshoffnungen berechtigte, der überdies ein glänzender Gesellschafter und ein Poet und Literat von Rang war. Kurz, wo er sich jeweils zu kürzerem oder längerem Aufenthalt niederließ, da sprach sich die Kunde von seiner Anwesenheit alsbald im Umkreis von tausend li (1 li = $^1/_2$ km) unter der Akademikerschaft herum, und es ergoß sich ein förmlicher Platzregen von jungen Leuten seines Standes über ihn, die sich um die Ehre seiner Freundschaft bewarben und ihn als wertgeschätzten Gast in ihre geselligen und literarischen Klubs einzuführen wünschten. Das war nun freilich das Letzte, wonach ihm der Sinn stand. Er machte sich nichts aus dergleichen literarischem Betrieb und Rummel. Das einzige, was ihn vordringlich und wichtig bedünkte, war nach wie vor die Suche nach einer außergewöhnlichen Schönheit.

Tag für Tag pflegte er sich schon frühzeitig auf die Beine zu machen und durch Straßen und Gassen zu bummeln und unermüdlich Ausschau zu halten – leider vergeblich. Was er an Weiblichkeit zu sehen bekam, war immer wieder nur gewöhnlicher Durchschnitt. Nie bekam er eine zu Gesicht, die des Prädikats Tiän tze ‹Himmelsbild› oder Kwo so ‹Landesschönheit› würdig gewesen wäre. Und so zog er enttäuscht von Ort zu Ort, von Stadt zu Stadt weiter. –

Eines Tages saß er für sich allein in seiner Herberge. Es war eine öde Vorstadtherberge. Seine beiden Diener waren gleichzeitig erkrankt und mußten das Bett hüten. Ohne Dienerbegleitung wollte er nicht ausgehen. Er fürchtete um sein Ansehen. Was würden denn ihm unterwegs begegnende Damen denken, wenn er so gänzlich ohne Gefolge daher käme? Für einen feinen Kavalier würden sie ihn bestimmt nicht halten. Und so saß er allein und verdrossen an seinem Tisch in der unteren Gaststube seiner Herberge und schlürfte gelangweilt seinen Tee.

Die Anrede eines Unbekannten riß ihn auf einmal aus seinen Gedanken. Es war ein anderer Herbergsgast, der bislang bei einem Schoppen Wein im Nebenraum gesessen hatte und nun herüber gekommen und an seinen Tisch getreten war.

«Der werte Herr sitzt hier allein und scheint sich zu langweilen. Meine Wenigkeit sitzt drüben bei einem Krug leidlichen Weins. Falls Ihr meine Gesellschaft nicht verschmähen solltet, darf ich Euch einladen, mit an meinen Tisch zu kommen und einen Becher von meinem Wein zu genehmigen?»

«Wir begegnen uns hier gleich treibenden Wasserpflanzen rein zufällig. Wie käme ich dazu, Eure Gastlichkeit in Anspruch zu nehmen?» sträubte sich anfangs der Vormitternachts-Scholar mit herkömmlich gespielter Zurückhaltung.

«Ich habe immer sagen hören, daß ihr Scholaren gern zu einem kleinen Schwatz aufgelegt seid. Warum also so zugeknöpft? Nehmt Ihr vielleicht Anstoß daran, daß ich keiner Eures bevorzugten Standes bin, vielmehr dem einfachen Volke angehöre? Ich weiß, Ihr habt eine steile Laufbahn, eine Zukunft mit hohen, fernen Zielen vor Euch. Ich dagegen bin nur ein kleiner Mann. Aber Ihr braucht nicht zu befürchten, ich suchte mich an Euch anzuklammern und anzuwansen, damit Ihr mich aus meiner Niederung mit in Eure Höhen emporreißt. Das liegt mir fern. Ich habe nur Freude an Geselligkeit. Da uns der Zufall in dieser Herberge zusammengeführt hat, warum wollt Ihr Euch nicht herablassen, für ein Weilchen mit an meinem Tisch Platz zu nehmen?»

«Warum auch nicht? Ich habe mich gerade gehörig gelangweilt und nach etwas Unterhaltung förmlich gelechzt», gab jetzt der Jüngling zu und folgte dem anderen nur zu gern an seinen Tisch. Nach einem kleinen Streit um die Sitzordnung – der Jüngling lehnte den ihm angebotenen Ehrenplatz an der Schmalseite des Tisches entschieden ab und bestand darauf, sich seinem Gastgeber gleich zu gleich gegenüber zu setzen – machte man sich gegenseitig bekannt. Der Jüngling stellte sich wie gewohnt mit seinem Decknamen Weh Yang Schong ‹Vormitternachts-Scholar› vor.

»Und Euer werter Zuname?»

«Als Sohn des einfachen Volkes verfüge ich über keinen Zunamen, lediglich über einen volkstümlichen Markt- und Gassennamen. Sai Kun Lun ‹Kun Lun Rivale› nennt man mich.»

«Ein recht ungewöhnlicher, seltsamer Beiname. Was hat denn der zu bedeuten?»

«Ich fürchte, ich werde Euch einen Schreck einjagen, wenn ich Euch das verrate. Ihr werdet dann kaum mit mir weiterzechen wollen.»

»Unbesorgt. Ich bin keineswegs Feigling. Ich fürchte mich vor keinen Teufeln und keinen Gespenstern, falls sie Lust haben sollten, mich mit ihrem Besuch zu beehren. Auch bin ich in der Beurteilung meiner Mitmenschen nicht kleinlich und frage nicht nach Stand und Bildung. Hauptsache für mich, daß man in der Gesinnung zueinander paßt. Also sprecht Euch ganz offen aus.»

«So hört denn, ich bin von Beruf Einsteigedieb, Räuber, Bandit. Ich kann über Mauern steigen und Dächer klettern. Wälle von hundert Schichten Dicke, Türme von tausend Klaftern Höhe sind für mich kein Hindernis, ich bezwinge sie ohne sonderlichen Aufwand von Kraft und Anstrengung. Bis in die innersten Gemächer, bis in die Schlafkammern der Leute weiß ich einzudringen und daraus alles, wonach mir der Sinn steht, in Decken und Tücher gewickelt, fortzustehlen, ohne daß die Leute etwas davon merken. Oft merken sie es erst Tage später.

Unsere geschichtliche Überlieferung weiß von einem gewissen Mohrensklaven namens Kun Lun zu berichten, der einst in den Tagen der Tang-Dynastie (618–907) gelebt und eine wahre Heldentat an Raub vollbracht haben soll: aus der dick umwallten und scharf bewachten Grenzfeste eines gewissen Fürsten Kuo soll der eines Nachts eine schöne Sklavin namens Hung Hsiao ‹Rotglanz› herausgestohlen und verschleppt haben. Nun, bei dieser einen Heldentat jenes wackeren Mohrensklaven ist es geblieben. Bei mir geht die Zahl ähnlicher Taten in die Hunderte! Darum nennt man mich allgemein Sai Kun Lun ‹Rivale des Kun Lun›.»

Des Jünglings Miene verriet nun doch beträchtlichen Schrecken.

»Solltet Ihr unter diesen Umständen, da Ihr Euer Handwerk schon seit langem ausübt und bei der Bevölkerung nicht nur wohlbekannt seid, sondern sogar eine Art Berühmtheit genießt, nicht längst mit der Behörde in Konflikt geraten sein?» kam die etwas ängstliche Frage.

«Wenn ich mich je hätte erwischen und vor Gericht schleppen lassen, dann wäre ich kein Kerl! Ein alter Satz lautet:

Wollt den Dieb ihr überführen,
Müßt die Beute ihr aufspüren.

Bei mir ist nie Diebesbeute zu finden. Verwickelt man mich gleichwohl in ein Verhör, dann weiß ich mich immer geschickt herauszureden, so daß man mir nichts anhaben kann. Im Gegenteil, ich stehe bei der Bevölkerung von nah und fern in hohem Ansehen, die Leute sind höchstens besorgt, daß sie mir Unrecht antun und meine Rache auf sich ziehen könnten. Mir traut niemand ein Unrecht zu. Ich habe ja schließlich auch meine Berufsehre und bin kein gewöhnlicher Bandit. Es gibt fünf Ausnahmefälle, in denen es für mich ein Gebot der Ehre ist, keinen

Diebstahl zu begehen: Menschen in Zeiten häuslichen Glücks verschone ich ebenso wie Menschen in Zeiten häuslichen Ungemachs. Am Eigentum guter Bekannter vergreife ich mich nicht; bereits Bestohlene bestehle ich nicht nochmals; arglose Menschen, die keinerlei Vorsorge gegen Diebstahl treffen, verschone ich gleichfalls.»

«Sehr einleuchtend. Aber würdet Ihr mir genauer erläutern, warum Ihr diese fünf besonderen Fälle ausnehmt?»

«Gern. Nehmen wir den ersten Ausnahmefall: Es macht jemand eine Zeit häuslichen Ungemachs durch, sei es Krankheit, sei es Tod oder Trauer in der Familie, sei es ‹fliegendes Unheil›, wie Feuersbrunst oder plötzlicher Geschäftsverlust oder Ungnade beim Thron, dann wäre es gemein, ein so heimgesuchtes Haus auch noch zu bestehlen, das hieße Öl aufs Feuer gießen und das Ungemach ins Unerträgliche steigern. Ausnahmefall zwei: Eine Familie erlebt Tage besonderer Freude, sei es Hochzeit, sei es Geburt eines Sohnes, sei es Genesung von schwerer Krankheit, sei es Neubau, sei es Geburtstagsfeier, dann wäre es gemein, wenn ich durch Diebstahl die herrschende Hoch- und Feststimmung trüben und die Familie verzagt und an ihren Zukunftshoffnungen irre machen wollte. Ausnahmefall drei: Fremde Leute bestehlen, dagegen trage ich keine Bedenken, das erachte ich nicht als Unrecht. Wenn es sich aber um gute Bekannte handelt, die man täglich auf der Straße trifft und mit denen man artige Grüße tauscht, solche Mitmenschen, die keinerlei Arg gegen mich hegen, zu bestehlen – nein, ich müßte mich in Grund und Boden schämen!

Ausnahmefall vier: Daß ich bei Ausübung meines Berufs reiche Leute mit Überfluß an Gold und Silber in erster Linie berücksichtige, finde ich ganz in der Ordnung. Das heißt ja nur, ihnen von ihrem Überfluß eine kleine Steuer, einen kleinen Tribut abknöpfen. Geschieht solchen Reichen ganz recht. Aber ich beschränke mich auf eine einmalige Schröpfung. Sie weiter zu behelligen und zu schröpfen, das käme auf unersättliche Raffsucht hinaus. Solch unvornehmes Tun liegt mir nicht.

Ausnahmefall fünf: Es gibt engherzige, übervorsichtige und überängstliche Naturen, die sich Nacht für Nacht mit allen möglichen Sicherheitsvorkehrungen gegen Einbruch und Diebstahl zu schützen trachten. Unaufhörlich nehmen sie den Mund voll mit den Schreckworten Einbrecher und Dieb. Das empfinde ich als unfreundliche Behandlung meiner Person und zahle es ihnen mit gleich unfreundlicher Behandlung heim, indem ich nun gerade bei ihnen einbreche und sie gehörig bestehle und damit den Beweis erbringe, daß sie mit all ihren kleinlichen Sicherheitsvorkehrungen doch nichts gegen meine überlegene Berufstüchtigkeit auszurichten vermögen. Das heischt mein Berufsstolz.

Umgekehrt gibt es weitherzige, großzügige Naturen, die sich dessen bewußt sind, daß Geld allein noch lange nicht glücklich macht und etwas außerhalb des eigentlichen Persönlichkeitswertes ist. Sie haben ihr Geld so wenig im Sinn, daß sie mitunter ganz vergessen, des Nachts das Hoftor zu schließen oder die Zimmertür abzuriegeln. Wenn ich solche Leute bestehlen wollte, müßte ich mir den Vorwurf machen, daß ich es auf die Schwachen abgesehen

Sai Kun Lun, der ‹Kun Lun-Rivale›

habe und vor dem Starken Reißaus nehme und müßte mich dessen schämen.

Das also sind die fünf Grundsätze, die ich in Ausübung meines Berufs gewissenhaft respektiere. Darum genieße ich auch nah und fern bei den Leuten Achtung. Man kennt mich zwar als Dieb und Einbrecher, aber man behandelt mich nicht als Dieb und Einbrecher. Im Gegenteil, man schätzt es als Ehre, in meiner Gesellschaft zu weilen. Kurz, wenn Ihr es nicht verschmähen solltet, laßt uns hier an Ort und Stelle Schwurbrüderschaft schließen! Es könnte sein, daß Ihr später einmal meine Dienste braucht. Dann könntet Ihr darauf zählen, daß ich meine ganze Kraft für Euch einsetzen würde, auch wenn ich mein Leben opfern müßte!»

Der Jüngling tat einen tiefen Seufzer der Bewunderung und dachte im stillen: ‹Daß die Diebeszunft Männer von so edler, hochgemuter, wahrhaft heldenhafter Gesinnung aufzuweisen hat! Wer hätte es gedacht!› Und er spann seinen Gedanken weiter: ‹Er hat mir seine Dienste angeboten. – Wie wäre es, wenn ich für meine Zwecke davon Gebrauch machte? – Vielleicht könnte er sich mir tatsächlich als eine Art Mohrensklave Kun Lun nützlich machen und mir zu einer Schönen, einer zweiten ‹Rotglanz› verhelfen, die unerreichbar für mich irgendwo hinter hohen Palastmauern vor der Außenwelt verborgen gehalten wird? – Wie, wenn ich ihn nun beauftrage, eine solche verborgene Schönheit für mich zu stehlen? – Was für ein verwegener, berauschender Gedanke!›

Es kribbelte ihm bei diesem Gedanken nur so in allen Gliedern, seine Hände fuchtelten in der Luft, seine Füße stampften vor Aufregung auf den Fußboden.

Er zwang sich zu äußerer Haltung und bemerkte in möglichst gemessenem Ton:

«Ki hao, sehr schön! Euer Vorschlag, daß wir Brüderschaft schließen, sagt mir zu.»

Ganz wohl war ihm dabei nicht zumute, und das spürte der andere heraus.

«Meint Ihr das auch im Ernst? Mir scheint, Ihr bangt vor möglichen Unannehmlichkeiten. Nun, in dieser Hinsicht kann ich Euch beruhigen. Mögen meine Unternehmungen auch reichlich verwegen sein und unter Umständen sogar etwas gewalttätig verlaufen, mit der Behörde werde ich bestimmt nicht in Konflikt geraten und schlimmstenfalls, sollte das Unwahrscheinliche dennoch einmal eintreten, würde die Todesstrafe mich allein, keinesfalls Euch, einen schuldlosen Unbeteiligten, treffen. Darüber könnt Ihr völlig unbesorgt sein.»

‹Welch psychologische Menschenkenntnis! Wie der meine geheimen Befürchtungen erraten hat!› staunte der Jüngling im stillen und erteilte, nunmehr von Zweifeln und Bedenken befreit, freudig und ehrlich seine Zustimmung.

Sie gingen gleich ans Werk, ließen auf gemeinsame Kosten die üblichen drei Opfertiere, einen Karpfen, einen Hahn, eine Ente, heranschaffen und in der Herbergsküche schlachten und herrichten, tauschten gegenseitig die acht Schriftzeichen der Stunde, des Tags, des Monats und Jahres ihrer Geburt aus, beschmierten sich gegenseitig den Mund mit Blut der drei Opfertiere und gelobten sich feierlich brüderliche Treue bis zum Tod. Es stellte sich heraus, daß der

Kun Lun Rivale um zehn Jahre älter war als der Vormitternachts-Scholar. Entsprechend gebrauchten sie von jetzt ab die Anrede Hsiung ‹älterer Bruder› und Ti ‹jüngerer Bruder›. Zum Abschluß der Feierlichkeit ließen sie sich die lecker gebratenen Opfertiere schmecken und begossen die Brüderschaft mit reichlich Wein und Punsch bester Sorte. Festschmaus und Zechgelage währten bis Mitternacht. Dann wollte sich der ältere Bruder zurückziehen. Der jüngere Bruder widersprach:

«Jetzt getrennt schlafen gehen wäre für beide Teile ein recht trauriger Abschluß der Feier. Wäre es nicht hübscher, du kommst mit in meine Kammer, teilst mein Lager, und wir kürzen uns die lange Nacht noch ein wenig mit intimen Bettgesprächen?»

Der Ältere war gleich dabei und folgte dem Jüngeren in seine Kammer.

Sie hatten sich ausgezogen und Seite an Seite gelagert, da brachte unser Scholar auch schon sein Lieblingsthema zur Sprache:

«Merkwürdig eigentlich, daß man in der hiesigen, doch recht anziehenden Gegend so gar keine anziehenden Frauenspersonen zu Gesicht bekommt», hub er an.

«Wo willst du damit hinaus? Bist du etwa noch Junggeselle und auf der Suche nach einer passenden Gefährtin?»

«Keineswegs, ich bin bereits verheiratet. Bloß – wenn man so lange von zu Hause fort ist, wer sagt denn, daß sich ein Mann nur mit der einen abgeben soll? Schließlich gibt es außer der eigenen Frau doch noch andere Frauen. Etwas weibliche Gesellschaft unterwegs zu finden, dächte ich mir eigentlich ganz wünschenswert. Ich bin nämlich, offen gestanden, ein großer Freund von Wind- und Mondspiel. Ich kann mir nicht helfen, ich bin nun einmal von Natur so veranlagt. Daß ich diese Reise zwecks Studiums und Vorbereitung auf die nächste Staatsprüfung unternehmen wollte, war nur ein Vorwand. Ich wollte damit meine Frau und meinen Schwiegervater beruhigen. In Wahrheit trieb mich ein ganz anderer Grund in die Ferne: Ich wollte ganz einfach mal wieder etwas erleben, galante Abenteuer bestehen! Darum habe ich die Reisestrapazen auf mich genommen, habe unermüdlich Landschaften und Städte, ganze Kreise durchstreift und Regierungsbezirke abgesucht – leider bisher ohne Erfolg. Was mir an Weiblichkeit begegnete, war allenfalls gewöhnlicher Durchschnitt, nicht der Rede wert. Die eine Sorte bepflastert und beschmiert sich zolldick mit Schminke und Puder, um ihren häßlichen, lackschwarzen Teint zu übertünchen, die andere Sorte behängt und belädt die Frisur pfundweise mit Perlen und blauen Emailpfeilen, um ihr abscheuliches, gelb gebleichtes Haar zu verdecken. Niemals ist mir eine begegnet, deren natürliche Schönheit solche künstliche Aufmachung gar nicht brauchte. Kurz, ich habe mich genug umgesehen und bin der ganzen Sache jetzt eigentlich überdrüssig geworden.»

«Kein Wunder. Du hast es ja ganz verkehrt angefangen. Gut bürgerliche Frauen und Töchter zeigen sich im allgemeinen nicht öffentlich. Die sich öffentlich zeigen, sind eben nicht aus gutbürgerlichem Haus. Aber sogar bei öffentlichen Dirnen, Sing- und Tanzmädchen ist öffentliches Sichzeigen im allgemeinen verpönt. Nur die Miesen, die Verblühten, die keine

Liebe zu erwecken vermögen, pflegen draußen vor der Haustür zu lauern und ihr Lächeln feilzubieten. Alle anderen, die nur ein bißchen Ruf und Wert genießen, pflegen in der Stube zu sitzen und zu warten, daß der Richtige kommt und sie findet und aus ihrer Verborgenheit reißt. Wenn das schon von den Öffentlichen gilt, um wieviel mehr von privaten Haustöchtern. Die werden sich schwer hüten, vor der Haustür herumzulungern und sich vor fremden Männeraugen zu zeigen. Da kannst du lange suchen. Wenn du hierzulande Schönheiten aufstöbern möchtest, da mußt du dich am besten an mich wenden.»

Der Jüngere hob überrascht den Kopf.

»Was! Ausgerechnet an dich? Der du doch auf der Bühne des Wind- und Mondspiels gar kein Akteur bist? Wieso willst du denn Bescheid wissen?»

«Es stimmt, als Akteur selber bin ich auf der Bühne des Wind- und Mondspiels nicht tätig, aber die Vorgänge auf der Bühne vermag niemand anderer so genau zu beobachten wie ich. Es gibt da keinen besseren Augen- und Ohrenzeugen als mich. Eine Zwischenfrage: Was meinst du, wo mehr Schönheiten anzutreffen sind, in den Häusern der Reichen und Vornehmen oder in den Kreisen der einfachen und armen Leute?»

«Natürlich in reichen und vornehmen Häusern.»

«Stimmt, und damit ist die engere Auswahl getroffen. Arme und einfache Kreise bleiben bei meiner Berufstätigkeit sowieso außer Betracht, bei denen lohnt sich Einbruch nicht.

Aber gerade bei Frauen und Töchtern reicher und vornehmer Kreise trügt sehr leicht der äußere Schein. Denn die geizen natürlich nicht mit Schmuck und

Garderobe und blendender Aufmachung. Was nun bei denen unter der äußeren Aufmachung an echter, natürlicher Schönheit steckt, das zu beurteilen vermag eben nur ich und meinesgleichen. Stell dir vor: Es ist mitten in der Nacht und ringsum tiefe Stille, wenn ich mich lautlos an die Häuser meiner reichen und vornehmen Kundschaft heranschleiche. So eine Schöne ist gerade beim Auskleiden – vielleicht sitzt sie, vom hellen Mondlicht übergossen, dabei am offenen Fenster oder Balkon, oder sie räkelt sich schon im Bett und liest noch zwischen geöffneten Vorhängen bei Lampenlicht in einem Buch, oder klimpert Laute oder stickt. Sie ist womöglich noch lange wach, liegt bloß und noch unzugedeckt da und gewährt mir die Möglichkeit, sie in aller Muße zu betrachten und zu beobachten. Ich stecke ganz in der Nähe irgendwo im Dunkeln, halte die Ohren gespitzt, die Augen fest auf sie genagelt und rühre mich nicht. Kein Laut, keine Bewegung, die sie tut, entgeht mir. – Wer außer mir kann denn eine Schöne so genau und eingehend beobachten? – Wie ihr Haar, ihr Gesicht, ihre Hautfarbe, wie ihre Körperformen, ob sie schlank, ob mager, ob voll, ob üppig, beschaffen sind, ob ihr Lusthügel flach oder hoch gewölbt ist, ob er spärlichen Graswuchs oder dichtes Buschwerk aufweist – nichts, nicht die intimste körperliche Einzelheit entgeht mir. Auf solche Weise habe ich mir über alle möglichen Damen ansehnlicher Häuser im Umkreis von etlichen hundert li ein genaues Urteil, ob schön, ob nicht schön, bilden können und bewahre ein klares, ungefälschtes Bild von ihnen allen im Gedächtnis. Wenn du also auf wirkliche Schönheit aus bist, dann wende dich vertrauensvoll an mich.»

Der Jüngere hatte anfänglich unter Decken zugedeckt gelegen und mit schräg geneigtem Ohr zugehört. Was er eben zu hören bekam, hatte ihn dermaßen gepackt und hingerissen, daß er aus seiner bisherigen Liegelage jäh in Sitzstellung hochgefahren war und rief:

«Fabelhaft! Natürlich, wer außer dir kann denn einen solch tiefen Einblick in die intimsten Geheimnisse eines vornehmen Boudoirs tun? Uns anderen bleiben sie verborgen, wir gewinnen ja doch nur ein unvollständiges und obendrein falsches Bild. – Nun eine andere Frage: Wenn du so einen schönen Frauenkörper völlig nackt und entblößt und gar die allerintimste Körperstelle in ihrer ganzen Pracht offen vor Augen hast, ich möchte tausend gegen eins wetten, daß dich der Anblick gewaltig aufregt. Wie geschieht dir dabei?»

«Anfänglich, ich kann es nicht leugnen, als ich noch junger Kerl und Anfänger war, schuf mir solcher Anblick tatsächlich einen beträchtlichen Aufruhr der Sinne, und ich konnte häufig, wenn ich so im Dunkeln stand und guckte und lauschte, der Versuchung nicht widerstehen und mußte mir ‹Handgeld schlagen›. Meine Einbildung gaukelte mir dabei vor, daß ich es mit der Betreffenden wirklich und regelrecht triebe. Später, nachdem ich den gleichen Anblick so und so oft und immer wieder genossen hatte, wurde ich dagegen abgestumpft und gleichgültig; die gewisse Körperstelle sah ich sehr nüchtern nur noch als gewöhnliches Zubehör zum weiblichen Körper, als eine Art alltäglichen Gebrauchsgegenstand, an. Der Anblick ließ mich fürderhin kalt, es sei denn, ich sah die Betreffende in heftiger Verstrickung mit einem Mannsbild und vernahm gewisse Gurrelaute aus ihrem Mund. Das konnte mich allenfalls noch etwas aus der Ruhe und in einige Wallung bringen. – Möchtest du, daß ich die Theorie durch das eine oder andere kleine Erlebnis aus meiner Praxis würze? – Aber vielleicht hältst du mich für dumm vertraulich, und ich falle dir mit meinem Geschwätz lästig?»

«Im Gegenteil, so eine Nacht hindurch mit dir vertrauliche Zwiesprache zu halten, finde ich herrlich, viel anregender und lehrreicher als zehn Jahre Bücherstudium. Leg schon los! Ich bin ganz Ohr!»

«Ja, aber wo anfangen! – Man hat soviel erlebt – schneide doch irgendein Thema an, und ich werde dir dazu ein Erlebnis aus meiner Erfahrung zum besten geben.»

»Einverstanden. Also da möchte ich gern wissen: Haben die Weiber an der Sache eigentlich auch soviel Vergnügen wie wir?»

«Und ob! Das gilt ganz allgemein, unter hundert Weibern ist ganz ausnahmsweise mal eine, die kein Vergnügen dran hat – das heißt, unter den anderen kommen wieder zwei Sonderfälle vor. Da gibt eine nur an; ihr vorgeblich lichterlohes Begehren ist Strohfeuer; in Wirklichkeit gibt sie sehr rasch auf und will nicht mehr. Eine andere dagegen gibt sich spröde und unlustig, in Wirklichkeit aber glüht sie unter der vermeintlichen Eiskruste voll unersättlichem Verlangen. Den ersten Fall zu beobachten kostete keine sonderliche Mühe. Die Betreffende tat erst wer weiß wie begehrlich und suchte ihren Mann mit allen Künsten aufzureizen – und ich dachte schon, eine ganz Tolle, mit Sinnlichkeit bis zum Rand geladen, die wird den Mann die ganze Nacht hindurch nicht zur Ruhe kommen lassen – wider Erwarten aber kam es ganz anders: ihr Partner war kaum in Schwung gekommen, da machte sie schon schlapp und wollte nur noch schlafen. Sie hatte ihr bißchen Kraft allzu früh verausgabt, lange bevor er zum Ziel gekommen war.

Den zweiten Fall zu beobachten war für mich ein recht teurer Spaß. Also, da war ich wieder einmal auf meinem Lauerposten und auf dem Sprunge, ein reiches Haus auszuplündern. Aber da konnte ich lange warten. Der Mann suchte die Betreffende zärtlich an seine Seite zu ziehen, aber sie zeigte sich widerspenstig und entwand sich ihm. Er versuchte rittlings auf sie zu steigen, sie schüttelte ihn ab. Da gab er es auf, streckte sich lang und war gar bald eingeschlafen; ich konnte deutlich seine Schnarchtöne hören. Ich frohlockte schon und dachte, nun würde auch sie bald eingeschlafen und die Stunde für mich gekommen sein. Weit gefehlt! Sie wälzte sich beharrlich und geräuschvoll von einer Seite auf die andere Seite, offenbar in der Absicht, ihn aufzuwecken. Da er aber ebenso beharrlich weiterschnarchte, versuchte sie, ihn wachzurütteln, mit gleichem Mißerfolg. Er schnarchte immer noch. Da versuchte sie es auf eine dritte Art: Sie tat auf einmal einen gellenden Schrei: ‹Diebe! Einbrecher!› Jeder andere Dieb wäre an meiner Stelle bei diesem Schrei erschrocken davongerannt. Ich nicht, ich sagte mir, daß sie mit ihrem Alarmruf lediglich den trägen Schläfer an ihrer Seite wachbekommen wollte. Richtig, jetzt war er tatsächlich aufgewacht und wollte sich aus dem Bett rappeln, da hielt sie ihn wieder zurück und beruhigte ihn mit allerlei Ausflüchten: Sie müsse sich wohl verhört und

das Rascheln einer Maus und das Tappen einer die
Maus verfolgenden Katze für die leisen Schritte eines
Einbrechers gehalten haben. Nach dieser Erklärung
umschlang und umhalste sie ihn und wußte sich dergestalt an ihn anzuranken, daß ihr Lusthügel in Berührung und Reibung mit seinem Untertan kam,
dem darob der Kamm gewaltig schwoll. Die unausbleibliche Folge war eine Wiederaufnahme des vorhin dank ihrem Widerstande abgebrochenen Waffen-
gangs. Anfangs ging es dabei noch etwas schläfrig zu,
etwas unlustig und gezwungen seitens des Mannes,
der ja eben aus tiefem Schlummer gerissen und noch
schlaftrunken war, kurz, es bedurfte eines ziemlich
zähen Bemühens, das sich bis Mitternacht hinzog,
ehe sie mit jenen Mundbewegungen, die dem Schnappen eines Fischmundes ähneln, und mit jenen gewissen Lauten, die dem gepreßten Stöhnen und Ächzen
eines Schwerkranken gleichen, zu erkennen gab, daß
sie genug hatte – allerdings nur vorläufig. Es war für
sie nur eine Kampfpause, eine Art Waffenstillstand.
Sie gönnte ihrem erschöpften Partner nur eine kurze
Spanne zum Verschnaufen. Kaum hub er wieder mit
rasselnden Schnarchtönen an, da machte sie ihn mit
noch lauterem Ächzen und unruhigem Hin- und Her-
wälzen wieder munter, klagte ihm ihr Leid, daß es
ihr an dieser Körperstelle weh täte, ließ sich von ihm
bald die Brust beklopfen und reiben, bald den Leib
massieren, kurz, sie ließ ihn einfach nicht wieder
zum Einschlafen kommen und setzte ihm so lange
zu, bis er sich von neuem hermachte. So trieben sie
ihre Kurzweil die ganze Nacht hindurch bis zum
Hahnenschrei, erst dann hatte sie genug und gönnte
ihm endlich Schlaf. Für mich bedeutete ein solcher

Verlauf der Dinge natürlich unliebsamen Geschäftsverlust. Draußen war es darüber bereits hell geworden; wie sollte ich da noch zum Zuge kommen? Es blieb mir nichts anderes übrig, als mich schleunigst zu verdrücken. Ich war um den Ertrag einer ganzen Nacht geprellt. So kann ich wohl mit Recht sagen, daß für mich das Studium dieses Sonderfalles Weib ein teurer Spaß war.»

«Sehr aufschlußreich. Nun noch eine andere Frage: Geben sich die Frauen im entscheidenden Augenblick auch so hemmungslos wie wir Männer, oder üben sie da immer noch Zurückhaltung?»

«Mit ganz wenigen Ausnahmen geben sie sich genau so hemmungslos wie wir. Dabei stehen ihnen dreierlei Lustlaute zu Gebote, deren feine Unterschiede nur ich und meinesgleichen mit aller Deutlichkeit wahrnehmen kann. Dem beteiligten Mannsbild pflegen sie in der Hitze des Kampfes zu entgehen.»

«Welche drei verschiedenen Lustlaute?»

«Zu Beginn des Kampfes, wenn sie innerlich noch gar keine rechte Lust verspüren, tun sie äußerlich gleichwohl gewisse Koselaute, wie ‹mein Koko›, ‹mein Herz›, ‹meine Leber› kund, in der Absicht, ihren Partner aufzureizen und seine Lust zu wecken. Bei dieser ersten Art von Lauten, die aus ihrem Munde kommen, ist Wort für Wort noch klar und deutlich zu verstehen.

Die zweite Art Lustlaute wird vernehmbar, wenn sich die Betreffende im weiteren Verlauf des Liebeskampfes auch innerlich von Lustempfinden bis hinein in alle fünf Eingeweide und vier Gliedmaßen, bis in die Fingerspitzen und Fußzehen durchpulst und durchkribbelt fühlt. In diesem Zustand geht ihr Atem beschleunigt und nicht mehr regelmäßig, der obere Atem verpaßt den Anschluß an den unteren Atem, infolgedessen klingen die Lustlaute nur noch verworren und undeutlich. Schließlich im dritten, im Endstadium der Ekstase, auf dem Gipfel der Lust, ist sie so völlig erschöpft, daß ihr sowohl das Hirn wie die Gliedmaßen den Dienst versagen; in diesem Zustand bleiben ihre Lustlaute in der Kehle stecken und sind nur noch gänzlich unartikulierte Laute ohne erkennbaren Sinn.

Bei einer Gelegenheit habe ich einmal diese drei Arten Lustlaute ganz deutlich und aus der Nähe belauschen und unterscheiden können. Solange das Paar noch in lebhaftes Kampfgetümmel verstrickt war, klangen die Laute – es waren zum Teil Schreie – bis zu meinem anfangs ziemlich entfernten Lauscherposten ganz klar und deutlich herüber, gegen Ende aber verstummte die Frau und bewegte sich auch nicht mehr, es hatte, von meinem Platz aus gesehen, den Anschein, als ob sie von dem Mann umgebracht worden wäre. Ich schlich mich näher heran und lauschte angestrengt. Da konnte ich doch noch schwache Laute vernehmen, es hörte sich allerdings mehr wie ein Seufzen und Röcheln an, und es war nicht mehr zu unterscheiden, ob sich Worte dahinter verbargen. Da bekam ich einen Begriff, wie benommen, ja förmlich betäubt eine Frau bei und unmittelbar nach Eintritt der Ekstase sein kann. So, da hast du die Beschreibung der dreierlei Art weiblicher Lustlaute.»

Der Jüngling fühlte sich beim Zuhören selber wie betäubt und saß eine Weile stumm mit offenem

Munde da. Inzwischen war es draußen heller Morgen geworden. Er hob sich die Hauptfrage, richtiger gesagt das Hauptanliegen, das er noch auf dem Herzen hatte, bis zum Zeitpunkt des gemeinsamen Frühstücks auf.

«Nein, daß ich dich getroffen und mit dir Bruderschaft geschlossen habe! – Ich komme nicht darüber hinweg! Ich erachte es als die größte Gunst, die mir das Schicksal für meine sämtlichen drei Existenzen erweisen konnte! Du weißt ja, was für mich die Weiber bedeuten: Mein Alles, mein Leben! Erst du hast mir die Augen über sie geöffnet! Ohne dich – nicht auszudenken, wie falsch ich sie beurteilen und behandeln würde! Da hätte ich nun eine große Bitte an dich: Du hast doch so viele schöne Damen in der Verschwiegenheit ihrer Boudoirs belauschen und beobachten und dir ein sachkundiges Urteil über sie bilden können – würdest du mir dazu verhelfen, daß ich die Schönste unter ihnen zu Gesicht bekommen kann? Falls sie sich auch für meinen Geschmack und meine Ansprüche als überragende Schönheit erweisen sollte, nun, ich brauche dir's nicht zu verhehlen, ein gütiges Geschick hat mich so geschaffen, daß ich eine Frau nur zu erblicken, ihr aber nicht nachzulaufen brauche, im Gegenteil läuft sie mir nach. Also das Weitere könntest du mir überlassen. Nur für die erste Anbahnung, daß ich sie überhaupt zu Gesicht bekomme, benötige ich deine brüderliche Hilfe und Zaubermacht. Kannst du sie mir gewähren?»

Der Ältere schüttelte verneinend den Kopf.

«Das geht nicht. Ein bereits bestohlenes Haus nochmals bestehlen und noch dazu um eine hochachtbare Gattin oder tugendsame Haustochter bestehlen –

nein, das wäre mit meinen Grundsätzen und meiner Berufsehre unvereinbar. Das kann ich nicht.

Dagegen will ich mich gern von heute ab anderweit für dich umsehen und meine Augen offenhalten. Sollte ich irgendwo eine besondere Schönheit entdecken, dann werde ich ihr Haus einstweilen verschonen und zunächst dich verständigen. Dann wollen wir uns beraten, und ich will dir gern zur Bekanntschaft mit der Betreffenden verhelfen, falls du Wert darauf legen solltest.»

«Du hast recht. Natürlich, wie konnte ich nur! Einfach unverzeihlich! Da habe ich nun Augen im Kopf und habe ganz den Edelmann in dir übersehen! Du hast mir ja gestern deine hochgemuten Grundsätze klar dargelegt. Also darf ich auf deine freundwillige Hilfe zählen? Das ist schön. Aber vergiß nur ja nicht dein Versprechen, daß du das Haus der betreffenden Schönen mit Diebstahl verschonen willst! Wenn du mir wirklich zum Ziel meiner Wünsche verhelfen könntest, sei gewiß, ich würde dir deinen Dienst natürlich würdig lohnen.»

«Lohn? Du übersiehst trotz Augen im Kopf in mir noch immer den Edelmann. Wenn ich auf Dank und Lohn versessen wäre, dann würde ich deine Geldbörse gleich jetzt in Anspruch nehmen. Das liegt mir gänzlich fern. Es genügt mir, daß du künftig, wenn du eines Tages in Amt und Würden bist, beide Augen zudrückst und stillschweigend duldest, daß ich mir hin und wieder meinen Anteil am Überfluß der Reichen hole. Das wäre mir Lohn genug. Im übrigen kannst du dich darauf verlassen: Wenn ich dir schon die Bekanntschaft einer Schönen verspreche, dann werde ich mein Wort auch einlösen, am liebsten gleich morgen. Du brauchst auf deiner Wanderfahrt vorläufig gar nicht weiter zu schweifen. Bleib hier. Miete dir hier in der Gegend eine nette kleine Wohnung und setze nebenher dein Studium fort. Verlaß dich auch nicht ausschließlich auf mich, halte vielmehr selber die Augen offen und unternimm etwas auf eigene Faust, falls dir eine Entdeckung glückt. Gleichzeitig werde ich für dich tätig sein und dich verständigen, sobald ich etwas gefunden habe. Auf solche Art getrennt vorgehend, werden wir bestimmt zum gewünschten Erfolg gelangen.»

Der Jüngere vernahm es mit Freuden und beauftragte ungesäumt Häusermakler, eine passende Wohnung für ihn zu mieten. Als es ans Abschiednehmen ging, bestand er darauf, dem Älteren seinen Dank und seine Verehrung fußfällig mit vierfachem Stirnaufschlag zu bezeugen.

Welches Abenteuer ihm bevorstand, werdet ihr aus dem nächsten Kapitel erfahren.

Zwar reifes Weib mit ihren sechzehn Jahren,
Ist sie im Wind- und Mondspiel unerfahren.
Am Kissenrand voll Scham und Bangen
erträgt sie kaum so stürmisches Verlangen.

Manch Kinderlose mag selbst bis zu späten Jahren
Sich ihres Körpers Reize unverwelkt bewahren.
Wenn an der Schläfe man auch ersten Reif erspäht,
Zum Wind- und Mondspiel ist's noch nicht zu spät.

IV. KAPITEL

Nach strengem Maßstab wählt er die Elite aus und setzt eine Namensliste der Blumen auf. Er begegnet einladenden Mienen und verliebten Blicken und hält sich an die Dame mit den krausen Stirnlöckchen.

Nach der Verabschiedung von seinem neuen Freund und Schwurbruder hatte sich der Vormitternachts-Scholar auf die Wohnungssuche gemacht. Seine Wahl fiel absonderlicherweise auf einen Tempel. Der Tempel war dem Liebesgott Tschang Hsiän ‹Gott Bogenspanner› geweiht, dem Schutzpatron junger, nach Liebe schmachtender Mädchen und junger werdender Mütter. Von seinem göttlichen Beistand erhoffen sie sich glückliche Gattenwahl und Kindersegen. Besagter Tempel verfügte nur über wenige Galsträume, die durchreisenden Fremden offen standen, und entsprechend war der Mietpreis seitens des immer auf kleine Vorteile erpichten Tempelpriesters nicht zu knapp bemessen; er betrug zwei Silberbatzen monatlich für eine Gastkammer. Für den halben Preis hätte unser Jüngling leicht anderwärts eine hübsche Dreizimmerwohnung mieten können. Warum ließ er sich's unnötig kosten und versteifte sich gerade auf ein so teures Tempelquartier?

Nun, ausschlaggebend war für ihn der Umstand, daß sich besagter Tempel eines gewaltigen Zulaufs an Weiblichkeit von nah und fern erfreute. Nicht umsonst stand der hiesige Schutzheilige im Ruf besonderer Wundertätigkeit; man sagte ihm nach, daß er den Opfern und frommen Gebeten seiner Verehrerinnen auch wirklich Erhörung zu schenken pflege.

Der tägliche Aufmarsch von Weiblichkeit im Tempel bot denn unserem Jüngling, und das war seine Berechnung gewesen, eine herrliche, unbezahlbare Gelegenheit, die Töchter des Landes gleichsam an sich vorüberdefilieren zu lassen und sie in aller Gemächlichkeit einer kritischen Musterung zu unterziehen.

Seinem Vorhaben erwies sich nun der Umstand als besonders günstig, daß unter den Besucherinnen seines Tempels das jugendliche Element entschieden überwog. Insofern unterschied sich der hiesige Tempel ganz wesentlich von anderen Wallfahrtsorten. Anderswo sind es hauptsächlich die mittleren und älteren Jahrgänge der Weiblichkeit, die zu solchen Weihestätten wallfahren, um Brandopfer darzubringen und ihre Gebete zu verrichten, würdige Matronen, die über das Kinderkriegen längst hinaus sind oder demnächst hinaus sein werden.

Zum hiesigen Tempel dagegen, von dessen Gottheit man ja glückliche Paarung und männlichen Kindersegen erhoffte, kam im wesentlichen junge Weiblichkeit gewallfahrtet, allenfalls befand sich hier und da zur Begleitung eine Anstandsdame gesetzten Alters darunter.

Nun ist es ja bei den weiblichen Jahrgängen von vierzehn bis zwanzig so, daß die Betreffende gar nicht einmal schön zu sein braucht, es haftet ihr schon dank ihrer frischen Jugend ein gewisses Etwas, jener gewisse Charme an, der uns an der Pfirsichblüte entzückt. So kam unser Jüngling durchaus auf seine Rechnung, unter zehn in Erscheinung tretenden jungen Weiblichkeiten fand er auch bei Anlegung seines gewohnt strengen Maßstabes bestimmt zwei oder wenigstens eine beachtlich.

Nun ging er ganz methodisch vor. Schon am frühen Morgen pflegte er aufzustehen, zu frühstücken und sorgfältig Toilette zu machen. Dann bezog er seinen Beobachtungsposten vor der Tempelstatue des Liebesgottes. Da wandelte er auf und ab und behielt ständig den Tempeleingang im Auge. Sobald er von weitem Weiblichkeiten nahen sah, verlegte er seinen Beobachtungsstand hinter den breiten Rücken des Tempelgottes. Selber ungesehen, beobachtete er von dort aus durch eine kleine Lücke, die der Bildschnitzer zwischen Ärmel und Gewand des Gottes gelassen hatte, in aller Muße die vor der Statue knienden, betenden und Räucherwerk abbrennenden Andächtigen. Ganz eingehend konnte er sie mustern, ihre Figur, ihre Frisur, ihre Kleidung, ihr Mienenspiel, ihre Haltung, ihre Bewegungen beobachten. Keine Kleinigkeit entging seinem kritischen Auge.

Mitten während der Andacht, während sie noch kniend die feierliche Verlesung ihres Gebets durch den Priester anhörten, kam er dann völlig überraschend aus seinem Versteck zum Vorschein, um ganz gemächlich an ihnen vorüber zu stolzieren und durch die vordere Halle zum Tempeleingang zu schlendern.

Natürlich fiel sein plötzliches Erscheinen gehörig auf und setzte die Andächtigen in beträchtliche Verwirrung. Gar manche mochte sich da in frommer Einfalt fragen, ob dieser ausnehmend schöne Jüngling womöglich gar der Liebesgott selber sei, den ihre inbrünstigen Gebete bewogen hatten, aus der lehmgepappten Tempelfigur herauszusteigen, um ihr in Gnaden zu nahen und den Wunsch nach einem Sprößling persönlich zu erfüllen, und in solchem

Wahn mochte sie verharren, bis sie ihn gelassen die Tempelstufen hinabsteigen und ganz nach Menschenart vor dem Tempeleingang auf und ab lustwandeln sah und ihr endlich klarwerden mochte, daß das kein Gott, sondern ein Wesen gewöhnlicher irdischer Herkunft sei.

Bis ihr aber diese Erkenntnis kam, hatte sie ihren Schoß aufblühen gefühlt und sich im Geiste dem vermeintlichen Liebesgott bereits hingegeben. In holder Verwirrung und bis ins Innerste aufgewühlt, trat dann manche den Heimweg an, nicht ohne dem fremden Jüngling vor dem Tempeleingang noch einen minniglichen Seitenblick aus dem Augenwinkel zu gönnen. Die eine oder andere ließ wohl aus absichtlichem Versehen auch ihr Taschentüchlein vor ihm zu Boden gleiten in dem Wunsch, er möge es aufheben und als Andenken behalten.

Solche Erfolge stiegen ihm gar gewaltig zu Kopf und waren dazu angetan, sein ohnehin nicht zu knappes Selbstbewußtsein schier über die Maßen zu schwellen. Er war nun fest von seiner Unwiderstehlichkeit überzeugt und nahm es wie selbstverständlich, daß ihm die stolzesten und sprödesten Schönen einfach zu Füßen liegen müßten.

Um seine methodische Suche noch zu verbessern, legte er sich eine sorgfältig und gewissenhaft geführte Liste an. Er trug sie in Form eines Notizbuches stets in seiner Ärmeltasche bei sich. Darin trug er Namen, Adresse und genaue Personenbeschreibung aller ihm beachtlich erscheinenden jungen Weiblichkeiten ein, deren er bei der Tempelandacht ansichtig wurde. Seiner Liste gab er, obenan in großen Lettern geschrieben, den schönen Namen ‹lenzliche Erscheinungen von weit und breit›. Die näheren Angaben zur Person der Betreffenden – Namen, Alter, ob noch unvermählt oder mit wem verheiratet, Adresse – entnahm er dem Munde des Priesters, wenn der bei der Andacht den schriftlich niedergelegten Text des jeweiligen Gebets mit lauter Stimme verlas. All das wurde genau notiert und in die Liste eingetragen. Ferner pflegte er die einzelnen Namen auf die gleiche Weise, wie ein hoher Prüfungskommissar die schriftlichen Prüfungsarbeiten der Kandidaten zensiert, mit kleinen zinnoberroten Kreisen zu markieren und je nach Qualität zu gruppieren: Ein roter Kreis neben dem Namen bedeutete die Zensur ‹gut›, zwei rote Kreise bedeuteten ‹sehr gut›, drei rote Kreise bedeuteten ‹hervorragend›. Hinter Namen und Personenangaben folgte dann noch eine kurze Beschreibung der Vorzüge der jeweiligen Kandidatin.

Im Laufe der Zeit war die Liste zu beträchtlichem Umfang angewachsen. Aber soviel Namen sie auch aufwies, sie waren immer nur mit einem roten Kreis, der ‹gut› besagte, allenfalls mit den zwei roten Kreisen der Zensur ‹sehr gut›, markiert. Einen Namen mit den drei roten Kreisen der Zensur ‹hervorragend› auszuzeichnen hatte sich der wählerische Prüfungskommissar von Jüngling noch nicht bewogen gefühlt. Etwas enttäuscht dachte er bei sich: ‹Mein Sinn stand seit jeher nach einer wirklich ganz überragenden Schönheit, die nicht so leicht ihresgleichen findet. Ich glaubte in meiner Edelduft eine solche gewonnen zu haben. Nun stellt sich heraus, daß es ihresgleichen viele andere gibt, also ist sie gar nichts Besonderes, keine, die man als unvergleichliche, außergewöhnliche Schönheit einschätzen könnte. Aber so eine

Unübertreffliche muß es doch irgendwo unter dem Himmel geben!

Genauso wie es bei den Staatsprüfungen außer dem Tan Hua, dem dritten Sieger, und dem Pang Yen, dem zweiten Sieger, schließlich auch noch einen Tschuang Yüan, einen ‹Urstarken›, einen ersten Sieger gibt, so müßte es doch auch unter weiblichen Schönheiten eine Tschuang Yüan geben, das sagt doch jede Logik.

Wo mag sie, die Herrlichste von allen, bloß stekken? Warum kann ich sie nicht finden? Aber ich will und muß sie finden! Diese Frauen und Mädchen, die ich hier im Tempel gesehen und in meiner Liste verzeichnet habe, sollen mir als Notreserve für den Fall herhalten, daß ich die eine, die Herrlichste, nicht finden kann. Dann will ich meinetwegen mit der besten unter ihnen vorlieb nehmen. Aber damit will ich noch einige Tage zuwarten und inzwischen weiter suchen, und bei der Prüfung will ich noch mehr Strenge als bisher walten lassen und einen unerbittlichen Maßstab anlegen.›

Eines Morgens hatte er seine gewohnte frühe Aufstehzeit verschlafen. Er fühlte sich matt und zerschlagen und blieb bis in den Vormittag hinein im Bett liegen. Auf einmal kam sein Leibbursche in seine Kammer gestürzt und rüttelte ihn munter.

«Hsiang kung ‹junger Herr›, rasch aufstehen! Die Allerschönste, die Ihr seit so langem sucht, ist da! Vielmehr, es sind ihrer gleich zwei da!» berichtete er aufgeregt.

Mit einem Satz war unser Jüngling aus dem Bett und fuhr in die Sachen. Eitel wie er war, vertrödelte er eine Menge Zeit damit, sich feinzumachen, sich zu frisieren, ein neues flottes Barett auszusuchen und sich von vorn und von hinten im Spiegel sehr genau zu begucken.

Um seinen gewohnten Beobachtungsposten hinter dem Tempelgott einzunehmen, war es bereits zu spät. Die Schönen hätten ihre Andacht bereits beendet und wären im Begriff fortzugehen, verständigte ihn sein Diener. Nun, dann wollte er ihnen den Rückweg abschneiden, beschloß er, schlüpfte durch eine Seitenpforte ins Freie, umlief im Eilschritt den Tempel von draußen und stieg dann, seinen Schritt wieder mäßigend und würdige Haltung annehmend, die Stufen zum Eingang hoch. Er kam gerade noch zur rechten Zeit, um den Damen den Rückweg abzuschneiden. Es waren zwei jugendliche Schöne, die eine in silbern und rot gemustertem Gewand, die andere trug eine Robe von der zart hellgrünen Tönung der Lotossprosse. Sie waren begleitet von einer Schönheit reiferen Alters. Alle drei hatten eben die Stummel ihrer abgebrannten Räucherkerzen in das kupferne Aschenbecken geworfen und schickten sich nun zum Fortgehen an.

Unser Jüngling hob seinen Blick auf, und es wollte ihn bedünken, als ob er nach langer, beschwerlicher Reise endlich am ersehnten Ziel angelangt sei, wie weiland Fürst Hsiang im Traum auf den Gipfel des Zauberbergs entrückt, wo ihm eine wunderholde Fee die Arme liebend entgegenbreitete. Mit diesen beiden herrlichen Geschöpfen konnten sich die anderen, die seine Liste verzeichnete, und die er sonst gesehen hatte, freilich nicht entfernt messen. Eine Weile stand er wie vom Schlag getroffen völlig verdattert und entgeistert da.

Dann wich der Bann, sein klares Bewußtsein kehrte zurück und gab ihm einen blitzgeschwinden Einfall ein. Sie waren im Fortgehen begriffen, daran mußte er sie hindern oder sie zum mindesten aufhalten. Geistesgegenwärtig ließ er sich auf die Knie nieder und neigte sich hurtig zum Kotau – oh, nicht bloß zu einem, vielmehr gleich zu einer ganzen Reihe von Stirnaufschlägen. Sein närrisches Gebaren veranlaßte sowohl seine beiden Diener wie den Tempelpriester, vor Schreck Maul und Augen aufzureißen. Sie hielten ihn für gänzlich übergeschnappt und schwitzten bereits Angst, die Damen könnten sich schockiert fühlen und es möchte zu einer unliebsamen Szene kommen. Skandal im Tempel, nicht auszudenken! –

Sie ahnten freilich nicht, daß in dem vermeintlichen Wahnsinn Methode steckte, verteufelt schlaue Methode. Des Jünglings Berechnung ging dahin: ‹Entweder sind die Damen zarter Regungen fähig, dann werden sie meinen Kniefall und meine Stirnaufschläge als eine ihnen zugedachte Huldigung auffassen, als Ausdruck meiner leidenschaftlichen Verehrung und Anbetung, sie werden milde über die absonderliche Form meiner Huldigung hinwegsehen und keine Szene machen; oder sie sind in ihrer strengen Ehrbarkeit für eine solche Art Huldigung nicht zugänglich und machen eine empörte Szene, dann werde ich mich damit herausreden, ich sei von weit hergekommen, um hier im Tempel dem bogenspannenden Liebesgott zu opfern und ihn um Kindersegen anzuflehen. Da ich nun im Tempel bereits drei Damen anwesend gefunden, hätte ich mich aus Gründen der Schicklichkeit nicht hineingetraut und darum dem Gott meine Huldigung aus gemessener Entfernung, von der Torschwelle aus, dargebracht. Die Damen werden ja kaum wissen, daß ich in Wahrheit schon seit langem im Tempel hause, und den Schwindel durchschauen.› So war es ihm blitzschnell durchs Hirn geschossen.

Das war die taktische Berechnung, die sein absonderliches, geradezu aberwitzig scheinendes Verhalten leitete. Und der Erfolg gab ihm recht. Die Damen, weit entfernt davon, sein Manöver zu durchschauen, waren tatsächlich der Meinung, daß er dem Gott aus der Entfernung huldige und ihn um Kindersegen anflehe. Dabei wollten sie ihn nicht stören. Sie schlugen also keinen Krach, traten vielmehr rücksichtsvoll beiseite und warteten geduldig ab, bis er mit seiner vermeintlichen Andacht fertig war. Während dieser Zeitspanne verhielten sie sich unterschiedlich: Die beiden jüngeren schielten zwar ab und zu nach ihm hin, aber sie taten es mit so viel mädchenhafter Scheu und Zurückhaltung, daß es schwer zu erraten war, ob er ihnen gleichgültig oder nicht gleichgültig sei, die ältere Schöne dagegen gab ihm unverhohlen recht lebhaftes Interesse zu verstehen, indem sie, den Blick voll auf ihn gerichtet und, den Mund mit der Hand verdeckt, ihm anhaltendes, und zwar sehr wohlwollendes Lächeln schenkte, ja, als sie endlich zu dritt ihre Schritte dem Ausgang zu lenkten und an ihm vorüber mußten, konnte sie nicht umhin, ihm einige glutvolle Blicke zuzuwerfen, die mehr besagten als bloßes Wohlwollen.

Verzückt und völlig entgeistert stand er reglos und starrte ihnen von der Tempelschwelle aus nach, wie sie in ihre draußen wartenden Sänften stiegen, und starrte ihren Sänften nach, bis sie in einer Entfernung von etwa einem li um die Ecke bogen und seinem Gesichtskreis entschwanden. Erst dann erwachte er aus seiner Erstarrung und fand die Sprache wieder.

«Wer waren die drei Damen, die hier eben geopfert und gebetet haben?» wandte er sich an den Tempelpriester. Der aber verweigerte ihm unwirsch jegliche Auskunft. Er war über das verrückte, unmögliche Benehmen seines Mieters äußerst aufgebracht und mußte sich sehr beherrschen, um nicht zornig loszupoltern.

Nun war guter Rat teuer. Die Verlesung der Gebete hatte er verschlafen, damit waren ihm jegliche Angaben zur Person der drei Damen, Name und Adresse entgangen, aus dem Tempelpriester war nichts herauszubringen. Was nun? Er schalt sich Tor. Warum war er den Sänften nicht nachgegangen, um wenigstens die Wohnung der Unbekannten zu ermitteln? Warum hatte er nicht seine Diener damit beauftragt? Wozu hatte er sie denn? In seiner Sinnesverwirrung hatte er das Nächstliegende verpaßt. Jetzt war es zu spät. Die Sänften hatten inzwischen einen viel zu großen Vorsprung gewonnen, um sie noch einzuholen. Mißmutig und mit sich selbst unzufrieden, schlich er sich in seine Tempelkammer zurück.

‹Sehr ärgerlich!› dachte er bei sich. ‹Von allen anderen, die meinen Ansprüchen nicht genügten, weiß ich Namen und Adresse und habe eine ganze Liste voll von genauen Angaben zu ihrer Person. Und gerade von denen, auf die es mir ankommt, die meinen höchsten Ansprüchen mehr als genügen, weiß ich nichts, rein gar nichts. Zu dumm! Da hat man ihnen nun in nächster Nähe von Angesicht zu Angesicht gegenübergestanden, den holdesten, den herrlichsten Geschöpfen der Welt, und trauert ihnen nun gleich flüchtig zerronnenen Nebelgebilden nach und greift ins Leere!›

Mechanisch holte er sein Tagebuch hervor. Immerhin wollte er auch in diesem Falle seiner gewohnten Chronistenpflicht nachkommen. Freilich, was sollte er bloß schreiben? Es fehlten ja alle präzisen Anhaltspunkte. Er sann hin und sann her und schrieb, und im Zug des Schreibens verdichteten und verklärten sich die anfänglich trockenen Aufzeichnungen des Chronisten zum lyrischen Erguß des verzückten Schwärmers:

‹Am soundsovielten Tage des soundsovielten Monats: Begegnung mit zwei wirklichen Landesschönen. Name, Herkunft, Wohnung unbekannt. Statt dessen folgt unten nähere Beschreibung von Aussehen und Kleidung:

Die erste, schätzungsweise siebzehn bis achtzehn Jahre alt, trug ein silbern- und rotfarbenes Gewand. Scheint sehr empfindsam, aber noch unschlüssig, in welche Richtung sie ihre Gefühle lenken soll. Die Schleuse erotischer Wünsche ist bei ihr noch ungeöffnet.

Glosse: Ach, wie ihre Schönheit mit Worten beschreiben? – Sie ist ein Edelstein, der auch noch duftet, eine Blume, die auch noch spricht –, ihr Mund eine aufgeplatzte Kirsche – wie sie ihre Füßchen zum Schreiten setzt, weckt die Vorstellung vom eleganten Gleitflug der Schwalbe und die Erinnerung an jene historische Schönheit alter Zeit, Hsi Schi genannt, ‹fliegende Schwalbe›, die einst beim fürstlichen Festgelage durch ihren graziösen Tanz zwischen goldenen

Tellern und Platten der Hoftafel ihren erlauchten
Gebieter völlig in Bann schlug und zum Hampel-
mann machte. (Fürst Fu Tschai vom Staate Wu,
5. Jahrh. v. Chr.) – Ihre Brauen hat sie, wiederum
ähnlich jener Hsi Schi, ständig etwas zusammen-
geschoben, nicht wie die Hsi Schi bloß bei trüber
Laune, sondern auch dann, wenn sie heiter gestimmt
ist –, ihre Augen hält sie, eine zweite Yang Kweh
Feh (berühmte Favoritin des Tang-Kaisers Ming
Huang, 8. Jahrh. n. Chr.) ständig nur lässig offen und
hat den Blick verhangen, nicht, wie die Yang Kweh
Feh, dann, wenn sie müde und schläfrig ist, sondern
auch dann, wenn sie sich frisch und munter fühlt –
wenn sie sich zum Fortgehen wendet, ist der letzte
Eindruck, den sie bei dem Zurückbleibenden hinter-
läßt, weniger das feine, sich sachte entfernende Klir-
ren und Klingeln ihres jadenen Gürtelschmucks, das
in den Ohren nachklingt als ein seltsames Gefühl
inniger Rührung, das noch lange in den Herzen nach-
schwingt – und das erst recht, wenn sie zum Abschied
noch einen Blick, sei es auch nur einen winzigen
Blick von der Feuchtigkeit der blanken Herbstwelle,
schenkt – wer möchte ihr unter allen minniglichen
Geschöpfen, die in der Abgeschlossenheit der Jung-
frauengemächer verborgen aufwachsen, nicht die
heimliche Krone zuerkennen?

Die zweite, gleichfalls Landesschöne, Alter um
etwa zwanzig Jahre, trägt eine Robe vom zarten Hellgrün der Lotossprosse, erweckt den Eindruck, als ob
sie schon seit längerem begehrlichen Blicken fremder
Männer standgehalten habe, aber der festverschlos-
sene Blütenkelch ihres Weibtums scheint noch nicht
erbrochen.

Glosse: Eine Schönheit von strotzend üppigen Formen, aber gleichwohl elastisch und sehr lebhaft in ihren Bewegungen – ihre Brauen von Natur so fein geschwungen, wie sie kein Hofmaler besser zeichnen könnte –, die natürliche, rosige Frische ihres Teints bedarf keiner Nachhilfe durch Puder und Schminke – ihr Fleischpolster hält eine ideale Mitte zwischen fett und mager, sie ist einerseits nicht so schlank, um ihre Schlankheit mit Mißbehagen als Magerkeit zu empfinden, andererseits nicht so füllig, um sich von ihrer Fülle etwas wegzuwünschen –, fürwahr eine, die Ansprüche machen kann, die nicht mit dem ersten besten vorlieb nimmt! – In ihrer äußeren Aufmachung, in Schmuck und Kleidung, hält sie entsprechend eine ideale Mitte zwischen aufdringlicher Eleganz und übertriebener Bescheidenheit, ihre Aufmachung wirkt einfach, aber vornehm und gewählt – die Ärmste! Ihre verborgenen Gefühle scheinen noch verworren, wie in dichtem Gestrüpp verfangen und noch keine klare Richtung gefunden zu haben – eine Lotosknospe, die noch zögert, sich zu entfalten, so hält sie ihre intimsten Regungen noch scheu zurück –, ein edles Räucherwerk, das schon glimmt und Düfte entsendet, bevor ein Anlaß da ist, um Erwiderung ihrer Gefühle zu bangen und Sorge fortzuräuchern –, fraglos darf sie gleich der ersten als Landesschöne gepriesen werden, und der seltene Duft ihrer Reize ist gleichermaßen hoch erhaben über die Maße durchschnittlicher Düfte – aus einer Schönheitskonkurrenz würde sie bestimmt als erste Siegerin hervorgehen.›

Soweit hatte er geschrieben. Jetzt legte er den Pinsel nieder und dachte nach: ‹Da ist noch die Dritte, die Dame reiferen Alters, die dürfte den beiden Jüngeren an Vorzügen eigentlich kaum nachstehen. Von ihren sonstigen Reizen einstweilen ganz zu schweigen, allein schon so ein betörender, glutvoller Blick aus ihrem Augenpaar ist höchsten Preises wert. Und sie hat an mich mehr als nur einen Blick verschwendet! – Leider habe ich nicht daran gedacht, ihre Blicke zu erwidern, so sehr war meine Aufmerksamkeit durch die beiden Jüngeren abgelenkt und gefesselt. Wenn ich's nun recht bedenke, verdient sie nicht geringere Beachtung, schon als Begleiterin der Jüngeren. Möglicherweise ist sie deren Schwägerin, auf alle Fälle eine nahe Verwandte. Wenn ich an die beiden Jüngeren heranwill, scheint es mir geraten, daß ich mich zunächst an die Ältere halte und ihr etwas den Hof mache. Vielleicht wird sie mir bereitwillig weiterhelfen und die beiden Jüngeren veranlassen, mir geneigte Beachtung zu schenken – wer weiß? Ich bin hier stadtfremd – wenn ich sie überhaupt aufspüren kann –, warum soll es mir nicht gelingen, sie in meinen Bogenbereich zu locken und in ein Liebesabenteuer zu verstricken? – Wohlan, jetzt will ich auch die dritte in meine Liste aufnehmen und auch ihr eine recht schöne Glosse widmen, einmal zum Dank dafür, daß sie mich so liebeglühender Blicke gewürdigt hat, zum anderen aus kluger Vorsorge: wenn ich sie erst ausfindig und ihre Bekanntschaft gemacht habe, dann werde ich ihr mein Tagebuch zu lesen geben, und dann wird es ihr schmeicheln, daß ich sie darin mit einer so schönen Glosse bedacht habe, und sie wird sich vielleicht gefällig zeigen und meinen Wünschen entgegenkommen.›

Gedacht, getan. Er nahm seine Liste wieder zur Hand, änderte die Eingangsworte ‹zwei Landesschöne› am Kopf der heutigen Eintragung um in ‹drei Landesschöne› und schrieb:

‹Die dritte, die Dame, gekleidet in den satten Farben des sommerlichen Abendhimmels, ist etwa Mitte dreißig, wirkt aber nach Aussehen und Haltung mindestens zehn Jahre jünger. Ihre von edler Leidenschaft geprägten Züge verheißen dem Kenner, der sie zu entflammen weiß, eine verschwenderische Skala von erlesenen Liebesgenüssen. Ist sehr temperamentvoll, in übersprudelnder Laune wachsen ihrem lebhaften Geist förmliche Flügel. – Obwohl Leib, Schenkel und Arme bei ihr mehr pralle Fülle aufweisen als bei jungen Mädchen, können ihre feinen Gesichtszüge an Frische und Liebreiz sehr wohl mit dem Antlitz einer jugendlichen Braut konkurrieren –, ihre rosigen Wangen brauchen den Vergleich mit der Pfirsichwange nicht zu scheuen –; ihre mattschimmernde Haut besitzt die Glätte und Weichheit des Jaspis – aber das Betörendste an ihr, was den Verstand des Betrachters am meisten dahinschmelzen läßt, ist ihr Augenpaar: auch ohne daß sie den Augapfel bewegt, vermag ihre Pupille Funken zu sprühen gleich einem Feuerstein, vermag förmlich Blitze zu schießen – und noch etwas Besonderes an ihr: ohne ihren Fuß auch nur um einen Zoll von der Stelle zu rücken, vermag sie ihrem Oberkörper eine plötzliche Wendung, eine graziöse Drehung zu geben derart, daß ihr helles Gesicht gegen den dunklen Hintergrund des Tempelinneren völlig unerwartet aufleuchtet, ganz ähnlich wie das weiße Wölkchen, das, von einem jähen Windstoß angetrieben, auf einmal über einem dunklen Berggipfel auftaucht – alles in allem ist sie genau wie die beiden Jüngeren ganz große, allererste Klasse und ihnen ebenbürtig. – Wozu noch Streit um Vorrang?›

Er hatte zu Ende geschrieben, nun pinselte er noch neben jede der Lücken, die er auf seiner Liste gelassen hatte und die eigentlich mit den Namen der drei unbekannten Schönen auszufüllen waren, drei kleine zinnoberrote Kreise, dann faltete er sein Tagebuch zusammen und barg es wie gewohnt in seiner Ärmeltasche.

Von Stund an war ihm der Tempel des bogenspannenden Liebesgottes gleichgültig geworden. Wenn er noch hin und wieder seinen Beobachtungsposten hinter der Tempelfigur bezog, so war er doch nicht recht bei der Sache und hatte kaum noch Augen für die weiblichen Neuankömmlinge, die da knieten und ihre Andacht verrichteten. Sein ganzes Interesse war völlig von den drei unbekannten Schönen, die es ihm so angetan hatten, in Anspruch genommen. Sein Tagebuch in der Tasche, durchstreifte er auf der Suche nach ihnen, immer in der vagen Hoffnung, ihnen zufällig zu begegnen, unermüdlich die Straßen der Stadt, aber vergebens, er konnte keine Spur von ihnen entdecken. Schließlich erinnerte er sich seines Freundes, des Kun Lun Rivalen.

‹Der kennt sich doch hier auf Weg und Steg aus. – Warum soll ich mich ihm nicht anvertrauen und sei-Beistand erbitten? – Dagegen spricht freilich ein Bedenken: Er hatte sich doch erboten, von sich aus nach einer Schönen für mich zu suchen, vielleicht hat er inzwischen eine gefunden? – Wenn ich ihm nun meine eigene Entdeckung anvertraue, wird er vielleicht denken, ich bedürfe seiner nicht länger, und er wird die kostbare Traglast, die er schon für mich bereit hatte, als überflüssig wegwerfen und mir seinen Fund verheimlichen. Überdies könnte ich ihm ja gar keine präzisen Angaben zur Person der drei Unbekannten liefern. Wie sollte er sie ausfindig machen? –

Am besten, ich berge mein Geheimnis einstweilen im Busen und warte ab, was er mir von sich aus Neues zu berichten hat. Er hat sich ja schon einige Tage nicht mehr blicken lassen, nun wird er sich wohl in Bälde bei mir melden.›

Von da ab verbrachte er seine Tage damit, in seiner Tempelkammer zu hocken, sich in seine Klassiker zu vertiefen, mit literarischen Essays abzuquälen und ungeduldig auf das Kommen des Freundes zu warten. Aber dieses zermürbende Herumsitzen und Warten wurde ihm auf die Dauer zur Qual. Eines Tages trieb es ihn doch wieder auf die Straße, und da wollte es der Zufall, daß er seinem Freund in den Weg lief.

«Wie steht es mit der bewußten Sache und deinem freundlichen Versprechen? Und warum hast du dich so lange nicht blicken lassen? Hast du dein Versprechen etwa schon wieder vergessen?»

«Kein Gedanke! Ich habe sehr wohl daran gedacht. Nur war die Schwierigkeit dabei, daß mir zwar gewöhnlicher Durchschnitt zuhauf begegnete, aber keine von wirklich überragender Klasse. Erst gestern habe ich eine entdeckt, die deinen Ansprüchen genügen könnte, und gerade bin ich auf dem Wege zu dir, um dir meinen Fund zu melden. Welch glücklicher Zufall, daß wir uns nun unterwegs getroffen haben!»

«Großartig! Dann komm nur mit in meine bescheidene Klause! Dort sind wir ungestört.»

Ärmel an Ärmel begaben sie sich zum Tempel des Jünglings.

Der entfernte zunächst seine beiden Diener und riegelte zur Vorsicht auch noch die Kammertür ab. Dann wurden die Köpfe zusammengesteckt, und es ging ans Berichten und Beraten.

Nun wird die geschätzte Leserschaft Näheres über Herkunft und Aufenthalt der drei Schönen wissen wollen, denen es von einem launischen Schicksal bestimmt war, unserem unternehmungslustigen Keckling in den Weg zu laufen, und ob wohl nun ein Pechvogel von betrogenem Ehegatten oder Hausvater auftreten wird, der an dem frivolen Verführer grimmige Rache nehmen wird.

Gemach, ihr braucht nicht zu rätselraten, darüber wird euch das nächste Kapitel Aufschluß erteilen.

V. KAPITEL

Er gibt an und übertreibt maßlos Größe und Ausdauer seines bescheidenen ‹Talents›. Der Augenschein reizt den großen Experten zu schallendem Gelächter.

«Nun, hat mein geschätzter jüngerer Bruder in der Zwischenzeit irgendein bemerkenswertes Erlebnis gehabt?» eröffnete der Kun Lun Rivale, auf einer Matte am Boden hockend, das Gespräch.

«Nicht daß ich wüßte», schwindelte der Vormitternachts-Scholar. Er fürchtete, wenn er sein Erlebnis preisgäbe, würde der andere seine eigene Traglast an Neuigkeit absetzen und für sich behalten. «Und wie steht es mit deiner eigenen Entdeckung, von der du mir vorhin eine Andeutung machtest?» fuhr er fort. «Wie heißt sie? Wo wohnt sie? Wie alt ist sie? Wie sieht sie aus? Los, berichte! Ich vergehe vor Spannung!»

«Meine Entdeckung ist nicht bloß eine, es sind ihrer gleich drei. Aber ich habe dir nur eine versprochen. Also sei nicht so happig, daß du alle drei besitzen möchtest. Du mußt schon deine Wahl treffen und dich mit einer begnügen.»

Unser Scholar wurde stutzig. Gleich drei? Trug er nicht selber drei im Herzen, jene drei, denen er neulich im Tempel begegnet war und die so großen Eindruck auf ihn gemacht hatten? Sollte es sich gar um die gleichen Schönen handeln? Das wäre ja ausgezeichnet. Dann würde er sich erst an die Ältere heranmachen, und durch sie an die beiden Jüngeren heranzukommen würde für ihn kein Problem bedeuten. Er frohlockte bereits, ließ es sich aber nicht anmerken.

«Du hast recht. Für meinen Bedarf genügt natürlich eine. Alle drei besitzen zu wollen, das wäre tatsächlich happig.»

«Gut, darüber sind wir uns also einig. Nun fragt es sich, welche du möchtest. Schön sind sie alle drei, aber jede hat ihre eigenen Vorzüge – wobei ich noch gar nicht weiß, ob wir denselben Geschmack haben. Es könnte ja sein, daß dir gar nicht gefällt, was mir gefällt. Darum eine Frage: Bist du mehr für üppig oder schlank?»

«Es kommt darauf an. Eine Üppige wie eine Schlanke, beide können ihren Reiz haben. Aber Fülle darf nicht in Dicke ausarten, bei der die Kleider zu platzen drohen, und Schlankheit darf nicht in Magerkeit ausarten, bei der die Knochen durch die Kleider spießen. Es kommt auf das rechte Maß an.»

«Gut. Demnach würden alle drei deinen Wünschen entsprechen. Eine weitere Vorfrage: Bist du mehr für Temperamentvolle oder für spröde Artige?»

«Natürlich für Temperamentvolle. Diese artigen Spröden finde ich einfach fad. So eine liegt einem apathisch an der Seite und tut von sich aus nichts dazu. Wie soll denn da Stimmung aufkommen? Dann schon besser für sich allein schlafen, da hat man wenigstens seine Ruhe und ist nicht geniert. Nein, bloß keine spröden Artigen! Sie waren mir immer ein Greuel!»

Der andere wiegte bedenklich den Kopf. «Demnach dürften alle drei für dich nicht in Frage kommen.»

«So? Woher willst du denn das so genau wissen, daß sie ohne Temperament sind?»

«Da bedarf es keiner weiteren Erklärung. Es genügt, wenn ich dir versichere, daß sie alle drei gleichermaßen zu zwölf Zehnteln jedem Anspruch auf Schönheit genügen, aber einem Anspruch auf Temperament noch nicht einmal zu sechs Zehnteln genügen.»

«Macht nichts. Das würde ich in Kauf nehmen. Hauptsache, sie sind schön. Temperament in der Liebe läßt sich mittels Erziehung beibringen. Ich spreche da aus Erfahrung. Mein kleines Frauchen daheim benahm sich in der ersten Zeit unserer Ehe auch entsetzlich artig und ehrpusselig. Von irgendwelcher Liebeskunst hatte sie keine Ahnung. Nun, es kostete mich ein paar Tage weidlicher Erziehungsarbeit, dann hatte ich sie so gründlich umgemodelt und umgeschmolzen, daß ihr Temperament kaum noch zu bändigen war und nach immer neuen Varianten der Liebe lechzte.

Kurz, mir ist jede von den dreien recht, am liebsten würde ich sie alle drei haben. Wenn ihnen etwas an Temperament abgeht, macht nichts – ich weiß schon, wie ich ihnen ihre Artigkeit austreiben und Temperament beibringen kann.»

«Gut. Aber da ist eine weitere Vorfrage: Möchtest du die Betreffende möglichst bald, gleich nach dem ersten Kennenlernen besitzen? Oder würdest du auch ein paar Monate Wartezeit in Kauf nehmen, bevor du rangehst?»

«Offen gestanden, mir ist es verflucht eilig. Bei mir brennt das Verlangen nach Weib schon für gewöhnlich lichterloh. Wenn ich drei oder gar fünf Tage lang Beischlaf entbehren muß, dann habe ich wollüstige Träume und gebe meine überschüssige Kraft während des Schlafes ab. Nun bedenke, ich bin schon wer weiß wie lange von Hause fort und auf Reisen und habe mir unterwegs jegliches Huren versagt. Du kannst dir vorstellen, bei mir ist höchste Feuersnot! Solange mir nichts wirklich Beachtliches in den Weg läuft, kann ich mich allenfalls noch beherrschen. Aber wenn mir erst einmal die Richtige begegnet und meine Neigung nur ein wenig erwidert, dann fürchte ich, gibt's für mich kein Halten mehr. Je rascher, desto besser.»

«Dann wirst du dir von vornherein zwei von den dreien aus dem Kopf schlagen müssen. Es sind Töchter aus einem sehr vornehmen und reichen Haus. An die heranzukommen hält sehr schwer. Da könntest du lange warten. Da du es eilig hast, kommt für dich nur die dritte in Betracht. Bei der dürfte es nicht schwer halten, zum Ziel zu gelangen. Sie ist die Ehefrau eines Kleinbürgers, eines Seidenhändlers. Wie ich dir bereits auseinandergesetzt habe, verschone ich bei meinen Unternehmungen grundsätzlich den Mittelstand und kleine Leute. Nur dir zuliebe, weil ich dir's nun einmal versprochen habe und bei Tag und Nacht an mein Versprechen denke, bin ich diesmal ausnahmsweise von meinem Grundsatz abgewichen und habe diese ehrsame Frau eines schlichten, biederen Seidenhändlers mit in Betracht gezogen. Wie ich sie entdeckt habe? Durch Zufall. Wie ich neulich so durch die Straßen bummelte, kam ich an einem Haus vorüber, und da sah ich sie im Laden hinter einem Türvorhang aus Bambusstäbchen sitzen. Obwohl der Vorhang eine genaue Sicht verwehrte, konnte mein Blick doch etwas an ihr deutlich wahrnehmen: das war die rosige Frische ihres auffallend hellen Gesichts. Dieses Gesicht – es ging von ihm wie von einem Edelstein oder einer Perle ein lichter Schimmer aus, der durch die Ritzen des Vorhangs huschte. Dann tastete mein Blick ihre ganze Gestalt, ihre Formen ab – es waren vollendete Formen. Wie ich sie so ruhevoll, sich nur spärlich rührend, sitzen sah, da war mir, als ob ich ein Gemälde vor mir hätte, das Bildnis einer herrlichen Frau, das hinter dem Vorhang hing und sich ab und zu unter einem sanften Lufthauch ein wenig hin und her bewegte. Ich stand eine Weile wie gebannt und starrte. Dann ging ich auf die gegenüberliegende Straßenseite und beobachtete von dort aus weiter. Es dauerte nicht lange, da sah ich einen Mann den Türvorhang beiseiteschieben und herauskommen. Es war ein plumper, grobschlächtiger Kerl. Er stak in einem schäbigen Kittel und trug ein Bündel Seide übergebuckelt. Offenbar war er auf dem Weg zum Markt, um Ware zu verkaufen. Ich wartete ab, bis er außer Sicht war, dann ging ich und horchte in der Nachbarschaft herum. Da erfuhr ich, das betreffende Haus mit dem Laden gehöre einem Seidenhändler namens Küan. Weil er von besonders zurückhaltendem und verträglichem Wesen sei und keiner Fliege etwas zuleide tue, werde er allgemein Küan lao schi, ‹Küan der Biedere› genannt. Die Schöne, die ich im Laden sitzen gesehen hatte, stellte sich als Ehefrau des Biedermannes heraus. Das war schon immerhin etwas, was ich gesehen und erfahren hatte. Aber es genügte mir noch nicht. Der lästige Vorhang hatte mir eine genaue Sicht verwehrt. Ich wollte ganz sicher gehen.

Ich ließ ein paar Tage verstreichen. Dann machte ich mich wieder zu dem bewußten Haus auf. Wieder sah ich sie hinter dem Vorhang im Laden sitzen. Da faßte ich einen kecken Entschluß: Ich schob kurzerhand den Vorhang beiseite und trat ein. Ich fragte nach dem Ladenbesitzer. Seidenstoff möchte ich kaufen, gab ich vor. Ihr Mann sei ausgegangen. Aber sie könne mir, wenn ich etwas zu kaufen wünsche, Stoffe zur Auswahl vorlegen, es sei genug Vorrat im Laden, beschied sie mich und blieb noch immer ruhig sitzen. Nun wollte ich sie doch gern in Bewegung sehen, um ihre ganze Gestalt abschätzen zu können. Bisher konnte ich nur ihre aus dem Rockärmel hervorlugenden Hände wahrnehmen. Was für kleine, wohlgeformte Pfötchen! Diese zarten, feinen Finger! Die reinen Lotossprossen! Auch von ihren zierlichen Füßchen konnte ich einen flüchtigen Blick erhaschen, als sie einmal unter dem Rocksaum zum Vorschein kamen. Sie staken in einfachen flachen Seidenpantöffelchen ohne den üblichen dicken Unterbau von Filzsohlen, auf dem unsere Frauen so gern einhergehen, um ihrem Gang das beliebte Schwanken des vom Wind bewegten Blütenzweigs zu verleihen. Auch sonst konnte ich an ihr keine künstliche Nachhilfe und Aufmachung wahrnehmen, es war bei ihr alles unverkünstelte Natur, zumal die rosige Frische ihrer Wangen, die mir bei der ersten Begegnung so aufgefallen war.

Noch aber hatte ich nicht feststellen können, wie ihre Haut am übrigen Körper beschaffen war, ob hell ob dunkel, und ob sie auch gut gepolstert war. Um das herauszubekommen, griff ich zu einer neuen List. Ich zeigte auf einen bestimmten Ballen auf dem obersten Stoffregal und wünschte gerade den zu sehen, die anderen Stoffproben hätten mir nicht gefallen, sie möchte doch so gut sein und den Ballen herunterholen, damit ich mir den Stoff genauer ansehen könne. Nun blieb ihr nichts anderes übrig, als sich zu voller Größe zu erheben und mit dem Arm hoch hinauf zu langen. Nun mußt du wissen, es war an dem fraglichen Tag drückend schwül, sie war entsprechend angezogen, trug bloß ein einfaches Kleid von dünner Rohseide. Kurz, wie sie so die Arme nach dem oberen Regalfach emporreckt, fallen ihre weiten Ärmel tief zurück und legen die Arme in ihrer vollen, prallen Rundung und schneeigen Nacktheit bis zur Achselhöhle bloß. Und nicht genug damit! Durch ihr dünnes Gewand hindurch konnte ich jetzt auch die sanften Konturen des Zwillingshügels ihrer Brüste wahrnehmen und deutlich auf- und abhüpfen sehen. Ich kann dir verraten: So etwas von vollendeter Wölbung! Und so etwas von spiegelblanker Glätte und schneeiger Frische und Helle der Haut! Am Ende habe ich ihr anstandshalber den einen Posten Seide abgekauft. Ich hatte ihr doch schließlich mit meinem vielen Aussuchen und Herummäkeln reichlich zu schaffen gemacht und wollte einen guten Eindruck hinterlassen. Nun, was hältst du von meiner Wahl? Würde dir diese Frau zusagen? Möchtest du sie haben?»

«Natürlich. Warum auch nicht? Scheint ganz mein Typ. Aber wieso meinst du, daß bei ihr ein kurzes Kennenlernen genügt, um sie auch gleich zu besitzen?»

«Es hält in ihrem Fall tatsächlich nicht schwer, kostet allenfalls ein paar Spesen. Nun, das ist ja im allgemeinen so üblich, wenn man ein Liebesabenteuer erleben will. Ich habe schon vorsorglich ein paar Silberbarren in meine Gürteltasche gesteckt. Wir können sofort ans Werk gehen. Wir passen ganz einfach vor ihrem Haus den Zeitpunkt ab, wenn ihr Mann ausgeht. Dann halten wir uns genau an meine Taktik von neulich, wir fallen in den Laden ein und spielen harmlose Käufer. Dabei bekommst du sie zu sehen und kannst dich entschließen. Falls sie dir gefällt, machst du ihr am besten gleich ein bißchen den Hof. Warum solltest du ihr nicht gefallen? So die ganze Zeit an den Tölpel von Ehemann gefesselt, wird sie sich gehörig langweilen. Wenn da plötzlich ein schmucker Kavalier wie du in ihren Gesichtskreis tritt und ihr den Hof macht, warum sollte sie das nicht als angenehme Abwechslung, als wahre Erlösung in ihrem eintönigen Dasein empfinden und auch an dir Gefallen finden? Falls sie sich die Artigkeiten und Freiheiten, die du dir herausnimmst, nicht gerade verbittet und böse wird, dann kannst du dich so gut wie am Ziel betrachten. Dann brauche ich für dich nur noch ein wenig den Liebesboten zu spielen, und es steht zu wetten, daß du binnen drei Tagen bei ihr schlafen kannst. Na, was sagst du nun?»

«Wenn du das für mich tun wolltest, ich wäre dir unendlich dankbar. Doch da ist noch ein Punkt, der mir unklar geblieben ist und über den ich dich um freundlichen Aufschluß bitten möchte. Du verfügst doch über so viele ans Wunderbare grenzende Schliche und Listen, dazu über die erstaunliche akrobatische Fähigkeit, über Dächer zu springen und wer weiß wie hohe Mauern zu erklettern; du scheinst förmlich mit höheren Geistern im Bunde zu stehen, dir ist nichts unmöglich. Warum, so frage ich, beschränkt sich deine gütige Mitwirkung nur auf die eine von den dreien, warum vermeidest du es geflissentlich, die anderen beiden, ich meine die zwei vornehmen Haustöchter, überhaupt nur mit einem Wort zu erwähnen? Soll ich etwa gar annehmen, daß du dich deiner Aufgabe nur dann gewachsen fühlst, wenn es sich um kleine Leute handelt, und daß du davor zurückschreckst, mit Großen anzubandeln?»

«Davon kann keine Rede sein. Es handelt sich hier um eine Ausnahme von der Regel. Die Regel lautet, daß es im allgemeinen gewagter und gefährlicher ist, Geldprotzen zu provozieren als kleine Leute – bis auf eine Ausnahme: Frauen aus großen Häusern verführen ist weniger riskant als Frauen kleiner Leute verführen.»

«Und warum?»

«Solche Geldprotzen pflegen sich nicht mit einer Frau zu begnügen, sondern leisten sich gleich drei Gattinnen und vier Nebenfrauen. Der Hausherr aber kann sich nicht zerteilen. Indes er bei einer schläft, kommen sich die anderen sechs zurückgesetzt und vernachlässigt vor und öden sich auf ihren einsamen Pfühlen. Ein alter Erfahrungssatz lautet:

Voller Magen, weicher Pfühl
Wecken Wünsche geil und schwül.

Also ist es doch klar, daß solche unbefriedigten Luxusweiber bei ihrem müßigen Wohlleben weiter nichts als lenzliche Gedanken im Kopfe haben und nach irgendeinem aufregenden Abenteuer förmlich lechzen. Wenn sich dann der richtige Keckling an so eine heranrankt, dann braucht er gar nicht erst um Gunst zu betteln, sie ist ihm von vornehrein gewährt. So eine denkt gar nicht an Abwehr. Angenommen, der Hausherr erwischt die beiden in flagranti, so wird er sich gleichwohl schwer hüten, den Buhlen deswegen vor den Richter zu zerren, denn das würde öffentlichen Skandal bedeuten und Ehre und Ansehen seines Hauses schädigen. Das ertappte Pärchen aber auf der Stelle umbringen, davor wird er auch zurückschrecken. Denn er wird sich ungern von einer wertgeschätzten hübschen Kebse, die ihn teures Geld genug gekostet hat, trennen wollen. Wenn er aber sie schont, warum dann den Buhlen allein umbringen, der doch nicht mehr Schuld trägt als sie? Er wird ihn also laufen lassen.

Anders der kleine Mann. Der kann sich nur eine einzige Frau leisten, die hütet er wie seinen Augapfel und überwacht sie bei Tag und Nacht. So eine ist dank einfacher Hausmannskost und kalter, ärmlicher Wohnverhältnisse an sich überhaupt nicht zu sinnlichen Anwandlungen aufgelegt. Sollte es dennoch einem fremden Mannsbild gelingen, bei ihr sinnliche Regungen zu entfachen und sie in dem höchst unwahrscheinlichen Falle von eins zu zehntausend zu verführen, so würde der betrogene kleine Mann, wenn er die beiden in flagranti ertappen sollte, wohl kaum zögern, entweder beide auf der Stelle umzubringen oder den Verführer vor den Richter zu schleppen. Kleine Leute scheren sich den Dreck um Skandal und guten Ruf des Hauses. Du siehst also, es ist riskanter, die Hausehre des kleinen Mannes anzutasten als die der Geldprotzen.»

«Höchst einleuchtend. Nur erlaube mir den Einwand: Steht es mit dieser Theorie nicht im Widerspruch, wenn du mir jetzt im praktischen Falle rätst, mich an die Ehefrau des kleinen Seidenhändlers heranzumachen, dagegen von jenen beiden vornehmen Haustöchtern die Finger zu lassen?»

«Nein. Es handelt sich im vorliegenden Falle um eine Ausnahme von der Ausnahme. Die Umstände liegen zufällig bei der Frau des Seidenhändlers für dich günstig, bei den beiden jungen Damen aus vornehmem Hause ungünstig. An die könntest du nur schwer herankommen und würdest lange warten müssen.»

«Tu mir den Gefallen und erkläre mir das etwas deutlicher. Ich meine, ich bin natürlich bereits für die Frau des kleinen Seidenhändlers entschlossen, würde aber gern genauer wissen, wie die Chancen bei jenen zwei anderen stehen. Wenn du dich darüber etwas deutlicher aussprechen wolltest, dann würde ich von deinem ernsthaften Eifer für mich noch mehr überzeugt sein.»

«Also schön. So höre: Die beiden – die eine ist etwa zwanzig, die andere eine Sechzehnjährige – sind leibliche Schwestern, Töchter der legitimen Hauptgattin ihres verstorbenen, sehr reichen und vornehmen Vaters, eines ehemaligen hohen Würdenträgers. Sie sind wiederum mit zwei leiblichen Brüdern jung verheiratet, und zwar die ältere mit dem älteren Bruder seit vier Jahren, die jüngere mit dem jüngeren Bruder seit knapp drei Monaten, also untereinander obendrein Schwägerinnen. Die beiden Brüder entstammen gleichfalls einem vornehmen Patrizierhaus, das dem Thron seit Generationen verdiente Würdenträger gestellt hat. Sie selber sind freilich aus der Art geschlagen und ohne jedes höhere Streben. Sie haben es gerade noch zum Hsiu tsai, zum Doktor ersten Grades gebracht und haben nicht den geringsten Ehrgeiz, nun auf der akademischen Stufenleiter höher zu klettern und sich durch ernstes Studium für die zwei weiteren Staatsprüfungen zu qualifizieren. Es sind sehr kultivierte, aber eben degenerierte Jüngelchen, elegante Stutzer und Laffen. Das sieht man schon an den hochtrabenden, geschwollenen Decknamen, die sie sich zugelegt haben: Der Ältere nennt sich Wo Yün Schong ‹Wolkenruh-Scholar›, der Jüngere I Yün Schong ‹Wolkenrast-Scholar›. Klingt reichlich dünkelhaft. Die dünken sich offenbar hoch über ihre Mitmenschen erhaben, sozusagen in den Wolken schwebend. An Aussehen und Gestalt sind die beiden jungen Damen der dritten, der Frau des Seidenhändlers, ebenbürtig. Alle drei sind ungewöhnliche Schönheiten, aber kühle. Allen dreien geht das gewisse Etwas ab, was du unter Temperament verstehst. Beim ehelichen Beischlaf verhalten sie sich völlig unbeteiligt, sie liegen apathisch da, und ihr Mund bringt keinen Wonnelaut hervor. Aus ihrem passiven Verhalten zu schließen, macht ihnen der eheliche Beischlaf gar keinen Spaß. Das wäre an sich ein für dich günstiger Umstand. Das Dumme ist nur, daß die beiden Fatzken, ihre Ehehälften, im Unterschied zu anderen reichen Kerlen sich keine drei Hauptfrauen und vier Nebenfrauen leisten, sich vielmehr mit der einzigen begnügen und Tag und Nacht mit ihr zusammenhocken. Du würdest schon hundert Listen und tausend Schliche aufbringen müssen, um an die streng behüteten jungen Frauen überhaupt heranzukommen. Es würde dich schon gehörig Geduld und Ausdauer kosten, wenn du warten wolltest, bis du sie mal allein und unbewacht findest. Darüber könnten Monate vergehen. Ungleich günstiger für dich liegen wie gesagt die Umstände bei der dritten, der Frau des Seidenhändlers. Da ist der Ehemann häufig außer Haus, da könntest du dich sofort und leicht heranmachen.»

Gespannt hatte unser Jüngling zugehört. Wie das alles auf die drei Schönen zutraf, denen er im Tempel begegnet war! Es mußten wohl die gleichen Personen sein, von denen ihm der Kun Lun Rivale soeben erzählt hatte. Und noch immer galt sein Interesse hauptsächlich den beiden jüngeren. Er konnte sich von dem sehnsüchtigen Gedanken an sie einfach nicht losreißen.

«Ob die frostige Sprödigkeit der beiden jüngeren vielleicht darauf zurückzuführen ist, daß ihre Partner im Bettkampf nicht ihren Mann stellen?» bemerkte er nachdenklich. «Wer weiß, vielleicht ist ihr ‹Kapital› zu schwach, ihre Leistungsfähigkeit zu gering? Dann würde es freilich nicht wundernehmen, wenn die beiden Schönen lustlos und gleichgültig bleiben. – Na, wenn die an mich geraten würden! Die würde ich gehörig aufmuntern! Denen wollte ich schon Temperament beibringen!»

«Deine Vermutung trifft nicht zu. Auf Grund persönlicher Beobachtung kann ich nur bestätigen, daß sie über wenn auch nicht ungewöhnlich starkes, so doch ausreichendes ‹Kapital› und über normale ‹Leistungsfähigkeit› verfügen. Beiläufig – ich wollte dich schon lange danach fragen – wie steht es eigentlich mit deinem eigenen ‹Kapital› und mit deiner eigenen ‹Leistungsfähigkeit›? Du gebärdest dich als so scharfer Draufgänger, da müßte doch schließlich der entsprechende solide Fond da sein, auf den du dich verlassen kannst. Also sei so gut und laß mich doch mal sehen, wie dein ‹Werkzeug› beschaffen ist – weißt du, bloß zu meiner Beruhigung. Ich möchte mich durch den Augenschein von deiner Tüchtigkeit überzeugen, um mich dann mit gutem Gewissen um so kräftiger für dich einzusetzen.»

«Oho, darüber brauchst du dir keine Sorge zu machen!» entgegnete der Jüngling, selbstgefällig schmunzelnd. «Es ist keineswegs Prahlerei, wenn ich dir versichere, daß mein ‹Kapital› stark genug ist, um allen Ansprüchen gewachsen zu sein, und daß ich mich auf meine Leistungsfähigkeit unbedingt verlassen kann. Von welchem Kaliber die Betreffende auch sein mag und welch hohe Anforderungen sie auch stellen mag, glaube mir, die wird bestimmt voll gesättigt und gehörig beschwipst von der Tafel aufstehen, die ich ihr zu bieten habe. Das ist bei mir nicht wie bei einem Säuerling von Filz und Knicker, von dessen Tisch die Gäste hungriger und nüchterner aufstehen, als sie es vorher waren, und als bitteren Nachgeschmack den Ärger darüber mitnehmen, daß sie seiner schofeln Einladung überhaupt Folge geleistet hatten.»

«Nun, das klingt ja großartig. Aber möchtest du das nicht etwas präziser ausdrücken? Wieviel Stöße bringst du denn im Laufe eines Bettkampfs für gewöhnlich zuwege?»

«Na, gezählt habe ich das noch nicht, auch halte ich mich im Bettkampf nicht an feste Regeln, bei mir gilt freier Stil. Aber zahllose Stöße hat so eine bestimmt einstecken müssen, bevor ich ihr und mir Zeit zum Verschnaufen gönne.»

«Also mit einer genauen Ziffer kannst du nicht aufwarten. Kannst du dich wenigstens bezüglich der Dauer etwas präzis ausdrücken? Wie lange, nach

Stunden gerechnet, hältst du denn so einen Waffengang mit einem Weib durch?»

Nun verhielt es sich in Wahrheit so, daß unser Jüngling bei bewußtem Kampf höchstens eine Stunde durchhalten konnte, dann war seine Kraft erschöpft. Jetzt kam es ihm darauf an, dem anderen zu imponieren, damit der sich für ihn recht kräftig ins Zeug lege, und so hielt er es für geraten, ein bißchen zu übertreiben und schwindelte munter drauflos:

«Oh, eine Doppelstunde halte ich in der Regel stramm durch, und wenn die Betreffende damit noch nicht genug hat und noch aufnahmefähig ist, nun, dann kann ich gut und gern noch ein oder zwei Viertelstündchen zugeben.»

«Soso. Das ist die normale Dauer für den Hausgebrauch zwischen Eheleuten und will nicht viel besagen. Um in der Nachbarschaft herumzubuhlen oder dich gar in mauerumwallte fremde Burgen zu wagen und ein streng bewachtes edles Burgfräulein daraus zu entführen und zu verführen, dazu gehört freilich mehr als solche durchschnittliche Leistungsfähigkeit.»

«Keine Sorge. Zur Stärkung habe ich überdies ein kräftiges ‹Lenz›-Mittel bereit. Ich habe es mir kürzlich gekauft, dort in meinem Koffer liegt es wohlverwahrt. Mangels Gelegenheit habe ich es in letzter Zeit nicht mehr benutzt. Aber wenn es dank deiner freundlichen Mitwirkung erst soweit sein wird, dann brauche ich nur meine ‹Lenz›-Salbe hervorzuholen und mein Werkzeug gut mit ihr einzuschmieren und einzureiben, und dann wird es, da kannst du dich drauf verlassen, seinen Dienst tadellos verrichten.»

«Hm. Es ist so eine Sache mit solchen Lenzmitteln. Sie taugen allenfalls dazu, deine Ausdauer etwas zu strecken, aber keinesfalls dazu, dein Werkzeug selber zu strecken oder zu steifen. Wenn einer von Natur über ein starkes Werkzeug verfügt und zusätzlich noch so ein Lenzmittel gebraucht, dann ist das genauso, wie wenn ein ohnehin wohlvorbereiteter und begabter Kandidat vor der Prüfung rasch noch ein Stärkungsmittel aus Ginsong schluckt. Gewiß, wenn der ins Examen steigt, wird er sich geistig doppelt wach und frisch fühlen, und der Prüfungsaufsatz wird ihm nur so von der Hand fliegen. Aber er würde die Prüfung auch ohne Nachhilfe durch ein Ginsong-Präparat bestanden haben. Umgekehrt wird es einem, dessen Werkzeug von Natur schwach ist und der seine Zuflucht zu Lenzmitteln nimmt, ebensowenig helfen wie einem armen Tropf von unwissendem und unbegabtem Kandidaten, der vor der Prüfung Stärkungsmittel aus Ginsong meinetwegen pfundweise hinunterschlingt. Der wird trotzdem keinen brauchbaren Aufsatz zustande bringen, auch wenn er drei Tage und drei Nächte in seiner numerierten Klausurzelle sitzen und an seinem Prüfungsthema schwitzen sollte. Überdies wird mit solchen Lenzmitteln viel Schwindel getrieben, es kommen Fälschungen massenhaft in den Handel. Wer garantiert dir denn, daß dein Lenzmittel auch wirksam ist? Aber das will ich jetzt mal ganz außer Betracht lassen. Was ich vor allem wissen, und zwar durch Augenschein feststellen möchte: Wie groß ist in Wirklichkeit dein Werkzeug, genau gesagt, wieviel Zoll ist es lang?»

«Nun, klein ist es gerade nicht. Das mag dir genügen.»

«Genügt mir aber nicht! Zeig schon her!» beharrte der andere und langte kurzerhand nach der Hose des

Jünglings, in der Absicht, sie ihm herunterzustreifen. Der Jüngling sträubte sich und entwand sich ihm zwei-, dreimal. Er wollte sich durchaus nicht entblößen.

«Nun gut, dann will ich nicht weiter auf Augenschein bestehen. Dann muß ich freilich annehmen, daß du dein Werkzeug deshalb so ängstlich versteckst, weil es gar zu winzig ist. Wenn dem aber so ist, dann kann ich zu meinem Bedauern nicht weiter für dich tätig sein. Stell dir doch, bitte, die peinliche Folge vor, wenn du mit deinem unzulänglichen Ding an eine geraten würdest, die Ansprüche stellt! Die würde ja nicht den geringsten angenehmen Kitzel verspüren! Aus Wut und Enttäuschung über den ausgebliebenen Genuß würde die dir eine schöne Szene machen! Lautes Geschrei würde sie erheben und dich beschuldigen, daß du sie vergewaltigen wolltest! Gar nicht auszudenken ist der Skandal, den du mit dieser Dummheit provozieren würdest! Und da soll ich mittun? Soll die Verantwortung für den peinlichen Fehlschlag auf mich laden? Ohne mich!»

Unter dem Druck so überzeugender Argumente gab der Jüngling endlich nach. Verlegen lächelnd und ziemlich kleinlaut knuckste er zu seiner Entschuldigung hervor:

«Es ist keineswegs an dem, was du argwöhnst. Mein Werkzeug kann sich sehr wohl sehen lassen. Bloß – es so bei hellem Tageslicht vor fremden wenn auch Freundesblicken zu zeigen, kam mir etwas genierlich und ungewohnt vor. Da du nun so dringend darauf bestehst und um deinem übertriebenen Argwohn zu begegnen, will ich dir den Gefallen tun – bitte.»

Er öffnete seine Hosenklappe und brachte den aus zartestem Fleisch und feinsten Häutchen gefügten Zeugen seiner Männlichkeit zum Vorschein. Er legte ihn auf seine flache Rechte und wippte ihn, als ob er sein Gewicht abschätzen wolle, vor den Augen des andern ein paarmal auf und ab.

«Hier stelle ich dir vor: Mein ärmliches Kapital, mein bescheidenes Werkzeug.»

Der andere trat einen Schritt näher, um es ganz genau zu betrachten. Was zeigte sich ihm?

Ein Stengel, blaß und matt schimmernd,
Das Köpfchen spitz und hellrot,
Unterhalb dünner Flaum von spärlich sprossenden Härchen,
Äderchen und Sehnen kaum sichtbar,
Länge knapp zwei Zoll,
Gewicht höchstens drei Unzen.
Ein Röhrchen –
Man könnte es für die dünne Röhre halten,
In die der Mongole Kamelhaare einsammelt.
Das Köpfchen mit dem feinen Schlitz –
Man könnte es für den Kopf der Tabakspfeife halten,
Aus der nördliche Steppenweiber qualmen.
Ein Ding, allenfalls passend
Für ein Jüngferlein von dreizehn Jahren,
Ein Lustbube von vierzehn Jahren würde
Vielleicht sein Vergnügen daran haben.
Vor Kampfbeginn reckt es sich zum harten Stift,
Und gleicht dann einer gedörrten Pfahlmuschel,
Hinterher krümmt es sich zum Bogen
Und schrumpft zu einer Art getrockneter Krabbe.

Nach eingehender Betrachtung hob der Ältere seinen Blick auf und glotzte den Jüngling stumm und groß an. ‹Der ist einfach baff über mein tolles Rüstzeug, und das hat ihm die Sprache verschlagen›, mutmaßte der Jüngere im stillen und bemerkte selbstgefällig:

«Das ist noch gar nichts. So sieht es bloß hinterher aus, wenn es abgekämpft ist. Aber vorher, wenn es losgeht – da kann es sich erst sehen lassen, da würdest du erst Augen machen!»

«Gar nicht nötig. Mir genügt es vollauf, es so gesehen zu haben, wie es jetzt ist. Ich weiß nun Bescheid! Steck schon wieder ein!» winkte der Ältere grinsend ab und schlug eine schallende Lache an.

«Mein Lieber, wie kann man nur so gänzlich ohne Augenmaß und Urteil sein! Dein Kapital mißt ja noch nicht einmal ein Drittel vom Kapital eines normalen Mannes! Und damit willst du dich in fremde Häuser wagen und anderer Leute Weiber verführen? Haha! Es ist ja wohl nicht anzunehmen, daß eine, deren Pforte zufällig Schuhweite hat und die mit der unzulänglichen Dicke des Schuhleistens ihres Ehemannes unzufrieden ist, nun zwecks Ausfüllung der Lücke noch deinen Stift als zusätzlichen Leisten danebenstopfen möchte. Nach allem, wie du angibst, wie du überall, wo du hinkommst, nach Weibern jagst und schnüffelst, dachte ich wunder was für ein gewaltiges ‹Hausgerät› du am Leibe trägst, ein Gerät, über das sich die Weiber, an die du gerätst, schier entsetzen müßten. Darum getraute ich mich anfangs auch nicht recht, dir eine Beaugenscheinigung zuzumuten. Wie konnte ich denn ahnen, daß dir bloß ein so jämmerlicher Kratzstiel aus Fleisch zu Gebote steht, mit dem du allenfalls ein wenig im Moos und

Buschwerk deiner Partnerin herumfummeln, aber nie in die eigentlichen tieferen Gänge ihrer Lustgrotte eindringen kannst!»

«Nana, ganz so untauglich scheint mir mein Hausgerät nun wieder nicht, es hat sich praktisch immerhin gut bewährt. Ich weiß ja nicht, ob du selber vielleicht über ein derartiges Riesending verfügst, daß du mein eigenes nicht der Rede und Beachtung wert findest. Aber das kann ich dir verraten: Dieses mein armseliges Gerät hat schon gar mancher Schönen ein ho tsai!, einen beifälligen Ausruf der Bewunderung entlockt!»

«Daß ich nicht lache! Ein ho tsai? Das hast du vielleicht bei einem unschuldigen jungen Ding, bei dem die Melone noch nicht erbrochen war, bei einem unerfahrenen Haustöchterlein eingeheimst, das so etwas zum erstenmal in seinem Leben zu Gesicht bekam – mag sein, daß so eine dich bewundernd angeschmachtet hat. Ansonsten aber fürchte ich, dürfte eine, die erst einmal Bekanntschaft mit einem Hausgerät meines Kalibers gemacht hat, für dein wertes Utensil verdammt wenig Huldigung übrig haben.»

«Willst du damit etwa gar sagen, daß sich mein Gerät an Größe und Stärke noch nicht einmal mit dem gewöhnlichen Durchschnitt messen kann?»

«Genau das! Und das darf ich wohl sagen, ich bin in dieser Hinsicht Experte und habe mir mein Urteil auf Grund ziemlich reicher Erfahrung bilden können: Nicht bloß zu Hunderten, nein, an die zweitausend Exemplare besagten Geräts habe ich im Laufe der Zeit zu Gesicht bekommen, und darunter ist mir kein zweites begegnet, das – höflich gesagt – so ausgefallen fein und zierlich wäre wie deines!»

«Lassen wir einmal andere Männer beiseite und sprechen wir nur von den dreien, von den Ehegatten jener beiden vornehmen Schönen und von dem Seidenhändler. Wie ist denn deren Gemächt im Vergleich zu meinem beschaffen?»

«Nicht viel stärker, höchstens doppelt so lang und dick.»

Diesmal schlug der Jüngere eine helle Lache an.

«Jetzt ist's heraus! Du hältst mich nur zum besten! Um den unbequemen Auftrag, den ich dir erteilt habe, loszuwerden, tischst du mir mit größtem Ernst puren Schwindel auf! Erlaube mir eine Frage: Abgesehen von den zwei jungen Ehemännern, die du möglicherweise bei einem nächtlichen Einbruch gesehen haben könntest; aber wieso kannst du von dem Seidenhändler behaupten, sein Gemächt wäre doppelt so stark wie meines? Du hast ihn doch nur einmal von weitem gesehen, und zwar auf der Straße und bei hellem Tage! Nun?»

«Gemach. Die beiden jungen Ehemänner habe ich tatsächlich bei Nacht beobachten können. Über den dritten, den Seidenhändler, weiß ich vom Hörensagen Bescheid. An jenem Tage, als ich seine Frau zum ersten Male sah, horchte ich in der Nachbarschaft herum, und da erfuhr ich Namen und Beruf des Mannes. Ich fragte darauf, wieso denn eine Frau von solcher Schönheit sich an einen solch gewöhnlichen plumpen Tölpel von Ehemann ketten konnte und wie ein Zusammenleben solch ungleicher Ehegatten denn überhaupt denkbar sei. Da wurde mir die Auskunft zuteil, es stimme zwar, daß ihr Mann von Aussehen ein recht gewöhnlicher, plumper Tölpel sei, aber ihm stünde ein derart kampftüchtiges und streitbares Rüstzeug zu Gebote, daß seine Frau um dieses einen körperlichen Vorzuges willen über seine sonstigen Mängel beide Augen zudrücke. Sie habe sich an ihn gewöhnt, ihr Zusammenleben verlaufe im großen ganzen friedlich, es käme kaum einmal zu häuslichem Streit oder gar Ehekrach. Ich fragte weiter, wie groß denn sein so tüchtiges Gemächt sei. Jener Nachbar gab mir darauf zur Antwort, gemessen habe er es zwar nicht, aber er habe beobachtet, wie der Mann sich an einem heißen Sommertag seiner Kleidung entledigt habe, und was er da unter seinem Bauch hin und her schlenkern sah, habe Länge und Aussehen eines richtigen Knüppels, eines Dreschflegels, einer Mörserkeule gehabt. Ich habe mir seine Worte, die diesen drastischen Vergleich gebrauchten, genau gemerkt. Du siehst also, ich habe dir keinen Schwindel aufgetischt, und nun verstehst du auch, warum ich bei dir so hartnäckig auf Augenschein bestand. Ich mußte mich doch vergewissern, daß dein Gerät neben dem gewaltigen Rüstzeug jenes Seidenhändlers nicht allzusehr abfällt. Das war der Grund für mein etwas ungewöhnliches und ziemlich dreistes Ansinnen an dich.»

Der Jüngling verharrte eine Weile in bedrücktem und nachdenklichem Schweigen, ehe er wieder den Mund auftat.

«Sollte es denn einzig und allein Sinnentrieb sein, was die Geschlechter zueinander führt? Das kann ich mir nicht gut denken. Geist und angenehmes Äußere – das könnte eine Frau am Manne doch schließlich auch anziehend und liebenswert finden. Natürlich, wenn einem beides abgeht, wird sich die Frau lediglich an sein gewisses Kapital halten. Bei mir ist beides beisammen, Geist und vorteilhaftes Aussehen. Vielleicht wüßte eine Frau das auch zu schätzen und würde um deswillen mein Manko an dem gewissen Kapital nachsichtig übersehen? – Wer weiß. Jedenfalls möchte ich dich um unserer Freundschaft willen dringend bitten, den Auftrag, den du übernommen hast, doch bis zum guten Ende durchzuführen und mich nicht wegen des einen Mankos mittendrin im Stich zu lassen.»

Der andere schüttelte ernst den Kopf.

«Zugegeben, Geist und gutes Aussehen tun nützliche Dienste bei der Anbahnung eines Liebesabenteuers, sie sind gewissermaßen schmackhafte Zutaten, die einer bitteren Arznei den angenehmen Beigeschmack etwa von Ingwer oder Datteln verleihen und das Hinunterschlucken erleichtern. Ist sie erst einmal hinuntergeschluckt, dann erwartet doch der Patient weiter nichts, als daß die Arznei wirkt und ihn von seiner Krankheit heilt. Er denkt doch nicht daran, deswegen Liebhaber von Ingwer oder Datteln zu werden, die sind ihm ganz nebensächlich. Genau so ist es beim Liebesabenteuer. Natürlich erleichtern Geist und gutes Aussehen dem Galan die Annäherung an die Dame seines Herzens beträchtlich, sie verschaffen ihm Einlaß. Ist er aber erst einmal bei ihr eingelassen, dann kommt es nur noch auf die Realität seiner eigentlichen männlichen Kapitalkraft an. Meinst du etwa, eine erwartet zwischen Decken und Kissen von ihrem Partner, daß er geistvolle Essays und artige, wohlgesetzte Verse aus seinem Bauche quellen läßt? Wenn du im Bettkampf nicht deinen Mann stellst und versagst, dann pfeift deine Partnerin auf Geist und Aussehen und gibt dir baldigst den Laufpaß.

Und noch einen guten Rat möchte ich dir geben: Wenn du dir schon mit Todesverachtung eine, nach der dir der Sinn steht, glücklich erkämpft und erbeutet hast, dann sollte es dir an der einen genug sein, du solltest danach trachten, daß aus dieser Beziehung echte wechselseitige Neigung und Harmonie hervorgeht, kurz, du solltest die eine zu deiner Lebensgefährtin machen. Wenn du bloß auf einen kurzen Rausch aus bist, auf einige wenige Stunden der Wonne, wozu dann vorher der ganze Aufwand an Verstand und taktischer Planung? Solche Verschwendung kann sich einer, den die Natur so wie dich nur mit einem schwachen Kapital ausgestattet hat, einfach nicht leisten. Nimm dir ein Beispiel an mir, wie ich es in meinem Diebesberuf halte: Wenn ich schon den Einsatz wage und ein reiches Haus heimsuche, dann muß schon eine Beute von wenigstens tausend Batzen dabei herausspringen. Das bin ich meiner Ganovenehre und meinem Ruf schuldig. Mit dem Diebstahl von Lappalien gebe ich mich gar nicht erst ab. Das ist unter meiner Würde.

Nun versetze dich doch einmal in die Lage deiner Partnerin. Was meinst du, was die Ärmste an Schwierigkeiten und Hindernissen zu überwinden, was sie an Ängsten und Aufregungen auszustehen hat, ehe sie hinter dem Rücken ihres Ehemannes ein Stelldichein mit dir ermöglichen kann! Natürlich erwartet sie von dir, daß du sie in dieser seltenen Stunde für das Opfer, das sie dir zuliebe gebracht hat, gebührend entschädigst und sie zum Dank zehnfältig, nein hundertfältig befriedigst. Wenn du sie statt dessen enttäuschst und kläglich versagst, ja, dann käme das Ganze ja auf nichts weiter hinaus als auf das kurze Geschäft zwischen Gockel und Henne. Eurer Beziehung würde jeder seelische Gehalt abgehen. Und um eines solch flüchtigen Abenteuers willen soll sie Ruf und Ehre aufs Spiel setzen und womöglich ihr ganzes weiteres Leben verpfuschen? Das wirst du im Grunde deines Herzens doch selber nicht wollen.

Mein lieber Freund, nimm mir's nicht übel, wenn ich dir ganz offen sage: So ein bißchen Kapital, eine so geringe Leistungsfähigkeit, wie sie dir zu Gebote stehen, reichen gerade eben für den Hausgebrauch, das bißchen solltest du für dein Frauchen aufsparen! Gib es auf, dich auf Abwegen und Seitenpfaden herumzutreiben! Sei kein Narr, und mache dich nicht länger lächerlich mit deinen verstiegenen Ambitionen! Gib es auf, anderer Leute Frauen und Töchtern nachzustellen und sie um jeden Preis entehren zu wollen! Du würdest dir nur Fluch und gerechte Vergeltung zuziehen! Ich kann da jedenfalls nicht mithelfen.

Nochmals, nimm mir meine offene Sprache nicht übel. Ich bin von Natur geradezu und sage grob und ehrlich heraus, was ich denke. Glaube ja nicht, ich wolle mich um meine Freundespflicht drücken und mir meine Aufgabe leicht machen, indem ich dich auf die dir unerwünschte Sorte von lockeren Dämchen ablenke, die ohne Mühe zu haben sind. Das liegt mir fern. Ich meine es nur gut mit dir und stehe dir für jeden anderen Dienst zur Verfügung. Falls du Geld oder Kleidung brauchst – bitte, du kannst von mir haben, soviel du willst. Aber in jener anderen Sache bedaure ich, deinem Geheiß nicht Folge leisten zu können.»

Der Jüngling überlegte. Eine klare Abfuhr, eine eindeutige Absage. Also damit, was ihm am Herzen lag, war es nichts. Geschenke an Geld und Kleidung? Was lag ihm schon daran? Außerdem war es ja Diebesgut, womit ihm der andere aufzuwarten gedachte. So etwas anzunehmen konnte peinliche Folgen nach sich ziehen.

Er räusperte sich, und es kam ziemlich kühl:

«Danke, aber du brauchst dich meinetwegen nicht in Unkosten zu stürzen. Meine Reisekasse ist zwar nicht üppig bestellt, aber keineswegs erschöpft. Und über genügend einfache Reisegarderobe verfüge ich auch noch.»

Der Ältere erhob sich, sagte noch ein paar begütigende Worte und empfahl sich. Der Jüngling hielt ihn nicht. Er fühlte sich nicht aufgelegt, jetzt noch Gastlichkeit zu üben. Seine Stimmung war gründlich verdorben. Die geschätzte Leserschaft wird wissen wollen, ob er sich die ernsten Worte des Freundes zu Herzen nehmen und sich wandeln würde oder nicht. Gemach, das werdet ihr im nächsten Kapitel erfahren.

VI. KAPITEL

Voll Groll über den Körperfehler ergeht er sich in bitterer Anklage gegen den Himmelsfürsten. Kniefällig bettelt er den fahrenden Arzt um Operation.

Unter dem Eindruck der ernsten Worte des erfahrenen Freundes war unserem Jüngling die gute Laune vom Scheitel bis zur Fußsohle fortgewischt. Seinen Zustand mit Niedergeschlagenheit, mit Verstörtheit zu bezeichnen, wäre noch zu wenig gesagt. Es war ihm zumute, als ob er mit dem Leben bereits abgeschlossen hätte, er kam sich vor wie abgestorben, wie tot. Er fühlte sich ebensowenig zum Sprechen aufgelegt wie zur Aufnahme irgendwelcher Nahrung. Völlig apathisch hockte er einsam in seiner Klause und sann hin und grübelte her. ‹Ich bin jetzt zwanzig, mein Wachstum ist damit abgeschlossen, auf weiteres Wachsen ist nicht zu rechnen. – Ich bin doch sonst gut entwickelt, warum ist gerade dieser Körperteil im Wachstum so arg zurückgeblieben? – Und ich war bisher wie mit Blindheit geschlagen! Erst mein Freund hat mir die Augen geöffnet. – Freilich habe ich mich auch nie darum gekümmert. – Über alles mögliche habe ich mich unterrichtet, nach allem möglichen habe ich mich umgesehen, aber was männliche Wesen sorgfältig unter der Kleidung verbergen und im allgemeinen nicht zeigen, darüber vergleichende anatomische Studien zu betreiben, das ist mir nie in den Sinn gekommen. – Nun ja, man hat es hin und wieder mit einem Lustknaben getrieben, dabei hat man gegenseitig sein Vorderstück betrachtet, so einer war gewöhnlich viel jünger und mit einem entsprechend kleineren Vorderstück ausgestattet als ich, darum hielt ich meines für groß. Auch habe ich es als unreifer Schuljunge mit einem gleichaltrigen Schulfreund getrieben, dabei fand ich sein Vorderstück gleich groß wie meines, seither war ich gewohnt, meines für normal groß zu halten. – Jetzt kommt mein lebenserfahrener Freund daher, zerstört meine Illusion und belehrt mich, daß ihm in seiner überreichen Praxis noch kein so kleines und unansehnliches Ding vorgekommen sei wie meines! – So steht es also in Wahrheit! Eine bittere, niederschmetternde Erkenntnis für mich! – Wozu ist mir das Ding überhaupt noch nütze? Ist ja bloß wertloser Abfall! – Anderseits hat doch mein Frauchen daheim ihre Befriedigung daran gefunden, und wenn ich mich gelegentlich in Blumenhöfen versucht oder mit der oder jener Zofe eingelassen habe, da haben sich die Betreffenden doch auch nicht gerade enttäuscht und unbefriedigt gezeigt, im Gegenteil, sie schienen mir immer recht aufgekratzt. – Es ist doch kaum anzunehmen, daß sie dabei weniger an mir als an sich selber Befriedigung gefunden haben. Demnach hat sich mein Ding doch eigentlich früher bewährt und kann nicht ganz so unnütz sein, wie es jetzt auf einmal mein erfahrener Freund mich glauben machen will. – Ob er es vielleicht doch nicht ernst gemeint und mich bloß bange gemacht hat, um sich meinem Auftrag zu entziehen?› Also verliefen seine Gedankengänge, und er konnte über allen Zweifeln und Wenns und Abers, die ihn hin und her rissen, nicht mit sich selber ins reine kommen. Auf einmal schien ihm wie durch Eingebung eine Erleuchtung zu kommen.

‹Ich hab's! – Hat mich mein erfahrener Freund nicht belehrt, daß die Weiber, listig wie sie sind, auch in der Bezeugung von Lust und Laune Verstellung üben können? Vielleicht haben die Betreffenden, die ich wer weiß wie befriedigt und beglückt zu haben wähnte, mir Befriedigung und Bewunderung nur aus artiger Gefälligkeit vorgetäuscht, um sich für die reichen Geldgeschenke, die ich ihnen als nobler Kavalier gespendet habe, erkenntlich zu zeigen? Vielleicht haben sie wohlige Entspannung, die ich ihnen angeblich verschafft hätte, bloß geheuchelt und in Wahrheit gar nicht empfunden? Wer kennt sich denn bei den Weibern aus? Sollte an den Worten meines Freundes doch etwas Wahres sein? – Nun, ich werde mich bemühen, nachzuholen, was ich auf dem gewissen Spezialgebiet vergleichender anatomischer Forschung bisher versäumt habe. Von jetzt ab will ich jede sich bietende Gelegenheit wahrnehmen, um festzustellen, wie das gewisse Etwas bei anderen jungen Leuten meinesgleichen beschaffen ist, und aus meinen Beobachtungen Vergleiche und Schlüsse ziehen. Wollen doch einmal sehen, ob sich dann die für mich so peinliche Diagnose meines kundigen Freundes bestätigt.›

Von da ab machte er sich eine seltsame Gewohnheit zu eigen: Wenn er gemeinsam mit Studienkameraden für die nächste Prüfung büffelte und Aufsätze baute und so ein Kamerad einmal austreten mußte, dann leistete er ihm bei seinem Geschäft, sei es ein kleines, sei es ein großes, Gesellschaft und benutzte die Gelegenheit, um dessen Ding eingehend zu mustern und mit seinem eigenen Ding zu vergleichen. Dasselbe Studium pflegte er auch auf fremde

Männer auszudehnen, wenn er unterwegs zufällig jemanden auf freiem Gelände oder an einer öffentlichen Bedürfnisgrube sein Geschäft verrichten sah. Dann versäumte er nicht, angelegentlich hinzuschielen. Auf Grund umfassender Beobachtungen mußte er da nun die betrübliche Feststellung machen, daß sein erfahrener Freund tatsächlich nicht übertrieben hatte: Weder bei seinen Freunden und Bekannten noch bei fremden Mannsleuten konnte er ein Vorderstück entdecken, das so klein und unansehnlich geraten gewesen wäre wie sein eigenes! Sämtliche Personen, die er in seine Enquête einbezogen hatte, fand er in punkto punkti von der Natur besser ausgerüstet als sich selber! Nun gab es für ihn keinen Zweifel mehr: Sein Freund hatte recht und hatte ihm nichts weisgemacht.

Untauglich! dröhnte es wie ehernes Gongrasseln in seine Ohrmuscheln und pflanzte sich über die Gehörgänge in sein Hirn fort, und sein Hirn nahm es auf wie ein unerbittliches richterliches Verdammungsurteil. Sein ehemals hochgetürmtes Selbstbewußtsein kippte jäh um wie ein schmelzender Eisberg und wandelte sich in eine trübe Lache jämmerlichen Minderwertigkeitsgefühls.

Zerknirscht, aber resigniert und wieder einigermaßen gefaßt spann er den Faden seiner selbstbesinnlichen Betrachtung zu Ende:

‹Eine bittere Pille, die mir da mein erfahrener Freund zu schlucken gegeben hat! Wort für Wort eine bittere, aber heilsame Pille! Ein Glück noch, daß ich die bittere Wahrheit aus seinem Munde, aus dem Munde eines Mannes erfahren habe und mir nicht erst von einer Frau sagen lassen mußte! Schlimm genug, daß ich mich von ihm auslachen und vor ihm in Grund und Boden schämen mußte. Wenn mir das mit einer Frau passiert wäre – nicht auszudenken die Blamage! Angenommen, ich wäre bei einer Anspruchsvollen mitten auf halbem Wege steckengeblieben und hätte deswegen aus ihrem Munde abfällige und spöttische Äußerungen einstecken müssen, ja, was wäre mir übrig geblieben? Hätte ich dann den vergeblichen Kampf von selber aufgeben oder verbissen weiterführen und abwarten sollen, bis sie mich voll Verachtung anspuckt und von sich stößt? – Gar nicht auszudenken! Ich werde mich hüten, daß mir künftig so etwas Peinliches widerfährt! Von jetzt ab Schluß mit dem wilden Abenteuern und Freibeutern! Ganz zahm werde ich von jetzt ab, ganz korrekt und anständig! Mein ganzes Sinnen, meine ganze Kraft werde ich von nun an nur noch auf Studium und erfolgreiche Prüfungen und Karriere richten. Wenn ich's erst zu einem einträglichen Amtsposten gebracht habe, gut, dann werde ich mir ein paar nette Dinger zur Auffüllung meiner Seitengemächer leisten, aber ganz junge, in der Liebe unerfahrene Dinger werde ich mir aussuchen, für die ich der erste bin, bei denen ich in Ehren bestehen kann, von denen ich keine Geringschätzung, vielmehr Achtung und Bewunderung zu gewärtigen habe. Wozu noch hinter anspruchsvollen, abgebrühten Weibern herjagen und Zeit und Geld und Kraft an sie verplempern? Wozu noch Aufwand an kostbarem Räucherwerk und teuren Buddhabildern für verlorene Liebesmüh? Schluß damit!›

Damit war sein neuer Lebensplan abgesteckt. Und nun vollzog sich eine große Wandlung mit ihm. Von Stund an fühlte er sich von seinem gewohnten Hang nach galanten Abenteuern, der bisher wie ein schwerer Druck auf ihm gelastet und ihn gleich einer Peitsche gehetzt und getrieben und unstet gemacht hatte, befreit und erlöst. Eine große Ruhe kam über ihn. Aus dem forschen Draufgänger wurde auf einmal ein artiger, gesetzter, sehr korrekter, sehr zurückhaltender junger Mann.

Seine Tempelklause behielt er zwar bei, aber sie wurde ihm nun zur wirklichen stillen Studierklause. Dem Weibervolk, das täglich aus und ein ging, um dem Liebesgott zu opfern, schenkte er fürder keine Beachtung. Erging er sich gelegentlich, um Luft zu schnappen und sich etwas Bewegung zu machen, in den Tempelhöfen und begegnete er zufällig irgendwelchen weiblichen Wesen, dann wich er ihnen geflissentlich aus und verdrückte sich schamhaft in seine Klause. In seiner leichten dünnen Sommerkleidung genierte er sich vor neugierigen Frauenblicken, er hatte Angst, sie könnten unter der dünnen Hülle im transparenten Licht der Sonne etwas von seinem körperlichen Defekt erspähen und sich heimlich über ihn lustig machen. Sein Tagebuch, das er sonst stets in der Ärmeltasche bei sich zu tragen pflegte, hatte er tief unten im Koffer vergraben. Es war längst in Vergessenheit geraten. Wenn er bei Ausgängen unterwegs auf der Straße irgendwelchen Frauenspersonen begegnete, dann senkte er den Blick oder guckte weg und ging beschleunigten Schrittes an ihnen vorüber.

Einen halben Monat lang hielt er es auf solche Art durch. Nun war er aber doch schließlich ein normaler junger Mensch. Kurz, nach einem halben Monat machte sich sein kleiner Wicht bei Annäherung weiblicher Wesen derart mausig und benahm sich derart aufgeregt und zappelig, daß er nicht umhin konnte, ihn trotz sengender Hitze in eine Leibbinde zu packen, um ihn etwaigen fürwitzigen Weiberblicken zu entziehen. – Eines Tages bemerkte er beim Flanieren auf der Straße ganz zufällig von weitem eine junge Frau, wie sie den Türvorhang etwas lüftete, den Kopf zur Hälfte hinausstreckte und einen Schwatz mit einer gegenüber wohnenden Nachbarin anhub. Unwillkürlich beschleunigte er seine Gangart, um rasch in die Nähe zu kommen und sie besser verstehen und beobachten zu können. Es waren zwei Besonderheiten an der jungen Frau, die ihn jäh aus seiner sonst geübten Lethargie rissen und mit förmlich magischer Gewalt anzogen: ihr Gesicht und ihre Stimme. Diese Stimme! – Ach, es hörte sich melodisch an wie süßes, zartes Flötenspiel – bald leise und leicht hüpfend, bald lauter anschwellend und betont, aber immer wunderbar klar und rein, immer von lieblichem Tonfall, so perlten die Worte aus ihrer Kehle, und wenn sie ausgeredet hatte, wollte es den Hörer bedünken, als ob die Musik dieser süßen Stimme in seiner Ohrmuschel noch weiter nachklinge und gar nicht aus ihr weichen wolle. Und gar erst das Gesicht! Beim Näherkommen konnte er es nun deutlich erkennen. Was war bloß das Besondere daran? Über ein volles, fein und ebenmäßig geschnittenes Oval, über Gesichtszüge von sprechender Ausdrucksfähigkeit verfügten auch andere Schöne – was diesem Gesicht seinen besonderen Zauber verlieh, war der merkwürdige Schimmer, der von seinem auffallend hellen Teint ausging. Schimmer – hatte sein sonst so nüchterner Freund neulich nicht das gleiche Wort geprägt, als er bei Beschreibung einer gewissen Schönen, förmlich in Verzückung geratend, die poetische Wendung gebrauchte: ‹Es ging von ihrem Gesicht, wie von einer Perle oder einem Edelstein, ein lichter Schimmer aus, der durch die Ritzen des Bambusvorhangs huschte?› Genau das war es, was ihm jetzt selber als besonderes Merkmal auffiel. Und auch die Richtigkeit der anderen Wendung, in der sich sein Freund damals ergangen hatte, konnte er auf Grund eigenen Augenscheins nur bestätigen: ‹Da war mir, als ob ich ein Gemälde vor mir hätte, das Bildnis einer herrlichen Frau, das hinter dem Vorhang hing und sich ab und zu unter einem sanften Lufthauch ein wenig hin und her bewegte.› Genau das war des Jünglings eigener Eindruck. Sollte es sich am Ende um die gleiche Person handeln, die sein Freund gemeint hatte? Fast schien es so. Er wollte sich vergewissern. Und so schlenderte er etwas weiter und befragte einen Nachbarn.

«Ich möchte zu einem gewissen Seidenhändler Küan, genannt der Biedere. Er soll hier in der Nähe wohnen. Könnt Ihr mir sagen, wo?»

«Ihr seid eben an seinem Haus vorübergegangen. Dort, wo die junge Frau hinter dem Türvorhang mit der Nachbarin schwätzt, da wohnt er, und die Betreffende ist seine Frau», lautete die Auskunft.

‹Also ist sie es wirklich!› dachte der Jüngling bei sich, machte kehrt, schlenderte nochmals gemächlich an dem gewissen Haus vorüber, wobei er die Schöne hinter dem Türvorhang nochmals eingehend musterte, und kehrte in seine Tempelklause zurück.

Im stillen mußte er die Beobachtungsgabe des Kun Lun Rivalen bewundern. ‹Damals glaubte ich ihm nicht recht. Ich hielt seine Beschreibung für übertrieben. Ich traute ihm keine ausreichende Sachkenntnis in der Beurteilung weiblicher Schönheit zu. Jetzt muß ich zugeben, daß er über ein Augenpaar von untrüglicher Sehschärfe verfügt. Seine Beschreibung stimmt aufs Haar. Kein Zweifel, das ist eine, die imstande ist, einen Thron wanken zu machen. Und nach so einer hatte ich ja immer gesucht. Der kühne Helfer, der imstande wäre, sie für mich zu erobern, steht mir auch zu Gebote – das heißt stand mir bis vor kurzem zu Gebote. Jetzt verweigert er mir wegen meines unzulänglichen Dings auf einmal seinen Dienst. Zu dumm! Gleich drei herrliche Gelegenheiten verpassen! Man könnte vor Wut vergehen!› Also dachte er ingrimmig bei sich.

Er schloß sich in seiner Kammer ein, löste sein Hosenband und brachte sein Unglücksding zum Vorschein. Er betrachtete es von rechts und von links, und je länger er es betrachtete, desto mehr schwoll seine ohnmächtige Wut. Am liebsten hätte er zum Messer gegriffen und das unnütze Körperanhängsel einfach abgeschnitten.

Grollend richtete er ein vorwurfsvolles Gebet gen Himmel: ‹Schuld an allem trägst du, o Himmelsfürst. Wenn du mich schon vor anderen Geschöpfen großmütig bevorzugen wolltest, dann hättest du es folgerichtig bis zum Letzten tun sollen. Warum hast du mir durchaus einen so schwerwiegenden Körperfehler bescheren wollen? Geist und vorteilhaftes Aussehen mögen ganz gut und schön sein, aber das sind äußerliche Vorzüge ohne entscheidenden Wert. Sonst ist dir dein Schöpfungswerk an mir bis zur Vollkommenheit gelungen, warum hast du bei meiner Erschaffung die eine Unvollkommenheit durchgehen lassen und gerade den Körperteil, auf den es hauptsächlich ankommt, so lieblos und knauserig bedacht? Was hätte es dir schon groß ausgemacht, ihn ein wenig dicker und länger zu schaffen? Anderen Menschen hast du zuviel davon beschert. Warum konntest du von deren Zuviel nicht ein wenig abknapsen und damit mein Zuwenig ergänzen? Wenn aber das, was du dem Einzelnen körperlich zuteilst, ein für allemal und unabänderlich festgesetzt ist, gut, warum hast du nicht an meinem eigenen Leib für gerechten Ausgleich gesorgt und da und dort an einzelnen Körperstellen etwas Haut und Fleisch und Nerven abgespart, um es auf mein benachteiligtes Vorderstück zu verpflanzen? Damit wäre mir auch gedient gewesen. Leider hast du es aber gerade umgekehrt gemacht und mein Vorderstück zugunsten anderer Körperstellen geschmälert und benachteiligt und damit zu Untauglichkeit verurteilt. Warum, o Himmelsfürst, hast du mir so grausames Unrecht angetan? Angesichts des herrlichsten Weibes bin ich nun zur Untätigkeit verdammt und muß kläglich entsagen! Vor Hunger und Durst vergehen und schon die köstlichen Düfte einer erlesenen Tafel schnuppern, aber nicht zulangen dürfen – das ist mein bitteres, beklagenswertes Los!›

Nachdem er sein von lautem Heulen und Schluchzen begleitetes Stoßgebet verrichtet hatte, packte er seinen Wicht wieder ein, brachte seine Kleidung in Ordnung und machte sich, um auf andere Gedanken zu kommen, zu einem Ausgang auf.

Wie er so vor dem Tempel auf und ab promenierte, fiel sein Blick zufällig auf etwas, das er vorher an dieser Stelle nicht bemerkt hatte, auf ein Plakat. Es war an der Tempelmauer neben dem Eingang angebracht,

und zwar offenbar erst ganz kürzlich, denn seine
Schriftzeichen glänzten noch von frischer Tusche. Er
blieb stehen und beäugte es genauer. Ein nach Form
wie Inhalt gleich ungewöhnliches Plakat, fand er. Seit
wann wurde ein Plakat in Form eines poetischen
Vierzeilers aufgesetzt? Er las:

> ‹Zur rechten Zeit ward ich vom Himmel
>   hergeschickt,
> Um euch die Kunst zu lehren, wie man Frau'n
>   beglückt.
> Wen Kummer wegen seines Werkzeugs Mängel
>   drückt,
> Der komm zu mir: ich mache groß aus klein
>   geschickt.›

‹Der kommt ja wie gerufen!› war des Jünglings erster
Gedanke, und er fragte sich, ob wohl der Himmelsfürst sein Stoßgebet von vorhin erhört habe und sich
seiner gnädig erbarme, indem er einen guten Geist
herniedergesandt habe, der ihm aus seiner Not helfen solle.

Hinter dem Vers las er in Kleinschrift geschrieben
weiter ein paar Sätze Prosatext:

> ‹Auf der Durchreise durch die hiesige Gegend begriffen, habe ich mein Quartier in dem und dem
> Tempel, in der und der Gastzelle aufgeschlagen.
> Wer nähere Auskunft und Behandlung durch mich
> wünscht, mag mich mit seinem Besuch beehren.
> Aber er muß sich dazu halten, sonst bin ich inzwischen abgereist und er wird mich verfehlen.›

Der Jüngling las Vers und Prosatext gleich einige
Male hintereinander, und je mehr er las, desto mehr

geriet er aus dem Häuschen. ‹Nein, daß es so etwas gibt! Das grenzt ja an Wunder! Daß dieser fahrende Heilkünstler sich ausgerechnet in der Stunde meiner größten Verzweiflung, da ich nicht mehr aus noch ein wußte, einfinden muß! Und daß er sein Plakat ausgerechnet hier an meinem Tempel, dicht vor meinen Augen anbringt! Wenn das nicht höhere, himmlische Fügung ist, was dann?›

Flugs rannte er in seine Studierklause zurück, kleidete sich besuchsfertig an, schloß seinen Koffer auf, holte etliche Silberbarren heraus, stopfte sie in sein Besuchskartenkästchen, das sein junger Diener bei Besuchen mitzuschleppen pflegte, und machte sich auf den Weg zum Quartier des fahrenden Doktors.

Und dann stand er ihm gegenüber. Eine ungewöhnliche, Respekt einflößende Erscheinung, ungeachtet des vorgerückten Alters und der grauen Haare an frischem Aussehen und straffer elastischer Haltung ein Jüngling – das war des Besuchers erster Eindruck. Sie begrüßten sich mit leichter Verbeugung und Kung Schou-Geste, indem sie die übereinander geballten Hände erst in Brust- und dann in Stirnhöhe erhoben.

«Wünscht mein werter junger Freund Auskunft in Fang Schu, Schlafkammertechnik?»

«Jan ye, so ist es.»

«Betrifft die gewünschte Auskunft die Person einer ‹Sie› oder Eure eigene Person?»

«Was macht das für einen Unterschied, wenn ich fragen darf?»

«Wenn Ihr bloß Eurer Partnerin gefällig sein und ihr zu gesteigertem Genuß verhelfen wollt, für Euch selber aber kein Mehr an Genuß anstrebt, für diesen

Fall ‹Kammertechnik› gibt es ein ganz einfaches Rezept: nehmt etwas Litschi-Essenz ein, sie bewirkt bei Euch eine Verzögerung des Ergusses; dazu nehmt eine ‹Lenz›-Salbe und schmiert und reibt mit ihr die Eichel ein, sie betäubt Euer Glied und macht es eisenhart und unempfindlich, Ihr könnt auf solche Weise den Erguß beliebig lange hinauszögern. Diese Behandlung dient also nur dazu, Eurer Partnerin einseitig den Genuß zu erhöhen und zu verlängern. Im andern Fall, wenn Euch daran gelegen ist, im gleichen Maße wie Eure Partnerin an dem gesteigerten Genuß selber teilzuhaben, also selber angenehmen Kitzel zu spüren, wenn sie angenehmen Kitzel spürt, vor Wonne zu schauern und zu vergehen, wenn sie vor Wonne schauert und vergeht, kurz, wenn Ihr das anstrebt, was man unter ‹Bettfreude auf Gegenseitigkeit› versteht, jenen idealen Zustand, da er bangt, die Ekstase könne bei ihm zu früh eintreten, und sie bangt, die Ekstase könne sich bei ihr etwas später als bei ihm einstellen, wenn Ihr also das meint, dann muß ich Euch enttäuschen: diese Art ‹Kammertechnik› ist sehr schwer zu erlernen, keinesfalls von heute auf morgen. Da müßt Ihr schon gewillt sein, zuvor sehr ernst an Eurer seelischen Läuterung und Vervollkommnung zu arbeiten, da müßt Ihr bereit sein, zeitweilig der Welt und dem Alltag zu entsagen, mit den Wolken zu ziehen und fern von den Menschen ein Einsiedlerdasein zu führen und Versenkung zu üben solange, bis allmählich Erleuchtung und Erweckung über Euch kommt. Darüber können aber Jahre vergehen, ehe Ihr die nötige Reife erlangt. Wenn es soweit ist, dann noch etwas Zuhilfenahme von kraftstärkenden ‹Lenz›-Mitteln, und Ihr werdet fähig sein, die höchsten Wonnen des Liebesverkehrs auszukosten. Wollt Ihr das?»

«Unmöglich. Eine so langwierige Probezeit könnte ich nicht durchhalten. Und über die andere Art Kammertechnik, über die Kunst, die Frau allein aufzureizen, brauchen wir auch keine weiteren Worte zu verlieren. Die Mittel zum Einreiben, die Ihr meint, besitze ich bereits selber, um sie brauche ich Euch nicht zu bemühen. Ich meine etwas anderes. Auf Eurem geschätzten Plakat preist Ihr doch auch Eure Kunst an, aus klein groß zu machen. Das ist es, weshalb ich Euch überhaupt aufgesucht habe. Wie bringt Ihr so eine anatomische Veränderung, so eine Vergrößerung des Gliedes fertig? Darüber möchte ich Eure geschätzte Belehrung erbitten.»

«Es ist eine Sache ärztlicher Geschicklichkeit. Aber vor der Behandlung müssen zunächst drei Vorfragen geklärt sein: erstens wie ist das Glied des Patienten beschaffen? Darüber muß ich mich durch Augenschein vergewissern; zweitens in welchem Umfang wünscht Patient die Vergrößerung? Drittens verfügt Patient über ausreichende Geduld und Ausdauer? Und ist er gewillt, unter Umständen auch sein Leben aufs Spiel zu setzen? Erst wenn das geklärt ist, kann ich mich zur Behandlung entschließen. So etwas aufs geratewohl zu machen, könnte ich nicht verantworten.»

«Darf ich um nähere Erläuterung bitten, wie ich die drei Fragen verstehen soll?»

«Wenn Euer Glied von Natur nicht gerade abnorm klein beschaffen ist und nur eine geringfügige Vergrößerung in Betracht kommt, dann ist die Behandlung zwei und drei überflüssig. In diesem Falle wird das Glied zunächst mit Hanfsud örtlich betäubt, so daß es kalt und heiß nicht mehr unterscheiden kann und gegen jeden Reiz und Schmerz unempfindlich wird. Dann wird es mit einem Extrakt aus desinfizierenden Blüten der Hsün-Pflanze eine Weile geräuchert, hinterher mit Wasser abgespült und danach eine Weile zwischen den Fingern gerollt und massiert und zuletzt noch eine Weile in die Länge gezogen und gezerrt. Das Räuchern bewirkt Festigkeit, das Spülen Kräftigung, das Rollen und Massieren macht es dicker, das Ziehen und Zerren länger. Nach drei Tagen und drei Nächten solcher Behandlung stellt sich der Erfolg ein: das Glied hat an Dicke und Länge ein Drittel des natürlichen Umfanges gewonnen. Dieser Behandlung unterziehen sich Patienten besonders gern, weil sie völlig gefahr- und schmerzlos ist.

Nun zu dem anderen Fall. Er liegt schwieriger. Angenommen, Euer Glied ist ausnehmend klein und kurz geraten, und Ihr wünscht eine erhebliche Vergrößerung, dann kommt nur eine ziemlich schmerzhafte operative Behandlung in Frage. Da muß zuvor unbedingt Vorfrage drei geklärt werden: verfügt Patient über ausreichende Geduld und Ausdauer? Und ist er entschlossen, unter Umständen auch sein Leben aufs Spiel zu setzen? Wenn Patient von ängstlicher Natur ist und gewagte Sachen scheut, dann muß die Operation unterbleiben, und der Fall ist erledigt. Hat er dagegen Mut, und ist es ihm mit seinem Verlangen nach Liebesgenuß so ernst, daß er vor keinem Risiko, auch nicht vor Lebensgefahr zurückschreckt, dann würde auch ich Mut fassen und eine Operation wagen. In diesem Falle ist der Gang der Dinge folgender: zunächst muß ein junger Rüde und eine junge Hündin herangeschafft werden; sie werden zunächst getrennt voneinander in einem Hundezwinger eine Zeitlang gut aufgefüttert, dann aufeinander losgelassen; natürlich wird es nicht ausbleiben, daß sie sich bespringen; während sie mitten bei ihrem Geschäft und noch nicht fertig sind, müssen sie gewaltsam getrennt werden; nun ist so ein Rüdenglied ein sehr heißblütiges Ding, hat es erst einmal Eingang bei der Hündin gefunden, dann schwillt und dehnt es sich zum Mehrfachen seiner normalen Dicke und Länge; nach dem Erguß braucht so ein Rüde schon wer weiß wie lange Zeit, ehe er sein Glied wieder herausziehen kann, geschweige denn vor dem Erguß, so fest steckt es drin; diese Zeitspanne kurz vor dem Erguß muß man benutzen, um ihm das Glied mit einem scharfen Messerschnitt abzutrennen; hierauf löst man es behutsam aus der Scheide der Hündin und zerschneidet es in vier Längsstreifen; jetzt wird das Glied des Patienten mit Hanfsud örtlich betäubt und gegen Schmerz unempfindlich gemacht, hierauf wird es durch vier Längsschnitte tief aufgeschlitzt, und in jede Kerbe wird ein entsprechender Streifen des noch pralldicken Rüdengliedes eingefügt, sodann werden die vier Einschnittstellen mit einer geeigneten Wundsalbe bestrichen, die eine baldige Zuheilung der wunden Stellen herbeiführt; bei den Einschnitten und der Einpflanzung ist darauf zu achten, daß die innere Harnröhre nicht verletzt wird, eine Verletzung könnte Entzündung und unter Umständen künftige Versteifungsunfähigkeit des Gliedes zur Folge haben. Bleibt die Harnröhre unverletzt, dann besteht kein Grund zu Besorgnis, und nach einem Monat Bettruhe werden sich die derart eingepflanzten Teile Rüdenglied mit dem Glied des Patienten ähnlich wie Wasser mit Milch verwachsen und verschmolzen haben, daß ein ganz neues einheitliches Glied entstanden ist, an dem kein Unterschied mehr zwischen Bestandteilen eines menschlichen und eines tierischen Gliedes wahrnehmbar ist; bei künftigem Geschlechtsverkehr aber wird das neue Glied die Natur und Kraft eines heißblütigen Rüdengliedes hervorkehren, es wird zur mehrfachen Dicke des Patientengliedes im unerregten Zustand anschwellen. – Was meint Ihr wohl, junger Freund, was Ihr mit einem derart verstärkten Rüstzeug Eurer Partnerin von nun an für Vergnügen und Befriedigung schaffen werdet!»

Während unser Jüngling den chirurgischen Ausführungen des fahrenden Wunderdoktors lauschte, war ihm zumute, als ob er vom Tode langsam wieder zum Leben erwache. Noch bevor er ein Wort herausbrachte, hatten sich seine Knie bereits wie automatisch zum Fußfall gebeugt.

«Meister, wenn Ihr das vollbringen könntet – es würde für mich das Geschenk eines neuen Lebens bedeuten!» beteuerte er mit Emphase.

Der Meister half ihm hurtig in die Höhe.

«Wozu die übertriebene Huldigung! Wenn Ihr die Operation wünscht, muß ich Euch natürlich zur Verfügung stehen.»

«Ach, Meister, Ihr müßt verstehen: Weiber und Liebesgenuß bedeuten für mich mein Alles, mein Leben! Ich bin nun einmal von Natur so geschaffen! Nur hat es der Himmelsfürst leider so eingerichtet, daß mein unzulänglicher Wicht dem heißen Verlangen, das mir im Busen glüht, nicht entsprechen kann.

Nun wird mir das seltene, das unerhörte Glück zuteil, Euch, dem fremden Wundermann, zu begegnen – ja, muß ich mich da nicht in Demut beugen und, das Gesicht nach Norden gewandt, Euch kniefällig huldigen?»

Er befahl seinen jungen Diener heran, entnahm dem Besuchskartenkästchen die mitgebrachten Silberbarren und überreichte sie mit eigener Hand dem Wundermann.

«Nehmt! Ein kleiner Vorschuß auf Euer Arzthonorar. Nach gelungener Operation werde ich mich erst richtig anstrengen. Ihr sollt mich nicht kleinlich und undankbar finden.»

«Nicht so voreilig! So leichthin kann ich das viel zu üppige Honorar nicht annehmen. Noch sind wir nicht soweit. Es ist noch keineswegs so sicher, daß ich die Sache überhaupt machen kann.»

«Warum noch Bedenken? Auch für den Fall des Mißlingens gibt's für mich jedenfalls kein Bedenken. Angenommen, das Messer würde Euch ausrutschen, Eurer Hand würde ein Kunstfehler unterlaufen und ich müßte vor der Zeit ins Reich der neun Quellen fahren, seid gewiß, ich würde es Euch nicht nachtragen, ich würde Euch deswegen im Jenseits nicht grollen, ich würde es gelassen als das mir vorbestimmte Los hinnehmen. Nun bedenkt auch Ihr Euch nicht länger, vertraut dem Himmel und geht darum ans Werk!»

«Gemach. Es ist nicht an dem, daß ich meiner selbst, meiner ärztlichen Kunst nicht sicher wäre. Wenn ich nicht über ausreichende Praxis und eine sichere Hand verfügte, wie könnte ich eine solche Operation verantworten? Das hieße ja mit Menschenleben gewissenloses Spiel treiben. Nein, mein Bedenken betrifft etwas anderes, mein Zögern erklärt sich aus einem anderen Grund. Es fragt sich, ob Ihr bereit und entschlossen wäret, nach gelungener Operation drei gewisse Unbequemlichkeiten auf Euch zu nehmen. So wie ich Eure Natur und Veranlagung kenne, müßtet Ihr Euch da schon ein schweres Opfer abringen. Welcher Art die drei Unbequemlichkeiten sind, werde ich Euch der Reihe nach genau beschreiben. Wenn Ihr gleichwohl auf Operation besteht, gut, dann werde ich mich Eurem Wunsche fügen. Sofern Ihr aber nicht in der Lage seid, das eine oder andere der drei Opfer, die ich Euch zumute, gern und freudig zu bringen, dann bedaure ich, dann muß die Operation unterbleiben, und Ihr dürft nicht weiter in mich dringen.»

«Welche drei Opfer heischt Ihr?»

«Zum ersten: einhundertzwanzig Tage lang nach bestandener Operation müßt Ihr Euch jeglichen Geschlechtsverkehrs enthalten. Ausübung von Geschlechtsverkehr während dieser viermonatigen Karenzzeit würde unweigerlich schwere gesundheitliche Schädigung für Euch nach sich ziehen: Trennung und Loslösung der tierischen von den menschlichen Bestandteilen Eures Gliedes wäre die Folge, die eingepflanzten tierischen Bestandteile würden nicht weiter haften und verwachsen, die ursprünglichen menschlichen Teile würden verfallen und schrumpfen. Das ist es, worauf sich meine dritte Vorfrage bezog: verfügt Patient über ausreichende Geduld und Ausdauer? Damit war nicht Ausdauer im Ertragen von Schmerz gemeint, vielmehr Ausdauer in Enthaltung von Geschlechtsverkehr.

Zum zweiten: nach bestandener Operation dürft Ihr Euch nur noch mit weiblichen Personen über zwanzig geschlechtlich einlassen. Weibspersonen unter zwanzig müssen für Euch völlig tabu sein, auch wenn ihre Melone bereits erbrochen ist, ebenso ohne Rücksicht auf Alter solche, die noch kein Kind zur Welt gebracht oder vorher noch keinen Geschlechtsverkehr gehabt haben. Diesen allen würde Euer verstärktes Rüstzeug gar zu große Schmerzen, ja Qualen bereiten – ganz zu schweigen von unberührten kleinen Mädchen, für die Euer Glied viel zu stark wäre und den Tod bedeuten würde. Also insoweit Selbstbeherrschung und Enthaltsamkeit zu üben ist einfach Gebot des Anstandes und gesunden Menschenverstandes. Schließlich habt Ihr ja ein Gewissen, das Ihr nicht mit unrechtem Tun belasten solltet, und auch ich als Euer behandelnder Arzt würde Schuld auf mein Gewissen laden, wenn ich Mißbrauch meiner ärztlichen Kunst dulden würde.

Zum dritten: es ist unvermeidlich, daß es bei der Operation zu beträchtlichem Samenverlust kommt und die künftige Zeugungsfähigkeit beeinträchtigt wird. Kinder, die nach einer solchen Operation späterhin gezeugt werden, sterben meist jung. Seid Ihr gewillt, unter Umständen auf Nachkommenschaft zu verzichten? Auch das ist es, worauf sich meine dritte Vorfrage bezog: ist Patient gewillt, unter Umständen auch sein Leben aufs Spiel zu setzen? Gemeint war damit weniger die Bereitschaft, das Leben durch allzu frühen Tod einzubüßen, als der freiwillige Verzicht auf ein Fortleben in Kindern.

Wenn ich Euch nun so recht betrachte, so habe ich vor mir einen jungen willensstarken Menschen, in dessen Brust zwei Triebe wohnen, die mich bedenklich stimmen: zum einen Eure Sinnlichkeit, sie erscheint mir zu stark und ungestüm, als daß Ihr es auch nur drei Monate ohne Beischlaf aushalten könnt; zum andern Euer Drang nach Weib, er erscheint mir zu heftig und gierig, als daß Ihr Euch soweit beherrschen könntet, wenigstens vor unschuldigen kleinen Mädchen haltzumachen. Es kommt ein drittes hinzu, das mich bedenklich macht: angesichts Eurer jungen Jahre fürchte ich, daß Ihr noch sohnlos seid und nicht gern auf Nachkommenschaft verzichten möchtet. Unter diesen Umständen werdet Ihr verstehen, daß ich mich nur so schwer zu der gewünschten Operation entschließen kann.»

«Oh, wenn es weiter nichts ist! Diese drei Unbequemlichkeiten will ich gern auf mich nehmen. Sie bedeuten für mich überhaupt kein Opfer. Darüber könnt Ihr, verehrter alter Meister, völlig beruhigt sein und nunmehr getrost zur Operation schreiten.»

«Wieso machen sie Euch nichts aus? Erklärt Euch näher.»

«Zum ersten: zur Zeit auf Reisen, habe ich seit langem Enthaltsamkeit geübt. Allein nächtigen, mit keiner Frau das Lager teilen – ich kann wohl sagen, darin bin ich nachgerade abgehärtet. Also noch etwas länger, meinetwegen weitere vier Monate nach der Operation Abstinenz zu üben, das macht mir nichts aus.

Zum zweiten: für mich kommen sowieso nur reife Frauen, die ihr Haar zum ehefraulichen Knoten aufgesteckt tragen, in Betracht. Nach unreifen jungen Dingern trage ich kein Verlangen, nach dem zweifelhaften Vergnügen einer Entjungferung steht mir nicht mein Ehrgeiz. Ich habe genug von der Erfahrung mit meinem eigenen Frauchen daheim. Solche junge, unerfahrene Dinger haben ja nicht die geringste Ahnung von irgendwelcher Liebeskunst, von der Kunst, das zärtliche Werben des Partners ihrerseits mit entsprechender Zärtlichkeit zu erwidern. Ein unschuldiges Mädchen verführen wollen, das kommt auf weiter nichts als auf törichten Ehrgeiz und eingebildetes Vergnügen hinaus. Wirklichen Inhalt, richtige Süße können dem Liebesverkehr nur weibliche Wesen von einiger Reife, sagen wir am besten solche zwischen zwanzig und dreißig, verleihen, erst die verstehen nicht nur zu nehmen, sondern auch zu geben und zu schenken und Gefühl mit Gefühl zu erwidern. Es ist das genau wie in der Literatur beim Bau von Doppelsprüchen: Solche unreifen jungen Dinger gleichen ungeschickten dummen Anfängern, die zu dem gegebenen halben Spruch keinen passenden Gegenspruch zustande bringen. Also auch bezüglich Eures zweiten Bedenkens könnt Ihr ganz beruhigt sein. Ich ringe mir da bestimmt kein Opfer ab.

Zum dritten: zugegeben, andere Leute legen großen Wert auf Nachkommenschaft, mir persönlich ist es völlig gleichgültig, ob ich Söhne habe oder sohnlos bleibe. Ich bin in dieser Hinsicht anders als die anderen. An seinen Söhnen erlebt ein Vater sowieso meistens keine Freude, jedenfalls kann man beobachten, daß sie öfter zu ungehorsamen, aufsässigen, nichtsnutzigen Schlingeln entarten als sich zu folgsamen, pietätvollen, tüchtigen und würdigen Stammhaltern zu entwickeln. Natürlich hat es einen gewissen Wert, wenn einem das Glück zuteil wird, einen wohlgeratenen, braven und tüchtigen Sohn zu haben, ihn glücklich und würdig zu verheiraten und dann im Alter an ihm Stütze und Anhalt zu finden. Aber so etwas Besonderes ist das nun auch nicht. Wie dagegen, wenn man mit einem mißratenen Sprößling gestraft wird, der Schimpf und Schande und Ruin über sein Vaterhaus bringt und seine Eltern durch Gram und Kummer vorzeitig unter die Erde bringt? In diesem Fall möchte es der Vater, leider zu spät, bereuen und bedauern, daß er sich seinerzeit im Ehebett unnütz verausgabt und einen so unwürdigen Sprößling gezeugt hat. Im übrigen kann man wohl sagen, daß unter der männlichen Bevölkerung mindestens jeder zehnte sohnlos bleibt. Falls ich also sohnlos bleiben sollte, würde ich dieses Los mit vielen anderen teilen, und ich würde es gelassen als Fügung des Schicksals hinnehmen. Ob mir Söhne beschieden sind oder nicht, das ist schließlich höhere Vorbestimmung. Die Operation dürfte darauf schwerlich Einfluß haben, kurz, mein Entschluß steht unabänderlich fest: ich bestehe auf Operation.»

«Gut, da Ihr so fest entschlossen seid und meine sämtlichen Bedenken zerstreut habt, gebe ich meinen Widerstand auf und werde mittun. Das nächste ist die Auswahl eines günstigen Kalendertages und des Orts für die Vornahme der Operation. Soll ich sie in Eurer oder in meiner Wohnung vornehmen? Natürlich muß sie streng diskret, unter Ausschluß irgendwelcher müßigen Gaffer und Beobachter, erfolgen.»

«Dann möchte ich vorschlagen, daß wir sie in Eurer Behausung vornehmen. Bei mir in meinem Tempel sind die Raumverhältnisse etwas beschränkt, auch gehen zuviel Leute aus und ein, wir wären da nicht ungestört.»

«Einverstanden.»

Erst jetzt bequemte sich der Arzt zur Annahme des großzügig bemessenen Honorarvorschusses. Er notierte sich noch das Geburtsdatum des Patienten und wählte aus dem Kalender einen passenden Tag, der astrologisch mit dem Geburtsdatum in Akkordanz stand. Damit war der Pakt geschlossen. Der Jüngling empfahl sich und zog hochbeglückt von dannen.

VII. KAPITEL

Vier Monate entsagungsvoller Kur in der Verborgenheit zeitigen eine Besserung, über die sich der gute Freund vor Staunen die Augen reibt. Nur ein einziges Mal braucht er seinen Charme und seine Künste spielen zu lassen, um das standhafte Herz der spröden Schönen im Nu zum Umkippen zu bringen.

In dieser Nacht konnte unser Jüngling lange keinen Schlaf finden. Immer wieder ging ihm die denkwürdige Begegnung mit dem fahrenden Wunderdoktor durch den Kopf, und im Geiste malte er sich schon aus, wie forsch er sich nach erfolgter Operation und Heilung auf die Weiber stürzen und unter ihnen nur so wüten würde. Begreiflich, daß die wollüstigen Zukunftsbilder, die ihm eine hurtige Phantasie vorgaukelte, seinen Wicht munter machten und vor der Zeit tatendurstig stimmten.

‹Ich führe nun schon seit langem das trostlose Leben des einsamen Hechts›, so ging es ihm durch den Sinn. ‹Unbefriedigte Wünsche und Sehnsüchte haben sich im Lauf der Zeit zuhauf angestaut und zu einem wahren Knäuel und Gestrüpp verfilzt und verdichtet, das mir den Busen schier verstopft. Es ist eine Qual. Nun steht mir die Operation bevor, und danach heißt es wieder warten und entbehren! – Man sollte vorher noch einmal zum Weib gehen und sich von dieser lästigen Verstopfung befreien – eine Portion gelbe Kraftsuppe, dann gründliche Entrümpelung – und mir wäre wohler!›

An diesem Punkt seines Gedankenganges angelangt, rappelte er sich schon in die Höhe und wollte in die Kleider fahren, um einen Gang zu einem ihm bekannten Blumenhof zu unternehmen. Aber seufzend legte er sich wieder nieder. Ein Bedenken war ihm gekommen: um diese späte Stunde würde er die Dämchen bereits besetzt finden, man würde ihm die rot und grün lackierte Haustür gar nicht erst aufriegeln, er würde seinen Gang umsonst unternommen haben. Er dachte weiter nach, und da fiel ihm etwas anderes ein:

‹Wozu habe ich denn meine Faktoten, meine beiden jungen Diener als Reisegefährten mit? Warum die Südpassage verschmähen, wenn mir die Nordpassage versperrt ist?›

Er rief den Jüngeren herein und hieß ihn zu sich ins Bett steigen und die Rolle einer ‹Sie› spielen. Schu Tung und Kiän Schao, das waren die Phantasienamen, mit denen er seine beiden Faktoten zu rufen pflegte. Der Jüngere, ein knapp sechzehnjähriges aufgewecktes Bürschlein, verstand ein wenig Schriftsprache, darum ließ ihn sein Herr seine Bücher und Schriftstücke betreuen; er sah in ihm so etwas wie einen lebenden Schutzkasten für Bücher, daher der Rufname Schu Tung ‹Bücherkasten›. Der Ältere, ein Achtzehnjähriger, hatte das Amt, ein doppelschneidiges Ritterschwert, altes Familienerbstück, zu hüten und gleich einer Scheide vor Rost zu bewahren, daher sein Rufname Kiän Schao ‹Schwertscheide›. Sie waren beide gut aussehende, schmucke Burschen. Mit ihren glatten, frischen Wangen hätte man sie für Mädchen halten können, wenn nicht die großen Füße ihr Geschlecht verraten hätten. Aber im Wesen waren sie verschieden. Der ältere war ein schlichtes Gemüt von etwas sturer Art; sich irgendwie verstellen oder in Pose setzen, das lag ihm nicht. Unser Scholar trieb gern seinen Schabernack mit ihm und hatte seinen Spaß daran, wenn er seine feinen Winke und Anzüglichkeiten gründlich mißverstand. Anders der jüngere, ein ganz durchtriebenes, fuchsschlaues Kerlchen. Der wußte freilich behend auf die Winke seines Herrn einzugehen und sich seinen Sonderwünschen anzupassen. So hatte er den Trick heraus, bei Bedarf genau wie ein Weib die ‹hintere Audienzhalle› hochzurecken und dem geschätzten Besucher mittels geschmeidigen Bauchwackelns den Eingang zu erleichtern. Auch konnte er, wenn auch simuliert, genau wie ein Weib Lustlaute und Wonnestöhnen hervorbringen. Darum mochte ihn auch sein Herr so gern, und darum hatte er in dieser Nacht gerade ihn und nicht den anderen in sein Bett geladen.

Während einer Atempause konnte der vorwitzige Schlingel nicht umhin, eine neugierige Frage zu stellen:

«Hsiang kung, junger Herr, seit geraumer Zeit habt Ihr es nur noch auf Weiber abgesehen, unsereins habt Ihr verschmäht und beiseite getan. Darf man fragen, warum Ihr heut nacht auf einmal dazu aufgelegt seid, den erkalteten Geschmack von früher wieder aufzuwärmen?» kam es mit gezierter, gemacht weiblicher Flötenstimme.

«Zur Feier des Abschieds.»

«Abschied? Wollt Ihr mich etwa aus dem Dienst entlassen und an einen anderen Herrn verkaufen?»

«I wo. Mit ‹Abschied› meine ich nicht, daß ich mich von dir trennen werde, vielmehr daß mein ‹Botschafter› heute zur Abschiedsaudienz in deine Hou tang ‹hintere Empfangshalle› gekommen ist.»

書筒

Schu Tung, der Diener ‹Bücherkasten›

«Warum will er sich verabschieden?»

«Wie du weißt, habe ich mich unlängst entschlossen, ihn auf dem Weg ärztlicher Operation etwas ansehnlicher und stattlicher zu machen. Die Operation wird ihm zu derartiger Größe und Dicke verhelfen, daß ihm künftig jede weibliche ‹Audienzpforte›, mag sie noch so geräumig sein, zu eng sein wird. Er wird sich mit Gewalt hineinzwängen müssen. Deine winzige Pforte zur ‹hinteren Audienzhalle› wird also gar nicht mehr in Frage kommen. Na, habe ich recht, wenn ich den heutigen Besuch meines Botschafters als Abschiedsbesuch bezeichne?»

«Mag Euer Botschafter auch etwas klein und niedlich gewachsen sein, aber er ist doch sonst in Ordnung – warum gleich operieren?» wollte das Bürschlein in seiner Unerfahrenheit wissen.

Sein Herr klärte ihn kurz auf, daß in dem gewissen Punkte der weibliche Geschmack dem männlichen Geschmack eben entgegengesetzt sei, daß Männer das Kleine, Feine, Zarte schätzen, während Frauen umgekehrt Wert auf ein möglichst gewaltiges Ungetüm legen.

«Demnach werdet Ihr nach der Operation nur noch auf Weiber fliegen und meinesgleichen fürderhin verschmähen?»

«Piän schi, genau das.»

«Ach, könntet Ihr – ich meine, wenn Ihr dann so in Überfluß an Frauen schwelgt, daß Ihr gar nicht wißt, wohin mit allen, würdet Ihr mir gelegentlich auch mal eine überlassen? – Ich meine, es könnte ja eine Zofe sein, feine Damen haben doch ihre Zofen – wenn Ihr so eine feine Dame besucht, nehmt mich doch, bitte, mit! – Ich möchte auch gern einmal den

Geschmack von Weib kosten, auch würde ich dann nicht umsonst im Dienst eines galanten Kavaliers und großen Meisters im ‹Wind- und Mondspiel› gestanden haben», bettelte der Kleine.

«Wenn es weiter nichts ist! Was ein richtiger Feldherr ist, der duldet nicht, daß seine Soldaten hungern, während er sich selber den Bauch voll schlägt. Also ich werde mit der jeweiligen Dame schlafen, du darfst dich mit ihrer Zofe vergnügen. Bei einem Male wird es nicht bleiben, das Vergnügen wirst du dutzend Male, ach, was sage ich, etliche hundert Male haben.»

Das hörte der Schlingel gern und fuhr in der Vorfreude mit doppeltem Diensteifer fort, dem Botschafter seines Herrn einen möglichst warmen Abschiedsempfang zu bereiten. –

Anderntags machte sich der Vormitternachts-Scholar an die Beschaffung des für die Operation benötigten Hundepaars. Er kaufte einen besonders kräftigen, jungen Rüden und eine besonders stramme, junge Hündin, brachte sie an getrennten Plätzen im Tempelhof unter und ließ sie während der Wartezeit bis zum Tag der Operation mit allem, was ein Hundeherz nur begehrt, reichlich füttern.

Als es dann soweit war, machte er sich in Begleitung seiner beiden Diener auf den Weg zum Wunderdoktor. ‹Bücherkasten› mußte die Hunde an der Leine mitführen, ‹Schwertscheide› schleppte eine Traglast von Eßschachteln voll allerlei leckeren Gerichten und eine Kanne Weins hinterher. Die Operation sollte im vergnüglichen Rahmen eines Festgelages vonstatten gehen. Das würde dem Vorgang seinen düsteren Ernst nehmen.

In Anbetracht des geheimnisvollen Charakters seiner beruflichen Tätigkeit hatte sich der fahrende Doktor mit Bedacht eine ganz einsam und weit von allem menschlichen Verkehr abgelegene Stätte zum Wohnquartier erkoren.

Es war ein alter verfallener und verlassener Tempel auf unbewohntem Gelände weit draußen vor der Stadt, in dem er sich häuslich niedergelassen, richtiger verkrochen hatte. Denn die Tempelanlage war sehr weitläufig, Priester und Tempelbesucher gab es nicht. Da hauste er völlig allein und konnte sein dunkles Handwerk hinter verriegelten Türen unbemerkt und ungestört verrichten.

Nach kurzer Begrüßung ging der Arzt ohne weitere Umstände gleich an die Behandlung seines Patienten. Zunächst nahm er eine örtliche Betäubung mittels Bestreichens und Einreibens mit der vorbereiteten Salbe vor. Der Patient hatte dabei das Gefühl, als ob der bewußte Körperteil jäh von eiskaltem Wasser durchrieselt würde. Hinterher hatte er die Empfindung, als ob jener Körperteil überhaupt nicht mehr vorhanden wäre. Er mochte an ihm reiben und kratzen, ihn drücken und pressen soviel er wollte, er spürte nichts. Das beruhigte ihn schon zur Hälfte. Nun war er sicher, daß er auch die bevorstehenden Einschnitte mit dem scharfen Messer gar nicht spüren würde. Wohlgemut setzte er sich mit dem Meister an die Tafel und ließ sich die mitgebrachte Mahlzeit schmecken.

Von der Tafel aus beobachtete er alsdann zwischen Schmausen und Zechen mit Interesse den Fortgang der Handlung. Die beiden Köter erschienen auf der Szene. Sie wurden, jeder an seiner eigenen Hundeleine, von den zwei Dienern herbeigeführt und aufeinander losgelassen. Sie waren willig und, ohne an der Leine zu zerren und zu kläffen und sich zu widersetzen, mitgekommen. In ihrem Hundeverstand mochten sie wohl denken und es dankbar vermerken, daß ihr Herrchen ihnen endlich einmal etwas Bewegungsfreiheit und Vergnügen gönnen wolle, und wenn er sie an einen so entlegenen, menschenleeren Ort bringe, dann wohl zu dem Zweck, damit sie sich hier nach Herzenslust austoben könnten und in ihrem Vergnügen von keinem fremden eifersüchtigen Rüden gestört würden. Die armen Viecher! Wenn sie geahnt hätten, was Herrchen in Wirklichkeit vorhatte! Daß er sie in ihrem Vergnügen grausam stören und wegen eigenen Kapitalmangels den bedauernswerten Rüden seines stattlichen Hundekapitals berauben würde!

Jung und gut gefüttert, wie sie waren, hatten sie sich im Nu besprungen und ‹zusammengenäht›. Die Leinen blieben, während sie sich vergnüglich tummelten, weiter an ihrem Hals befestigt und unter der Kontrolle der Diener. Die mußten auf Geheiß des Meisters, während die Köter mitten im schönsten Zug waren, auf einmal kräftig an der Leine zerren, und zwar in entgegengesetzter Richtung, als ob sie das Paar trennen wollten. Natürlich wollte das liebeswütige Pärchen nichts von Trennung wissen. In seinem verzweifelten Widerstand gegen die zerrenden Leinen bot es das Bild einer auseinandergebrochenen Lotoswurzel, deren Hälften immer noch mit etlichen Fasern verbunden bleiben.

Der Rüde bellte wütend drauflos und klammerte sich mit seinen Hinterkeulen nur um so fester an das

Gesäß seiner Partnerin. Die Hündin protestierte mit nicht minder heftigem Gekläff und preßte ihre Hinterbacken nur um so kräftiger um den Sendboten ihres Partners, den sie durchaus nicht vor der Zeit wieder entschlüpfen lassen wollte.

Einen günstigen Augenblick, da der Sendbote des Rüden halb drinnen steckte, halb herausgerutscht war, nutzte der Meister, um ihn mit raschem Messerschnitt ritsch, ratsch an der Wurzel abzuzwacken und anschließend mit behendem Griff vollends aus seiner Teilhaft (dem Schlauch der Hündin) zu befreien. Hierauf schnitt er aus ihm vier Längsstreifen heraus.

Nun kam der Patient an die Reihe. Er mußte sich hinlegen, der Meister griff zum Messer und schlitzte ihm mit vier schmerzlosen Längsschnitten seinen Wicht auf, in die klaffenden Risse stopfte und pfropfte er sodann die entsprechenden, noch warmen und prallen Längsstreifen von Fleischgewebe, die früher einmal Besitz des Rüden gewesen waren. Der so ergänzte Wicht wurde hierauf mit einer Wund- und Heilsalbe bestrichen und dick einbandagiert. Damit war die Operation beendet, und Arzt und Patient nahmen wieder an der Tafel Platz und tafelten gemütlich weiter, als ob nichts geschehen sei.

In dieser Nacht nächtigte der Patient in der Behausung des Arztes, der ihn noch eine Weile unter Beobachtung halten wollte. Vor dem Einschlafen kam es noch zu einem angeregten Kopfkissengeplauder, wobei der erfahrene Arzt seinem jugendlichen Gast etliche nützliche Ratschläge bezüglich der Kampftaktik gegenüber Frauen anvertraute.

Am nächsten Tag begab sich der Jüngling in sein eigenes Tempelquartier zurück, um es volle vier Monate lang nicht wieder zu verlassen. Die strenge Klausur, die er sich während dieses Zeitraumes mit eiserner Energie auferlegte, war nicht nur äußerlicher, sondern auch innerlicher Natur: er brachte es über sich, während dieser ganzen Zeit jedweden Gedanken an Weib und roten Staub aus seinem Busen zu bannen, sich jeglicher lüsterner Vorstellung zu enthalten und ausschließlich in den ätherischen Gefilden des Geistes sich zu ergehen. Nicht einmal um das Befinden seines Wichts kümmerte er sich, er widerstand mannhaft der Versuchung, den Verband ein wenig zu lockern und nach dem Patienten darunter zu äugen und ihn zu betasten und zu befühlen. Völlig philosophisch vergrub er sich diese vier Monate lang in seine Bücher und büffelte.

Endlich waren die vier Monate Wartezeit um. Da löste er den Verband, wusch den Patienten sauber und beguckte ihn sich genauer. Er mußte laut lachen: ‹Sieh da, wie sich der Wicht herausgemacht hat! Ein wahrer Riesenkerl ist er geworden! Das nenne ich Operation! Mit solchem Rüstzeug werde ich jede Festung im Sturm nehmen!› Also frohlockte er im stillen.

Er wartete noch einen Tag ab, dann machte er sich auf den Weg zu seinem Freund, dem Kun Lun Rivalen. Der würde schön staunen! Er brauchte nicht weit zu gehen. Zufällig war der Freund gerade auf dem Weg zu ihm. Vor dem Tempeleingang trafen sie zusammen. Unser Scholar zwinkerte ihm vielsagend zu und zog ihn am Ärmel mit sich in seine Klause.

«Werter Freund, du hast dich lange Zeit nicht mehr blicken lassen und in deine vier Wände verkrochen. Ich nehme an, das lange Stillsitzen wird deinem Studium sehr förderlich gewesen sein.»

«Ach, Studium! Damit steht's soso. Wichtiger ist mir der Fortschritt, den ich währenddessen in der Fang Schu ‹Kammertechnik› gemacht habe. Der ist beträchtlich.»

Der andere lächelte geringschätzig.

«Ich höre Fortschritt! Wird nicht weit her sein damit, bei dem Mangel an natürlichem Rohstoff. Ich hatte dir doch ausdrücklich geraten, vom Studium der ‹Kammertechnik› lieber die Finger zu lassen.»

«Oho! In den vier Monaten seit unserer Trennung sollte ich keinen Fortschritt erzielt haben? Sollte ich noch immer als Zielscheibe deines Spottes herhalten müssen? Das wäre gelacht! Die Augen wirst du dir reiben vor Staunen über meinen Fortschritt!»

«Nana, wird nicht weit her sein damit. Fortschritt vielleicht in der Theorie, aber nicht in der Praxis – überflüssiges Bemühen. Daß ein Knirps und Schwächling sich mittels eifrigen Trainierens an Strohpuppen auf dem Exerzierplatz die theoretische Kenntnis von sämtlichen achtzehn Kampfarten aneignet, ist schon denkbar. Aber damit ist noch lange nicht gesagt, daß er im wirklichen Kampf seinen Mann stellen und bestehen wird.»

«Du vergißt: aus Knirpsen werden Männer, und alles am lebendigen Leib wächst zu seinem Teil mit.»

«Nun ja, für heranwachsende junge Burschen von zwölf, dreizehn Jahren mag das gelten, aber du bist über zwanzig, da ist das Wachstum abgeschlossen. Sollte der betreffende Körperteil dennoch nachwachsen, dann kaum sichtbar, höchstens um Haaresbreite.»

«Um Haaresbreite? Das wäre nicht der Rede wert. Auch wegen eines Wachstums um Zollbreite würde ich kein Wort verlieren. Nein, das Betreffende muß schon mehrfach so dick geworden sein wie früher, ehe es sich lohnt, Aufhebens davon zu machen.»

«Red keinen Unsinn! So etwas von plötzlichem Wachstum gibt's doch gar nicht! – Höchstens beim dicken Reichtum von Neureichen. Aber wenn es sich schon so verhält, wie du behauptest, wozu das viele Drumherumreden – zeig her!»

«Um mich wieder von dir lächerlich machen zu lassen wie das erste Mal? – Nein! Damals habe ich einen heiligen Schwur getan und schriftlich niedergelegt und an die Wand geheftet, daß ich meine Blöße nie wieder fremden Augen zeigen werde.»

«Nun, tu schon nicht so empfindlich und zeig her! Wenn ich tatsächlich ein Wachstum feststellen sollte, dann werde ich nicht verfehlen, dir mit gesetzten Worten meine Hochachtung zu bezeugen und wegen meines abfälligen Verhaltens beim ersten Mal feierlich Abbitte leisten.»

«Mit schönen Worten ist mir nicht gedient – es sei denn, du leihst mir in der bewußten Sache tatkräftig Beistand und überzeugst mich von der Aufrichtigkeit deiner Freundschaft, indem du mir Gelegenheit gibst, mein neues Rüstzeug zu erproben und mit Siegestrommeln und Freudentänzen zu triumphieren.»

«Gemacht. Du kannst dich auf mich verlassen.»

Nun erst war unser Scholar bereit, seine Blöße zu zeigen. Das besorgte er ziemlich umständlich. In Anbetracht der herrschenden Kälte – es war zu Winters Anfang – trug er seine wärmsten Wintersachen, Rock wie Hose waren dick wattiert. Aus Besorgnis, die

Kleiderwülste möchten das Öffnen erschweren und die Sicht behindern, wand er sich zunächst eine seidene Schärpe um den Leib, hob und schob und stopfte den Rocksaum unter die Schärpe, dann löste er den Hosenbund, ließ die Hose zu Boden gleiten und brachte unter dem Hemd, auf beide flachen Hände gelegt, sein Werkzeug zum Vorschein. Wie er so stand und das neue Werkzeug zur Schau hielt, bot er den Anblick eines persischen Hausierers, der seinen Bauchladen vor sich hinhält.

Der andere, der es zunächst aus einigem Abstand gewahrte, dachte bei sich: ‹Eines Esels Schlauch hat er sich vor den Leib gebunden, um mich zu täuschen – wo mag er das Ding bloß aufgetrieben haben?› Als er dann aber näher hinzutrat und genauer hinguckte, ward ihm die überraschende Gewißheit, daß selbiges Ungetüm keineswegs von einem Esel ausgeborgt, vielmehr rechtschaffenes und natürliches Eigentum seines Freundes war. Jetzt mußte er sich vor Staunen tatsächlich die Augen reiben.

«Nun sag bloß, lieber Freund, welchen Zauber hast du gebraucht, um deinen unansehnlichen Knirps in einen so starken Kämpen zu verwandeln?»

«Anscheinend hat er den Schimpf, den du ihm neulich angetan, nicht verwinden können. In seiner Ehre gekränkt, hat er sich – übrigens ganz ohne mein Zutun – hinterher unmutig geräkelt und aufgebäumt. Es ist offenbar der Zorn gegen dich, der ihn so gewaltig hat anschwellen lassen», kam es mit gespieltem Ernst zurück.

«Mach keine Witze! – Ich sehe doch deutlich vier längliche Narben, die offensichtlich von Messerschnitten herrühren. Da ist doch dran herumgedok-

tert worden, das ist doch klar, und es muß eine verflucht geschickte Hand, eine kundige Arzthand gewesen sein, die eine so erstaunliche Veränderung zuwege gebracht hat. Nun foppe mich nicht länger, und verrate mir, wie es in Wirklichkeit zugegangen ist.»
Nachdem er ihn so eine Weile zum besten gehalten und weidlich zappeln gelassen hatte, gab unser Scholar endlich dem Drängen des Freundes nach und berichtete den genauen Hergang der Sache. Der andere sperrte vor Staunen den Mund auf und ließ die Zunge heraushängen.

«Also zu solchen Opfern bist du in deinem unbändigen Verlangen nach Weib und Liebesgenuß fähig! Das heißt Willenskraft! Meine Hochachtung! Jetzt, da ich dich so trefflich gewappnet sehe, kann ich mich deinem Begehren auch nicht länger widersetzen. Wohlan, ich bin bereit, dir meinen Beistand zu gewähren und zur Erfüllung deines sehnlichen Wunsches zu verhelfen. Mach dich fertig! Wir wollen uns ungesäumt zum Sturm auf die Festung aufmachen!»

Das hörte unser Scholar gern. Er kleidete sich rasch um, stülpte sein neuestes Winterbarett auf und machte sich mit seinem Freund auf den Weg. Ziel des Weges war das Haus eines gewissen Seidenhändlers. Der Kun Lun Rivale ließ den Scholar in der Nähe stehen und warten. Er selber ging, um zunächst in der Nachbarschaft herumzuhorchen. Nach einer Weile fand er sich wieder ein. Sein Schmunzeln verhieß gute Botschaft.

«Kung hsi! Gratuliere! Du hast Glück! Noch heut nacht wird sich dein Wunsch erfüllen!»

«Was? Bist du dessen so sicher? Ich kenne sie doch noch gar nicht!»

«Also ich habe mich eben in der Nachbarschaft erkundigt: ihr Mann ist zufällig auf einer längeren Geschäftsreise unterwegs, vor zehn Tagen wird er nicht zurück erwartet. Du wirst dich also zehn Tage lang mit ihr vergnügen können, dafür bürge ich. Wir fallen jetzt einfach in den Laden ein, dann brauchst du bloß ein Weilchen deinen Charme und deine Künste spielen zu lassen und dich in ihrem Herzen festzuhaken, das übrige besorge ich, und ich wette, daß du noch heute nacht bei ihr Einlaß finden wirst.»

«Also gut. Ich verlasse mich ganz auf dich.» Und sie traten, der ältere, den Vorhang beiseite schiebend, voran, in den Laden ein.

«Ist Herr Küan daheim?» begann er.

«Nein, er befindet sich auf Geschäftsreise», gab die Schöne, die an ihrem gewohnten Platz hinter der Ladentafel saß, ohne von ihrer Handarbeit aufzublicken, zur Antwort.

«Schade. Euer ergebener Diener wollte gern ein paar Ballen Seide kaufen. Was nun?»

«Es gibt noch andere Seidengeschäfte», beschied ihn die Schöne gelassen. Sie blickte noch immer nicht auf. Jetzt mischte sich unser Scholar ein:

«Andere Geschäfte wohl, aber nicht so gute, fürchten wir. Andere Geschäfte führen nicht so tadellose, wasserreine Ware. Überdies ist mein Freund alter Kunde Eures ansehnlichen Hauses. Er möchte gern bei seiner bewährten Bezugsquelle bleiben. Bei Euch würde er beruhigt kaufen.» Beim Klang seiner Stimme hatte die junge Frau aufgehorcht und erstmals aufblickend ihn verstohlen gemustert.

«Nun gut, da er alter Kunde unseres bescheidenen Ladens ist, warum sollte ich ihm nicht den Gefallen tun?» Es klang bei weitem nicht mehr so abweisend kühl wie vorher. Jetzt war es wieder der Kun Lun Rivale, der den Faden des Gespräches emsig weiterspann.

«Ta Niang, hohe Dame, als ich das letzte Mal, es war im vergangenen Sommer, hier Seide einkaufen kam, war der Ta Ye, der hohe Herr, zufällig auch nicht daheim, da habt Ihr mir auch schon mit eigener Hand Ware verkauft und etliche Ballen dort vom obersten Fach heruntergelangt – erinnert Ihr Euch noch?»

«Richtig, jetzt erinnere ich mich.»

«Schön, dann werdet Ihr Euch auch erinnern, daß er nicht leere Worte machte und groß feilschte, sondern auch kaufte und prompt bezahlte», fiel der Scholar ein.

«Warum wolltet Ihr diesmal das Geschäft der Konkurrenz zuschieben?»

«Ich dachte, meine mittelmäßige Ware würde einem so feinen Herrn nicht gut genug sein.»

«Im Gegenteil! Eher zu fein für einen trockenen, sauertöpfischen Schriftgelehrten wie mich!»

«Gut, dann darf ich die Herren bitten, Platz zu nehmen, indes ich Stoffproben herbeihole.»

Der Kun Lun Rivale war taktvoll genug, seinem Freund den bevorzugten Platz in der Nähe der schönen Verkäuferin, den bequemen, gepolsterten Schwarzholzsessel vorn an der Ladentafel, zu überlassen. Er selber nahm auf einem Hocker hinter ihm Platz.

Jetzt legte sie dem Scholar eine erste Stoffprobe vor. Sie tat es mit noch immer völlig gleichgültiger, sehr korrekter, fast strenger Miene, ohne ihm auch nur einen einzigen Seitenblick, geschweige denn ein winziges, ermunterndes Lächeln zu gönnen.

«Zu gelb!» kritisierte er, bevor er den Stoff in die Hand genommen hatte, um sein Urteil gleich wieder umzustoßen, sobald er ihn in der Hand hielt.

«Merkwürdig –» bemerkte er, nach rückwärts zu seinem Begleiter gewandt, «eben noch, solange die Dame ihn in der Hand hielt, erschien mir der Stoff zu gelb – jetzt, da ich ihn in meiner Hand halte, scheint er mir ausgesprochen weiß – wie mag das bloß kommen?»

Dann, nach einer Pause des Nachdenkens, fuhr er lebhaft fort:

«Ich hab's! – Es liegt wohl an der auffallend weißen Hautfarbe, die der Dame eigen ist. In einer so schönen weißen Hand muß der Stoff natürlich gelblich wirken und umgekehrt in meiner garstigen schwarzen Pfote weißlich.»

Die junge Frau hatte aufgemerkt und konnte nicht umhin, die Hand ihres jugendlichen Kunden einer eingehenden Betrachtung zu unterziehen.

«Nun, gar so schwarz finde ich die werte Hand des jungen Herrn gerade nicht», bemerkte sie, und ihre Miene blieb dabei noch immer zu korrekter Strenge eingefroren und wollte durchaus nicht zu einem noch so kleinen Lächeln auftauen.

«Im Vergleich zu meiner Pfote kann seine Hand jedenfalls nicht als dunkel gelten, im Vergleich zur weißen Patsche der hohen Dame freilich kann man sie auch nicht gut als hell bezeichnen», urteilte der Kun Lun Rivale diplomatisch.

«Da die Seide also immerhin leidlich hell ist, warum wollen die Herren sie nicht kaufen?»

«Sie ist mir eben nicht hell genug. Hell scheint sie bloß in meiner Hand, aber das richtige Hell ist das noch nicht. Was ich meine und kaufen möchte, ist Seide von der gleichen, herrlichen hellen Farbtönung, wie sie die anbetungswürdige Hand der hohen Dame ziert. Seid so gut und schafft mir einen Stoff solcher Art herbei!»

«Eine gleich schöne, helle Seide dürfte es auf der ganzen Welt nicht geben, aber Seide von der hellen Tönung, wie sie die Gesichtshaut meines jungen Freundes aufweist, wäre doch schließlich auch nicht übel und durchaus brauchbar», warf der Kun Lun Rivale, auf das Gesicht seines Freundes deutend, dazwischen.

Durch seine Bemerkung und Geste veranlaßt, hob die Schöne ihren Blick auf und schaute dem Jüngling erstmalig voll ins Gesicht. Ihre eingehende Musterung zeitigte auf ihrer Miene einen Ausdruck angenehmer Überraschung, sogar zum geneigten Lächeln erhellte sich auf einmal ihre bis dahin verschlossene Miene.

«Jetzt möchte ich meinerseits fast befürchten, daß es auf der ganzen Welt keine Seide von gleich vorteilhaftem Hell gibt», warf sie schalkhaft hin. –

Die geschätzte Leserschaft wird fragen, warum sie sich erst jetzt zu einem geneigten Lächeln aufschwang und der Person des Scholars erst jetzt Beachtung schenkte. Laßt euch erklären: sie war kurzsichtig! Anfangs hielt sie ihre Besucher für gewöhnliche Käufer und schenkte ihnen überhaupt keine Aufmerksamkeit. Als der Jüngere sich mit dem landläufigen Ausdruck Suan tse ‹sauertöpfischer Schriftgelehrter›, als Jungakademiker, als Hsiu tsai, als Doktor ersten

Grades zu erkennen gab, war ihr Interesse zwar ein wenig geweckt, aber immer noch nicht genügend, um ihr Augenpaar seinetwegen zu bemühen. Sie hielt ihn zunächst für gewöhnlichen Durchschnitt von Mannsbild. Es ist ja bei kurzsichtigen Menschen so, daß sie ihre Augen schon ziemlich anstrengen müssen, um etwas aus der Entfernung zu erkennen, und solche Anstrengung suchen sie sich nach Möglichkeit zu ersparen.

Bei kurzsichtigen Frauen – sie sind meist hübsch und intelligent – hat das wiederum sein Gutes: sie sparen ihre Gefühle für den Ernstfall des Ehebetts auf und verplempern sie nicht vor der Zeit für flüchtige Abenteuer am Wegrand. Der Volksmund sagt mit Recht:

Sei eine noch so arg kurzsichtig,
Sie ist dafür im Ehebett tüchtig.

Die weibliche Natur leidet doch genau wie die männliche Natur unter dem dumpfen Druck von zeitweilig sich ballendem ‹Gewölk› und ersehnt genauso erlösenden ‹Regen›. Da ist es ja nun klar, daß eine, die mit scharfen Augen ausgestattet ist, beim bloßen Anblick des ersten besten gut aussehenden Mannsbildes bereits in Aufruhr geraten kann und bei sich bietender Gelegenheit dem auf ihr lastenden Druck der Sinne leicht unterliegt, die gewohnte Selbstbeherrschung verliert und ihre Tugend preisgibt. So kann man es geradezu als wohltätige und weise Fürsorge der Schöpfung ansehen, wenn sie andere Frauen mit kurzsichtigen Augen bedenkt. Denn solche Frauen bleiben eben dank ihrer Kurzsichtigkeit gegen Anfechtungen solcher Art weitgehend gefeit. Sie haben,

Yen Fang, Aroma

abgesehen vom eigenen Ehemann, einfach kein Auge für fremde Männer, mögen sie noch so sehr dem männlichen Schönheitsideal eines Pan An und Sung Yü gleichkommen. Eine Menge ehelicher Fehltritte und Seitensprünge bleiben damit erspart. Es ist seit je erwiesen, daß Ehen mit kurzsichtigen Frauen meist glücklich und ohne Eheskandal verlaufen. Es mag einer unmittelbar vor ihr stehen und noch so sehr auf sie einreden und ihr den Hof machen, so eine Kurzsichtige bleibt dem fremden Galan gegenüber gleichgültig und reserviert, gleichsam wie in eine Wolke gehüllt. Es bedarf schon beträchtlichen Aufwandes an Diplomatie, um sie soweit zu bringen, daß sie ausnahmsweise von seiner Person überhaupt Notiz nimmt.

Eine solche Ausnahme herbeizuführen, war dem geschickten Zusammenspiel unseres Scholars und seines Freundes geglückt. Es war der Blick auf seine Hand und der andere Blick auf sein Gesicht, der die bis dahin fest verschlossene Knospe ihrer Sinne weckte und zum Aufblühen brachte. Auf einmal war sie bereit. Aber weiblicher Stolz verbot ihr, von sich aus die Pforte der Beziehung aufzutun. Das mußte sie ihm überlassen. Darum fiel sie zunächst in einen rein geschäftlichen Ton zurück, indem sie die höchst nüchterne Frage an ihn richtete:

«Also wollt Ihr nun ernstlich etwas kaufen oder nicht? Wenn ja, dann will ich einen besonders feinen Stoff von drinnen holen.»

«Natürlich will ich kaufen. Wozu bin ich sonst hergekommen?»

Sie verschwand nach drinnen, um nach einer Weile mit einem Stoffballen in den Händen wiederzukommen. In ihrer Begleitung erschien eine junge Magd mit zwei gefüllten Teeschalen auf einem Tablett. Die beiden Besucher langten zu.

Unser Scholar trank seine Schale nur halb leer und schob sie mit einladendem Blick der schönen Ladenbesitzerin zu. Sie quittierte seine artige und zugleich vertrauliche Geste mit einem feinen Lächeln. Damit hatte er die Pforte der Beziehung geöffnet, nun vergab sie ihrem weiblichen Stolz nichts, wenn sie auf seine Werbung einging. Er gab sie noch deutlicher zu verstehen, indem er während der Prüfung des Stoffes ihre Hand zu berühren und leise zu drücken wußte. Sie ließ sich nichts anmerken, gab aber ihr heimliches Einverständnis mit einem leichten Kratzer ihres Fingernagels auf seinem Handrücken zu erkennen.

«Der Stoff ist vortrefflich. Wir kaufen ihn.» Mit diesen Worten machte der Kun Lun Rivale der umständlichen Prüfung und dem heimlichen Liebesspiel des Pärchens ein Ende. Gleichzeitig langte er aus seiner Ärmeltasche einen Silberbarren und schob ihn dem Freunde hin. Ohne erst zu feilschen, erklärte sich der Scholar mit dem geforderten Preis einverstanden und legte den Barren zur Nachprüfung auf die Geldwaage.

«Massiv Feinsilber? Bitte die hohe Dame, sich durch Augenschein zu überzeugen», bemerkte er bedeutungsvoll, mit versteckter Anspielung auf seine Person.

«Hm, scheint so von außen. Fragt sich nur, ob auch der Kern echt und tauglich ist», gab sie, auf seine Anspielung eingehend, zurück.

«Oh, wenn die Dame Zweifel hegt, dann schlage ich vor, wir lassen die Ware und den Barren einstweilen hier und kommen heute abend mit der Kneifzange wieder und klemmen den Barren auf, dann wird sich herausstellen, ob sein Kern echt ist – und wie echt er in Wirklichkeit ist!»

«Unnötig. Wenn Euer Geld tatsächlich ohne Fehl ist, könnt Ihr ja beim nächsten Einkauf die Zahlung nachholen. Andernfalls seid Ihr nur für dieses eine Mal mein Kunde gewesen. Erledigt.»

Der Kun Lun Rivale nahm den Posten Seide unter den Arm und gab dem Scholar durch ein Zupfen am Ärmel zu verstehen, daß es nun Zeit sei, sich zu empfehlen. Bevor er sich zum Gehen wandte, schaute der Jüngling der hohen Dame noch einmal lange und tief in die Augen. Ungeachtet ihrer Kurzsichtigkeit wußte sie seinen schmachtenden Abschiedsblick im großen ganzen richtig zu deuten und erwiderte ihn auf ihre Weise, indem sie die Augenlider zum schmalen Spalt zusammenkniff und ihrer Miene damit einen Ausdruck verlieh, den man ebensogut als spöttisch wie gnädig-verheißungsvoll deuten konnte.

In seine Tempelklause zurückgekehrt, bemerkte der Jüngling zu seinem Freund:

«Zu acht, neun Zehnteln scheint mir das Unternehmen bereits geglückt. Aber wie nun weiter? Wie heut nacht bei ihr eindringen?»

«Unbesorgt. Soweit ich durch meine Erkundungen bereits herausbekommen habe, wohnt sie in ihrem Hause ganz allein – abgesehen von der kleinen Magd, aber die zählt nicht mit, die ist noch ein Kind von knapp zwölf Jahren, die fällt schon am frühen Abend vor Müdigkeit um und schläft ihren festen, gesunden Kinderschlaf, die wird nichts sehen und hören.»

«Aber die Nachbarn? Wenn die uns nun beim Eindringen beobachten? Die werden Lärm schlagen und ‹Diebe! Einbrecher!› schreien – was dann?»

«Keine Bange! Solange du mich an der Seite hast, wird nichts passieren. Ich werde dich auf den Buckel nehmen und mit dir über die Mauer aufs Dach klettern, und von dort lassen wir uns leise in den Hof hinunter. Sollte sich dabei ein Dachschindel lösen – es wird ja nicht gleich ein ganzer Dachbalken sein – und herunterpurzeln, nun, das Geräusch herunterpolternder Dachschindeln ist nichts Auffälliges, das kommt öfters vor, daran sind die Ohren der Nachbarn gewöhnt. – Nein, mir macht etwas ganz anderes Sorge: Hast du genau auf ihre Worte gemerkt? Sie gab bei der Erörterung über die Echtheit des Silberbarrens versteckt ihren Zweifel ob deiner Tauglichkeit zu verstehen. Nun ja, du seist gut von Aussehen, aber ob dein Kern, deine Kraft, auch dem Aussehen entspreche? Wenn nicht, dann würdest du nur ein einziges Mal ihr Kunde gewesen sein – das meinte sie durch die Blume. Denk an meine neuliche Warnung! Wirst du ihren Ansprüchen genügen? Heut nacht kommt es drauf an, da mußt du deinen Mann stellen! Fühlst du dich der Prüfung gewachsen? Sieh zu, daß du nicht kläglich durchfällst! Sei klug und beschränke dich auf einen Gang! Laß dich ja nicht auf einen zweiten oder gar dritten Gang ein!»

«Unbesorgt. Ein Durchfall kommt gar nicht in Frage! Verlaß dich drauf! Du kannst dich ja in der Nähe aufhalten und deine Ohren spitzen. Mir soll es recht sein», zerstreute der Scholar fröhlich lachend das Bedenken des Freundes und steckte ihn zu schallendem Mitgelächter an.

Er konnte es kaum erwarten, bis es Abend wurde, bis der Goldvogel im Westen niederging und der Silberhase im Osten aufstieg. Es war ihm tatsächlich zumute wie einem Kandidaten vor der großen Staatsprüfung. Nach welcher Methode würde die hohe Prüfungskommissarin die Prüfung vornehmen? Und welches Aufsatzthema würde sie stellen? – Das werdet ihr im nächsten Kapitel erfahren.

VIII. KAPITEL

*Schon im glücklichen Besitz sensationeller Genüsse,
hat sie gut Dekor wahren. Sie läßt die andere zwar
am Vergnügen teilhaben, sichert sich selber aber die
Vorzugsaktien.*

Yen Fang ‹Aroma› hieß sie, die junge Frau des biederen Seidenhändlers Küan. Kluges, aufgewecktes Kind eines kleinstädtischen Privatgelehrten, hatte sie unter väterlicher Anleitung von kleinauf die Schwierigkeiten der Schriftsprache meistern gelernt und war in allen Zweigen der Literatur wohl belesen. In Anbetracht ihrer weit überdurchschnittlichen geistigen und äußeren Vorzüge wollten ihre Eltern sie nicht leichthin dem ersten besten zur Frau geben und schoben daher ihre Verlobung länger, als es sonst üblich, hinaus. Sie war schon sechzehn, als die Eltern endlich einen würdigen Eidam gefunden zu haben glaubten. Es war ein junger Mann, der soeben die Vorprüfung in der Hauptstadt des heimischen Landkreises, bei der vom Landrat Anwärter für die spätere Provinzialprüfung gesiebt werden, mit Glanz als Erster bestanden hatte. Überzeugt, daß so einer ohne weiteres eine sichere Zukunft für seine Familie verbürge, schickten sie flugs die übliche Heiratsmaklerin zu ihm und gewannen ihn als Schwiegersohn.

Sie hatten leider fehl spekuliert. Nach kaum einjähriger Ehe starb der junge Mann an Nervenschwäche und Erschöpfung. Aroma wahrte ein Jahr lang die vorgeschriebene Witwentrauer, dann entschloß sie sich zur Wiederverheiratung. Ihre Wahl fiel auf den Seidenhändler Küan. Ungeachtet ihrer stark sinnlichen Veranlagung wußte sie nach außen immer Dekor zu wahren und sich in Gesellschaft von ihresgleichen höchst ehrbar zu geben. Wenn sich im Städtchen wieder einmal ein peinlicher Eheskandal ereignete, der diese oder jene ertappte Ehefrau bloßstellte und Anlaß zu Stadtklatsch gab, dann gefiel sie sich mit Vorliebe in der Rolle der selbstgerechten, strengen Sittenrichterin. Unter Freundinnen pflegte sie sich dann etwa so auszulassen:

«Seien wir uns doch klar darüber: wenn wir schon zur Strafe dafür, weil wir in einem früheren Leben irgend etwas verbrochen und Schuld auf uns geladen haben, als Mädchen zur Welt kommen, dann müssen wir uns eben damit abfinden, daß wir es nicht so gut haben können wie das andere Geschlecht. Die können frei herumschweifen, sich die Welt ansehen, geselligen Umgang pflegen und sich nach Herzenslust austoben – das alles bleibt uns armen Mädchen versagt. Wir sind zeitlebens in unsere Frauengemächer verbannt, als einzige Liebesfreuden sind uns die Freuden des Ehebettes vorbehalten – soweit uns unser Ehemann noch etwas an Freuden übriggelassen hat –, und unsere Geselligkeit ist auf den mütterlichen Umgang mit unseren Kindern beschränkt, sofern uns Kinder beschert werden. Das ist nun einmal die von Himmel und Erde gewollte natürliche Ordnung unseres Frauendaseins. Wir sollten daher vernünftig sein und uns jeden Gedanken an Liebesabenteuer aus dem Kopf schlagen. Wenn wir uns hinter dem Rücken unseres eigenen Mannes mit anderen Männern einlassen, so verstoßen wir gegen Moral und bürgerliche Ordnung und überschreiten die Grenze, die unserem Frauenglück nun einmal vom Schicksal gesetzt ist. Ganz zu schweigen von dem Risiko, das wir dabei eingehen – Vorwürfe, Schelte, womöglich Schläge seitens des Ehemannes, falls er uns ertappt, Klatsch und abfälliges Gerede seitens der Leute, falls sie von unseren Seitensprüngen erfahren –, so ist es ganz einfach Gebot der Ehre für uns, daß wir uns beherrschen und unsere Sinne im Zaume halten. Wenn unsere Sinne gebieterisch nach Betätigung verlangen, dann sollen wir uns gefälligst an unseren eigenen Mann halten. Das ist das einzig Vernünftige. Lassen wir ihn tagsüber seinem Beruf, seinen Geschäften nachgehen, begnügen wir uns damit, ihn nach Feierabend für uns zu haben. So am Abend gemeinsam mit ihm die Schlafkammer aufzusuchen, sich auszuziehen, zu ihm ins Bett steigen – wohlverstanden, das alles in voller Gemütsruhe, hübsch gemächlich, ohne Hast und Nervosität –, das hat auch seinen Wert und Reiz. Bedenkt doch die Angst, das Herzklopfen bei jeder heimlichen Umarmung, ja schon bei jeder leisen Berührung hinter dem Rücken des Ehemannes! Hat so etwas überhaupt Sinn und Wohlgeschmack? Ich kann nur lachen über die törichten Weiber, die sich auf solche Abwege verirren. Warum haben sie denn nicht beizeiten, gleich bei der Verlobung, ihr Augenmerk auf den Richtigen gelenkt und von vornherein ihren Typ zum Gatten gewählt? Es stand ihnen doch frei. Die eine legt Wert auf Namen und Ansehen, nun gut, dann soll sie sich irgendein blühendes Talent, einen begabten jungen Akademiker zum Partner wählen. Die andere ist mehr für vorteilhaftes Äußeres, nun gut, dann mag sie sich irgendeinen Schönling erkiesen. Eine dritte ist weder auf Namen und Ansehen noch auf gutes

Aussehen erpicht, ihr kommt es allein auf ehemännliche Tüchtigkeit an, nun gut, dann mag sie sich für irgendeinen robusten Kraftbold entscheiden. So kann jede ihr Glück von vornherein selber schmieden, keine hat es nötig, nachträglich, wenn sie schon verheiratet ist, noch auf Männerjagd auszugehen.»

Die weibliche Zuhörerschaft nahm solche Auslassungen als bloße Theorie, die sich Satz für Satz wunderschön anhöre, aber leider mit der praktischen Erfahrung nicht in Einklang bringen lasse. Wenn man geahnt hätte, wie sehr die Theorie der Rednerin auf praktischer Erfahrung beruhte!

Als junges Mädchen hatte auch Aroma wie so manche ihres Alters ein männliches Ideal erträumt und ersehnt, das gleich drei Vorzüge in sich vereinigen sollte: Geist und Bildung, gutes Aussehen, ehemännliche Tüchtigkeit. Der junge Akademiker, den ihre Eltern für sie erkoren hatten, verfügte tatsächlich über so etwas wie «blühendes Talent», auch hinsichtlich vorteilhaften Aussehens genügte er befriedigend ihren Ansprüchen. Voreilig wähnte sie, daß er auch hinsichtlich des dritten Punktes ihrem Ideal leidlich entsprechen würde. Da erlebte sie nun freilich eine Enttäuschung: er erwies sich als ausnehmend «kapital»schwach, auf seine Kraft und Ausdauer im Bettkampf war überhaupt kein Verlaß. Kaum war er aufgesessen, da wollte er, bevor sie im Leib überhaupt warm – von wünschenswerter Backofenhitze ganz zu schweigen – geworden war, schon wieder aus dem Sattel steigen. Wie konnte sie, ein von Natur normal und kräftig gebautes, rüstiges junges Weib, solch vorzeitiges Schlappmachen und feiges Sichdrücken dulden? Wenn es nach ihr gegangen wäre, hätte sich so ein eheliches Beilager zum brünstigen Taumel, zu einer Art ekstatischem Tempeltanz mit Gong- und Trommelbegleitung steigern müssen. Sie konnte gar nicht genug haben. Also setzte sie ihm auf alle mögliche Art zu, um den Müden, den Abgekämpften zu neuer Kampflust anzustacheln und aufzureizen. Ein ausgemachter Schwächling wie er konnte solchen strapaziösen Anforderungen auf die Dauer natürlich nicht gewachsen sein. Es brauchte noch nicht einmal ein Jahr, da war die Kerze seiner Lebenskraft restlos heruntergebrannt und erloschen. Er starb an völliger Erschöpfung.

Aroma zog aus dieser bitteren Erfahrung die Lehre: nicht auf Geist und Bildung oder gutes Aussehen kommt es beim Ehepartner an, das sind Attrappen, nett anzusehen, aber wertlos für den Gebrauch. Nur auf eines kommt es an: ehemännliche Tauglichkeit. Wenn eine zu wählen hat und bei den Kandidaten ihrer Wahl nicht alle drei Vorzüge beisammen findet, dann tut sie weise, wenn sie auf die hübschen Attrappen Geist, Bildung und gutes Aussehen verzichtet und sich an das einzig Reelle hält: Ehetüchtigkeit, je tüchtiger, desto besser.

Aus solcher Erkenntnis heraus entschied sich Aroma bei ihrer Wiederverheiratung für den äußerlich völlig unansehnlichen, schlichten Biedermann, den kleinen Seidenhändler Küan. Sie stieß sich nicht an seinen groben, ungeistigen Gesichtszügen, seiner plumpen Erscheinung, sie fragte auch nicht nach Geld und nahm es in Kauf, daß er in recht bescheidenen Verhältnissen lebte, Hauptsache für sie war, daß ihr Kandidat gesund und kräftig war und, wie ihr die Heiratsvermittlerin anvertraute und die Leute munkelten, in besonders hohem Maß über jene reelle Eigenart verfügen, über ein Rüstzeug gebieten sollte, das einem Wolf oder Tiger zur Zierde gereicht hätte. Und so nahm sie ihn zum Mann.

Sie brauchte ihre Wahl nicht zu bereuen. Ihre Erwartungen wurden weit übertroffen. Sie war zunächst etwas skeptisch gewesen und hatte das, was die Leute über den wackeren Küan raunten und munkelten, für Übertreibung gehalten. So war sie auf einen mittleren Kampf gefaßt gewesen, der nicht gerade mit schweren Säbeln und wuchtigen Streitäxten, sondern eher mit leichten, flinken Klingen ausgefochten werden würde. Da bedeutete es nun für sie eine höchst angenehme Überraschung, daß er mit einem Riesenspeer gegen sie anrückte, dessen dicken Schaft ihre feine Hand gar nicht umspannen konnte.

Von Stund an kam eine große Ruhe über sie. Sie war restlos befriedigt und überzeugt, daß sie sich an der Seite dieses Mannes weiterhin wunschlos glücklich fühlen würde, auch wenn darüber Himmel und Erde einstürzen sollten. Ihr Herz war still geworden, gleichsam abgestorben, es entsprangen ihm keine müßigen Gedanken, keine eitlen Süchte mehr.

Da der Seidenhandel ihres Mannes bescheidenen Umfangs war und nur spärliche Einkünfte abwarf, machte sie sich nützlich, indem sie im Geschäft mithalf und vom frühen Morgen bis zum späten Abend Seidenflocken zupfte und zum sauberen Faden haspelte. Da hatte es nun neulich die unberechenbare Laune des Schicksals gefügt, daß unser Vormitternachts-Scholar ihrer ansichtig werden sollte, als sie gerade unterm Vorhang hindurch ihren Schwatz mit der Nachbarin von gegenüber anhub. Und besonders gnädiger Laune war das Schicksal gewesen: gleich zweimal hatte er, auf und ab wandelnd, sie von der Straße her in aller Muße mustern und bewundern können. Sie hingegen hatte von ihm kaum Notiz genommen. Sie hatte zwar ein männliches Wesen bemerkt, aber nur in verschwommenen Umrissen, Einzelheiten seiner Erscheinung, vor allem seine Gesichtszüge, waren ihrem kurzsichtigen Blick entgangen.

Um so intensiver hatte die scharfäugige Nachbarin von gegenüber ihn beobachtet. Gar nicht losreißen konnte sie sich von seinem Anblick. Sie hatte sich regelrecht in ihn vergafft. Es wollte sie bedünken, daß er schier das Idealbild eines liebenswerten Jünglings sei.

Sie war anfangs dreißig und soweit, wenn man von ihrem ausnehmend häßlichen Gesicht absah, eine ganz stattliche, gut und kräftig gebaute Frau. Ihr Mann betrieb gleichfalls einen kleinen Seidenhandel und war mit seinem Nachbarn und Berufsgenossen Küan dick befreundet. Obzwar selbständige Inhaber getrennter Geschäfte, pflegten sie wie Teilhaber des gleichen Geschäfts gemeinsam ihre Gänge zum Markt zu machen und um den Preis zu feilschen, wenn sie Ware zu verkaufen hatten, pflegten sie gemeinsam über Land zu reisen und mit den Seidenbauern über Preise zu feilschen, wenn es galt, Kokons neuer Ernte einzukaufen.

Die kräftige, gesund triebhafte Dreißigerin litt unter dem ungestillten Verlangen nach einem richtigen Liebesabenteuer. Ihr von der Natur so stiefmütterlich bedachtes Gesicht war ja leider kein geeignetes Werbeplakat, um Männer anzuziehen und zu entflammen, im Gegenteil, es stieß ab. Seit jeher war sie daran gewöhnt, daß Männer sie mit dem weißen Augapfel der Gleichgültigkeit ansahen, vielmehr übersahen.

Sie wurde geflissentlich geschnitten. Um so mehr lechzte sie nach Erfolg, ehe es zu spät wurde. Gar zu gern hätte sie auch einmal von dem prickelnden Geschmack genascht, heimlich und verboten begehrt zu werden. Es kam hinzu der häusliche Druck, dem sie seit ihrer konventionellen Vernunftheirat ausgesetzt gewesen war, und der naturgemäß Gegendruck erzeugen mußte. Sie war an einen rechten Tyrann geraten. Beim geringsten Säumnis, bei der kleinsten Nachlässigkeit im Haushalt mußte sie, wenn nicht gleich Ohrfeigen und Schläge, so doch grobes Gepolter und Geschimpfe über sich ergehen lassen. Angst vor dem Zorn des Gatten hatte sie Vorsicht gelehrt und bisher von gewagten Seitensprüngen abgehalten. Seit langem aber juckte es sie, ihrem Haustyrann einmal ein Schnippchen zu schlagen.

Sie wartete, bis sich der fremde Jüngling entfernt hatte, dann kam sie eilends über die Straße herübergelaufen.

«Kennst du ihn? – Ich meine den reizenden jungen Kavalier, der dir eben Fensterpromenade gemacht hat», sprudelte sie, noch außer Atem vom hastigen Lauf, hervor.

«Nicht daß ich wüßte. Bei meiner Kurzsichtigkeit achte ich nicht groß darauf, was draußen vorüberkommt. Ich blicke von meiner Arbeit kaum auf. Daß Mannsbilder draußen stehenbleiben und durch den Vorhang nach mir gaffen, daran bin ich gewöhnt, das erlebe ich tagtäglich. Laß sie gaffen!»

«Freilich, freilich. Da tust du ganz recht daran, wenn du sie überhaupt nicht beachtest, ich meine gewöhnliche, alltägliche Mannsbilder. Aber der, den ich eben meinte, so einen sieht man nicht alle Tage – wenn der mir Fensterpromenade machen würde, nach dem würde ich mir mit Vergnügen drei Tage und drei Nächte lang die Augen ausgucken und würde mich nicht sattgucken an ihm.»

«Na, na! – So einer müßte schon zu zwölf Zehnteln vollkommen sein, und so einen Menschen gibt's doch gar nicht.»

«Oho! Wenn ich dir sage, daß er nicht nur zu zwölf, nein zu hundertzwanzig Zehnteln ein vollendeter junger Kavalier ist, dann ist das auch keine Übertreibung. Ich stehe doch ständig vor der Tür und besehe mir das Männervolk, das so im Laufe des Tages vorüberspaziert. Aber so etwas Apartes wie diesen Jüngling habe ich unter den Hunderten von Mannsbildern noch nicht gesehen. So etwas von feinem, vornehmem Gesichtsschnitt, so etwas von hellem, frischem Teint! Einfach unvergleichlich! Diese feinen Brauen! Diese fein geschwungene Nase! Diese wohlgeformten Ohrläppchen! Diese strahlenden Augen! – In jeden einzelnen Körperteil möchte man sich verlieben! Wie eine Puppe aus Seide, wie eine Nippfigur aus Jade, so allerliebst ist er anzuschauen, wie ein Bild von Meisterhand gemalt – das heißt, die flotte Eleganz seiner Haltung und Bewegung könnte ein noch so guter Maler im Bild gar nicht festhalten. Wirklich sterbenskrank vor Sehnsucht nach ihm könnte man werden!»

«Lächerlich – du phantasierst – als ob es so etwas gäbe! Wenn es aber so etwas gibt, meinetwegen! Was schert's mich? Was geht mich irgendein junger Herr Li oder Tschang an?»

«Aber um so mehr gehst du ihn an! Ganz verzückt, ganz entgeistert hat er nach dir gestarrt! Nicht losreißen konnte er sich von deinem Anblick. Am liebsten wäre er stehengeblieben, aber offenbar wollte er es nicht gar zu auffällig treiben, darum ging er zögernd weiter, um wieder umzukehren und nochmals ganz langsam an deiner Haustür vorüber zu promenieren. Schade, daß man nicht weiß, wohin er schließlich verschwunden ist. Zu schade! – Freilich, du hast ihn ja gar nicht beachtet, da kannst du ihn natürlich nicht im Sinn haben. Um so mehr habe ich ihn im Sinn, richtig liebeskrank bin ich geworden! – An deiner Stelle! Ist das nicht merkwürdig?»

«Mir scheint, seine Aufmerksamkeit galt überhaupt nicht mir, sondern dir, und du schiebst mich nur vor, weil du dich genierst, es einzugestehen.»

«Bei meiner häßlichen Fratze? – Erlaube, daß ich lächle – wer wird sich schon in eine solche Fratze vergaffen? – Nein, nein, es galt dir! Und wenn du es nicht glaubst, so wirst du bald Gelegenheit haben, dich zu überzeugen. Der kommt bestimmt wieder. Ich werde aufpassen, und wenn ich ihn von weitem kommen sehe, werde ich geschwind herüberlaufen und dich rechtzeitig verständigen. Dann kannst du ja ein wenig vor die Tür treten, um ihn aus der Nähe zu beschauen und dich zugleich von ihm beschauen zu lassen.»

«Nun gut, warten wir ab, bis er wiederkommt», beschied gelassen Aroma die verliebte Nachbarin. Doch ungeachtet ihrer gespielten Gelassenheit verbrachte sie die folgenden drei Tage in ziemlicher Erwartung. Nun war doch der Wunsch in ihr erwacht, den unbekannten Verehrer kennenzulernen. Aber er ließ sich nicht blicken, auch die folgenden Tage nicht. Da strich sie ihn aus ihren Gedanken und begann ihn zu vergessen – bis er ihr eines schönen Tages wieder in den Sinn kam.

Das war etwa vier Monate später. Die beiden Kunden von neulich hatten den Laden eben verlassen, als ihr die überschwängliche Beschreibung der Nachbarin von gegenüber wieder einfiel. ‹Der elegante Jüngere, der und kein anderer wird es gewesen sein, den sie damals gemeint hat›, ging es ihr durch den Sinn, und sie sann weiter:

‹Nun ja, sein Aussehen ist tatsächlich bestechend, in dieser Hinsicht dürfte ihm kaum ein zweiter den Rang streitig machen – fragt sich bloß, ob auch sein Kern danach ist – wenn ich schon Ruf und Ehre aufs Spiel setzen soll, dann müßte es sich auch lohnen, dann muß auch sein Kern etwas taugen – tut's bei ihm bloß die äußere Schale, erweist er sich im übrigen als bloßer Durchschnitt, dann lohnt sich's nicht, mich ernstlich mit ihm einzulassen, dann würde ich mich darauf beschränken, ihn Tag für Tag zum Besuch in den Laden zu locken und zu Einkäufen zu animieren und mich bei der Gelegenheit an seiner hübschen Schale sattzusehen – halt! Da fällt mir eine Wendung ein, die er vorhin gebraucht hat: sprach er nicht von ‹abklemmen› und einer ‹Kneifzange›, mit deren Hilfe man die Echtheit nachprüfen könne? – Solche Ausdrücke sind doppelsinnig, man kann sie auch anders herum verstehen – ja, was nun? – Wenn er wirklich heut abend wiederkommt, wie soll man sich verhalten? Soll man ihn abwimmeln oder gewähren lassen und zur Nacht dabehalten? – Soll ich meinen guten Ruf aufs Spiel setzen oder nicht? Das ist jetzt die Frage...› Während sie so noch hin und her überlegte, kam auch schon die Nachbarin von gegenüber hereingestürzt. Sie war in heller Aufregung.

«Das war er! Das war er!»

«Wer denn?»

«Nun eben der junge Kavalier, von dem ich dir neulich so vorgeschwärmt habe – du weißt doch noch? Gerade hat er bei dir in Begleitung eines älteren Herrn Seide eingekauft.»

«Ach so, der.»

«Na, und findest du ihn nicht auch einzig, einfach wundervoll?»

«Nun ja, von Aussehn schon – ansonsten aber scheint er mir ein ziemlicher Luftikus zu sein – hat so gar nichts Gediegenes, Seriöses an sich.»

«Seriös hin, gediegen her – welcher seriöse Herr steigt denn einer fremden Dame nach? Mußt du immer gleich die Moralwaage angeschleppt bringen und die Menschen pfundweise nach ihrem moralischen Wert abwägen? Laß dir's doch an ihm als Mensch und Mannsbild, und zwar recht erfreulichem Mannsbild genügen!»

«Meinetwegen – immerhin könnte er sich vor Dritten etwas mehr beherrschen und etwas mehr Diskretion wahren. Was der sich vorhin mir gegenüber an Freiheiten herausgenommen hat, das war schon allerhand – nur gut, daß mein Mann nicht da war – sonst...»

«So, Freiheiten hat er sich herausgenommen? Welcher Art denn?»

«Ach, wozu soll ich dir das näher beschreiben? Jedenfalls artig hat er sich nicht gerade aufgeführt. Das mag dir genügen.»

Aber der lüsternen Nachbarin genügte solch karge Andeutung keineswegs. Ihre erhitzte Phantasie malte sich bereits alles mögliche aus. Hatte er sie betätschelt? Hatte er sie an sich gerissen und in die Arme genommen? Hatte er sie geküßt? War er gar noch weiter gegangen? Sie wollte unbedingt genaue Details erfahren. Das war ja so aufregend. Und so bettelte sie wie ein schweifwedelnder Hund und legte ihr die eine Hand vertraulich auf die Schulter und streichelte und klopfte ihr mit der anderen Hand die Wange und ließ nicht locker, bis sich Aroma endlich erweichen ließ und sie mit einem detaillierten Bericht – enttäuschte:

«Was du dir unter ‹Freiheiten› vielleicht vorstellst, davon war natürlich nicht die Rede – immerhin, da waren einmal die Blicke, die er mir unausgesetzt zuwarf, Blicke, sage ich dir, als ob er sich mit ihnen in mir festhaken wollte! – Dann gewisse recht anzügliche, zweideutige Ausdrücke und Wendungen, die er mit Bedacht wählte – und dann, denke dir, während er so tut, als ob er in den Stoffen, die ich ihm vorlegte, wühle und sie prüfend befühle, untersteht sich doch der Frechling, meine Hand zu berühren und leise zu drücken! – Na, mir genügte es, das war eindeutige Herausforderung. Und wir waren doch nicht allein!»

«Wenn es weiter nichts ist! – Und wie hast du denn seine Herausforderung erwidert? Doch wohl gnädig?»

«Was heißt gnädig? Er kann froh sein, daß ich nicht

böse geworden bin und ihn im Beisein seines Begleiters tüchtig ausgezankt habe!»

«Das ist aber recht grausam von dir. Nimm mir's nicht übel, wenn ich's ganz offen heraus sage: ihr beide, du, eine so seltene Schönheit, und er, ein so selten schmucker junger Kavalier, ihr seid doch von Himmel und Erde einfach füreinander bestimmt, zum Paar bestimmt, wenn nicht Ehepaar, so doch Liebespaar! Dagegen du und dein Alter – sei mir nicht böse – aber das ist doch – mir fällt gerade kein besserer Vergleich ein – das ist doch, wie wenn eine frisch erblühte, köstlich duftende Rose versehentlich auf den Misthaufen gerät! Es ist ein Jammer! Du tust mir so leid! Und von Herzen gern will ich mich dir als Mittlerin nützlich machen und dir zu deinem Glück mitverhelfen, falls er wiederkommen sollte. Und nun gehabe dich nicht länger so altmodisch zimperlich und ehrpusselig! – Was hast du denn von all deiner Tugendhaftigkeit? Steinerne Ehrenbogen gibt's doch nur für tugendsame Witwen, die ihrem Einzigen bis über den Tod hinaus die Treue halten und einer Wiederverheiratung entsagen – seit wann wird denn soviel öffentlicher Sums um Ehefrauen gemacht, bloß weil sie sich zu Lebzeiten ihres Mannes beherrscht und Seitensprünge verkniffen haben? – Na, habe ich recht?»

Ihr Zureden war gar nicht nötig. Schon während ihrer Rede hatte sich Aroma – sie war innerlich längst entschlossen – ihren Plan zurechtgelegt. Sie war sich klar, daß sie unbedingt die Verschwiegenheit der Nachbarin brauchen und sie am besten damit erkaufen würde, daß sie die Verliebte an der bevorstehenden Süßigkeit ein wenig mitnaschen ließ, und zwar im voraus. Denn auf solche Weise, indem sie ihr den Vortritt einräumte und sie gewissermaßen Vorprüfung abhalten ließ, würde sie gleichzeitig ganz unverbindlich ausprobieren können, wie es wohl mit dem Kern, mit der reellen Tüchtigkeit des hübschen Verehrers bestellt war. Durch Erfahrung gewitzigt, wollte sie nicht nochmals auf bloßen äußeren Schein hereinfallen. Erwies sich der Prüfling in der Vorprüfung als Versager, dann wollte sie ihm eine Szene machen und ihn mit Schimpf aus dem Hause jagen. Dann würde, ohne daß sie sich ihrem Ruf und ihrer Ehre das geringste vergeben hatte, alles beim alten bleiben. Im anderen Falle, wenn die Vorprüfung befriedigend ausfiel, würde sie selber anschließend Hauptprüfung abhalten. In der Tat, ein fein ausgeklügelter, ganz durchtriebener Plan.

Aroma schüttelte energisch den Kopf.

«Nein nein, ich selber möchte aus dem Spiel bleiben und das Vergnügen – dir überlassen. Nicht du sollst für mich Mittlerin spielen, vielmehr will ich für dich ‹Axtstiel› machen. Mir genügt es, als Zaungast mit dabeizusein, wenn ihr euch nach Kräften vergnügt.»

«Was! Ich? – Das ist doch nicht dein Ernst? – Auf mich mit meiner häßlichen Fratze soll er anbeißen? – Schön bedanken wird er sich! – Das heißt, wenn du schon so großzügig sein willst, mich an der Süßigkeit mitnaschen zu lassen, so ginge das allenfalls so, daß ich dir den Vortritt lasse und erst später hereinplatze, nachdem du dich schon sattvergnügt hast, dann könntest du ja erschrocken tun und davonrennen, mich aber vorher an deinen Platz im Bett zerren. Auf solche Weise würde dir der Haupttreffer beim Spiel zufallen, und ich würde mich mit einem bescheidenen Nebengewinn begnügen – so ginge das schon eher.»

«Nein, nein, mein Vorschlag ist völlig ernsthaft gemeint, und es bleibt dabei. Versteh mich recht, sein frivoles Ansinnen, das er mir vorhin so fein durch die Blume angedeutet hat, stößt bei mir natürlich auf entschiedenen Widerstand, was er sich einbildet, kommt gar nicht in Frage, aber anderseits hat er mich doch mit etlichen Fäden umstrickt, sein Äußeres, sein Gesicht – na, du weißt schon – es ist bei mir eine Art Neugier. Also paß auf, ich denke es mir so: unsere beiden Männer sind heut abend zufällig nicht zu Hause, sie sind wieder einmal geschäftlich unterwegs, um in den Dörfern gemeinsam Kokons neuer Ernte einzukaufen – ich bin in meiner Wohnung ganz allein, meine kleine Stütze zählt nicht, die schläft und schnarcht. Falls er also tatsächlich heut abend kommen sollte, so wäre die Gelegenheit günstig. Ich werde vorsorglich alle Lampen und Kerzen auslöschen, so daß es stockdunkel ist, du brauchst also keine Angst zu haben, daß er vor deinem Gesicht davonläuft. Er wird dich mit mir verwechseln, du wirst ihn in seinem Glauben lassen und dich an meiner Stelle mit ihm vergnügen. Ich werde währenddessen ganz still in der Nähe im Dunkeln sitzen und mich als Zaungast mitvergnügen. So bleibt meine Ehre unangetastet, niemand wird mir hinterher etwas Nachteiliges nachsagen können. Nun, habe ich das fein ausgedacht?»

«Und ob! Ach, ich bin ja schon so aufgeregt und kann es kaum erwarten – aber etwas bleibt mir immer noch unklar: warum willst du denn selber durchaus auf das Hauptvergnügen verzichten? Da gehst du in deiner Strenge gegen dich doch entschieden zu weit.»

«Oh, mit moralischem Übereifer hat das nichts zu tun! Ich halte es ganz einfach mit dem sprichwörtlichen Dieb, der sich die Ohren verstopft hält, während er die Glocke stiehlt. Mit diesem kleinen Selbstbetrug will er sein Gewissen beruhigen, er weiß von nichts. Um ganz offen zu sein: ich bin, was eheliche Bettfreuden anlangt, ziemlich verwöhnt und habe, was es da an Reizen gibt, zur Genüge durchgekostet. Im Vertrauen: an das Kaliber des Schuhleistens, den mein Mann für meine Schuhweite bereithält, kommt so leicht kein anderer Leisten heran. Ein zu kleiner Leisten aber würde die Innenwände meines Schuhs überhaupt nicht erschüttern, auch wenn er sich ein ganzes Jahr lang abrackern wollte. Jetzt wirst du mich verstehen: du sollst für mich das Gelände sondieren, Kundschafter und Spion zugleich sollst du für mich spielen!»

«Aha, verstehe. Demnach möchtest du doch am Kapital beteiligt bleiben und dir Mitgenuß vorbehalten. Aber da möchte ich dich um eines bitten: falls du in den Kampf eingreifen solltest, bitte, unterbrich mich nicht gerade dann, wenn ich im schönsten Zug bin! Denk an den alten Mönchsspruch:

Nach langem Fasten nicht sattfuttern lassen! –
Nein! Lieber lebendig begraben lassen!

Das wäre grausam.»

«Unbesorgt. So rücksichtslos werde ich schon nicht sein.»

Damit war die Absprache für den Abend getroffen.

Dank dem schönen Auftrag, der ihr erteilt worden war, sollte einer ausnehmend Häßlichen gänzlich unverhofft doch noch die Stunde, allerdings nur eine kurze Stunde des Glücks schlagen. Ob der frisch reparierte und renovierte Schuhleisten in den betreffenden Schuh auch passen würde, das wird sich im nächsten Kapitel zeigen.

IX. KAPITEL

*Aus dem Kampfgetöse des Vorgefechts zieht sie
Schlüsse auf die Stärke des Gegners. Erst auf dem
restlichen Kampfgelände soll er seine wahre Könnerschaft erweisen.*

Es war um die Dämmerstunde, da die Leute ihre
Lampen in den Wohnungen anzünden, als die Nachbarin von gegenüber leise die Haustür abschloß und
unter dem Schutz der Dunkelheit über die Straße
huschte.

Frau Aroma, schalkhaft aufgelegt, empfing die
abendliche Besucherin mit gemacht langem Gesicht
und verstellter Miene, die Bedauern ausdrückte.

«Du hast dich leider umsonst herbemüht. Er hat
brieflich abgesagt. Eben ist der Brief gekommen. Er
habe heute abend eine dringende Abhaltung, müsse
an einem Festgelage teilnehmen, um das er sich unmöglich drücken könne. Also du kannst gleich wieder nach Hause gehen.»

Die Nachbarin vernahm es mit zorniger Enttäuschung. Ihr Auge stob Funken, ihre Nase schnob
Dampf. Es brodelte in ihr. Warum hatte Aroma sie
nicht beizeiten verständigt? Dann hätte sie sich den
überflüssigen Gang ersparen können. Oder, arg-
wöhnte sie, reute sie etwa die vorhergegangene Ab-
machung? Wollte sie ihre unerwünschte Gesellschaft
auf einmal loswerden, um den Alleingenuß an dieser
Nacht zu haben? Gerade wollte sie lospoltern, als die
andere ihr mit hellem Lachen zuvorkam, das die
Wolke ihres Unmuts und Argwohns wieder ver-
scheuchte.

«Hereingefallen! Wie kann man nur so leichtgläubig sein! Ich wollte dich bloß ein bißchen verulken. Zu deiner Beruhigung: er wird kommen! Wir wollen uns rasch fertig machen.»

Sie nahm die Nachbarin mit sich in die Küche. Dort setzten sie einen Kessel mit frischem Wasser über das Herdfeuer und genehmigten sich ein warmes Sitzbad in einem großen Zuber. In die Schlafkammer zurückgekehrt, rückten sie eine gepolsterte Lenzbank quer vor das Fußende des Bettes. Auf ihr wollte sich's Aroma für den ersten Teil der Nacht bequem machen und Zaungast spielen. Dann ließ sie die andere draußen hinter der äußeren Hauspforte ihren Horchposten beziehen.

«Schieb den Riegel vor, und warte hinter der Tür sein Kommen ab. Er wird sich wohl durch leises Anklopfen bemerkbar machen. Gleich beim ersten Klopfen schieb den Riegel zurück und laß ihn ein. Laß es ja nicht zu wiederholtem oder gar lauterem Klopfen kommen, es könnte in der Nachbarschaft gehört werden und Verdacht erwecken. Sobald du ihn eingelassen hast, schieb den Riegel wieder vor. Und noch eins: Wenn du mit ihm in der Kammer bist und zu ihm ins Bett steigst, verhalte dich möglichst stumm, wenn er aber Fragen stellt und du um eine Antwort nicht gut herumkommst, dann antworte nur im Flüsterton, verrate dich ja nicht durch die Stimme, sonst wäre alles verpfuscht.»

Die Nachbarin versprach, ihre Weisung genauestens zu befolgen, und bezog ihren Horchposten draußen hinter der Tür, während Aroma sämtliches Licht im Hause auslöschte und ihren Lauscherposten auf der Lenzbank einnahm.

Eine gute Stunde mochte vergangen sein, da kam die Nachbarin wieder herein. Sie hatte ihre Fußsohle und Ohrmuschel vergeblich bemüht, es hatte nicht an die Tür gepocht. Gerade wollte sie den Mund auftun und Frau Aroma berichten, als sie sich in der Finsternis auf einmal umarmt und geküßt fühlte. Zunächst dachte sie, es sei Aroma. Die wollte sich vielleicht wieder einmal einen Ulk mit ihr erlauben? Um sich zu vergewissern, ließ sie ihre Hand tastend an dem Jemand abwärtsgleiten, und siehe da, sie stieß an etwas Längliches, Hartes – ein Er!

«Liebster! Du! – Aber wie bist du hereingekommen?» flüsterte, nein, hauchte sie und legte in ihren Hauch allen Schmelz, dessen ihre kräftigen Stimmbänder fähig waren.

«Über die Dachbalken.»

«Nein, was du alles fertigbringst! Bist ein Hauptkerl! – Komm! Legen wir uns zu Bett!»

Sie zogen sich aus, wobei sie mehr Fixigkeit entwickelte als er. Er war noch nicht fertig mit Auskleiden, als sie bereits splitternackt rücklings im Bett lag. Endlich war es so weit. Er kletterte ihr nach, legte sich über sie und tastete nach ihren Schenkeln, um sie wie gewohnt über seine Achseln zu schieben. Aber er tastete zunächst ins Leere. Sie hatte ihre Beine längst hochgehoben und weit auseinandergespreizt. So lag sie empfangsbereit.

‹Die geht ja gehörig scharf ins Zeug! Nun, um so besser, dann brauche ich mich nicht erst mit zartem, behutsamem Vorgeplänkel aufzuhalten und kann auch gleich scharf ins Zeug gehen›, sagte er sich und setzte seinen Angriffskeil gleich zum Hauptstoß an. Auf einen solchen wuchtigen Angriff war sie nun freilich nicht gefaßt gewesen. Was war das für ein robuster Geselle, der da ungestüm und breitspurig Einlaß in ihre Pforte heischte! Sie hub an zu strampeln und zu quieken.

«Hach... bh...! – Sachte! Sachte! Du tust mir weh!» brachte sie, nach Luft schnappend, gepreßt hervor.

Kavalier, der er war, legte er eine Angriffspause ein, die er damit ausfüllte, an ihrer Pforte zu fingern, die Türflügel sachte auseinanderzuklappen und eine Weile mit Ausdauer sanft zu reiben. Dann ging er von neuem zum Angriff über. Aber noch immer wollte es ihm nicht gelingen, in die Feste einzudringen, bloß den Kopf der ‹Schildkröte› vermochte er einen Zoll weit hineinzuzwängen, mit der Hauptstreitmacht blieb er vor dem Festungswall stecken.

Er sprach zu ihr:

«Mit sanfter Taktik ist es nichts. Am besten gleich eine kräftige Attacke. Es wird dir zunächst vielleicht wehtun, das mußt du aushalten, desto mehr Lustgefühl wirst du hinterher spüren.»

Und er stieß kräftig zu. Aber wieder begann sie unruhig zu strampeln und sich ihm zu entwinden.

«Schi pu te! Es geht so nicht! Nimm doch etwas Speichel zu Hilfe, bitte!» flehte sie.

«Auf keinen Fall! Das wäre gegen alle Spielregeln! Mit Speichel oder Salbe einschmieren, das macht man allenfalls bei einer Entjungferung, aber doch sonst nicht!» protestierte er und unternahm einen neuen Vorstoß, um ihrer erneuten Abwehr zu begegnen.

«Schi pu te! Unmöglich! Wenn du zu stolz bist, von der gewohnten Spielregel abzuweichen, dann laß mich machen!»

Sie entwand sich ihm, spuckte kräftig in die Handfläche und benutzte die eine Hälfte ihres Speichels zum Einschmieren ihrer Pforte, den Rest zum Einsalben seines Schildkrötenkopfes und -halses.

«Jetzt wird es schon besser gehen. Aber sachte, bitte!»

Er achtete ihrer Bitte nicht, im Gegenteil, er wollte ihr zeigen, was er konnte, und indem er sich in ihre Hinterbacken verkrallte und sie mit einem Ruck fest an sich preßte, daß es nur so klatschte, stieß er mit aller Kraft zu. Diesmal gelang der Durchbruch. Seine ganze Streitmacht brachte er glücklich bis innerhalb des Festungswalles.

Sie tat einen leisen Schrei, diesmal weniger des Schmerzes als der Bewunderung.

«Nein, daß ein junger Schriftgelehrter, ein Bücherwurm und Stubenhocker wie du ein so gewaltiger Kämpe sein kann – man möchte es nicht für möglich halten! Ohne Rücksicht darauf, ob ich dabei krepiere, geht so einer drauflos und stößt auf Anhieb gleich bis auf den Grund! Weiter geht es nun nimmer – also raus mit dir! Aber rasch!»

«Oho! Jetzt geht's erst richtig los! Das wäre noch schöner, wenn ich mich jetzt auf die kalte Ruhebank setzen und rasten wollte!» erwiderte er fröhlich lachend und begann nach Kräften zu werken und zu walken. Anfangs löste sein Walken bei ihr jedesmal, wenn es nach unten ging, ein Aufstöhnen, ein ‹hach... bh...!› aus. Nach einem halben Hundert Tiefstößen verstummte sie. Nachdem das Hundert überschritten war, war es von neuem aus ihrem Munde zu vernehmen, das stöhnende ‹hach... bh...!› Anfangs hatte ihr Stöhnen Schmerz bedeutet, jetzt bedeutete es Wonne. Das ist ja nun mal bei den Frauen so, daß sie mit dem gleichen Laut ganz verschiedene Empfindungen ausdrücken können, einmal ist es Wehlaut, ein andermal Lustlaut. Mit besagtem Luststöhnen gibt die Frau zu erkennen, daß der Genuß bei ihr dem Wonnegipfel zujagt, daß die Wolke über dem Zauberberg dicht vor dem Bersten ist.

Nun trieb es Aromas Nachbarin besonders raffiniert. Schon zweimal war bei ihr die Wolke geborsten, aber wenn unser Jüngling sie befragte, ob es bei ihr soweit sei, dann verneinte sie beharrlich und wünschte, daß er in seinem Werken und Walken nicht nachlasse. Warum belog sie ihn? – Nun, sie war doch bloß Aromas Stellvertreterin und wußte sich von ihr belauscht. Wenn sie zugeben würde, daß es bei ihr soweit sei, dann würde Aroma eingreifen und sie ablösen. Sie wollte aber doch das seltene Vergnügen, das ihr diese Nacht bot, möglichst in die Länge ziehen, um es recht ausgiebig zu genießen. Sie hielt es mit der bekannten Praxis gewisser amtlicher Stellvertreter, von denen es im Volksmund heißt:

Das sind die Herren, die im Amte stellvertreten:
Nur immer langsam! Auf der Stelle treten!
Mag langes Warten pp Publikum verdrießen,
Wenn sie nur ihre Pfründe möglichst lang genießen!

Ohne Mogeln ging es also bei diesem Liebesspiel nicht ab. Es wurde beiderseits gemogelt. Sie bemogelte ihren Spielpartner aus verständlichem Eigennutz. Er wiederum bemogelte sie aus Ehrgefühl. Da sie seine Frage, ob es bei ihr soweit sei, beharrlich verneinte, erachtete er es als seine Kavalierspflicht, ihre entsprechende Gegenfrage, die er wahrheitsgemäß eigentlich bejahen mußte, gleichfalls zu verneinen und in seinem Bemühen tapfer fortzufahren. Er wollte sie doch nicht enttäuschen. Schwer genug freilich fiel es ihm jetzt. Lieber hätte er etwas verschnauft. In dieser neuerlichen Kampfphase ähnelte er verzweifelt dem Trunkenen, der auf dem Maultier schwankend dahergeritten kommt und dessen Kopf bei jedem Tritt bedenklich hin und her pendelt. Sein Kampf war jetzt schon mehr Krampf.

Sie mußte wohl den Unterschied zwischen seinem anfänglich mühelosen, spontanen Schwung und seinem nun recht krampfhaften Bemühen bemerkt haben, als sie jetzt schonend fragte:

«Liebster, ist es bei dir soweit?»

Noch einmal behielt bei ihm der Mannesstolz die Oberhand. Ihre Frage zeitigte bei ihm die gleiche Wirkung wie der Rüffel, mit dem der Lehrer den schläfrigen Schüler aufrüttelt und zu erhöhter Aufmerksamkeit anstachelt. Er verdoppelte seine Anstrengung und werkte tapfer weiter, bis er in Schweiß geriet und zu keuchen anfing. Da erbarmte sie sich seiner.

«Wo tiu la! – Bei mir ist es soweit! – Halt ein! – Ich kann nicht mehr! Ich sterbe schon! – Leg deinen Arm um mich und laß uns Seite an Seite schlafen!»

Mit diesen Worten machte sie ihm endlich das heimlich ersehnte Waffenstillstandsangebot. Nur zu gern nahm er an. –

Inzwischen hatte Aroma Zaungast gespielt. Auf ihrer gepolsterten Lenzbank am Fußende des Bettes hatte sie die ganze Zeit, ohne sich zu rühren, gelegen und, wie vorgeplant, mit schräg geneigtem Ohr angestrengt gelauscht.

Anfangs, als die Nachbarin zu quieken anhub und sein Angriff so gar nicht vorwärtskommen wollte, hatte sie sich gesagt, nun, gar so winzig könne demnach sein Hausgerät kaum sein, es müsse wohl eher ganz stattlich und brauchbar sein. Und so fühlte sie sich schon zur Hälfte von anfänglichen Zweifeln befreit. Als sie dann im weiteren Verlauf wahrnahm, mit welcher Ausdauer er kämpfte und wie er nach Überwindung einer kurzen Krise, in der seine Kraft spürbar nachließ, seine wankende Truppe neu ordnete und zu neuem schwungvollem Angriff führte, da war sie vollends beruhigt und stellte mit Genugtuung fest: ‹Der erkorene Eroberer und Bezwinger im Bereich der Frauengemächer! – Mit Freuden und ohne Reue will ich ihm, dem Helden, noch heute Nacht angehören!›

Sie benutzte die Gelegenheit, da das Pärchen fest schlummerte, leise von der Lenzbank herabzugleiten. Nun stand sie im Dunkeln und überlegte. Eigentlich könnte sie jetzt unbemerkt unter die Bettdecke schlüpfen und einfach mitspielen, wenn das Pärchen wieder erwacht war. Aber dann sagte sie sich, daß er sie in der Dunkelheit doch gar nicht von der Nachbarin unterscheiden könne und sich womöglich wieder an die andere heranmachen würde. Das gönnte sie der nicht. Oder, wenn er sich an sie selber heranmachte, würde er in der Dunkelheit ihrer Schönheit doch gar nicht gewahr werden, damit würde für ihn der Anreiz entfallen, von neuem in Wallung zu geraten und zu neuen Taten beflügelt zu werden. Er war schließlich abgekämpft, womöglich würde ihr nur ein schaler, matter Abhub des Vergnügens verbleiben. Dazu war sie sich zu schade. Nein, so ging das nicht. Sie würde es ganz anders und viel besser machen.

Sie schlich heimlich in ihre Küche. Dort setzte sie zunächst vorsorglich einen Kessel mit einigen Schöpfkellen voll Wasser übers Herdfeuer. Dann entfachte sie am Herdfeuer einen Strohwisch und setzte mit ihm eine Lampe in Brand. Mit der Lampe in der Hand kehrte sie in die Schlafkammer zurück, trat vor das Bett, hob den Vorhang auf, riß die seidene Bettdecke von dem schlummernden Pärchen, leuchtete ihm ins Gesicht und wetterte in gespielter Entrüstung los:

«He, was ist das für eine Art, mitten in der Nacht in fremde Häuser einzudringen und in fremden Betten herumzubuhlen! – Auf! Auf! Steht Rede und Antwort!»

Erschrocken fuhr unser Jüngling in die Höhe. Schlaftrunken und noch etwas durcheinander, wie er war, glaubte er im ersten Augenblick, es sei der Ehemann, der jetzt als Störenfried auftrat, er habe sich vielleicht die ganze Zeit über im Haus versteckt gehalten und ihn mit Absicht eine Weile gewähren lassen, um ihn in flagranti zu überraschen und hinterher gehörig zu erpressen. Er bekam es schon mit der Angst zu tun und fühlte kalten Schweiß den Rücken abwärtsrieseln –, doch gleich hatte er sich gesammelt und seine Sinne wieder beieinander, und als er nun die Augen aufhob, da sah er im Schein der Lampe keine andere vor dem Bett stehen als sie, seine Angebetete. Er rieb sich die Augen. Wie war denn das möglich? Er hatte doch eben noch mit ihr geschlafen – oder hatte sie eine Doppelgängerin im Hause? – Er wandte den Kopf und blickte auf die Frau an seiner

Seite. Jetzt, im Schein der Lampe, konnte er zum ersten Mal ihre Gesichtszüge erkennen. Er fuhr entsetzt zurück. Diese schwärzliche, von Pockennarben übersäte und entstellte Haut! Diese platte Nase, dieser breite Mund! Dieses strohige, stumpfe, glanzlose Haar! Sein Blick schweifte weiter abwärts an ihrem Körper entlang. Die Formen waren gut, aber auch da war die Haut fleckig, wenn auch weich und straff.

«Wer bist du eigentlich?» fragte er.

«Die Nachbarin von gegenüber und auf Wunsch von Frau Aroma ihre zeitweilige Stellvertreterin. Ich sollte Euch erst einmal erproben. An jenem Tage, als Ihr vor ihrem Haus Fensterpromenade machtet, fing die ganze Geschichte an...» beichtete sie ihm bieder und treuherzig den wahren Sachverhalt von der Wurzel bis zum Wipfel.

Sie kletterte vom Bett herunter und fuhr eilig in ihre Sachen, wobei sie sich auf das notwendigste beschränkte, die gefütterte Hose, den wattierten, baumwollenen Oberrock, die Filzpantoffeln, alles übrige, Strümpfe, Unterzeug, Tunika, Schweißtuch, raffte sie hastig zusammen, um es lose über dem Arm mit nach Hause zu nehmen. An der Tür wandte sie sich noch einmal ihm zu:

«Von Gesicht zwar häßlich, werde ich Euch gleichwohl immerdar Eure treu ergebene Dienerin bleiben. Daß ich heute nacht das Lager mit Euch teilte, tat ich meiner Freundin zuliebe, aber vielleicht war es uns auch von einer früheren Existenz her so vorbestimmt, wer weiß? Solltet Ihr später wiederkommen und ein Viertelstündchen für mich übrig haben, Eure ergebene Magd steht Euch jederzeit zur Verfügung! Behandelt sie nicht gar zu lieblos!»

Sie verneigte sich vor ihm und dann vor Aroma, murmelte ein paar Worte des Dankes für die freundliche Bewirtung und ging. Aroma brachte sie bis zur Haustür, ließ sie hinaus und riegelte hinter ihr ab.

Als sie wieder hereinkam, fand sie unseren Jüngling noch immer völlig verdattert vor. Es war ihm zumute, als sei er eben aus tiefem Traum oder schwerem Rausch erwacht und gerade erst nüchtern geworden.

«Nun, was liegt Ihr noch hier herum? Die andere hat die Rechnung für mich beglichen. Wir sind quitt. Ihr habt Euer Vergnügen gehabt. Warum geht Ihr nicht?» kam es gemacht kühl aus ihrem Munde.

Er protestierte energisch: «Oho, wir sind noch lange nicht quitt! Im Gegenteil, jetzt schuldet Ihr mir außerdem noch Wiedergutmachung des Unrechts, das Ihr mir angetan habt, indem Ihr mir einen so minderwertigen Ersatz untergeschoben habt. Es ist jetzt Mitternacht, bald wird der Morgen dämmern, wir haben keine Zeit zu verlieren! Rasch ins Bett an meine Seite! Und kein Wort mehr!»

«Ist das Euer Ernst?»

«Mein voller Ernst!»

«Gut, dann erhebt Euch gefälligst und zieht Euch an. Bevor wir uns zu Bett legen, ist noch etwas Wichtiges zu erledigen.»

«Was Wichtiges kann es außer dem einen, daß wir uns zu Bett legen, noch geben?»

«Fragt nicht und kommt mit!»

Er sprang auf und fuhr hurtig in seine Sachen. Sie nahm ihn bei der Hand und führte ihn durch mehrere Räume und Innenhöfe zur rückwärtig gelegenen Küche. Dort wies sie auf den bereitstehenden Badezuber und auf den Kessel mit dem dampfenden Wasser über dem Herdfeuer. Jetzt verstand er. Ein Bad sollte er vorher genehmigen, und da der Weg zur Küche weit war und durch offene Höfe führte, hatte sie ihn geheißen, seine Sachen anzuziehen. Sie wollte nicht, daß er sich unterwegs unbekleidet der kühlen Nachtluft aussetzen und womöglich erkälten sollte. Wie rücksichtsvoll! Er verrichtete im Geist einen Dankeskotau vor ihr.

Inzwischen arbeitete sie mit der Schöpfkelle und füllte die Sitzwanne zur Hälfte mit kaltem, zur Hälfte mit dem heißen Wasser vom Herd, was ein schönes warmes Bad ergab, nicht zu heiß und nicht zu kalt.

«So, steigt hinein! Dort findet Ihr Seife und Lappen, bedient Euch!»

Und sie fuhr fort:

«Ich möchte nicht, daß der unappetitliche Geruch von dem fremden Weibsstück, der Euch von vorhin noch anhaftet, auf meinen empfindlichen Leib übertragen wird!»

Er gab ihr recht. ‹In der Tat sehr wichtig, so ein Reinigungsbad hinterher. Genau genommen, sollte ich mir auch noch den Mund gründlich waschen und ausspülen, um alle Kußspuren zu tilgen.›

Er langte nach der vorsorglich bereits gefüllten Wasserschale und der Zahnbürste, die er in einem Gestell an der Außenwand des Badezubers vorfand und bediente sich. Es beeindruckte ihn, wie sie bei aller Romantik dieser nächtlichen Stunde nüchterne Hausfrau blieb, die an alle möglichen praktischen Kleinigkeiten dachte, wie sorgfältig sie ein Bad von der Seife und dem Waschlappen bis zu den sauberen, feucht und warm gedämpften Handtüchern zum Abtrocknen vorbereitet hatte, wie sie nach dem Bad in hausfraulichem Ordnungssinn die im Umkreis des Badezubers vom Wasser bespritzte Fußmatte zunächst mit Wischlappen trockenwischte, wie sie nachher in der Schlafkammer vor dem Zubettgehen wiederum vorsorglich ein großes sauberes Schweißtuch griffbereit neben das Kopfkissen breitete.

‹Welch hausfrauliche Umsicht! – Sie denkt an alles!› zollte er ihr stille Bewunderung.

Sie löschte die Lampe, dann setzte sie sich auf den Bettrand und zog sich gemächlich im Dunkeln aus, wobei sie Stück für Stück der Kleidung sorgfältig geglättet und gefaltet auf den danebenstehenden Stuhl ablegte.

Den zarten Dienst, ihr die letzten Hüllen abzustreifen, den seidenen Büstenhalter zu lösen und das dünne Batisthöschen auszuziehen, ließ sie huldvoll ihren Kavalier verrichten. Er umarmte und küßte sie und ließ seine Hand prüfend ihre Formen abtasten. Er fand den Zwillingshügel, der ihre ganze Brust überwölbte, so prall und straff und elastisch beschaffen, daß er seinem Griff entglitt, wenn er an ihm zu ziehen und zu zupfen versuchte. Obzwar fest, fühlte er sich gleichwohl überall weich und zart an, nirgends gab es eine harte Stelle. Die gleiche Eigenschaft, fest und doch weich, wies weiter unten das Gewölbe ihres Festungswalles auf, doch wollte es ihn bedünken, daß es sich eher noch glatter und geschmeidiger anfühle.

Er bettete sie behutsam zurecht, schob sachte ihre Schenkel über seine Schultern und eröffnete den Kampf, wobei er die gleiche Taktik wie vorhin gegenüber der Häßlichen anwandte, also ohne Vorgeplänkel aus gemessener Entfernung heraus: direkter Frontalangriff. Er rechnete damit, daß es ihr zunächst wohl auch weh tun, aber sie nachher um so größere Befriedigung empfinden würde. Der Angriff verlief glatt. Wider Erwarten aber blieb sie völlig apathisch, als ob sie überhaupt nichts spüre, sie äußerte weder Lust noch Schmerz. Da fiel ihm ein, was sein erfahrener Freund, der Kun Lun Rivale, damals vom gewaltigen Kaliber des Schuhleistens, über den der biedere Küan verfüge, angedeutet hatte. Kein Wunder, daß seine Streitmacht so glatt und ohne auf Widerstand zu stoßen in das feindliche Festungstor eindringen konnte. Auf eine solche Schuhweite war er freilich nicht gefaßt gewesen. Darin verkrümelte sich ja förmlich sein eigener, doch immerhin stattlicher Schuhleisten und schrumpfte zum verlorenen Korn im Scheunentor zusammen.

Überzeugt, daß er auf die bisherige Art die feindliche Front nicht erschüttern könne, entschloß er sich zu einer anderen Taktik. Er zog ihr das Kissen unter dem Kopf hinweg und stopfte es ihr unter die Lenden. Er unterließ es dabei absichtlich, ihrem Kopf eine anderweitige Unterlage zu geben. Das machte ihr Eindruck und nötigte ihr heimliche Achtung ab. Sie hatte bisher noch keinerlei Lustgefühl gespürt, ersah aber aus seinen Vorbereitungen, daß er sich in der Kammertechnik auskannte und drauf und dran war, ihr doch noch zu Genuß zu verhelfen.

Geschätzte Leserschaft, der Verkehr der Geschlechter unterscheidet sich in mancher Beziehung um kein Haar von der Kriegführung: so beschnüffelt und bespioniert man sich vor Kampfbeginn gegenseitig und schätzt Stärke und Schwäche des Gegners ab. Er möchte vorher erkunden, ob es bei ihr tief oder nicht arg tief hineingeht, um Angriff und Rückzug danach zu richten. Sie möchte sich vorher ein genaues Bild von der Beschaffenheit seines Rüstzeugs machen, ob kurz ob lang, ob dick ob dünn, um ihm mit entsprechenden Bewegungen zu begegnen und sich ihm geschmeidig anzupassen. Das heißt durch Kenntnis der gegnerischen Stärke oder Schwäche auf jeden Fall zum Kampferfolg gelangen. Länge und Dicke des Hausgerätes sind bei den Männern, Tiefe und Weite der Lustgrotte sind bei den Frauen sehr unterschiedlich beschaffen. Ist sie nicht sonderlich tief, dann ist ein sonderlich langes Hausgerät des Partners fehl am Platz, es würde gar nicht völlig eindringen können. Wollte der Partner aber gleichwohl versuchen, ihm restlos Eingang zu erzwingen, dann würde er seiner Partnerin nicht nur keinen Genuß bereiten, sondern ihr sogar Schmerz bereiten. Soll der Partner den Genuß allein haben? Das wäre unbillig. Verfügt die Partnerin über eine sonderlich tiefe Lustgrotte, dann braucht sie einen Partner mit sonderlich langem, starkem Rüstzeug, andernfalls empfindet sie keine Befriedigung. Nun ist aber die Länge des männlichen Hausgeräts, so wie es von Natur beschaffen ist, endgültig, es wächst nicht nach und kann nicht künstlich verlängert werden. Darum greift der kundige Partner zu einem Notbehelf: er verlagert das Kopfpolster nach unten und stopft es seiner Partnerin unter die Taille. Dank solcher Stütze hebt sich ihr Becken nach oben, lagert sich flacher und bietet dem Hausgerät des Partners nun die Möglichkeit, bis auf den Grund einzudringen. Damit ist nicht gesagt, daß das Polster als Taillenstütze in jedem Fall angebracht oder gar unentbehrlich sei. Es soll nur in dem Falle als Notbehelf dienen, wenn die Lustgrotte für das Hausgerät des Partners zu tief ist. Diesem Mangel kann also abgeholfen werden. Nicht dagegen kann dem anderen Mangel abgeholfen werden, der sich ergibt, wenn die ‹Schuhweite› der Partnerin für den ‹Schuhleisten› des Partners zu groß ist.

Jener fahrende Wunderdoktor hatte durch seine Operation bei unserem Jüngling wohl eine beträchtliche Verdickung und Verstärkung, aber keine Verlängerung des Hausgeräts zuwege gebracht. Er erwies sich bei seinem ersten Versuch, in Aromas Lustgrotte einzudringen, als zu kurz, es gelangte nicht bis auf den Grund. Wenn er nun zu besagtem Notbehelf griff, ihr das Kopfpolster unter die Taille zu stopfen, so erwies er sich in ihren Augen eben als Kenner und mußte ihr heimliche Achtung und Genugtuung abnötigen.

Die Sache mit dem Kopfpolster ist ein bekannter, ganz einfacher Trick, aber die wenigsten nehmen sich die Mühe, ihn durchzudenken und in der Praxis richtig anzuwenden. Meist beläßt man der Partnerin, abgesehen von dem Polster unter der Taille, noch eine Kopfunterlage. Das ist ganz falsch. Denn dann kommt der Körper der Partnerin an beiden Enden nach oben, in der Mittelpartie dagegen nach unten gekrümmt zu liegen. Wenn nun noch der Partner mit seinem ganzen Gewicht von oben auf sie drückt, dann kann man sich ungefähr vorstellen, wie unbequem und unbehaglich sich die Partnerin in solch künstlicher Lage fühlen muß. Zum Kuß gelangen erfordert bei solcher Lage von beiden Teilen wahre Gliederverrenkung: er muß seinen Rücken zum Buckel krümmen, um ihren Mund zu erreichen, sie muß ihr Genick anstrengen und das Gesicht krampfhaft nach rückwärts beugen, ehe sich ihre Lippen und ihre Zunge zu seinen Lippen und seiner Zunge finden. Und das alles wegen der störenden und überflüssigen Kopfunterlage. Also fort damit! Die Wolkenfrisur der Partnerin soll unmittelbar auf das Bettuch zu liegen kommen. Dann werden sich Kopf und Gliedmaßen beider Teile harmonisch aneinanderfügen und schmiegen, sein edler ‹Yakwedel› wird mühelos Eingang in ihre Lustgrotte, ihr Purpurzünglein wird mühelos Eingang in seinen Mund finden, keine Unebenheit der Lage wird inniger Verschmelzung im Wege sein, kein Krampf wird die spontane Auslösung höchster Lust beeinträchtigen. –

Fahren wir nach dieser kleinen Abschweifung in der Erzählung fort. Ihre Nefritschenkel über seine Achseln geschoben, beide Hände auf das Bettuch gestemmt, nahm unser Jüngling den unterbrochenen Kampf von neuem auf – diesmal mit Erfolg. Sein strammer Untertan verleugnete nicht seine teilweise Hundeherkunft und Hundenatur. Je hitziger der Kampf tobte, um so mehr schwoll nicht nur sein Mut, sondern auch sein Umfang, die Lustgrotte blieb nicht länger unergründlich, seitlich wie nach unten kam es zur erwünschten Fühlungnahme. Entsprechend änderte sich Aromas Verhalten. War sie vorhin, bei der ersten Attacke, noch völlig apathisch geblieben, hatte sie weder einen Wehlaut noch einen Lustlaut hervorgebracht und regungslos gelegen, so begann ihr Leib jetzt zu zucken und sich wollüstig zu winden, und dann kam es stöhnend über ihre Lippen, das ‹hach... bh...›, und ein Lispeln:

«Hsin kan, Liebster! Es kommt! – Ich spüre ein angenehmes Gefühl!»

«Schon? Ich bin doch erst im Anfang – warte nur, bis ich erst richtig im Zug bin, dann wirst du etwas erleben, wo ti kwai jou, du mein perverses Fleischklößchen!» wisperte er zurück und fuhr fort, drauflos zu werken und zu walken, daß sich Himmel und Erde darob entsetzten und schier aus dem Gleichgewicht geraten wollten. Die gepreßten Ausrufe ‹Liebster!› und ‹Ich vergehe!› häuften sich, auf ihrem Gras und Buschwerk um die Pforte wurde es feucht vom Tau der Lust. Er griff nach dem bereitliegenden Schweißtuch, um ihr den Tau abzuwischen. Sie wehrte es ihm. Warum? Es ist bereits erwähnt worden, daß sie sehr leidenschaftlich veranlagt war. Wenn es nach ihrem Geschmack ging, sollte sich ein Beilager am liebsten zum rasenden Taumel, zum ekstatischen Tempeltanz mit aufpeitschender Begleitmusik von Gongs und Trommeln steigern. Den Taumel, den Tempeltanz durch prosaische Wischtätigkeit eines prosaischen Schweißlappens unterbrechen? – Das kam bei ihr nicht in Frage. Auch beim alltäglichen ehelichen Beilager hatte sie es so gehalten. Mochte Tau der Lust sie netzen soviel er wollte, gewischt wurde erst hinterher, nachdem die Wolke geborsten, Tanz und Taumel vorüber war. Es war so eine absonderliche, ganz persönliche Marotte von ihr. Das sei nebenbei bemerkt und – wohlverstanden – nur für erfahrene Kenner und ausgemachte Feinschmecker gesagt!

Unser Jüngling war noch in vollem Zug, da schlang sie ihre Arme um seinen Nacken, preßte ihn fest an sich und stöhnte:

«Wo yao tiu la! Bei mir wird es gleich soweit sein! – Laß uns gemeinsam in Wonne vergehen!»

Eigentlich war es ihm noch zu früh. Gern hätte er noch weitergemacht und ihr als forscher Draufgänger von Ausdauer imponiert. Aber sie ließ es nicht mehr zu.

«Halt ein! Du hast mich hinreichend von deiner Kraft und Ausdauer überzeugt. Die ganze Nacht hindurch hast du dich angestrengt, hast es gleich mit zwei Frauen aufgenommen und bist mit ihnen fertig geworden – nun gönne dir etwas Ausspannung –, spare Kraft für morgen nacht auf – dann wollen wir weiterlieben –, ich möchte nicht, daß du dich übernimmst und dir schadest – dann würde ich ja nichts mehr von dir haben!»

Also um seine Gesundheit war sie besorgt! Wie zartfühlend! Wie rücksichtsvoll! Gerührt schlang auch er seine Arme um sie, preßte sie an sich und teilte Leib an Leib mit ihr die unaussprechliche Wonne der berstenden Wolke.

Lange lagen sie dann Seite an Seite eng umschlungen und sprachen kein Wort, bis sie endlich das Schweigen brach:

«Draußen dämmert es – auf, auf! Zieh dich an! – Du mußt gehen, bevor es hell wird – die Nachbarn dürfen dich nicht sehen!» mahnte sie.

Sie fuhren in die Sachen. Sie brachte ihn zur Hauspforte, ließ ihn hinaus und riegelte leise hinter ihm ab.

Von da ab trieben sie es in gleicher Weise Nacht für Nacht. Er schlich sich heimlich in der Dunkelheit ein, aber nicht mehr als Liang chang kün tze ‹Dachbalkenkavalier›, vielmehr normal durch die Hauspforte, und stahl sich in der grauen Morgendämmerung davon. Manchmal, wenn ihnen die Trennung gar zu schwer fiel, blieb er gleich tagsüber bei ihr. Dann vergnügten sie sich bei hellem Tageslicht, liefen völlig unbekleidet in der Wohnung umher und freuten sich gegenseitig an der rosigen Nacktheit ihrer wohlgeformten Körper. In solchen Fällen ließ sie, Krankheit vortäuschend, die Hauspforte auch tagsüber zugeriegelt.

Am übernächsten Abend, nach der ersten Liebesnacht, stellte sich die Nachbarin von gegenüber ein und bettelte – sie konnte es nicht lassen – unseren Jüngling um Gunst an. Er konnte sie als Mitwisserin nicht einfach brüsk abweisen und zurückstoßen. Also duldete er ein wenig Geplänkel. Ihren Heißhunger konnte er freilich nicht entfernt stillen. Immerhin hielt er sie bei Laune und vermied ihren Groll.

Es konnte nicht ausbleiben, daß die Nachbarn, trotz allen Vorsichtsmaßnahmen, doch etwas Wind von der Sache bekamen, die sich während der Abwesenheit des biederen Küan des Nachts in seinem Hause zutrug. Gewisse verdächtige Geräusche waren an ihre neugierigen Ohrmuscheln gedrungen. Sie hielten samt und sonders den Kun Lun Rivalen für den heimlichen Eindringling und Störer des Ehefriedens im Hause Küan. Er hatte sich doch damals bei ihnen so eingehend nach der Person des Nachbarn Küan und seinen häuslichen Verhältnissen erkundigt. Wer anders konnte es sein? Daß hinter ihm unser Jüngling steckte, darauf kam niemand. Nun waren sie bloß darauf bedacht, es ja nicht mit dem gefürchteten Einbrecher und Edelganoven zu verderben, indem sie ihm nachspionierten und ihn bei seinem vermeintlichen nächtlichen Treiben irgendwie störten. Sie wären schön dumm, wenn sie ihn durch indiskretes Verhalten verärgern und sich seine unausbleibliche Vergeltung zuziehen wollten. Also stellten sie sich blind und taub, indem sie abends beizeiten Türen und Fensterläden schlossen und des Nachts keinen Schritt auf die Straße taten.

Zehn Nächte lang konnte es unser Pärchen ungestört treiben, dann setzte die Heimkehr des Ehemannes ihrem heimlichen Verkehr ein Ende. Bitter genug empfanden es beide, daß sie sich nun nicht mehr sehen konnten. Wenn es nach unserem Jüngling gegangen wäre, dann hätte er der Geliebten wenigstens bei Tage ab und zu Fensterpromenade gemacht. Aber selbst das verbot ihm der erfahrene Freund strikt. Er war besorgt, solche jugendliche Unbedachtheit könnte einen peinlichen Skandal heraufbeschwören. Allenfalls war er bereit, für den Jüngling Liebesboten zu spielen. Als harmloser Kunde, der Seide kaufen wollte, betrat er dann den Laden, um Frau Aroma unauffällig diese oder jene Botschaft zu überbringen oder umgekehrt irgendwelche Botschaft von ihr an ihn entgegenzunehmen. Ehemann Küan dachte sich, wenn er zufällig anwesend war, bei solchen Besuchen nichts Böses. Er sah und schätzte im Kun Lun Rivalen einen zahlungsfähigen Stammkunden und fand nichts dabei, wenn er seine Einkäufe bei der Frau statt bei ihm tätigte. Im Gegenteil, er pflegte bei seinem Kommen ganz von selber bescheiden in den Hintergrund zu verschwinden und die Verhandlung seiner Frau zu überlassen. In seiner Arglosigkeit traute er eben seinen Mitmenschen und so auch dem wertgeschätzten Stammkunden nichts Schlimmes zu. Wahrlich, er trug seinen Spitznamen Lao Schi ‹der Arglose› zu Recht. Bis ihm eines schönen Tages die Nachbarn die Augen öffneten. Darüber werdet ihr im nächsten Kapitel erfahren.

X. KAPITEL

Der hochherzige Freund bohrt seinen Durchlaß durch die Mauer der Hindernisse und wirft großzügig mit Geld um sich. Die sich wild in Tau und Gras paarten, werden in aller Form zum bürgerlichen Paar.

Aroma dachte nicht daran, sich willenlos in ihr Schicksal zu fügen und einfach damit abzufinden, daß mit der Rückkehr des Gatten die köstliche Liebesromanze der letzten zehn Nächte nun aus und zu Ende sein sollte. Sie sann hin und sann her. ‹Früher hielt ich es für ausgeschlossen, daß einer gleich alle drei Vorzüge: Geist und Bildung, vorteilhaftes Aussehen und kampftüchtiges Rüstzeug an sich vereinigen könne. Darum sah ich bei meiner Wiederverheiratung über die ersten beiden Vorzüge hinweg und wählte mir zum Gatten einen, der bloß über den dritten und einzig reellen Vorzug verfügte. Und ich bildete mir ein, ich müßte ihn, einen plumpen Tölpel ohne Geist und Aussehen, wunder wie werthalten. Um des einen Vorzuges willen nahm ich ein karges Leben in Kauf, habe im Geschäft nach Kräften mitgeholfen und mich für ihn von früh bis spät abends selbstlos abgerackert. Und nun – wer hätte es gedacht – begegne ich einem, bei dem tatsächlich alle drei Vorzüge beisammen sind. Was wäre aus meinem Leben geworden, wenn ich diesem einen nicht begegnet wäre? – Völlig verpfuscht wäre es gewesen! Ein Leben ohne Inhalt und ohne Erfüllung! Wozu hätte mir dann all meine Schönheit getaugt? Zu nichts! Nicht besser wäre ich daran gewesen als meine häßliche Nachbarin von gegenüber! – Jetzt liegen zehn Tage köstlichen Erlebens hinter mir – ich bereue sie nicht –, aber was nun weiter? Soll man wieder wie früher dahinvegetieren und sich durch ein schales, leeres Dasein schleppen? – Oder soll man etwas wagen? – Gibt es denn nicht irgendwo in unseren alten Chroniken einen ähnlichen Fall, der mir in diesem Sinne Anhalt bieten könnte?›

Aroma schloß die Augen. Ihr Geist wanderte in die Nacht weit entlegener Vergangenheit. Ein Schatten, ein weiblicher Schatten, löste sich aus dem Reigen historischer Schemen und gewann vor ihrem inneren Auge Umriß und Gestalt: Hung Fu, die schöne ‹Rotwedel›. Das war zur Zeit, als der Stern der Sui-Dynastie (581–618 n. Chr.) im Verbleichen war und dem aufgehenden Gestirn des neuen Herrscherhauses der Tang (618–905 n. Chr.) zu weichen begann.

Damals machte die schöne Hung Fu, jugendliche Insassin der ‹Seitengemächer› des mächtigen Statthalters Yang Su (gest. 606 n. Chr.) durch eine ungewöhnliche Tat von sich reden. Bei einem Bankett, das der schon ergraute ruhmreiche Feldherr und Herzog Yang Su zu Ehren des vornehmen, schönen Jünglings Li Tsing aus der mächtigen, nach dem Thron strebenden Sippe der Li in seinem Palast gab, durfte sie neben den anderen Damen der Frauengemächer mit dabeisein. Es gab Liebe auf den ersten Blick zwischen ihr und dem jugendlichen Gast. Noch in der gleichen Nacht brachte sie es fertig, trotz aller Bewachung durch grimme Haremswächter aus dem Palast zu entweichen und mit dem Geliebten zu fliehen.

Aromas Geist stieg noch tiefer in die Vergangenheit hinab, bis in die anderthalb Jahrtausende zurückliegende Aera der vorderen Han-Dynastie (225 v. Chr.–6 n. Chr.). Wieder löste sich ein einzelner Schatten aus dem wogenden Meer der Schemen und verdichtete sich zur Gestalt eines jungen, blühenden Weibes, und eine Szene aus alten Tagen wurde vor Aromas innerem Auge lebendig: großes Bankett im Schloß des reichen Mäzens Tscho Wang Sun – ein junger, talentierter Poet namens Sse Ma Hsiang Ju (gest. 117 v. Chr.), blendende Erscheinung, glänzender Unterhalter, bestrickt die Gesellschaft durch seine Lieder- und Lautenvorträge und betört das Herz der jungen, schönen Haustochter Wen Kün – wieder wechselseitige Liebe auf den ersten Blick –, noch in der gleichen Nacht entweicht sie, als junger Mann verkleidet, mit Hilfe und Geleit einer vertrauten Kammerfrau, aus dem väterlichen Schloß, sucht den Geliebten in seiner Herberge auf und geht mit ihm als seine Gattin auf und davon. –

Aroma schlug die Augen wieder auf.

‹Diese zwei Heroinnen des Altertums›, so spann sie den Faden ihrer Betrachtung fort, ‹haben also das Unerhörte gewagt, sich über alle Schranken strenger Konvention hinwegzusetzen und ihr Schicksal unerschrocken in eigene Hand zu nehmen. – Durchgebrannt sind sie! – Entführen haben sie sich lassen! Und die Mitwelt hat ihnen ihren kecken Streich nicht einmal verübelt, im Gegenteil, von dem Glanz, der später den Männern ihrer Wahl zuteil wurde – der eine, Li Tsing (571–649), brachte es zu höchsten Ämtern und gar zur Herzogswürde, der andere, Sse Ma Hsiang Ju, durfte sich in kaiserlicher Gunst sonnen und brachte es zum vielbewunderten Hofpoeten –, entfiel Abglanz auf sie selber: beide wurden sie später vom Thron mit Ehrentiteln ausgezeichnet! – Warum sollte sie, Aroma, es jenen Heroinnen nicht gleichtun? – Warum sollte sie dem gegenwärtigen, schier unerträglichen Zustand nicht kurz entschlossen ein Ende bereiten? – Was war sie denn in ihrer augenblicklichen Lage? Ein innerlich zerrissener und gespaltener Mensch, nach außen eine Frau Tschang, seelisch aber eine Frau Li, nach außen braves Eheweib des biederen Seidenhändlers Küan, innerlich aber mit allen Fasern ihres Wesens dem geliebten Jüngling zugehörig und verwachsen! – Wie lautete doch das Mahnwort des weisen Kung tse, das der Vater mir bei der Erziehung besonders eingeschärft und als Merkwort mit auf den Lebensweg gegeben hat? – Ein Mensch von klarer Vernunft tut nichts, was das Licht zu scheuen hat! – Ich war immer für klare Verhältnisse. – Wenn ich mir schon einen Geliebten eingefangen habe, dann will ich konsequent sein und aufs Ganze gehen, ganz will ich ihm, ganz soll er mir gehören! – Die lächerliche Rolle jener bedauernswerten Geschöpfe, die derart mit Häßlichkeit gestraft sind, daß sie sich lebenslang in vergeblicher Sehnsucht nach Liebe verzehren, die schwächlich entsagen und sich damit abfinden, daß sie den Gegenstand ihrer Sehnsucht nie auch nur von weitem zu sehen bekommen, die darob aus Liebesgram krank werden und kläglich dahinsiechen – nein, diese lächerliche Rolle möchte und werde ich nicht spielen.›

Ihr Entschluß war gefaßt. Sie griff zu Pinsel und Papier und setzte einen Brief an den Geliebten auf.

Aroma verfügte von Haus aus über eine gediegene Bildung. Der gelehrte Vater hatte ihr von kindauf sorgfältigen Unterricht in Schreibkunst und Literatur angedeihen lassen. Jene gewählte, wohlgesetzte, mit Zitaten gespickte Ausdrucksweise, wie sie im Verkehr zwischen geistig Hochstehenden üblich ist, war ihr durchaus geläufig gewesen – bis zu ihrer Wiederverheiratung. Im Zusammenleben mit dem biederen Küan, einem kleinen Handelsmann ohne Geist und Bildung, war sie darin freilich arg aus der Übung gekommen. Und so bediente sie sich jetzt bei ihrem Brief des schlichten Stils gewöhnlicher Umgangssprache. Das hatte anderseits den Vorzug klarer Verständlichkeit und unterschied ihren Brief vorteilhaft vom Geschreibsel so manchen gelehrten Blaustrumpfs, das sich in seiner Verworrenheit mehr wie ein Essay denn wie ein Brief liest, und bei dessen Lektüre der Empfänger überhaupt nicht klug wird, worauf die Schreiberin eigentlich hinaus will. – Aromas Brief lautete:

«Ihrem Geliebten,
genannt Weh Yang Schong ‹Vormitternachts-Scholar›
mit der Bitte um geneigte Beachtung!

Seit Du nicht mehr zu mir kommst, ist mir die Lust nach Essen und Trinken vergangen, ich kann kaum noch einen Tropfen oder einen Bissen hinunterwürgen, wenn ich mich aber hin und wieder doch zu etwas Nahrungsaufnahme zwinge, dann nehme ich höchstens noch ein Drittel der gewohnten Portion zu mir. Ich fühle meine Eingeweide um mehr als die Hälfte zusammengeschrumpft, und gar im Gesicht und am Körper bin ich so entsetzlich abgemagert, daß ich kaum noch einem menschlichen Wesen ähnlich sehe. Du kannst es dir gar nicht vorstellen! Nun habe ich einen Entschluß gefaßt: Ich bin bereit, Dir fürs ganze Leben anzugehören. Fasse nun Du auch einen Plan und unternimm etwas, was uns schnellstens zusammenbringt! Sei es, daß Du die Dienste Deines Freundes, des Kun Lun Rivalen, in Anspruch nimmst und mich von ihm entführen läßt, sei es, daß ich mich an das Vorbild einer Hung Fu und Wen Kün halte und auf eigene Faust fortlaufe. Aber vorher müssen wir vereinbaren, zu welchem Zeitpunkt wir die Entführung oder Flucht bewerkstelligen wollen, und an welchem Ort ich in letzterem Falle auf Dich warten soll. Denn ich möchte nicht, daß wir uns gegenseitig verfehlen! Bitte, bitte, beherzige das auf jeden Fall!

Solltest Du aus irgendwelchen Bedenken schwanken und Dich nicht ganz aufraffen können, das Unternehmen – es ist natürlich gefährlich – zu wagen, dann gib mir brieflich Bescheid. Dann bist Du in meinen Augen freilich ein undankbarer und herzloser Schuft, und ich will mit Dir künftig nichts mehr zu tun haben. Sollte ich Dir dann zufällig doch einmal wieder begegnen, dann mach Dich darauf gefaßt, daß sich meine scharfen Zähne in Dein treuloses Fleisch verbeißen werden, als ob es Schweinefleisch wäre! –

Die üblichen Beteuerungen und Schwüre von wegen Treue bis in den Tod möchte ich mir schenken. Das sind ja in der Regel nur Phrasen, mit denen treulose Weiber ihre Männer einlullen, um sie hinter ihrem Rücken zu betrügen. Das ist alles, was ich Dir zu sagen habe.

Mit erhobenen und zusammengeschobenen Ärmeln neigt sich zum Gruß
Deine entehrte Geliebte
Yen Fang.»

Sie faltete den Brief zusammen, verschloß ihn mit roten Klebstreifen und ließ ihn in ihrem Ärmel verschwinden. Dann nahm sie unterm Tordach an der Straße Aufstellung und wartete ab, bis sie den Kun Lun Rivalen vorüberkommen sah. Sie winkte ihn herbei und steckte ihm heimlich den Brief zur Weiterbeförderung zu.

Sie tat noch ein weiteres. Für den Fall, daß sich der Geliebte als zaghaft erweisen und vor dem gefährlichen Wagnis einer Entführung zurückschrecken sollte, wollte sie ihre Freiheit auf eigene Faust erzwingen. Zu diesem Zweck wählte sie die Taktik, ihrem Ehemann das weitere Zusammenleben mit ihr auf jede erdenkliche Art zu vergällen und zu verleiden. Tagsüber lag sie ihm ständig mit Vorwürfen und Beschwerden über dies und jenes in den Ohren und zog die geringfügigsten Anlässe an den Haaren herbei, um gereizt und rechthaberisch mit ihm herumzustreiten und zu zanken. Oder sie blieb, Unpäßlichkeit vorschützend, einfach im Bett liegen und überließ die Sorge für Küche und Haushalt ihm. Wenn er ihr dann selbstbereiteten Tee oder selbstbereitetes Essen vorsetzte, dann hatte sie an allem und jedem zu mäkeln, bald fand sie den Tee zu kalt, bald den Reis nicht genügend gar, bald das Fleisch nicht mürbe genug gekocht. An Mitarbeit im Geschäft dachte sie überhaupt nicht mehr, keinen Kokon rührte sie mehr an, keinen einzigen Faden haspelte sie mehr ab. So ging das Maulen und Schmähen und Schelten vom frühen Morgen bis zum späten Abend. Wenn er sich endlich zu Bett gelegt hatte, dann gönnte sie ihm – freilich auf andere Weise – erst recht keine Ruhe. Da verzehnfachte sie ihre sonstigen ehefraulichen Anforderungen und ließ ihn gnadenlos walken und werken, bis er nicht mehr konnte und den Kampf aufgab. Aber kaum daß er völlig erschöpft zu wohlverdientem Schlaf in die Kissen gesunken war, weckte sie ihn mitten in der Nacht rücksichtslos wieder auf und hieß ihn aufstehen und in die Küche laufen und Tee aufgießen oder diesen und jenen Arzneitrank brauen. Mit solcher Taktik gedachte sie ihn vor der Zeit ins Reich der gelben Quellen zu befördern, genauso wie sie es bei ihrem ersten Gatten, jenem kurzlebigen akademischen Schwächling, getan hatte.

Mochte der Alte getrost verrecken, dann würde die Bahn frei sein für eine neue Verheiratung, und zwar mit einem, der ihrem Ideal endlich restlos entsprach.

Die Folgen ihrer wohlberechneten Taktik sollten nicht lange auf sich warten lassen. Eingeschüchtert durch die Gereiztheit und schlechte Laune, die sie bei Tage ständig hervorkehrte, hatte er sich in seiner Einfalt anfangs schuldbewußt gefühlt und gedacht, seine eingebildete Schuld durch wackere Leistung im Ehebett bei Nacht wiedergutzumachen. Aber wider Erwarten genügte auch aller gute Wille bei Nacht, er mochte sich anstrengen soviel er wollte, nicht, um sein Schuldkonto, das sich in seiner Einbildung bei Tag angehäuft hatte, auszugleichen und sie versöhnlich zu stimmen. Wenn er sie am Morgen aus dem Bett steigen sah, dann trug sie gleich eine derart mürrische und verdrossene Miene zur Schau, daß ihm von vornherein – sie brauchte gar nicht erst den Mund aufzutun – angst und bange wurde. Kein Wunder, wenn das ehemals so rüstige Mannsbild, dessen Kraft es vordem mit jeder Wölfin oder Tigerkatze aufgenommen hätte, bei solcher Behandlung im Verlauf von knapp zwei Monaten erschreckend verfiel und zum welken, ausgemergelten Jammerlappen wurde, der auf sein letztes Stündlein wartete.

Natürlich mußte sein verändertes Aussehen den Nachbarn auffallen und sie beunruhigen. Aber aus Respekt vor dem gefürchteten Kun Lun Rivalen wagte niemand, den Mund aufzutun und freundnachbarliche Teilnahme zu äußern. Bis er sich eines Tages ihnen selber anvertraute. In seinem strohgestopften Schädel hatte es inzwischen gedämmert: die seltsame Wandlung im Wesen seiner Frau, die doch sonst die Sanftmut selber gewesen war, mußte einen besonderen Grund haben, der außerhalb seiner Person lag.

«Ist den werten Herren während meiner Abwesenheit irgendein verdächtiger Vorgang in meinem Hause aufgefallen? Ist vielleicht irgendein fremdes Mannsbild öfter aus- und eingegangen?» erkundigte er sich bei den Nachbarn.

Die wollten anfangs nicht mit der Sprache heraus und taten so, als wüßten sie von nichts. Dann aber tat er ihnen wiederum leid, es jammerte sie, mitansehen zu müssen, wie ein so anständiger, gutmütiger Kerl unter der Fuchtel eines Eheweibs von anscheinend unersättlichem, geradezu gefräßigem Appetit zusehends dahinwelkte und verfiel und unweigerlich demnächst abkratzen würde, wenn das so weiterginge wie bisher. Und so gaben sie schließlich seinem Drängen nach und taten den Mund auf:

«Aufgefallen ist uns tatsächlich etwas. Ein gewisser Jemand hat während Eurer Abwesenheit verdächtig häufig in Eurem Haus verkehrt – ein gewisser Kunde Eures Geschäfts, freilich – es handelt sich um einen besonderen Kunden, einen recht heiklen Kunden – es ist nicht geraten, ihn zu reizen oder zu verärgern, sonst – Ihr kennt doch wohl den alten Satz:

*Im offenem Kampfe gegen Spieße Deckung
nehmen hält nicht schwer,
Doch sich vor heimlichen Pfeilen aus dem
Dunkel schützen — sehr —*

kurz, dem Betreffenden in den Arm fallen, ist nicht nur aussichtslos, es birgt auch unberechenbare Gefahr für später.»

«Nun sagt schon, wer ist dieser geheimnisvolle Popanz?»

«So wißt denn, es ist kein anderer als der weithin berüchtigte und gefürchtete Bürgerschreck, der Mann, von dessen verwegenen, ans Übernatürliche grenzenden Räuberstreichen alle Welt raunt und munkelt – der Kun Lun Rivale!

Es ist schon einige Zeit her, da kam er eines Tages an Eurem Haus vorübergeschlendert und wurde dabei zufällig Eurer werten Gattin ansichtig. Anscheinend hatte er Gefallen an ihr gefunden, denn er kam hinterher zu uns und zog alle möglichen Erkundigungen ein, unter anderem, ob und mit wem sie verheiratet sei, worauf wir ihn wahrheitsgemäß unterrichteten, daß sie Eure Ling tschong ‹befehlende Rechtmäßige› sei, wozu er meinte, daß eine wie sie

doch gar nicht zu einem wie Euch passe, das sei doch
eine ganz unmögliche Paarung, da müsse es wohl zu
häufigem Ehekrach kommen, worauf wir ihn belehrten, das genaue Gegenteil sei der Fall, Ihr führtet ein
höchst friedliches und harmonisches Eheleben. Als
Ihr dann neulich Eure Geschäftsreise über Land antratet, kam er wieder und wollte von uns wissen, wie
lange Ihr voraussichtlich fortbleiben würdet. In etwa
zehn Tagen würdet Ihr wohl wieder zurück sein,
gaben wir an. Seitdem haben wir Nacht für Nacht
verdächtige Geräusche in Eurer Wohnung wahrgenommen, leises Knarren und Zuschlagen von Türen,
tappende Schritte und Stimmen, unter denen deutlich eine männliche zu unterscheiden war; es klang
so, als ob sich Eure Frau mit einem nächtlichen Besucher unterhielte. Wenn es sich um jemand anderen
gehandelt hätte, dann wären wir der Sache bestimmt
auf den Grund gegangen, hätten gelauscht und spioniert. Aber so – nun, Ihr wißt ja, mit dem mächtigen
Tai Sui ‹Großes Jahr› Stern (Planet Jupiter, Umlauf
12 Jahre) zu unseren Häupten ist nicht gut anzubandeln, in Richtung auf ihn Erde buddeln und ein Haus
bauen, das heißt ihn reizen und zieht bekanntlich
Unheil nach sich. Überdies steht es nicht in unseren
Gesetzen geschrieben, daß Nachbarn einem Fall von
Ehebruch in der Nachbarschaft nachgehen und ihn
verfolgen sollen. So haben wir uns nicht groß darum
gekümmert, was in Eurer Wohnung vorging, und ihn
treiben lassen. Nacht für Nacht hat er's getrieben bis
zu Eurer Rückkehr. Dies sei Euch aber nur im Vertrauen gesagt. Bewahrt es in Eurem Busen! Wir möchten auf keinen Fall, daß Ihr früher oder später
Schritte gegen den gewissen Jemand ergreifen solltet,

wir könnten sonst böse mit hineinschliddern. Auch vor Eurer befehlenden Rechtmäßigen verratet Euch ja nicht und stellt Euch dumm! Sie könnte sonst womöglich den gewissen Jemand brieflich verständigen und warnen. Dann würde er sich bestimmt an uns rächen, und wir hätten nicht nur um unsere Habe, sondern auch um unser Leben zu zittern!»

«Also so verhält sich die Sache – der Kun Lun Rivale! – Ich hielt ihn bloß für einen guten Kunden und schätzte ihn. – Also das war der Grund, weshalb er meinen Laden so häufig beehrte! – Nun gut – ich danke Euch für die gütige Aufklärung, ohne die ich nie dahintergekommen wäre – natürlich werde ich meine Zunge hüten und nicht verraten, woher ich meine Kenntnis habe – für den gewissen Jemand aber wird einmal die Stunde schlagen, da ich ihn zur Rechenschaft ziehen werde – mit dem Kopf soll er büßen! – Wenn es dann soweit ist, darf ich auf die werten Herren zählen, daß sie mir mit ganzer Schulterkraft Beistand leisten wollen?»

«Nein, das wäre ganz verkehrt!» widersprachen die Nachbarn lebhaft. «Ihr habt ja gar keine Beweise! Denkt an den alten Satz:

Wollt den Dieb ihr überführen,
Gilt's das Diebsgut aufzuspüren.
Um einen Ehebruch's zu zeihen,
Ertappt ihn erst im Bett zu zweien!

Der Kun Lun Rivale treibt sein Handwerk als Einsteigedieb schon wer weiß wie lange, aber noch nie hat man bei ihm Diebesgut finden können. Meint ihr, so einer läßt sich beim Einsteigen in fremde Ehebetten erwischen? Nehmt es uns nicht übel, wenn wir es ganz offen aussprechen: Eure befehlende Rechtmäßige paßt nun einmal nicht als Ehefrau zu Euch, eines Tages wird sie sich doch von dem anderen entführen lassen. Die werdet Ihr sowieso verlieren – seid schon zufrieden, wenn es Euch dann wenigstens erspart bleibt, daß Ihr auch noch für die Kosten ihrer Aussteuer aufkommen müßt.»

«Wie soll ich das verstehen?»

«Stellt Euch doch nicht so schwer von Begriff. Ihr habt doch sicher davon gehört, was für verteufelte Kunststücke der gewisse Jemand fertigbringt. Dem ist keine Mauer zu hoch, keine Wand zu dick, daß er sie nicht spielend bezwänge. Sich Zugang in Eure einfache Wohnung mit den paar Räumen verschaffen, das ist für den überhaupt kein Problem. Und er wird wiederkommen und Euch weiter heimsuchen, verlaßt Euch drauf! Und was bietet Euch Gewähr, daß er dann bloß mit Eurer befehlenden Rechtmäßigen vorliebnehmen und nicht vielmehr auch noch einen Teil Eurer Habe als ‹Aussteuer› mitgehen heißen wird? Beides wird er Euch entführen: Weib und Habe! Und Ihr werdet ihn bestimmt nicht daran hindern können!»

Jetzt begriff der Biedere. Er bekam einen schönen Schreck. Völlig verdattert knickte er in die Knie und flehte die Nachbarn um guten Rat an. Er tat ihnen aufrichtig leid, sie wollten dem armen Kerl von Herzen gern helfen. Nach einer Weile eifrigen Nachdenkens und eifrigen Pfeifenschmauchens taten sie bedächtig ihre Meinungen kund. Sie waren geteilt. Die einen rieten zu Ehescheidung, dann würde er das Übel mit der Wurzel ausgerissen haben. Die anderen empfahlen Wohnungswechsel; in irgendeine ferne, fremde Gegend solle er verziehen, wo er sein Weib sicher vor den Nachstellungen des gewissen Jemand wissen würde. Während der Biedere noch unentschlossen schwankte, meldete sich ein Graukopf, der Älteste unter der Versammlung, ein Mann von reifer Lebenserfahrung zum Wort:

«Das sind alles unbrauchbare Ratschläge. Scheidung – woraufhin? Es mangelt doch an jedem Beweis für Ehebruch. Wohnungswechsel, Wegzug – ja meint ihr, der gewisse Jemand, der sich auf allen Wegen und Stegen auskennt, würde Euch nicht überall, wohin Ihr Euch auch verkriechen mögt, aufspüren? Nach meiner einfältigen Ansicht kommt für Euch nur eine Haltung in Frage: vertuschen! Euch dumm stellen! Nur so könnt Ihr künftiges Ungemach vermeiden. Weiter: da Euch Eure befehlende Rechtmäßige nun einmal entfremdet ist, hat es für Euch keinen Wert, sie länger im Haus zu behalten. Am besten tut Ihr dran, sie zu verkaufen, dann kommt Ihr zu einem Stück Geld und könnt Euch ohne Schaden aus der Affäre ziehen. Fragt sich nur, an wen Ihr sie verkaufen sollt. An irgendeinen Beliebigen, das wäre nicht geraten. Der gewisse Jemand würde sehr bald dahinterkommen und es Euch schwer verübeln, daß Ihr ihn in seinem Vergnügen gestört und von seiner galanten Beziehung abgeschnitten habt! Dafür würde er Euch bestimmt eins auswischen, und Ihr müßtet wieder vor seiner Rache zittern. Nein, am besten, Ihr verkauft sie dem gewissen Jemand selber! So ein erfolgreicher Bandit schwimmt doch nur so im Geld. Dem wird es nicht groß drauf ankommen, für eine Frau, die er liebt, hundert oder auch zweihundert Batzen springen zu lassen. Dafür könntet Ihr Euch unschwer eine Neue leisten, die besser zu Euch paßt als Eure Jetzige. Auf diese Weise würdet Ihr allen Unannehmlichkeiten aus dem Wege gehen und obendrein auch noch kostenlos zu einer neuen Frau kommen. Na, was haltet Ihr davon?»

«Großartig! So und nicht anders werde ich's machen! Aber da ist noch ein Punkt: ich selber kann nicht gut mit dem gewissen Jemand über die Sache verhandeln. Ich brauche einen Mittelsmann. Wer von den werten Herren wäre wohl bereit?»

«Wenn es weiter nichts ist! Wir alle sind bereit. Freilich müßten wir uns darauf verlassen können, daß es Euch hinterher, wenn der Handel perfekt ist, nicht etwa gereut und Ihr uns ungerechte Vorwürfe macht, daß wir mit dem gewissen Jemand unter einer Decke gesteckt und ihm dazu verholfen hätten, Euch Eure Jetzige wegzuschnappen.»

«Das sei ferne von mir! Wie könnte ich mich so schnöden Undanks schuldig machen, der ich es doch nur den werten Herren zu danken habe, wenn mein Leben und meine Habe unangetastet bleiben!» beteuerte eifrig der biedere Küan.

«Nun gut, wir vertrauen Euch, denn wir kennen Euch als ehrlichen Biedermann. Dann wollen wir uns jetzt über die Wahl des Unterhändlers schlüssig werden», entschied der Graukopf.

Es wurde eine Weile hin und her beraten und schließlich einer, der über besondere Redegewandtheit verfügte, zum Unterhändler gewählt. Gleich am nächsten Tage sollte er sich zum Kun Lun Rivalen aufmachen und die Verhandlung eröffnen.

Inzwischen verzehrte sich unser Jüngling in Sehnsucht nach seiner geliebten Aroma. Es ging ihm genau wie ihr: Appetit und Schlaf flohen ihn. Er fühlte sich innerlich leer, wie ausgehöhlt, wie abgestorben. So ging das nicht weiter, sagte er sich, es mußte etwas geschehen. Wozu hatte er denn seinen Freund, der mit allen guten und bösen Geistern im Bunde stand?

Gerade machte er sich fertig, um ihn aufzusuchen, als der Freund wie gerufen selber kam. Er überbrachte ihm Aromas Brief. Der Jüngling las, und seine erschlaffte Energie straffte sich.

«Du mußt etwas unternehmen! Du mußt mir zu einem Wiedersehn mit ihr verhelfen! – Sonst gehe ich zugrunde!» beschwor er ihn und las den Brief vor.

«Hm, da kommt nur eines in Frage: Entführung!» meinte der Kun Lun Rivale nach kurzer Überlegung. «Entführung – eine Kleinigkeit für mich – aber was dann? – Das ist die Frage – wohnen bleiben könntet ihr hier auf keinen Fall – da würdet ihr Scherereien seitens des Ehemanns zu gewärtigen haben – weit weg müßtet ihr ziehen, irgendwohin, wo er euch nicht nachspüren kann – irgendwo im Verborgenen ein nettes Heim als Liebesnest – eigentlich ein hübscher Gedanke und ein Plan auf weite Sicht – aber bist du auch gewillt, ihn auszuführen? – Das will überlegt sein – du mußt dich entscheiden.»

Der Jüngling brauchte eine Weile Nachdenkens. Im Grunde hing er noch mit etlichen Fasern seines Herzens gerade am hiesigen Ort. Denn da waren doch drei unerledigte Fälle, die noch der Erledigung harrten und ihn festhielten: jene drei Schönen, denen er damals im Tempel des Liebesgottes begegnet war, die er unter der Rubrik ‹Sonderklasse› in seinem Tempeltagebuch an erster Stelle vermerkt hatte, und die er nicht vergessen konnte – das Fleckchen Erde, das diese drei bewohnten, war ihm teuer – sich so plötzlich von ihm losreißen und auf jene drei verzichten, das würde ihm verflucht schwerfallen. – Anderseits der Brief seiner geliebten Aroma – er hatte ihn zutiefst aufgewühlt – konnte er ihren eindringlichen Ruf ungehört verhallen lassen? – Unmöglich! Sein Entschluß war gefaßt.

«Wohlan, ich bin bereit fortzuziehen, irgendwohin, wo sich unsere Spuren verwischen, wo wir vor den Nachstellungen des Ehemannes sicher sind.»

»Gut. Aber da ist noch etwas zu bedenken. Entführung einer Ehefrau ist ein Unrecht und wiegt schwerer als Diebstahl von Geld und Habe. Denn der Verlust an Geld und Habe ist ersetzlich, heute kann man es verlieren, morgen wieder gewinnen. Eine Ehefrau dagegen ist nicht so leicht zu ersetzen. Wie einem geprellten Ehemann, dem eines schönen Tages die Eheliebste weggeschnappt wird, zumute sein mag, kann man sich ungefähr vorstellen. Es kommt hinzu, daß der biedere Küan nicht gerade zu den Begüterten gehört. Wo soll er die Mittel hernehmen, um sich eine Neue zu leisten? Nun ist es ja allgemein menschlich, daß der kleine Mann, wenn man ihn zum Äußersten treibt, auch vor Mord und Totschlag nicht zurückschreckt. Um deiner eigenen Sicherheit willen mußt du unbedingt darauf bedacht sein, dem biederen Küan die Sache einigermaßen erträglich zu machen. Das geht nur so, daß ich zur gleichen Zeit, da ich ihm die Frau entführe, ein nettes kleines Schmerzensgeld, sagen wir einen Betrag von einhundertzwanzig Batzen, in seiner Wohnung zurücklasse. Die Entführung verliert damit an bitterem Beigeschmack und sieht eher nach friedlichem Handel aus. Natürlich bleibt dein Gewissen mit einem Unrecht belastet, aber du hast weiter keine ernsteren Folgen zu befürchten. Und was mich betrifft, so bleibt auf solche Weise meine Banditenehre gewahrt.»

«Der Plan hat nicht nur viel, sondern alles für sich, ist aber leider undurchführbar, weil – du mußt wissen, meine Reisekasse ist nahezu erschöpft, wie soll ich so schnell Geld herbeischaffen? – Und meinen guten Freund in Anspruch nehmen? – Nein! Ich würde nicht ruhig schlafen können.»

«Wenn es weiter nichts ist! Meine Batzen pflegen mir ebenso leicht wieder zuzurennen, wie sie mir unter den Fingern zerrinnen. Das bringt mein Handwerk so mit sich. Also wegen des Geldes mache dir keine unnötigen Sorgen, das stelle ich zur Verfügung. Du aber setz dich hin und schreibe einen Antwortbrief an deine Aroma. Sie möchte einen Tag, ganz gleich welchen, angeben, an dem ihr Mann außer Hauses weilt. Dann würde ich kommen und sie entführen.»

Mit einem Seufzer der Erleichterung machte sich der Jüngling gleich an die Schreibarbeit, verrieb Tusche mit Wasser auf dem Tuschstein, tauchte den Pinsel ein und ließ ihn hurtig über das Papier gleiten. Sein Antwortbrief lautete:

«Meiner geliebten ‹Ministerin› Yen Fang
zur huldvollen Kenntnisnahme.

Es ist zwei Monate her seit unserer Trennung und kommt mir vor wie zehn lange Jahre. Auch mir ist die Kehle wie zugeschnürt, ich bringe kaum einen Bissen, kaum einen Schluck hinunter, und nachts hält mich unablässiges Gedenken an Dich wach. Tag für

Tag habe ich meinem Freund in den Ohren gelegen und ihn beschworen, etwas für uns zu unternehmen. Er hat bislang gezögert, weil er nicht wußte, welchen Sinnes Du bist, und weil er nicht unbedacht aufs Geratewohl handeln wollte.

Da habe ich nun soeben Deinen Brief erhalten. Jetzt weiß ich, wie treu Du zu mir hältst und wie eisenhart und felsenfest Dein Entschluß ist, nimmer von mir zu lassen. Sei gewiß, ich bin gleichen Sinnes. Nichts soll uns mehr scheiden!

Im übrigen laß mich machen. Für alles weitere übernehme ich die Verantwortung. Du läßt in Deinem Brief durchblicken, Du gedächtest es zu halten wie jene beiden Heroinnen des Altertums, die Hung Fu und die Wen Kün, also auf eigene Faust fortzulaufen. Das laß, bitte, es wäre gefährlich. Vielmehr werden wir uns einen andern Fall aus dem Altertum zum Vorbild nehmen. Du kennst doch die Geschichte von der schönen Hung Schao ‹Rotscheide›, die sich in der Tang-Zeit während der Ta Li Regierungsära (766– 780) zugetragen hat?

Sie schmachtete wie eine Gefangene hinter dicken Mauern im Schloß eines bejahrten Machthabers. Ihr Geliebter ließ sie eines Nachts durch einen treu ergebenen Leibdiener, einen Mohrensklaven (Kun Lun Nu) allen Hindernissen zum Trotz entführen. Genau so werden wir es machen: entführen wird Dich eines Nachts mein Freund. Wozu ist er denn nach dem berühmten Mohren der Tang-Zeit benannt? Keine Bange, der wird es schaffen! Bezüglich des glücklichen Zeitpunktes, zu dem Deine Entführung stattfinden wird, kann ich keine Vorhersage machen. Das richtet sich danach, wann Dein grimmer Wächter einmal außer Hauses weilen wird. Davon mußt Du mir sofort Kunde geben. Dann werden wir noch in der gleichen Nacht zur Tat schreiten.

Du drohst, falls ich mich feig und treulos erweisen sollte, würdest Du Deine scharfen Zähnchen in mein Fleisch eingraben, als ob es saftiger Schweinebraten wäre. Oh, Du brauchst in diesem Falle Dein wertes Mäulchen gar nicht erst zu bemühen – ich würde selber Sorge tragen, daß mein treuloser Leib hungrigen Raben und Hunden zum Fraße dienen soll.

Weiter habe ich nichts hinzuzufügen.

Dies ist mein Antwortbrief, aus Vorsicht anonym.»

Noch zur gleichen Stunde machte sich der Kun Lun Rivale auf und überbrachte Aroma den Brief. Und dann wartete er. Ein Päckchen mit einhundertzwanzig Batzen ‹Schmerzensgeld› als Inhalt, das zu gegebener Zeit auf den Tisch des Hauses Küan niedergelegt werden sollte, hielt er vorsorglich schon bereit. Es vergingen Tage, und er wartete immer noch auf die erhoffte Botschaft Aromas, daß die Luft rein sei. Aber sie kam und kam nicht. Statt dessen kam der Abgesandte aus der Nachbarschaft des biederen Küan als Sprecher und Unterhändler in Sachen Heirat.

Nach den herkömmlichen Eingangsfloskeln rückte er mit seinem Vorschlag heraus:

«Das Geschäft des biederen Küan geht schlecht. Die Einnahmen reichen nicht aus, um auch noch eine Frau zu ernähren. Darum möchte er seine Rechtmäßige verkaufen. Er hat mich zum Mittelsmann bestellt. Da habe ich nun vornehmlich an Euch gedacht. Anderen fehlt es entweder am nötigen Geld, oder wenn sie Geld haben, sind sie zu kleinlich und schäbig, um einer Frau wie dieser ein Leben zu bieten, auf das sie bei ihren Vorzügen Anspruch hat. Ihr dagegen seid als Mann von Format, als großzügig und generös rühmlichst bekannt, als hochherziger Helfer und Retter aus Not und Gefahr. Darum komme ich gerade zu Euch und möchte Euch nahelegen, die früheren guten Werke, die Ihr in aller Stille aufgehäuft habt, um ein weiteres gutes Werk zu vermehren.

Einmal würdet Ihr eine prächtige junge Frau aus ihrem jetzigen Elend herausreißen und ihr das traurige Schicksal ersparen, Hungers sterben zu müssen. Zum anderen würdet Ihr dem wackeren Biedermann Küan mit einem höchst willkommenen Brautgeld aus ärgster Not helfen und ermöglichen, seinen Handel sorgenfrei weiterzutreiben und sich mit dem täglichen Reisnapf den Mund zu stopfen. Damit würdet Ihr Euch doppelt verdient machen.»

Die Rede des Unterhändlers hatte den Kun Lun Rivalen stutzig gemacht. Er dachte im stillen bei sich: ‹Sonderbar, höchst sonderbar! – Gerade war ich drauf und dran, dem Biederen einen Streich zu spielen und seine Frau zu entführen, da schickt er jemanden zu mir und läßt sie mir zum Kauf anbieten – das sieht ja fast so aus, als ob er Wind von meinem Anschlag bekommen hätte und sich nun mit diesem Angebot aus der Falle herausziehen wolle –, es sei wie ihm sei, das Angebot kommt gerade gelegen –, auf diese Weise würde es ein offener Handel werden, was als heimlicher Handel gedacht war, die Entführung würde sich erübrigen –, was kann ich mir besseres wünschen?›

Er wandte sich an den Unterhändler:

«Was ist der eigentliche Grund, warum der biedere Küan seine Frau verkaufen möchte?»

«Not, nichts als Not.»

«Und wie steht's mit ihr? Ist sie denn auch einverstanden mit dem Verkauf?»

«Und ob sie einverstanden ist! Sie würde ja bei ihrem jetzigen Ehemann elend zugrunde gehen.»

«Gut. Wieviel verlangt er als Brautgeld?»

«Er verlangte erst zweihundert Batzen. Aber das habe ich ihm schon ausgeredet, das ist entschieden zu happig. Er soll zufrieden sein, wenn er etwas über die Hälfte bekommt.»

«Gut. Ich biete ihm einhundertzwanzig.»

«Einverstanden.»

Der Kun Lun Rivale übergab dem Unterhändler das Päckchen mit den hundertzwanzig Batzen Inhalt, das er sowieso schon bereitliegen hatte, das eigentlich als Schmerzensgeld gedacht war und nun zum einwandfreien Kaufgeld wurde. Der Unterhändler zog ab, bestellte den biederen Küan zu sich und übergab ihm das Päckchen mit dem Kaufgeld.

Damit war der Handel abgeschlossen.

Der Kun Lun Rivale hatte anfangs mit dem Gedanken gespielt, seinen jungen Freund, den Vormitternachts-Scholar, als wirklichen Käufer anzugeben. Aber er verwarf den Gedanken wieder, denn er sagte sich, wenn er, der weithin gefürchtete Edelbandit, dessen Namen alle Welt respektierte, als Käufer auftrete, würde künftig kein ärgerliches Nachspiel zu befürchten sein, der biedere Küan würde sich hüten, ihm nachträglich Schwierigkeiten zu bereiten. Anders, wenn der Jüngling als Käufer aufträte. Dann würde der Pferdefuß an der Geschichte zum Vorschein kommen, und es würde möglicherweise mit einem unangenehmen gerichtlichen Nachspiel, einem Prozeß wegen Ehebruchs zu rechnen sein.

Also beließ er es dabei, sich selber als Käufer auszugeben, der Aroma als Nebengattin heimzuführen wünsche. Und so wurde die Kauf- und Heiratsurkunde auf seinen Namen ausgeschrieben und vom biederen Küan als Verkäufer und einigen Nachbarn als Zeugen ordnungsgemäß unterschrieben und unterstempelt und dem Kun Lun Rivalen ausgehändigt. Der spendierte noch, nobel wie er war, einen Betrag von zehn Batzen an die Nachbarn als Entschädigung für ihre Mühewaltung und Mittlerdienste und holte Aroma noch am selben Tag, ohne erst noch Zeit mit der Wahl eines üblichen glücklichen Kalendertags zu verplempern, mit einer gemieteten Zweimannsänfte ab. Er brachte sie vorderhand in seiner eigenen Wohnung unter. Da behielt er sie so lange, bis er in einem anderen Wohnviertel ein passendes Heim für das junge Paar gefunden und wohnlich eingerichtet hatte – alles auf eigene Kosten. Als er dann Aroma in das neue Heim brachte, fand sie sogar eine nette junge Dienerin vor, die er in rührender Fürsorglichkeit für sie angestellt hatte. Erst jetzt verständigte er seinen jungen Freund und überraschte ihn mit dem völlig fertigen Liebesnest.

Und so erwies sich ein gewöhnlicher Bandit als wahrhafter Freund und Edelmann, würdig der hehrsten Vorbilder aus dem Altertum.

Wenn ihr wissen wollt, wie die Geschichte weitergeht, so müßt ihr das nächste Kapitel lesen.

Hsi to tsing!
Man gratuliert dem jungen Paar –
Ach, lieben und geliebt zu werden –
Wunderbar!
So denkt man und bedenkt nicht
Die Gefahr,
Die hinter allzu großer Liebe lauert:
Eifersucht.
Ein Wölkchen von Verdruß –
Und seine Blicke wandern
Zu einer andern.
Gewiß, die Seine findet er entzückend,
Doch jene andre auch berückend.
Daß die eine und die andre sich vertragen,
Weitherzig Neid und Ränke sich versagen –
Wer das zuwege bringen kann,
Der heißt im Wind- und Mondspiel Meister!
Der heißt Mann!

XI. KAPITEL

*Nicht eher gewährt sie ihm Bettfreuden, bevor er
den schuldig gebliebenen Fußfall nachgeholt hat.
Die erst Essigsäure im Gaumen spürte, verkuppelte
ihn selber an die Busenfreundinnen.*

Es waren zwei Monate ungetrübten Glückes nach dem Einzug in das neue Heim, als Aroma dem Geliebten offenbarte, daß sie ihren Schoß gesegnet fühle. Er vernahm es mit Genugtuung. Demnach schien sich die düstere Vorhersage jenes fahrenden Arztes, wonach als Folge der Operation Nachwuchs versagt bleiben würde, nicht zu bewahrheiten.

Einige Monate später begann ihr Leib sich mehr und mehr zu wölben, und sie fühlte sich während seiner Umarmungen arg behindert. Sie konnte nicht mehr nach Wunsch mittun.

Nun war es ja jetzt zum Glück anders als in jenen ersten zehn Nächten heimlicher Buhlschaft, da sie immer beim ersten Hahnenschrei erschrocken auseinanderfahren und sich wohl oder übel voneinander losreißen mußten und er beim ersten Morgengrauen vor ständiger Angst, ertappt zu werden, japsend mit schlechtem Gewissen wie ein Dieb davonschlich. Jetzt brauchte sie kein Hahnenschrei mehr zu schrecken, jetzt durften sie in aller Ruhe ihre Liebe in vollen Zügen auskosten, wann immer es sie nach Liebe gelüstete. Da traf es ihn, verwöhnt wie er war, ziemlich hart, als sie eines Tages den Wunsch nach einer Schonpause äußerte.

«Laß es für eine Weile genug sein. Ich brauche jetzt Schonung, und dir kann es auch nichts schaden, wenn du mal einige Zeit verschnaufst und neue Kräfte sammelst. Gedulden wir uns bis nach der Geburt!»

Ihr Wunsch, in der bestimmten Form eines Befehls vorgebracht, duldete keinen Widerspruch. Von Stund an schliefen sie getrennt. Er schlug sein Nachtlager in dem durch zwei Innenhöfe von ihrem Boudoir getrennten Raum auf, der ihm als Studierklause diente.

Da saß er nun wieder in frostiger Einsamkeit wie damals in seiner Tempelklause. Wie sollte er, an frauliche Wärme und heiteres Zwitschern von Frauenlippen gewöhnt, auf die Dauer die lastende Stille ertragen, die ihn auf einmal umgab. Wie in eine Eisregion fühlte er sich versetzt. Es fröstelte ihn. Kein Wunder, daß sein Hirn zu arbeiten begann und auf Ersatz für die versagten Freuden sann.

Anfangs, als Aroma für ihn noch unerreichbar war, als er noch nach ihr schmachtete, hatte er vermeint, wenn er nur diese eine gewinnen könne, würde er sein Lebtag an ihr Genüge finden und keine andere mehr begehren. Kaum, daß er sie in Besitz genommen, keimte in ihm der Wunsch, eigentlich müßte es doch wunderschön sein, noch eine zweite vom Schlag einer Aroma zu gewinnen, dann erst würde sein Glück vollkommen sein.

Es würde sich das aber auch im Hinblick auf seine künftige Stellung als Amts- und Würdenträger schicken, gemäß einem erhabenen Vorbild aus dem Altertum. Hatte nicht weiland Kaiser Yao (3. Jahrtausend v. Chr) den Schun, den er als Thronfolger ausersehen, gleich mit seinen beiden Töchtern Nü Ying und O Huang verheiratet, um ihn auf die Probe zu stellen?

Wenn es einer fertigbringt, gleich mit zwei Frauen auszukommen und ein friedliches und harmonisches Zusammenleben zu führen, dann hat er sicher auch das Zeug, ein ganzes Volk mit seinen vielen Gegensätzlichkeiten zu regieren. Das war die weise Erwägung des weisen Herrschers Yao gewesen.

Nun, würde er, der Vormitternachts-Scholar, nach bestandener Schlußprüfung nicht den einen oder anderen volksreichen Landesteil vom Thron anvertraut erhalten und daselbst als Stellvertreter des Himmelssohnes, als Herrscher im Kleinen zu walten und zu regieren haben?

Der Gedanke einer Doppelehe, aus zwiefacher Wurzel erwachsen, hatte also bei ihm schon seit längerem bestanden und war auch während der Zeit seines intimen Verkehrs mit Aroma keineswegs erloschen, glomm vielmehr ungeachtet des Umstandes, daß sein Bedarf an Bettfreuden durch Aroma reichlich gedeckt war, unter der Oberfläche latent weiter. Jetzt, da sie ihm versagt und Not am Weib war, sprang der verborgene Funke jäh lodernd hoch und wuchs zum gebieterisch zwingenden Brand.

Was er vorher immer wieder auf später verschoben, wurde jetzt zum dringenden Gebot der Stunde. Auf einmal erinnerte er sich seines Tempeltagebuchs, das irgendwo in einem seiner Koffer versteckt lag und seit langem in Vergessenheit geraten war, und er erinnerte sich jener drei Herrlichsten von allen, die er damals unter der Rubrik ‹Sonderklasse› darin vermerkt hatte. Wenn er nur wüßte, wo sie zu finden waren! Aber er hatte ja damals in seiner Verwirrung leider versäumt, ihren Sänften seine Diener nachzuschicken, um ihre Wohnung ausfindig zu machen.

Adresse unbekannt – schade! Die beiden Jüngeren mit Aroma zusammen – das hätte einen herrlichen Dreifuß ergeben, in dessen Becken der dreifache Brand heißer Buhlfreuden lustig gen Himmel geprasselt und nie zum Erlöschen gekommen wäre. Schade, zu schade!

In Gedanken ging er das Register der als beachtlich vermerkten Schönheiten weiter durch, um bei einer haltzumachen, die er zuoberst unter die Rubrik ‹erste Klasse› eingereiht hatte. Die sollte ihm einstweilen über die brennende Not des Augenblicks hinweghelfen; jenen drei Herrlichsten wollte er dann später nachspüren. Sein Entschluß war gefaßt.

Er riegelte die Pforten zu seiner Studierklause ab und kramte heimlich, hinter Aromas Rücken, das bewußte Tagebuch aus dem Koffer hervor. Er blätterte und suchte. Richtig, da fand er ihren Namen verzeichnet: Hsiang Yün ‹Duftwolke›. Und dann las er die Sätze, die er damals dem Namen als Charakteristik beigefügt hatte.

Seine Kritik an Duftwolke hob sich insofern aus der Masse der anderen Kritiken hervor, als er ihrer Person eine etwas eingehendere Beschreibung gewidmet und ihre Vorzüge dicker unterstrichen hatte als in anderen Fällen.

Bei den anderen Zierden seines Registers – ausgenommen natürlich die drei der ‹Sonderklasse› – hatte er immer etwas auszusetzen und zu mäkeln gehabt, da war immer Lob mit Tadel gemischt, in der Gesamtzensur überwog je nachdem Lob oder Tadel. An Duftwolke hatte er kaum etwas auszusetzen gehabt, sie rangierte in seinem Urteil gleich hinter den drei Herrlichkeiten der Sonderklasse.

Das Urteil lautete:

‹Ihre äußere Erscheinung weist manche ungewöhnlichen Vorzüge auf. Ihre Haltung und Bewegung zeigen lässige Eleganz. Ihr Gang ist Schweben. Ihre Körperformen sind so grazil, daß man vermeint, man könne sie auf der flachen Hand in die Höhe heben. Ihr Blick, ihre Miene sind würdig, von Künstlerhand im Bild festgehalten zu werden. Das ganz Besondere an ihr aber ist der aparte Duft, der von ihrer Person ausgeht und sie wie eine Wolke umhüllt. Es ist, als ob sich der Duft irgendwelcher köstlichen Blumen an ihr verhangen und ihren Körper durchtränkt hätte. Ihre Sprache, – ach, dieser melodiöse Tonfall, es hört sich an wie das süße Schluchzen der Nachtigall oder das ferne, feine Flöten einer vieltönigen Mundorgel aus Schilfrohr –, alles in allem: in einem Orchester gewöhnlicher Blech- und Holzinstrumente ist sie ein Handgong von edler Bronze, eine Zierde unter Zierden der Frauengemächer, würdig, im Wettstreit um die Krone der Schönheit auf einen ganz hohen Platz gerückt zu werden.›

Er versuchte, sich an ihr Gesicht, ihre Erscheinung zurückzuerinnern. Auf etwa Mitte Zwanzig schätzte er sie. Und richtig, was ihn damals am meisten beeindruckt hatte, das war der aparte Duft, der seine Nasenschleimhaut kitzelte, als sie an ihm vorüberschwebte. Das war nicht der gewöhnliche Geruch irgendeines Parfüms, das elegante Damen im Parfümbeutel am Gürtel oder in der Ärmeltasche bei sich zu tragen pflegen. Es war etwas anderes.

Er erinnerte sich weiter zurück. Nachdem sie fort war, hatte er doch damals einen Gegenstand vom Boden aufgelesen, den sie – sei es mit, sei es ohne

Absicht — liegengelassen hatte. Richtig, es war ein Fächer gewesen.

Seitlich vom Räuchertisch, vor dem sie niedergekniet war und ihr Brandopfer verrichtet hatte, hatte er ihren vergessenen Fächer aufgefunden. Er hatte ihn aufgehoben und als Andenken zu anderen Andenken gelegt, die er in seiner Klause aufbewahrte. Ein Gedicht von Li Tai Po hatte auf dem Fächer gestanden. Offenbar hatte sie es mit eigener Hand daraufgeschrieben. Wo mochte sie wohnen?

Er schaute noch einmal in sein Tempeltagebuch. Da fand er unter dem Vermerk zu Duftwolke in Kleinschrift geschrieben noch eine kurze Notiz, die Angabe der Straße, in der sie wohnte. Er klatschte sich auf die Schenkel! Das war ja die gleiche Straße, an der er selbst wohnte! Nun, diese Straße zählte nur ein paar Dutzend Häuser, also meilenweit entfernt wohnte sie nicht gerade, und ihr Haus ausfindig zu machen würde nicht schwerhalten.

Er machte sich sofort auf und erkundigte sich in der Nachbarschaft. Und da – wer hätte es gedacht, daß Himmel und Erde und alle guten und bösen Geister sein lasterhaftes Vorhaben offensichtlich segnen und ihm die Sache so leicht machen würden? – Da stellte sich heraus, daß sie ausgerechnet im Nachbarhaus wohnte und ihr Boudoir, bloß durch eine Mauer getrennt, unmittelbar neben seiner Studierklause lag!

Im Zuge seiner Erkundigungen brachte er noch weiteres in Erfahrung: Duftwolkes Gatte war ein Fünfziger namens Hsiän Hsiän tse, er hatte sie nach dem Tod seiner Ersten vor kurzem als neue Saite in seine Eheleier eingespannt, er war vermögender

Akademiker, hatte es allerdings nur bis zum Hsiu tsai, zum Doktor ersten Grades und nie zu einem Amt gebracht, denn er war zwar grundgelehrt und in akademischen Kreisen hochangesehen, aber er war unpraktisch und jeglichem Ämterdienst abhold; seine Lieblings- und Hauptbeschäftigung bestand darin, junge Kandidaten auf die Staatsprüfung vorzubereiten, und da er diese Tätigkeit sehr ernst nahm, hatte er das vornehme Vorbereitungsinstitut, in dem er seine Lehrkurse abhielt, gleich zum Dauerquartier erwählt. Nur einmal im Monat pflegte er in seine Privatwohnung zu kommen und sich dann höchstens einen oder zwei Tage und Nächte seiner jugendlichen Neuen zu widmen.

Nun, das waren ja außerordentlich günstige Umstände, die das Vorhaben unseres Jünglings wesentlich erleichtern würden. Er rieb sich die Hände.

‹Demnach scheint es, daß wir zwei geradezu von der Vorsehung füreinander bestimmt sind, und daß mich gute Geister eigens in diese Wohngegend geleitet haben, damit ich der bedauernswerten jungen Frau Tröster in ihrer Einsamkeit sei...›, so frohlockte er im stillen.

Das nächste war: wie mit ihr in Verbindung treten? Er wanderte eine Weile eifrig nachdenkend in seiner Klause auf und ab. Dann blieb er stehen und beäugte angelegentlich die Trennungsmauer zwischen seiner Klause und dem Nachbargrundstück.

Sie war, wie sich's für eine Trennungsmauer gehört, einerseits zu hoch, um sie einfach übersteigen zu können, andererseits zu dick, um eine Öffnung in sie zu bohren. Mit dem Gedanken, ein Loch in sie zu bohren, hatte er flüchtig gespielt, ihn aber als abwegig sofort wieder verworfen. Da hätte er mit Hammer und Meißel gegen die mehrfach festgefügten Schichten von Backsteinen vorgehen müssen, die dabei entstehenden lauten Geräusche, das Pochen und Schaben und Hämmern, nicht zu vergessen das Geräusch der auf der andern Seite herabpolternden Steine und Mörtelbrocken, würden drüben nicht überhört worden sein und wahrscheinlich angstvolle Hilferufe ausgelöst haben. Man würde drüben gewaltsamen Einbruch vermutet haben. So ging es also nicht.

Nachdenklich ließ er seinen Blick nochmals prüfend die Mauer entlangschweifen. Da blieb auf einmal sein Blick an einer gewissen Stelle der jenseitigen Hauswand haften. Da hatte er eine schwache Stelle entdeckt. Unmittelbar über der Mauerkrone wies die Hauswand, die dort in einem spitzen Winkel fast an die Trennungsmauer stieß, ein Rechteck von etwa drei Fuß Höhe und fünf Fuß Breite auf, das nicht wie die sonstige Wand aus Backsteinen, sondern aus einer hölzernen Stülpverschalung gefügt war – offenbar ein Notbehelf, dessen sich die Maurer mangels ausreichenden Vorrats an Backsteinen bedient hatten. Sofort schoß ihm der Gedanke durch den Kopf, ein paar dieser ineinandergefälzten Holztafeln auszuheben, das würde sich ohne viel Geräusch machen lassen, dann würde er drüben mühelos einsteigen können, mindestens aber zunächst die Möglichkeit haben, durch die so geschaffene Lücke hindurch mit seiner Nachbarin in Hörnähe und Sprechverbindung zu gelangen.

Das erste, was er tat, war, eine Leiter heranzuschaffen und schräg gegen die Mauer zu lehnen. Das nächste war ein Griff nach seinem Handwerkskasten. Er hatte ihn auf seinem Büchergestell stehen. Dort stand er seit langem, noch nie benutzt, mehr zur Zierde denn zum praktischen Gebrauch, als eine Art Kuriosität. Er hatte den hübschen bunten Pappkasten gelegentlich eines Ladenbummels bloß zum Spaß gekauft und mit nach Hause genommen. Der Kasten barg zehn verschiedene Handwerkzeuge, wie Stemmeisen, Hammer, Zange, Säge, Feile und andere mehr. Im Laden wurde er unter der Bezeichnung ‹Kasten der zehn nützlichen Utensilien› feilgeboten.

Wer hätte gedacht, daß der Kasten, den er so lange vernachlässigt hatte, seinen Zwecken auf einmal so sehr zustatten kommen würde! Da bewahrheitete sich wieder einmal das Wort des weisen Kung tse:

In dieser Welt
gibt es kein unnütz Ding.
Verachte keine Nichtigkeit
als zu gering.

Mit diesem Handwerkskasten unter dem Arm stieg er die Leiter hinauf und untersuchte aus der Nähe die Beschaffenheit der Stülpverschalung. Es ergab sich, daß die an sich festen Holzplanken weder aneinandergeleimt noch durch die üblichen eisernen ‹Hundezahn›-Klammern verbunden worden waren, vielmehr einfach waagrecht übereinandergeschichtet lagen.

Das vereinfachte seine Aufgabe wesentlich, zumal eine der Fugen nicht ganz dicht schloß und eine Ritze aufwies. Er schob die Feile in die Ritze und erweiterte sie zu einer Rinne von zwei Zoll Länge und feilte so lange, bis die Rinne breit genug geworden war, um das Stemmeisen hineinzuschieben und anzusetzen.

Nun bedurfte es nur eines kräftigen Druckes, und schon hatte er die erste Planke herausgewuchtet und neben sich auf die Mauerkrone gelegt. Noch leichter ging die Sache bei der zweiten und dritten Planke. Da brauchte er weder Feile noch Stemmeisen, die konnte er mit der bloßen Hand loslösen und herausheben.

Jetzt hatte er es geschafft. Eine Lücke war entstanden, groß genug, um den Kopf hindurchzustecken und in den darunterliegenden Raum zu lugen.

Zunächst galt es, die losgelösten Bretter und den Handwerkskasten beiseitezuschaffen, um sich auf seinem Beobachtungsposten freier bewegen zu können und nicht durch ein versehentlich von der Mauerkrone herunterpolterndes Brett verraten zu werden.

Behutsam und möglichst leise kletterte er mit seiner Last die Leiter hinab, um dann unbeschwert und um so behender die Leiter wieder hinaufzuklimmen. Er brannte ja darauf, das lockende Neuland jenseits der Mauer zu erforschen.

Schon fast droben, stockte er auf einmal und lauschte. Ein schwaches Geräusch drang durch die Wandöffnung von drüben. Tappen leichter Schritte, dann leises Rascheln seidener Röcke. Er schob sich auf die nächste Sprosse und spähte vorsichtig durch die Öffnung.

Eben hatte er den Kopf durch die Lücke gesteckt, als er verblüfft feststellte, daß der darunterliegende Raum ein gewisses verschwiegenes Nebengelaß war, welches sicher zum Boudoir seiner schönen Nachbarin gehörte. Und da – welch angenehme Überraschung – sah er sie selber!

Sie saß gerade, den Rücken ihm zugewandt, auf dem Ma Tung ‹Roßkübel› und – er hielt den Atem an – verrichtete eine ‹kleine Bequemlichkeit›. Als sie damit fertig war und aufstand, bückte sie sich zunächst nach dem am Boden liegenden Deckel.

Wie sie so gebückt dastand – die Röcke bis zur feinen Taille hochgerafft –, bot sie dem Auge des heimlichen Beobachters einen anmutigen Einblick in die liebliche Landschaft ihres versteckten Freudentales zwischen den sanften Wölbungen der wohlgerundeten Mondhügel. Bis zur Mitte ihres Lustgrabens reichte die genußreiche Aussicht, die ihm die Gunst eines seltenen Augenblicks gewährte.

War sie es aber auch wirklich? – Duftwolke? Bisher hatte sie ihm nur die Rückseite, nicht ihr Gesicht gezeigt. Er wartete ab. Nun hatte sie ihr Höschen heraufgezogen, den Bund zur Schleife geschlungen und die Röcke heruntergelassen. Endlich wandte sie sich seitlich dem Fenster zu – sie war es! Duftwolke! Er fand sie noch bezaubernder als damals, da er ihrer im Tempel des Liebesgottes erstmals ansichtig werden durfte. Am liebsten hätte er ihr jetzt ein zärtliches Wort zugerufen. Doch zwei Bedenken hielten ihn davon ab, sich so unvermittelt bemerkbar zu machen: einmal die Besorgnis, ein Laut von seinem Munde könne von unberufenen Ohren gehört werden, zum andern fürchtete er, sie zu erschrecken. Er stak oben im Dunkeln, im Schatten des überhängenden Daches, sie, die sich im hellen Tageslicht befand, das durch ein Fenster hereinfiel, würde ihn gar nicht erkennen, würde ihn womöglich für einen Einbrecher halten, lautes Geschrei erheben und Skandal machen. Nein, so plump durfte er nicht vorgehen. Er mußte sich ihr auf andere, auf feinere Art bemerkbar machen.

Geschwind zog er den Kopf zurück und hastete die Leiter hinab. Er hatte einen Einfall – der Fächer!

Er hatte ihn mit vielen anderen zarten Andenken in einem besonderen Köfferchen sorgfältig aufgehoben. Das Köfferchen trug die Aufschrift Meh jen tschi i ‹Zarte Andenken an Schöne›. Die vier Schriftzeichen der Aufschrift hatte er wörtlich einer Stelle im Schi King, dem ‹heiligen Buch der Lieder› entnommen. Die Stelle fand sich im ersten Abschnitt, betitelt Kwo fong ‹höfische Weisen›. Die Andenken gedachte er bei kommender Gelegenheit als Trumpf und Druckmittel zu nutzen. Es waren ja Unterpfänder der Liebe, und angesichts eines solchen Unterpfandes würde sich keine Schöne seinen Wünschen versagen.

Eilig kramte er den bewußten Fächer heraus und besah ihn sich genauer. Drei Gedichte von Li Tai Po, dem großen Dichter der Tang-Zeit (705–768) fand er, in kleinen zierlichen Schriftzeichen von ihr mit eigener Hand daraufgepinselt. Er sagte sich, wenn er so ein Gedicht mit lauter Stimme rezitieren würde, dann würde sie es drüben hören und aufmerken und, von Neugier getrieben, sich oben an der Wandlücke zeigen, und wenn er sie erst heraufgelockt hätte und sie ihn von Angesicht wieder erblicken würde, nun, um das Weitere brauchte er nicht zu bangen, dann würde er sich gar nicht erst mühsam zu ihr emporranken müssen, im Gegenteil, sie würde sich von selber huldvoll zu ihm herabneigen. Um ein paar galante Worte im rechten Augenblick würde er nicht verlegen sein und sie damit vollends festhalten. Dahin ging seine schlaue Berechnung.

Die drei Li Tai Po-Gedichte bezogen sich auf einen gewissen galanten Vorgang am Hofe des Tang-Kaisers Hsüan Tsung (713-756), der die denkwürdige Epoche des verhängnisvollen politischen Einflusses der berühmten üppigen Schönheit Yang Yü Huan (gest. 756) einleiten sollte: ihr erlauchter Liebhaber verehrte ihr, die bis dahin bloß Geliebte des achtzehnten Prinzen gewesen war, eines Tages einen ganzen, in üppiger Blüte prangenden Päonienhain – die Päonie galt damals als Königin unter den Blumen– und lud sie damit durch die Blume in seine eigenen Seitengemächer, um sie bald darauf zur kaiserlichen Favoritin zu erheben, mit dem Titel Kweh Feh ‹Kostbare Konkubine›, ein Titel, der einer kaiserlichen Nebengattin ersten Ranges zustand.

Unser Jüngling las die drei Gedichte. Er erschauerte vor Ehrfurcht. Durfte er ein erhabenes Zeugnis höchster Dichtkunst, vom Pinsel des großen Li Tai Po herrührend, so ohne alle Form und Umstände, salopp gekleidet wie er war, einfach mir nichts, dir nichts laut deklamieren? Nein, das wagte er nicht. Das wäre Entweihung gewesen. Was er vorhatte, war ein feierlicher, weihevoller Akt. Dazu gehörte ein entsprechend würdiges Äußeres und innere Sammlung. Also wusch er sich, vertauschte sein altes, schlichtes Alltagsbarett mit einem schönen neuen Prunkbarett, seinen abgetragenen Hausrock aus billigem Kattun mit einem herrlichen Festrock aus knisternder Seide, dann entzündete er würzigduftende Aloescheiter im bronzenen Räucherkessel und verharrte angesichts der aus dem Kesselhals aufsteigenden bläulichen Rauchkringel eine Weile in schweigender Andacht.

Zuletzt gurgelte er und spülte seine Kehle mit frischem Wasser rein, ganz wie es ein Mime und Ariensänger kurz vor seinem Bühnenauftritt zu tun pflegt.

Nachdem er sich solchergestalt äußerlich und innerlich würdig vorbereitet hatte, hub er an, in Richtung nach der Wandlücke droben das erste Fächergedicht mit aller Kraft seiner Stimmbänder und mit möglichst deutlicher Aussprache zu deklamieren.

‹Die Balustrade dick bereift
Erster Lenzhauch kosend streift...›

so hub er an und rezitierte in singendem Tonfall den siebenfüßigen Zwölfzeiler. Dann machte er eine Kunstpause. Ob sie wohl drüben mit schräggeneigtem Ohr zuhörte? Ob sie sich wohl droben zeigen würde? Aber nichts regte sich. Also beschloß er dacapo-Vortrag. Und er wiederholte mit ständig anschwellendem Aufwand an Stimmkraft den gleichen Text, aber beileibe nicht nur einmal oder zweimal, nein, gleich zehnmal hintereinander gab er ein da capo zum besten.

Wieder legte er eine Pause ein, spitzte die Ohren und äugte. Aber noch immer blieb es drüben still und zeigte sich nichts. Also mußte er noch deutlicher kommen. Er nahm einen Trick zuhilfe. Genau wie ein Impresario und Ansager mitten während des Konzerts den Vortrag zu unterbrechen beliebt, um die geschätzte Künstlerin einem verehrten Publikum vorzustellen, so unterbrach er während des neuen dacapo-Vortrages sich selber und flocht in den Text des Dichters auf einmal den Namen seiner schönen Nachbarin ein und versäumte auch nicht, genau anzugeben, an welchem Ort und an welchem Tag und zu welcher Stunde sie ihren Fächer liegengelassen hatte. Der Trick hatte vollen Erfolg.

Er vernahm auf einmal von drüben, von unterhalb der Wandluke her, ein schwaches Geräusch. Es hörte sich an wie Seufzen oder leises Husten. Also hatte er sie doch glücklich heraufgelockt! Er tat so, als ob er nichts gemerkt hätte, neigte sein Gesicht zum Fächer in seiner Hand herab und redete in gemachtem Groll also auf ihn ein: «Was nützt es mir, wenn ich zwar dich besitze, aber deine Herrin missen muß? Wo steckt sie? Warum zeigt sie sich nicht? Aber nun habe ich es satt – sollte ich sie je wieder treffen, werde ich dich unnützes Ding ihr zurückgeben ...»

So weit war er in seinem Selbstgespräch gekommen, als ihn ein Zuruf von drüben unterbrach:

«Ihr irrt, die Herrin ist da! Ihr braucht Euch nicht weiter umsonst zu grämen. Und nun gebt mir gefälligst meinen Fächer zurück! Werft ihn einfach herüber!»

Überraschung heuchelnd, wandte er seinen Blick vom Fächer empor in Richtung auf die Wandluke. Da, wie ein Bild im Rahmen, gewahrte er eine dunkle Wolkenfrisur, ein Pfirsichantlitz, einen zart gewölbten Busen in der Öffnung – der übrige Körper blieb von der Hauswand verdeckt. Also endlich!

«Oh, welche Überraschung! Die Herrlichste von allen so in nächster Nähe vor mir zu sehen! Da habe ich mich tatsächlich zu Unrecht halbtot gegrämt!» rief er pathetisch aus, und schon war er behend die zehn Schritt lange Leiter hinaufgeklettert und weitere fünf Schritt lang rittlings auf der Mauerkrone weitergerutscht bis zur Wandluke. Ohne viel Umstände zwängte er seinen Oberkörper durch den engen Rahmen und schloß das lebende Bild jenseits in seine Arme und herzte und küßte es mit Ungestüm. Es gab einen langen, inbrünstigen Kuß, beiderseits verflochten sich die Zungen, als ob sie sich vermählen wollten, und wollten durchaus nicht voneinander lassen. Endlich gab er sich einen Ruck und quetschte seinen Oberkörper durch die Öffnung wieder zurück. Die Puste war ihm ausgegangen. Kein Wunder bei einer so unbequemen, verkrampften Körperhaltung. Wie sollte da ein vernünftiges Gespräch in Gang kommen? Und er mußte doch endlich vernünftig mit ihr reden. Sie ließ ihm Zeit zu verschnaufen und eröffnete ihrerseits das Gespräch:

«Schlingel, wo hast du die ganze Zeit über gesteckt? Warum hast du mich so lange vernachlässigt? Wieso bist du jetzt auf einmal hergekommen und erinnerst dich meines Fächers und seines Gedichtes?»

«Ich wohne doch hier nebenan. Wir sind Nachbarn. Wußtest du das nicht?»

«Nachbarn? Seit wann? Ich weiß nur von anderen Leuten, die hier wohnten.»

«Ich bin erst vor kurzem eingezogen.»

«Wo hast du vorher gewohnt? Warum bist du hierher gezogen?»

Er hielt es, um ihr zu schmeicheln, für richtig, ihr einen kleinen Schwindel aufzutischen.

«Deinetwegen, nur deinetwegen entschloß ich mich zum Umzug! In deiner Nähe wollte ich sein! Verstehst du? Seit ich damals in dem Tempel des bogen-

Hsiang Yün, Duftwolke

spannenden Gottes – weißt du noch? – dein holdes Antlitz, deine göttliche Gestalt erblickte, habe ich immer nur an dich gedacht! Ermutigt durch den Fächer, den du mir zuliebe im Tempel liegengelassen hattest – oder hattest du ihn mir nicht als zartes Andenken zugedacht? – sann ich nur immer darauf, in deine Nähe zu kommen. Bis sich endlich die Gelegenheit bot, hier nebenan zu wohnen. Und so bin ich hergezogen.»

Übers ganze Gesicht strahlend, klopfte ihm Duftwolke zärtlich auf die Schulter.

«Also hast du mich lieb! Und ich dachte – beinahe wäre ich irrtümlich böse, sehr böse auf dich gewesen! – Wohnt noch jemand mit dir zusammen?»

«Ach, bloß eine kleine Freundin. Ein Freund hat sie mir zum Geschenk gemacht. Sonst wohnt, abgesehen von meinen beiden Dienern und einer Zofe meiner Freundin, niemand im Haus. Meine Angehörigen habe ich ja nicht mit auf die Reise genommen, die sind daheim geblieben.»

«Soso. Und warum bist du nicht schon längst hergekommen und hast mich vergebens mir die Augen nach dir ausschauen lassen?»

«Ich wußte doch nicht, wo du wohnst. Ich habe es erst kürzlich in Erfahrung gebracht, und dann bin ich sofort hergezogen.»

«Soso. Wie lange ist das her?»

«Ach, noch kein halbes Jahr, etwa höchstens fünf Monate.»

Duftwolke wechselte jäh die Miene. Nach einer Pause des Nachdenkens kam es streng:

«Also fünf Monate! Warum hast du dich in all dieser Zeit nicht um mich gekümmert und heute auf einmal der kalten Asche deiner Liebe mit Knall einen Funken entlockt?»

Ihm schwante nichts Gutes. Der Schwindel an der Geschichte war also zum Vorschein gekommen. Deutlich malte sich Verlegenheit auf seinem Gesicht. Verzweifelt suchte er nach Ausflüchten.

«Ich dachte... ich wähnte bisher den werten Gatten daheim und unterließ es daher absichtlich, mich bemerkbar zu machen und etwas zu unternehmen – aus bloßer Vorsicht und Rücksichtnahme auf dich! – Ich wollte doch nicht, daß du infolge eines verfrühten und unüberlegten Schrittes von meiner Seite womöglich in eine peinliche Lage geraten würdest, verstehst du? – und so habe ich all die Monate Geduld geübt und abgewartet – es fiel mir schwer genug, das kannst du mir glauben – gewartet bis heute, erst heute erfuhr ich, daß dein werter Gatte nicht zu Hause sei, sondern in seinem Vorbereitungsinstitut weile, darum wagte ich erst jetzt, mich dir bemerkbar zu machen – daß ich dich je vergessen hätte, daß ich das frühere Feuer meiner Neigung zu kalter Asche, wie du fälschlich argwöhnst, hätte herunterbrennen lassen, davon kann natürlich gar keine Rede sein!»

Duftwolke verharrte eine Weile in nachdenklichem Schweigen. Ein frostiges Lächeln spielte um ihre Mundwinkel.

«Dann hast du meinen Fächer wohl längst fortgeworfen?»

«Im Gegenteil! Sorgfältig aufgehoben! Und nicht nur das, ich habe ihn ständig mit mir herumgetragen! Nicht eine Viertelstunde habe ich mich von ihm trennen können!»

«Wirklich? Dann bringe ihn doch mal her!»

Nun, den Wunsch würde er ihr mit Vergnügen erfüllen, dachte er und frohlockte verfrüht im stillen. Der Anblick des Fächers würde ihre letzten Zweifel zerstreuen und ihr Schmollen in beste Laune wandeln, und sie würde ihm liebesbereit die Arme öffnen, so bildete er sich voreilig ein.

Er rutschte die Mauerkrone entlang zur Leiter zurück und kletterte hurtig hinab, um gleich wieder heraufzukommen. Den Fächer, in ein grünseidenes Taschentuch gewickelt, schwenkte er triumphierend in der Hand.

Und da geschah etwas Unerwartetes. Wortlos und ohne daß sich ihre düstere Miene im geringsten aufhellte, riß sie ihm den Fächer aus der Hand, zerbrach ihn in drei Stücke und schleuderte ihn hinter sich zu Boden. Das Taschentuch warf sie ihm verächtlich zu.

«Treuloser! Nur gut, daß es noch nicht zu intimer Beziehung zwischen uns gekommen ist! Von jetzt ab sind wir geschiedene Leute! Verschwinde!» zischte sie und entschwand nach drinnen.

Vergebens rief er ihr nach. Ein Aufschluchzen war die einzige Antwort. Was hatte sie nur? Nachdenklich rutschte er auf der Mauerkrone zur Leiter zurück. Es war auch für ihn höchste Zeit zu verschwinden. Vom Garten her, der zwischen seinem und Aromas Wohnbereich lag, hatte er verdächtiges Rascheln im Bananengebüsch gehört. Ob es Aroma war? Was sollte die bloß denken, wenn sie ihn bei seinem seltsamen Ausflug auf luftige Mauerhöhen ertappen würde? –

Mehr rutschend als steigend sauste er klopfenden Herzens die Leiter hinunter und verschwand in seiner Klause. Da spazierte er nun eine Weile nachdenklich auf und ab. Was hatte sie nur? Warum spielte sie die Gekränkte? Er war ihr doch mit keinem Wort zu nahe getreten – ob sie ihm wohl zürnte, weil er sie fast ein halbes Jahr lang vernachlässigt hatte? – Ja, das schien ihm der einzige plausible Grund für ihre Verstimmung – gewiß, er hatte sich einer sträflichen Säumnis schuldig gemacht, aber so etwas ließ sich doch nachholen und wiedergutmachen – oho, mit reichlichen Zinsen würde er seine Schuld begleichen! – Wie lautete doch der alte Satz?

Ist beim Festefeiern nur das Herz dabei,
Ob Festschmaus warm oder kalt, bleibt einerlei –

und daß er ihr sein ganzes Herz zu Füßen zu legen bereit war, das mußte sie doch herausgefühlt haben – wozu also die Aufregung? – Sollte noch etwas anderes dahinterstecken? Es war fast anzunehmen – nun, das würde sich schon herausstellen – zunächst wollte er ihr recht artig und zerknirscht Abbitte leisten, das hatte sie ihm ja streng genug nahegelegt.

Am liebsten hätte er seinen Bußgang gleich auf der Stelle unternommen. Aber so bei Tage auf der Mauer herumturnen, das schien ihm im Hinblick auf Aroma denn doch zu gewagt. Also zügelte er seine Ungeduld und verschob das Unternehmen bis zum Anbruch der Dunkelheit. Die wenigen Stunden bis dahin dehnten sich ihm zu Monaten. Endlich war der Augenblick zum Handeln gekommen. Vorher hatte er noch Aroma den schuldigen Gutenachtbesuch gemacht und sie zu Bett gebracht, dann hatte er Türen und Fenster abgeriegelt und sämtliche Lampen und Lichter gelöscht, schließlich hatte er Barett und Oberrock abgelegt.

Nun stieg er die Leiter hinauf und rutschte zur Wandlücke. Die mußte er vor allem erweitern, um bequem hindurchschlüpfen zu können. Er ging aufs ganze und hob sämtliche noch verbliebenen Reststücke der hölzernen Stülpverschalung heraus und räumte sie beiseite. Jetzt hatte er freie Bahn. Die so geschaffene Öffnung tat sich ihm weit auf wie eine regelrechte Pforte. Da war aber noch eine Schwierigkeit. Wie würde er drüben hinuntergelangen? Zum Hinunterspringen oder Abspringen war es zu hoch. Also würde er wohl seine Leiter nachziehen und drüben anlegen müssen. Doch das erwies sich zum Glück als überflüssig. Als er die Hand tastend durch die Öffnung schob, da fühlte er einen harten Gegenstand. Sie hatte – welche Überraschung! – ihre eigene Leiter an der gleichen Stelle wie vorher angelehnt gelassen – zur gefälligen Bedienung für ihn! Demnach erwartete sie ihn offensichtlich. Demnach war sie, so hart auch ihre Worte geklungen haben mochten, im Grund doch weich und versöhnlich gestimmt, stellte er erleichtert fest und stieg behutsam, aber nun mit so ruhigen Nerven über, als ob er einer artigen Einladung Folge leiste. Dieses Übersteigen kam ihm vor wie ein gemütlicher Gang über eine hochgewölbte Holzbrücke, vorn steil hinauf, hinten steil hinunter. Alles Bängliche war von seinem nun ungefährlich gewordenen Abenteuer abgefallen.

Leise fühlte und tastete er sich ins Boudoir und zur Lagerstätte seiner schönen Nachbarin. Sie lag, das Gesicht zur Wand, in die Bettdecke gemummelt, und schien fest zu schlafen, denn sie tat bei seiner Annäherung keinen Mucks. Ohne Umstände streckte er keck die Hand nach der Bettdecke aus. Schon im Begriff, sie zu lüften und darunterzuschlüpfen, zog er sie im nächsten Augenblick erschrocken wieder zurück. Denn die vermeintliche Schläferin hatte sich mit jähem Ruck nach ihm umgedreht und halb aufgerichtet.

Sie hatte gar nicht geschlafen, vielmehr seine tappenden Schritte beim Übersteigen und sich Herantasten von nebenan wohl gehört, aber aus Bequemlichkeit, um sich und ihm die Umstände einer förmlichen Begrüßung zu ersparen, hatte sie sich schlafend gestellt.

Daß der Frechling freilich die Formlosigkeit so weit treiben würde, um ohne Umstände gleich zu ihr ins Bett zu steigen, das war ihr denn doch zuviel! Das war, wie wenn einer unangemeldet, ohne daß der Sekretär dem hohen Mandarin zuvor einen ordnungsgemäßen Personalbogen mit Angabe von Namen, Herkunft, Beruf und sonstigen Personalien des Besuchers vorgelegt hätte, mir nichts, dir nichts in ein Yamen hineinplatzte! So etwas gab's doch gar nicht! Das wäre noch schöner! So tuend, als ob sie eben aus tiefem Schlaf erwacht wäre, herrschte sie ihn ungnädig an:

«He, wer bist du? Was fällt dir ein, dich mitten in dunkler Nacht an mein Bett heranzumachen?»

Der Eindringling neigte sich an ihr Ohr:

«Ich bin's, Liebling, ich, dein Nachbar und ergebener Verehrer, mit dem du heut mittag Zwiesprache gepflogen hast! Ich habe inzwischen mein sträfliches Unrecht eingesehen – wie konnte ich dich nur so lange vernachlässigen! – Nun bin ich eigens herübergekommen, um dir Abbitte zu leisten», hauchte er und versuchte gleichzeitig erneut, die Bettdecke hochzuheben und zu ihr ins warme Nest zu schlüpfen. Aber da kam er bei ihr schlecht an.

«Treuloser Schuft! Wer hat dich geheißen, wie ein Dieb in der Nacht bei mir einzudringen und Abbitte zu leisten? Verschwinde! Aber schleunigst!» fauchte sie ihn an und packte und wickelte sich noch fester in die Decke.

«Aber Liebling! Wie ungerecht! Da habe ich nun all meinen Grips angestrengt, um in deine Nähe zu gelangen – verdiene ich da wirklich den Vorwurf der Treulosigkeit?»

«Schwindler! Mit solchen schönen Worten magst du andere täuschen, aber nicht mich! Mir kannst du nichts weismachen! Ich weiß zufällig Bescheid, auf welche Schönen es deine Kenneraugen abgesehen haben, jedenfalls nicht auf ein garstiges, häßliches Ding wie mich – hättest du mich sonst all die Monate schnöde geschnitten? – Natürlich, für mich hattest du keine Zeit – woher auch? Du warst ja mit deinen Liebsten voll beschäftigt – und jetzt kommst du hinter ihrem Rücken auf einmal zu mir – wozu? Höchst unnötig, finde ich!»

«Du sprichst von Liebsten – ich wüßte nicht, welche – ich habe nur die kleine, unbedeutende Freundin drüben, die ich anstandshalber ins Haus nehmen mußte, weil ein guter Freund sie mir geschenkt hatte, wie ich dir schon heute mittag ganz offen erklärt habe – aber so etwas ist doch keine Liebste! Derentwegen hast du wirklich keinen Grund zu Aufregung und essigsaurer Eifersucht!»

«Derentwegen rege ich mich auch gar nicht auf. Ebensowenig mißgönne ich es dir, wenn du mit deiner Rechtmäßigen dich vergnügst – meinetwegen –

das ist ganz in Ordnung. Nein, was mich entrüstet, ist etwas anderes: daß du in der Zwischenzeit mit gewissen anderen meinesgleichen gebuhlt und darüber mich völlig vergessen und in die neunte Wolkenregion verworfen hast! Ich würde nichts sagen, wenn wir weit voneinander entfernt gewohnt hätten und ein Stelldichein nicht möglich gewesen wäre – gut, das würde ich noch hingehen lassen. Aber seit fünf Monaten wohnst du Wand an Wand neben mir und hast dich in all der Zeit mit keinem einzigen Laut bemerkbar gemacht! – Einfach unverzeihlich! Was willst du also noch von mir? Halte dich doch gefälligst an deine anderen Buhlen!»

«Liebling, ich verstehe dich nicht recht – außer mit meiner Rechtmäßigen und jener kleinen unbedeutenden Freundin habe ich mit keiner anderen Frau verkehrt. Andere Buhlen – ich wüßte nicht welche – wie kommst du auf diesen unbegründeten Argwohn?»

«Gut, dann will ich deutlicher werden. Hast du nicht an einem gewissen Tag zu einer gewissen Stunde im Tempel des bogenspannenden Gottes drei gewissen Schönen, die dort ihr Brandopfer und ihre Andacht verrichteten, fußfällig mit Stirnaufschlag gehuldigt? Ja oder nein?»

«Stimmt. Aber meine Huldigung galt doch dem Gott, nicht den drei Damen. Ich war damals auf dem Wege zum Tempel, um meine Andacht zu verrichten, getraute mich aber nicht hinein, weil ich den Raum vor dem Opfertisch durch jene drei Damen besetzt fand – es wäre doch unschicklich gewesen, wenn ich mich unter sie gemengt hätte – deshalb blieb ich draußen und verrichtete meine Andacht in einer gewissen Entfernung von den Tempelstufen.»

Duftwolke lachte hell auf.

«Also gibst du zu, daß du es warst! Den übrigen Schwindel, daß deine Huldigung dem Gott gegolten hätte, mache weis, wem du willst, aber nicht mir! – Nicht einmal ein dreijähriges Kind würde darauf hereinfallen!»

Er sah sich durchschaut. Da half kein Ableugnen mehr. Blitzschnelle Überlegung gab ihm als besten Ausweg aus der Sackgasse dreierlei ein: erstens ehrliches Geständnis, zweitens Abbitte, drittens – Erkundigung nach jenen drei schönen Unbekannten, denen doch schon immer sein ganzes Hoffen und Sehnen gegolten hatte, und von denen Duftwolke offenbar Näheres wußte.

Spitzbübisch lächelnd gestand er:

«Also ich gebe zu, meine Huldigung galt tatsächlich jenen drei Holden – aber nur zur Hälfte, zur anderen Hälfte dem Gott. – Woher weißt du überhaupt von dem Vorfall im Tempel? Du steckst doch als verheiratete Frau immer zu Hause, wer hat dir die Geschichte hinterbracht?»

«Oh, ich brauche niemanden zum Hinterbringen von Nachrichten – ich verfüge über ein magisches Auge und ein magisches Ohr von tausend Meilen Seh- und Hörweite.»

«Soso – nun, sei es wie es sei, da du so trefflich unterrichtet bist, sei doch so lieb und verrate mir, bitte, bitte, Namen und Adresse jener drei Holden, und ob und mit wem sie verheiratet sind. Was weißt du von ihnen?»

«Was? Ich? Das mußt du doch selber am besten wissen, da du schon fast ein halbes Jahr mit ihnen verkehrst.»

«Nanu – seit ich ihnen das eine Mal im Tempel begegnet bin, habe ich sie nie wiedergesehen! Und da behauptest du, ich hätte schon ein halbes Jahr lang Verkehr mit ihnen unterhalten? – Ich muß doch sehr bitten! – Ich werde dich böswilliger Verleumdung beschuldigen müssen.»

«Dein Leugnen ist vergeblich. Hättest du mich wohl sonst die ganze Zeit über geschnitten? Dahinter stecken doch deine drei Holden – die haben dich eben dazu beschwatzt, daß du mich links liegenlassen sollst – das ist doch klar – ich weiß Bescheid!»

«Ich verstehe nicht recht. – Woher schöpfst du eigentlich deinen Argwohn? Es ist doch nicht der Schatten eines Verdachtsgrundes vorhanden.»

«Wirklich nicht? Kannst du das beschwören?»

«Mit gutem Gewissen!»

Und er erhob seine Stimme zum feierlichen Schwur: «Den Nacken in Demut und Ehrfurcht vor Himmel und Erde gekrümmt, schwöre ich, daß ich nie und nimmer mit drei gewissen Schönen Buhlschaft getrieben habe! Wenn ich es aber dennoch getan hätte, dann will ich verflucht sein, dann soll mich der Blitzstrahl des Himmels zerschmettern, dann sollen mich die Rachegeister der Hölle hetzen und haschen, packen und zwacken und in Stücke zerhakken und meine sämtlichen Knochen einzeln zu Pulver zermahlen! Die gleiche Strafe soll mich treffen, wenn ich auch nur Namen und Adresse der drei Schönen in Erfahrung gebracht habe und jemals mit lungernden Augen vor ihrer Hauspforte auf und ab gestrichen bin!»

Das klang ehrlich und aufrichtig. Duftwolke spürte es aus dem festen Tonfall seiner Stimme heraus und fühlte sich von der Last des Argwohns, die bis dahin ihren Busen bedrückt hatte, wenn auch noch nicht ganz, doch schon zur Hälfte befreit und erleichtert.

Denn da blieb immer noch eins, was sie wurmte: der Kniefall.

«Gut, soweit sei dir vergeben. Aber da ist noch ein zweifelhafter Punkt...»

«Was? Noch ein Zweifel? Ich dächte, ich hätte alles aufgeklärt und mich gründlich reingewaschen – nun sei schon so gut und laß mich zu dir ins warme Nest!» bettelte er, leicht bekleidet wie er war, in der kühlen Nachtluft vor Kälte bibbernd und zähneklappernd, indes er verzweifelt am soliden Festungswall der Bettdecke, in die sie sich dicht und fest eingemummelt und verschanzt hatte, entlangfingerte in der vergeblichen Hoffnung, an irgendeiner Stelle einen losen Zipfel zu erwischen, den er herauszerren könnte, um so eine Bresche in den Wall zu schlagen. Sie blieb unerbittlich.

«Ich kann mich an Reizen doch nicht entfernt mit deinen drei Holden messen – was willst du also bei mir? – Stille doch dein Verlangen bei ihnen – mich laß ungeschoren!» kam es eisig und schneidend.

«Kommst du schon wieder mit deinem törichten Minderwertigkeitsgefühl! Es ist zum Verzweifeln! Habe ich denn je behauptet, du seiest weniger schön und begehrenswert als jene drei anderen?»

«Bitte sehr, warum hast du ihnen dann mit ergebenstem Fußfall gehuldigt, während du dich bei weniger Schönen wie mir bloß mit etwas flüchtigem Liebäugeln begnügt hast? Auf das Unterscheidungsvermögen deines Kennerblicks ist doch unbedingt Verlaß, nicht wahr?»

«Ach so, der Fußfall – also deswegen bist du mir böse! – Versteh doch, das war damals ein impulsiver Einfall von mir – aber deswegen huldige ich dir im Herzen doch nicht weniger – ob mit oder ohne Fußfall, Huldigung bleibt Huldigung, der Unterschied ist nicht größer als der zwischen Backstein und Ziegel – also das wurmt dich! – Wichtigkeit! Warte, das Versäumnis will ich gleich nachholen, diese alte Rechnung soll auf der Stelle beglichen werden, und reichliche Verzugszinsen will ich darauf zahlen – warte!»

Und so hurtig und elastisch, als ihm seine vor Kälte steif gewordenen Knochen erlaubten, knickte er in Richtung Kopfkissen zum Fußfall zusammen und krümmte seinen Buckel und schlug und hämmerte seine Stirne nicht bloß einmal oder dreimal, nein, gleich ein Dutzendmal hintereinander auf die Holzdiele, und zwar mit so viel Inbrunst und Heftigkeit, daß die elfenbeinerne Bettstelle darob schier zu beben und zu wackeln anfing. Duftwolke gewahrte es zugleich mit Stolz und Rührung.

Jetzt fühlte sie auch den letzten Ballast an Zweifel und Argwohn von ihrem Busen abgleiten. Ganz von selber streckte sie ihm unter der Bettdecke hervor die Hand entgegen und zog ihn gnädig zu sich ins warme Nest.

Merkwürdig, wie gut sie körperlich zueinander paßten. Dieser erste Besuch in ihrem Lustschlößchen verlief so glatt wie die Fahrt einer leichten Kalesche auf wohlvertrauter, oft befahrener Fahrbahn.

In stillschweigendem Einverständnis ersparten sie sich alles sonst übliche Eingangszeremoniell und tastende Vorgeplänkel und gingen gleich zum Hauptthema über. Er fand, daß Pforte und Gänge ihres

Lustschlößchens gerade die Mitte zwischen eng und weit hielten. Sie fand, er hätte vielleicht etwas zarter und behutsamer zu Werke gehen können. Aber da es bei ihr selber vor Verlangen nur so juckte und brannte, verbiß sie sich den anfänglichen Schmerz und ließ seinen stämmigen Botschafter gleich in ihr Geheimkabinett eindringen und sich drin nach Herzenslust breitmachen. Im weiteren Verlauf der Unterhaltung freilich wollte es sie bedünken, daß er sich gar zu breit mache. Es verhielt sich in der Tat so, daß er sich in ihrem Geheimkabinett anfangs frei bewegen konnte, allmählich aber gemäß seiner Hundenatur vor Siegerstolz derart schwoll und an Umfang zunahm, daß ihm der Raum zu eng wurde und die Wände ihn regelrecht in die Klemme nahmen und ihm den Rückzug abschnitten. Das hatte Duftwolke noch nicht erlebt. Das war für sie entschieden etwas Neues, eine Sensation. Sie konnte nicht umhin, ihrer Verwunderung Ausdruck zu geben:

«Sonderbar, wenn mein Mann mich ab und zu mal besucht, dann pflegt es anfangs schwer und später leicht zu gehen. Bei dir verhält es sich gerade umgekehrt: anfangs geht es leicht, später schwer. Wie kommt das?»

«Weißt du, mein bescheidener Wuppdich ist von Natur vielleicht nicht so stattlich geraten wie bei anderen Männern, dafür hat er aber anderen seiner Art zwei Vorzüge voraus: erstens, ähnlich einem Reiskorn, das im Wasser aufquillt und immer dicker wird, ist er anfangs klein, um im Verlauf seiner Betätigung zu immer stattlicherer Größe und Stärke anzuschwellen, zweitens, ähnlich einem Feuerstein, der anfangs kalt und tot scheint, aber nach mehrmaligem Reiben Funken stiebt, so ist er anfangs kalt, um sich während seiner Betätigung mehr und mehr zu erhitzen und schließlich in Glut zu geraten – ich möchte sagen, er gleicht einem ‹Feuerstern›, einem explosiven Feuerwerkskörper, er ist einer Rakete ähnlich.

Nur um dieser beiden Vorzüge willen – warum sollte ich sie vor dir verstecken? – habe ich mich überhaupt zu dir gewagt – ich würde gerne dein sachverständiges Urteil hören.»

«Nein, daß es so etwas gibt! Demnach trügst du ja ein richtiges Kleinod, ein wahres Wunderding von Wuppdich am Leib! – Du, höre, schwindelst du auch nicht? – Doch angenommen, es verhält sich tatsächlich so, was haben wir davon? Vergnügen, fürchte ich, nicht, wenn das Weitermachen mit solchen Beschwerden verbunden ist.»

«Beruhige dich, er bedarf nur der Befeuchtung – warte nur ein Weilchen, bis etwas Tau der Lust den Wuppdich netzt, dann wird es gleich glatter gehen.»

«Gut, dann will ich es mit Geduld ertragen, du aber werke tüchtig weiter, damit der erlösende Tau sich bald einstellt.»

«Wie vernünftig gesprochen!» lobte er, schob ihre Schenkel über seine Schultern und werkte wolfsmäßig drauflos.

Es währte nicht lange, da ging es wieder glatt und schmerzlos, der Wuppdich erhitzte sich von neuem, und je mehr er sich erhitzte, desto mehr spürte sie angenehme Empfindung.

«Liebster, du hast vorhin nicht geschwindelt, es ist tatsächlich ein Wunderding, was du hast – ach, oh, ich werde schwach vor Wonne!»

Das hörte er gern, und schlau, wie er war, beschloß er den günstigen Augenblick ihrer Schwäche gleich zu seinem Vorteil auszunützen. Während er sich weiter abmühte, redete er auf sie ein:

«Na also, du gibst es selber zu, daß ich dir nichts vorgemacht habe, und das gilt auch hinsichtlich meiner sonstigen Aussagen, du darfst mir getrost vertrauen – und nun bedenke dich nicht länger und vertraue mir, bitte, an, was du Näheres von jenen drei Schönen im Tempel weißt.»

«Warum hast du's so eilig damit? Ich werde schon ganz von selber auf die drei zu sprechen kommen.»

Das hörte er wiederum gern, und in der Vorfreude küßte er sie und verflocht seine Zunge mit der ihren. Und so trieben sie es bis zum dritten Trommelschlag. Da war sie erschöpft, duftende Schweißperlen standen auf ihrer Stirn, Hände und Füße fühlte sie erkalten – dreimal war die Wolke geborsten.

«Liebster, ich kann nicht mehr – bin vollkommen fertig! Komm, lege deinen Arm um mich und laß uns schlafen», bat sie mit matter Stimme. Worauf er sich gehorsam neben sie bettete.

Wie er nun so neben ihr lag, da atmete er einen seltsam aparten Wohlgeruch, der Kissen und Decken anhaftete, und es wollte ihn bedünken, es sei der gleiche Wohlgeruch, den er damals im Tempel an ihr wahrgenommen hatte, als sie dicht an ihm vorüberschwebte, und der ihm damals als so ungewöhnlich bezaubernd aufgefallen war. Er konnte sich nicht enthalten zu fragen:

«Liebling, welch raffinierte Essenz benutzest du eigentlich zum Parfümieren deines Bettes und deiner Kleidung? Es ist ein ganz selten exquisiter Duft.»

«Parfüm? Ich benutze überhaupt kein Parfüm. Wie kommst du darauf?»

«Weißt du, damals, als wir uns im Tempel zum ersten Mal begegneten, fiel es mir schon auf: als du dicht an mir vorübergingst, da spürte ich einen ganz seltenen Wohlgeruch, der von dir ausging, und jetzt im Bett spüre ich den gleichen aparten Duft. Wenn er nicht von irgendwelchem Parfüm herrührt, woher mag er wohl kommen?»

«Von mir selbst. Er haftet von Natur meinem Leib und meiner Haut an.»

«Aber das klingt ja fast unglaublich. Demnach könntest du dich ja auch rühmen, eine körperliche Wundereigenschaft, ein wahres körperliches Kleinod zu besitzen!»

«Das kann man wohl sagen. Weißt du, ich bin ansonsten wie alle Frauen, aber in dieser einen Hinsicht unterscheide ich mich von meinesgleichen und habe vor anderen Frauen etwas Besonderes voraus. Laß dir erklären. Als meine Mutter ihre schwere Stunde hatte und im Begriff war, mich zur Welt zu bringen, da sah sie ihre Schlafkammer auf einmal von einer roten Wolke erfüllt und spürte einen förmlichen Stoß an seltenem Wohlgeruch, der von der Wolke ausging. Dieser Wohlgeruch aber blieb im Raume hängen, auch noch lange, nachdem sich die Wolke wieder aufgelöst und verzogen hatte. Ich war mittlerweile im Geburtsbecken angekommen, und von Stund an haftete mir jener Wohlgeruch an. Daher auch der Name ‹Duftwolke›, den mir meine Eltern bei der Geburt gaben.

Im Alltag, wenn ich mit gleichgültigen Dingen beschäftigt bin, tritt diese meine körperliche Besonderheit nicht weiter in Erscheinung. Aber sobald meine Sinne erregt werden und zu vibrieren beginnen, dann entströmt meinen Poren dieser seltsame Duft, den nicht nur meine Umgebung, sondern auch meine eigene Nase wahrnimmt.

Warum sollte ich einen solchen Vorzug, den mir eine gütige Natur verliehen hat, verstecken und verheimlichen? Und so geschah es damals im Tempel des bogenspannenden Gottes mit Vorbedacht: nicht nur, daß ich meinen Fächer absichtlich liegen ließ, damit du ihn finden und als Zeichen meiner Sympathie behalten solltest, auch mein Körpergeruch, den dein erregender Anblick ausgelöst hatte, sollte dir Bote meiner Zuneigung sein. Betört von ihm, so hoffte ich, würdest du mich einer geneigten Beachtung würdigen.

Und nun wirst du dir meine arge Enttäuschung vorstellen können, daß du meinen zarten Wink so schnöde mißachtet und mich bis heute hast warten lassen, ehe ich die Erfüllung meines sehnsüchtigen Wunsches erleben durfte.»

Noch immer etwas skeptisch, wollte er sich gleich vergewissern, und so machte er sich daran, sie von oben bis unten zu beschnuppern und zu beschnüffeln. Und wirklich, da gab es keine Stelle auf ihrer Körperhaut, wo den Poren nicht ein Fädchen des aparten Duftes entquoll.

Welche Entdeckung! Demnach gab es noch einen ganz besonderen, intimen weiblichen Reiz, der ihm bis dahin verborgen geblieben war. Ganz hingerissen vor Entzücken umarmte er sie und preßte er sie an sich und wurde nicht müde, sie abwechselnd mit Küssen und zärtlichen Kosenamen zu umschmeicheln.

Sie wand sich vor Lachen und unterbrach sein Liebkosen mit der schalkhaften Frage:

«Hast du mich auch gründlich beschnuppert? Keine Stelle übergangen?»

«Nicht daß ich wüßte! – Oder sollte ich? –» Duftwolke barg kichernd ihr Gesicht in den Kissen.

«Such doch! –»

Er drehte sie auf den Rücken und ließ Mund und Nase von den Zwillingshügeln weg an ihr abwärtsgleiten.

«Gefunden!» scholl es frohlockend aus der Unterwelt. – Wieder in die Oberwelt emporgetaucht, schnalzte er genießerisch mit der Zunge.

«Köstlich! Einfach köstlich!» Nach einer Weile ließ er sich erneut an ihrem Körper abwärts in die Unterwelt gleiten und halbbogenförmig zusammenschrumpfen.

Er klappte die Türflügel ihres Lustschlößchens auseinander und sandte diesmal seine dreieinhalb Zoll lange Zunge als stellvertretenden Botschafter in die inneren Gemächer.

«Du, was fällt dir ein? – Laß das! Das bringt mich ja um!» kreischte sie, von Lachen geschüttelt, und versuchte vergebens, ihn wegzuzerren. Je heftiger sie an ihm zerrte, desto verbissener beharrte der diensteifrige Geschäftsträger auf Durchführung seiner diplomatischen Mission und wußte sich seiner Aufgabe mit solchem Geschick zu entledigen, daß die Wirkung seines gewissenhaften Amtswaltens, obzwar bloß stellvertretend, der eines erfahrenen akkreditierten Botschafters gleichkam.

Endlich durfte er seine Mission als erfüllt betrachten und sah sich huldvoll entlassen. Nach einer Pause schweigender Erschöpfung strich sie ihm zärtlich übers Haar.

«So lieb hast du mich? – Auch ich liebe dich – mehr als Worte zu sagen vermögen –; sterben möchte ich in deinen Armen! – Wenn es nun so um uns steht, und wenn es dir ebenso ernst mit unserer Liebe ist wie mir, dann laß uns gleich heut nacht einen feierlichen Schwur tun und uns Treue geloben.»

«Du nimmst mir das Wort aus dem Mund – gerade wollte ich es selber vorschlagen.»

Sie kletterten aus dem Bett, schlüpften in die Kleider, knieten, das Gesicht zum Nachthimmel emporgewandt, am Fenster nebeneinander nieder und gelobten sich vor Mond und Sternen als Zeugen, daß sie nicht nur in diesem Leben, sondern auch in einem künftigen Leben als Gatten zusammengehören und durch nichts, auch nicht durch den Tod, geschieden sein wollten. Hierauf zogen sie sich wieder aus und krochen von neuem unter die Bettdecke und pflogen noch lange der Unterhaltung, wobei sie einander die innersten Krümmungen und Windungen ihrer Gedanken und ihrer Gefühle ganz offen und rückhaltlos darlegten.

«Ich verstehe nicht das Verhalten deines Mannes. Da hat er nun auf Grund irgendwelcher guter Werke in einer früheren Existenz das unerhörte Glück, in dir ein so holdes Weibchen, ein wahres Kleinod von Frauchen zu besitzen, und da macht er nicht einmal Gebrauch von seinem Glück, treibt sich vielmehr die meiste Zeit außer seinem Hause herum und wählt eine öde, kalte Schulquetsche zum ständigen Nachtquartier und läßt sein süßes Frauchen in ihrem Bett allein schlafen! Einfach unbegreiflich!»

«Ach, der! – Er möchte schon gern, aber er kann nicht! – Seine schwachen Lenden erlauben ihm nicht, von seinem häuslichen Besitz so Gebrauch zu machen, wie er möchte – darum seine Flucht in jene Schulquetsche –, für ihn Ausweg aus der Verlegenheit –; dort ist er der anstrengenden Pflichten enthoben, die ein eheliches Amt mit sich bringt.»

«Wie ich hörte, ist er noch in mittleren Jahren. Wieso ist er da nicht beisammen und seinen ehemännlichen Pflichten nicht gewachsen?»

«Er hat es in jüngeren Jahren zu toll getrieben. Da war er großer Weiberjäger, berüchtigter Verführer von Frauen und Töchtern aus guten Familien. Bei Tag und Nacht hat er da hemmungslos mit abenteuerlustigen Weibern herumgebuhlt. Und so hat er sich vor der Zeit verplempert und verausgabt. Heute ist er nicht mehr brauchbar.»

«Meinst du, er war in seinen jungen Jahren gleich leistungsfähig wie ich heute nacht?»

«Mag schon sein, viel weniger jedenfalls nicht – bis auf die Wundereigenschaft natürlich, die deinen Wuppdich auszeichnet.»

«Das will ich meinen. So etwas dürfte es auf der Welt nicht leicht ein zweites Mal geben», stimmte er kräftig zu und verzog dabei seine Miene zu einem undurchsichtigen Grinsen.

«Und da jedem von uns beiden eine so seltene kostbare Körpereigenschaft zu eigen ist, gehören wir von Natur zusammen und sollten uns nie wieder trennen. Von nun an will ich, sooft es möglich ist, auch ohne vorherige Verabredung zu dir in deine Wohnung herüberkommen und das Lager mit dir teilen.»

«Na, na, versprichst du da nicht zu viel? Du wohnst doch drüben schließlich nicht allein. Mir genügt es schon, wenn du mich künftig nicht ganz so lieblos behandelst und beiseite tust wie während der letzten fünf Monate.»

«Kommst du immer noch mit dem ungerechten Vorwurf der Lieblosigkeit? Ich möchte bloß wissen, welche Lästerzunge dir diesen Unsinn eingeredet hat. Wenn ich nächstens dahinterkomme, na warte, die betreffende Schwätzerin werde ich gehörig zurechtstauchen!»

«Dann mußt du dich an deine drei Holden vom Tempel halten – das sind nämlich die vermeintlichen Lästerzungen!»

«Was? Die? Und haben die sich gar nicht geschämt, dir das zarte Geheimnis von ihrem kleinen Abenteuer im Tempel zu verraten?»

«Laß dir erklären. Diese drei stehen mir sowohl verwandtschaftlich wie auch freundschaftlich sehr nahe. Durch Anheirat sind die beiden jüngeren meine Basen, ist die ältere meine Tante. Mit den beiden jüngeren aber bin ich ein Herz und eine Seele, wir stehen zueinander wie leibliche Schwestern und haben keine Herzensgeheimnisse voreinander; Freud und Leid, alles vertrauen wir uns gegenseitig rückhaltlos an.

Als ich damals von meinem Tempelbesuch nach Hause kam, habe ich meinen Basen ganz offen von meiner Begegnung mit dir erzählt, habe ihnen vorgeschwärmt, wie blendend du aussähst, wie du mir verliebte Blicke zugeworfen hättest und wie ich mich auch sofort in dich verliebt und mit Absicht meinen Fächer liegengelassen hätte, damit du ihn finden und als Boten meiner Zuneigung verstehen solltest. Darauf meinten sie: ‹also gegenseitige Liebe auf den ersten Blick – nun, dann wird er dich wohl eines Tages zu finden wissen –, warten wir ab.› –

Auch ich war der festen Meinung, du würdest dich nun auf die Suche nach mir machen, und um dir das Finden zu erleichtern, hielt ich mich von da ab täglich unterm Tordach an der Straße auf, in der Hoffnung, du würdest vorbeikommen. Aber du kamst nicht. Zehn Tage habe ich vergeblich auf dich gelauert.

Da bekam ich auf einmal Besuch von meinen beiden Basen. Sie waren auf dem Nachhauseweg vom Tempel des göttlichen Bogenspanners begriffen, wo sie Andacht gehalten hatten.

Mir fiel auf, daß sie sich in recht aufgeräumter Stimmung befanden, ihre Wangen waren lenzlich gerötet, und ihre Augen funkelten nur so von Lebenslust.

‹Sag mal, wie sah eigentlich der fremde Jüngling aus, dem du neulich im Tempel begegnet bist und von dem du uns so vorgeschwärmt hast? Kannst du ihn näher beschreiben?› bestürmten sie mich alle drei zugleich.

Ich beschrieb ihnen, so gut ich konnte, dein Äußeres, Gesicht, Gestalt und Kleidung. Da nickten sie sich gegenseitig zu und sprachen zu mir: ‹Das ist er! Wir sind ihm heute auch im Tempel begegnet – und nun beantworte uns eine Frage: hat er dir damals seine Verliebtheit sehr deutlich zu erkennen gegeben, sagen wir durch einen – Fußfall?›

Ich verneinte. ‹Seine Blicke sprachen deutlich genug – aber Fußfall? – Mir so vor allen Leuten mit

Fußfall zu huldigen, nein, das hätte sich kaum geschickt›, gab ich zur Antwort. Worauf sie gegenseitig einen stummen Blick und ein hintergründiges Lächeln tauschten, es kam mir vor wie ein Lächeln der Genugtuung. Das machte mich stutzig und argwöhnisch, und ich drängte so lange in sie, bis sie sich zu einer näheren Erklärung bequemten.

Und was bekam ich zu hören, bis in alle Einzelheiten zu hören? Die Geschichte von deinem lächerlichen Fußfall auf den Tempelstufen! Und während sie erzählten, tauschten sie immer wieder diese mich irritierenden Blicke, in denen eitel Stolz und Triumph zu lesen war.

Wie mir dabei zumute war, kannst du dir ungefähr denken. Es kochte in mir! Drei Tage lang hielt meine miserable Laune an. Dann begann ich die Sache etwas mehr mit philosophischem Gleichmut zu betrachten. Ich sagte mir: ‹Meinen Basen war er genau so fremd wie mir, für sie wie für mich war es unsere erste Begegnung, als wir uns im Tempel trafen; bei der Begegnung mit mir hat er sich vor den Leuten geniert, hat sich nicht getraut, mir ein einziges, leises Grußwort zuzuhauchen, hat sich auf stumme Blicke beschränkt; dagegen beim Anblick meiner Basen ist er förmlich übergeschnappt, hat sich über alle Schranken guten Benehmens und taktvoller Zurückhaltung hinweggesetzt und sich in aller Öffentlichkeit zu einem albernen Fußfall hinreißen lassen, wie ein Narr hat er sich gebärdet! – Was war logisch daraus zu folgern? Daß ich auf ihn eben nicht entfernt solchen Eindruck gemacht habe wie meine beiden Basen, daß die eben von der Natur mit äußeren Reizen besser bedacht sind und infolgedessen mehr

Glück in der Liebe haben als ich, und daß der Betreffende gar nicht daran denkt, noch weiter einem unbedeutenden Geschöpf wie mir nachzulaufen, nachzulaufen, nachdem er meinen beiden Basen durch seinen Fußfall deutlich genug den Vorzug gegeben hat – also Schluß mit der zwecklosen Verschwendung von Gefühl! Schluß mit der vergeblichen Warterei unterm Tordach!

Damit war der Fall für mich abgetan. Bedauerlich nur, daß aus ihm eine Verstimmung zwischen mir und meinen Basen erwachsen ist, mit denen ich doch sonst stets auf allerbestem Fuß gestanden hatte. Die Verstimmung hat Monate gewährt und ist erst heute durch die neuerliche Begegnung mit dir endgültig beseitigt. Dein feierlicher Schwur hat mich ja hinreichend überzeugt, daß ich meine beiden Basen die ganze Zeit über zu Unrecht beargwöhnt hatte. An allem Ärger aber war nur dein blöder Fußfall schuld! Mußte der denn unbedingt sein?»

«Ach so! Jetzt ist mir alles klar, jetzt verstehe ich, welcher Steinhaufen von Enttäuschung deinen zarten Busen bedrückt und belastet haben muß, und ich verstehe auch deinen anfänglichen Unmut gegen mich. Aber nun ist ja alles wieder gut. Was deine vermeintlichen Rivalinnen betrifft, so möchte ich das kleine Mißverständnis am besten persönlich einrenken. Sie sind ja deine Verwandten, deine Basen, demnach auch meine Verwandten, meine kleinen Schwippschwägerinnen. Da geziemt es sich ja wohl, daß ich ihnen meine Aufwartung mache –, bitte –, ich meine als bloße Artigkeit, mehr habe ich nicht im Sinne! – Bei Gelegenheit dieses Anstandsbesuches werde ich ihnen dann beibringen, wie es um uns beide steht.

Denen soll die Lust vergehen, sich dir gegenüber wichtig zu machen und dicke zu tun! Du aber sollst deine Genugtuung haben und triumphieren! – Was hältst du davon?»

«Halt, ich sehe die Sache etwas anders an. Wir drei stehen uns nicht nur als Basen und Freundinnen nahe, wir sind überdies auch Schwurschwestern: wir haben uns feierlich gelobt, Glück und Unglück, Freud wie Leid schwesterlich zu teilen. Im Verstoß dagegen habe ich mich jetzt heimlich hinter ihrem Rücken ganz allein mit dir vergnügt und das Glück deiner Umarmungen genossen. Damit habe ich mich meinen Schwurschwestern gegenüber ins Unrecht gesetzt. Mein Gewissen verlangt von mir Wiedergutmachung.

Ich werde sie zunächst allein besuchen und ihnen ehrlich Rechenschaft ablegen. Natürlich wäre es mit dem Geist unseres Schwurbundes unvereinbar, wenn ich hinsichtlich deiner Person ein Privileg beanspruchen wollte. In diesem Sinne werde ich mit ihnen sprechen. Alsdann werden wir sie gemeinsam besuchen, und dann sollen sie an dir ihre Mitfreude haben und schwesterlich meine angenehme Überraschung darüber teilen, daß es zwischen Himmel und Erde ein solches Wunderding gibt wie deinen Wuppdich, auf daß sich das alte Wort erfülle:

Alle Herrlichkeit auf Erden
Soll Gemeingut aller werden.

Natürlich steht die Entscheidung bei dir, ob du mitmachen willst, dann muß ich aber eine Bedingung stellen: hinterher, nachdem du sie besessen hast, darfst du dich nicht etwa von mir abwenden, sondern mußt mich auch weiterhin so lieb haben wie heute nacht. Kannst und willst du das beschwören?»

Und ob er wollte! Vor Entzücken jauchzend und strampelnd schoß er mit einem sportlichen Purzelbaum aus dem Bett, fuhr in die Sachen, tat nochmals einen Kniefall und gelobte unverbrüchliche Liebe und Treue bis in den Tod, wobei er für den Fall des Wortbruchs womöglich noch härtere Strafen als bei dem vorgängigen Eid auf sein Haupt herabbeschwor. Dann kroch er von neuem unter die Bettdecke und hub mit erneuten Zärtlichkeiten und Liebkosungen an, die teils der Geliebten galten, teils als Kuppellohn der freundwilligen Kupplerin zugedacht waren, kurz, er bewirtete sie gleich mit doppeltem Freudenwein an ein und derselben Festtafel. Was meint ihr wohl, wie seine üppige Bewirtung die edle Dame sättigte und die freundliche Vermittlerin zukunftsfroh und schier beschwipst machte!

Nach beendigtem Gelage schliefen sie endlich Hals an Hals und Wange an Wange ein und schliefen, bis es im Osten hell wurde und die Sonne aufging. Da rüttelte sie ihn wach und schickte ihn auf dem alten Weg über die Holzbrücke in seine Studierklause zurück.

Von da an sahen sie sich täglich und liebten sich allnächtlich.

Nun wird die geschätzte Leserschaft wissen wollen, ob und wann und wie er endlich ans Ziel seiner Wünsche, nämlich in den Besitz jener drei Schönen aus dem Tempel gelangte. Da müßt ihr euch noch etwas gedulden. Vom zweiten Kapitel an war bisher die Rede von den minniglichen Gelüsten und Verirrungen unseres Vormitternachts-Scholaren gewesen.

Davon einstweilen genug. In den beiden nächsten Kapiteln wird sich ein Zwischenakt des Spiels mit einer Nebenhandlung vor euren Augen abrollen. Aber nach diesem Zwischenspiel wird wiederum der Hauptakteur auf der Bühne auftreten.

XII. KAPITEL

Er zerschmeißt Bratpfannen und Kochtöpfe und versenkt sein Hausboot, um in die Ferne zu ziehen und seinem heimlichen Ingrimm freien Lauf zu lassen. Er nächtigt auf Reisig und nährt sich von Galle, um Rache am Räuber seiner Hausehre zu nehmen.

Ungeachtet der hohen Abfindung, die er für Aromas Hergabe einkassiert hatte, fraß im Herzen des biederen Küan Wut über den ihm angetanen Schimpf weiter. Es kam hinzu, daß er als betrogener Ehemann bei Nachbarn und Bekannten das Gesicht verloren hatte. Man mied ihn, und er getraute sich nicht mehr unter Menschen. Unlust im allgemeinen und am Geschäft im besonderen hatte sich seiner bemächtigt. Den ganzen Tag hockte er untätig und verdrossen im Laden und brütete dumpf vor sich hin.

Anfangs hatte er versucht, aus der kleinen zwölfjährigen Hausmagd Näheres über Aromas heimlichen Verkehr herauszubringen. Zu welcher Tageszeit und wie lange sie es mit jenem großen stattlichen Mann getrieben und ob sie mit noch anderen Männern Verkehr unterhalten habe, hatte er geforscht. Solange Aroma noch im Hause weilte, hatte sich die Kleine aus Angst vor der Herrin nicht mit der Sprache herausgetraut und so getan, als wüßte sie von nichts. Später, nachdem Aroma außer Hauses gebracht worden war und eine Rückkehr nicht mehr zu befürchten stand, hatte sie endlich den Mund aufgetan. Ganz genau gab sie die Stunde an, wann der nächtliche Besucher gewöhnlich gekommen und wie lange er geblieben und wann er gegangen sei. Vor allem verriet sie, daß es gar nicht jener große, stattliche Mann reiferen Alters gewesen sei, der mit der Herrin geschlafen habe, vielmehr ein ganz anderer, ein Spätgeborener, ein vornehmer, schöner Jüngling, der immer in Begleitung des Älteren gekommen sei. Der große Ältere hätte bloß Mittlerrolle gespielt und nachts Wache gestanden.

Auch daß beim erstenmal die häßliche Nachbarin von gegenüber dabeigewesen sei und mitgemacht habe, kam aus dem Munde der Kleinen nunmehr an den Tag.

Der biedere Küan geriet in Zweifel. Der Kun Lun Rivale sollte sich als Helfershelfer, als Handlanger für einen anderen hergegeben haben? Das wollte nicht in seinen Schädel. Das war diesem stolzen, hochgemuten Mann kaum zuzutrauen, eher das Gegenteil. Er lief wiederum zu den Nachbarn und bohrte weiter. Sie hätten den Kun Lun Rivalen zu Unrecht verdächtigt, als Täter käme vielmehr jener fremde, vornehme Spätergeborene von auffallend vorteilhaftem Äußeren in Betracht, den er einmal in Begleitung des Kun Lun Rivalen im Laden gesehen, aber nicht weiter beachtet habe.

Ob sie etwas Näheres über Herkunft und Verbleib jenes Spätgeborenen wüßten. Seinen hartnäckigen Nachforschungen blieb der Erfolg nicht versagt. Der wahre Sachverhalt kam schließlich zutage: jener Jüngling sei ein Ortsfremder, er sei da und da beheimatet, nicht der Kun Lun Rivale, sondern der Jüngling habe heimlich Buhlschaft mit Aroma getrieben und lebe jetzt da und da mit ihr als Nebenfrau zusammen, denn er habe zu Hause eine jugendliche Erste zurückgelassen. Der Kun Lun Rivale habe

Aroma nur zum Schein und als Stellvertreter des Jünglings geheiratet, das Ganze sei ein abgekartetes Spiel zwischen den beiden gewesen.

Nun wußte der biedere Küan Bescheid. Er überlegte hin und sann her:

‹Wenn der Kun Lun Rivale selber der Täter wäre, dann könnte ich freilich nicht an Rache denken, dann müßte ich meinen Groll lebenslang in mich hineinfressen und hätte erst nach dem Tode Gelegenheit, Klage vor dem Richter der Unterwelt zu erheben und die Rechnung mit meinem Widersacher zu begleichen›, so ging es ihm durch den Sinn.

‹Da aber jener andere der Räuber meiner Hausehre ist, warum soll ich mich stillschweigend mit dem Fall abfinden? Das wäre noch schöner! Warum soll ich der Wut, die mir die Brust bis zum Mund herauf verstopft und mich schier zu ersticken droht, nicht freien Lauf lassen und Rache üben? – Fragt sich bloß, wie? Wenn ich jenen Frechling verklagen wollte, dann würde ihm sein Freund, der Kun Lun Rivale, Beistand leisten und den Richter bestechen – Geld hat er ja genug, und welcher Richter ist heutzutage nicht für Geld empfänglich? Außerdem würden die Nachbarn, die bei der Scheinehe als Zeugen mit unterschrieben haben, aus Angst vor dem Kun Lun Rivalen nie und nimmer wagen, gegen ihn und zu meinen Gunsten auszusagen – also Klageweg wäre ein toter Weg –, nein, ich muß es anders machen – halt, ich hab's! – Ich werde mich einfach zum heimatlichen Wohnsitz des Spätgeborenen begeben, mich mit zehn Listen und hundert Schlichen in seine Behausung hineinschleichen und an seine rechtmäßige Erste, die er dort sitzen hat, heranmachen – an der werde ich mich gründlich schadlos halten, und dann sind wir quitt – er hat meine Frau verführt, ich verführe seine Frau – heißa! Das ist eine lustige Rache! Das ist viel lustiger, als wenn ich den Kerl totschlagen wollte – was hätte ich davon? – Warum soll das nicht zu machen sein? – Ich muß nur wollen – wie heißt das alte Sprichwort?

*Wo Wille ist, Tat zu vollbringen,
Muß Tat am Ende auch gelingen –*

Außerdem ist meines Bleibens hier sowieso nicht mehr – alle meine Bekannten nah und fern wissen, daß mich meine Frau betrogen hat –, hinter meinem Rücken wird über mich getuschelt und gespottet – man hält mich für einen Trottel und Schlappschwanz – der ganze Ort ist mir verleidet –, was soll ich noch hier? Also fort von hier! – Vielleicht gönnt mir der erhabene Himmel gnädige Beachtung und verhilft mir zur Genugtuung, wer weiß?› –

Sein Entschluß war gefaßt. Er ging und versilberte Haus und Habe, inbegriffen die kleine Magd und seine Ware, kurz, ‹er zerschmiß Bratpfannen und Kochtöpfe und versenkte sein Hausboot›, wie man zu sagen pflegt, er löste seinen Haushalt auf, griff zum Wanderstab und machte sich mit reichlichem Bargeld versehen auf den Weg in die unbekannte Fremde.

Eines Tages war er am Ziel seiner Reise angelangt. Er stieg in der nächsten Vorstadtherberge ab und gönnte sich zunächst einen Tag Rast. Dann begann er Erkundigungen einzuziehen. Er horchte herum und unterrichtete sich über Wohnlage und Verhältnisse und Gepflogenheiten im schwiegerväterlichen Haushalt seines Feindes. Dabei wurde ihm klar, daß er sich die Sache allzuleicht gedacht hatte. Ein kecker Griff in des Nächsten Tasche – so ungefähr hatte er sich sein Unternehmen vorgestellt. In den Bereich der fremden Frauengemächer einzudringen, würde wohl nicht viel anders sein, als es bei ihm selber gewesen war: er brauchte nur eine gelegentliche Abwesenheit des Hausherrn abzuwarten, dann würde das Haustor gewissermaßen ohne Torbarre und bequem zu öffnen sein, und er würde leichtes Spiel haben – so hatte er vermeint und nicht den gewaltigen Unterschied bedacht, der zwischen seinem, dem Haushalt eines schlichten Handelsmannes, und dem Haushalt eines Schriftgelehrten von altmodisch konfuzianischer Sittenstrenge und obendrein eines skurrilen Pedanten und wunderlichen Sonderlings vom Schlage eines Doktor Eisentür bestand. Der sperrte sich ja, wie er hörte, dermaßen von der Außenwelt ab, daß er nicht einmal gute Freunde und nächste Angehörige seiner Sippe über die Hausschwelle ließ.

Den biederen Küan befiel Mutlosigkeit. Er begann zu schwanken und zu zweifeln und spielte schon mit dem Gedanken, sein anscheinend aussichtsloses Unternehmen von vornherein aufzugeben. Aber dann sagte er sich: hatte er deswegen die weite beschwerliche Reise unternommen, hatte er sich deswegen über tausend Berge und Täler bis hierher durchgekämpft, um sich am Ende vom Popanz des Namens ‹Eisentür› entmutigen zu lassen und kläglich schlappzumachen? – Nein, dagegen lehnte sich sein Mannesstolz auf. So oder so, er wollte es darauf ankommen lassen. Sollte es schiefgehen, nun, dann hatte es eben der Himmel so gewollt. Er beschloß, sich irgendwo in der Nähe, ganz gleich ob vor oder hinter dem Anwesen Eisentür, ob rechts oder links davon, eine Wohnung zu mieten und sich darin einzuquartieren. Von dort aus wollte er sein Gegenüber unermüdlich beobachten und eine Gelegenheit zum Handeln erspähen.

Mit diesem Vorsatz machte er sich eines Tages zum Anwesen des Doktor Eisentür auf und erlebte eine böse Überraschung. Es lag ganz abseits und völlig isoliert. So weit das Auge reichte, erstreckte sich ringsherum wildes, unbebautes Brachland. Nicht einmal für Einheimische wäre dort eine Wohnmöglichkeit gewesen, geschweige denn für einen hergelaufenen Ortsfremden.

Niedergeschlagen wandte er sich schon zum Gehen, um seine Herberge wieder aufzusuchen, da fiel sein Blick auf einmal auf ein Plakat. Es war auf einer Holztafel angenagelt. Die Tafel hing an einem dikken Baumstamm in etwa fünfzig Schritt Abstand vom Anwesen Eisentür. Das Plakat lautete:

‹Zu verpachten umliegendes Brachland.
Für das erste Jahr der Urbarmachung und Bestellung Erlaß des Pachtzinses.›

Nachdenklich ließ er seinen Blick nochmals über das weite, dicht mit wildem Gestrüpp und Unkraut bewachsene Gelände schweifen. Sein bedächtiger Verstand arbeitete.

‹Wenn einer hier urbarmachen und bestellen soll, dann muß er doch hier auch wohnen können. Platz genug zum Wohnen ist da. Wohlan, ich werde das Gelände pachten und mir zuallererst eine bescheidene Hütte bauen. Ganz nahe am Anwesen des Grundherrn will ich sie bauen. Wer wollte mir das verwehren? Dann wäre ich meinem Ziel um etliche Zehntel nähergerückt. Dann könnte ich unter dem Deckmantel der Feldarbeit das Anwesen ständig im Auge behalten und in Ruhe beobachten, was drin vorgeht›, gab ihm sein Verstand ein.

Gedacht, getan. Er machte sich zum nächstgelegenen Wohnhaus auf und klopfte an.

«Wer ist der Grundherr des Brachlandes dort drüben? Ich möchte es pachten und urbar machen. Ob ich wohl im Anwesen des Eigentümers mitwohnen könnte?» erkundigte er sich.

«Kaum. Doktor Eisentür – so heißt der Grundherr, er haust in dem einsamen Hof, den Ihr dort mitten im Brachland liegen seht – der läßt niemanden bei sich wohnen. Da müßtet Ihr Euch schon nach einer anderweitigen Wohngelegenheit umsehen», kam der Bescheid.

«Was ist das eigentlich für ein Herr, der Doktor Eisentür?»

Der Befragte wiegte bedenklich den Kopf.

«Ein sehr schwieriger Herr, so schwierig, wie es unter dem Himmel wohl kaum einen zweiten gibt. Wäre er weniger schwierig, dann hätte sich längst ein Pächter für sein Brachland gefunden.»

«Inwiefern ist er schwierig?»

«Nach altem Brauch und Recht bleibt der Pächter von Brachland, das er erst urbar machen muß, für die ersten drei Jahre von der Entrichtung eines Pachtzinses befreit. Der Doktor Eisentür räumt bloß ein Jahr Befreiung von Pachtzins ein, vom zweiten Jahr ab heischt er Zahlung. Abgesehen davon ist er im gewöhnlichen Leben ein ausgemachter Säuerling von Knicker und Geizhals.

Nicht den kleinsten Bissen, nicht die kleinste Wohltat hat er für seine Mitmenschen übrig. Von einem Haushofmeister ganz zu schweigen, nicht einmal einen Diener oder Knecht hält er sich aus Ersparnisgründen! Wollte sich einer zum Pächter bereitfinden, den würde er gleichzeitig als Großknecht benutzen und ausbeuten. Wenn es in seinem Haushalt irgendwelche grobe Arbeit zu verrichten gibt, dann läuft er hier in der Nachbarschaft herum und schreit und bettelt um eine helfende Hand, denkt aber nicht daran, solche freundnachbarliche Aushilfe auch nur mit einem schäbigen Kupferling zu entlohnen. Vor drei Jahren hatte sich einmal ein Dummer gefunden, der sich als Pächter hergeben und sein Brachland urbar machen wollte. Der aber wurde von dem alten Knicker von vornherein mit soviel Nebendiensten und Aufträgen überhäuft, daß er voller Unlust die Sache gleich wieder hinwarf, bevor er noch zur Feldbestellung gekommen war.

Sein Fall hat sich in der Gegend herumgesprochen und weitere Bewerber abgeschreckt. So kommt es, daß der Landstrich bis auf den heutigen Tag brachliegt.»

Die Auskunft zeitigte beim biederen Küan eher eine ermunternde denn abschreckende Wirkung. Zu groben Hausarbeiten herangezogen werden? – Herrlich! Etwas Besseres konnte er sich ja gar nicht wünschen, das würde ihn seinem Ziel wieder ein Stück näherbringen, er würde auf solche Weise Eintritt in den sonst unzugänglichen Haushalt des Sonderlings finden und dabei vielleicht hin und wieder der Haustochter ansichtig werden.

Küan Lao-schi, der biedere Küan

Mochten andere Nebendienste und zusätzliche Aufträge scheuen, er würde sie ganz im Gegenteil suchen und mit Vergnügen annehmen, mochten andere wegen Nichtentlohnung solcher Dienste zurückschrecken, ihm machte das nichts aus, er war nicht auf Lohn angewiesen, er verfügte über reichliche eigene Mittel. Natürlich würde er Geduld aufbringen müssen, von heute auf morgen würde er nicht ans Ziel gelangen. Gut, er hatte nicht nur Geld, sondern auch Zeit. Auch würde er sich einen anderen Namen zulegen müssen für den Fall, daß der Schwiegersohn, sein Feind, eines Tages unversehens heimkommen sollte. Der kannte natürlich den Namen von Aromas früherem Ehemann. Ein Glück nur, daß sie sich nie von Angesicht zu Angesicht begegnet waren.

Als Tso Sui Hsin würde er sich dem Doktor Eisentür gegenüber ausgeben. Der Wahlname bedeutete soviel wie ‹Wunschtat›, womit versteckt auf die Rache hingedeutet war, die ihm am Herzen lag und um derentwillen er hergekommen war. Um die Leserschaft nicht zu verwirren, behält der Verfasser indes den Namen Küan bei.

Vergnügt und mit sich zufrieden begab sich der biedere Küan auf den Rückweg zu seiner Herberge. Dort setzte er sich gleich hin und entwarf einen Pachtvertrag. Er war ja schließlich Geschäftsmann und, wenn auch ungeübt im Schreiben, so doch in solchen geschäftlichen Dingen wohlbewandert.

Mit dem Schriftstück in der Ärmeltasche machte er sich gleich wieder auf den Weg zum Haus von Doktor Eisentür. Auf einem Felsblock unweit der Hauspforte hockte er nieder und wartete geduldig, bis sich die Pforte von innen auftun würde. Denn anzuklopfen hielt er für zwecklos. Er war ja von den Ansässigen dahin belehrt worden, daß der wunderliche Hausherr auf Anpochen grundsätzlich nicht aufzumachen pflege, auch wenn noch so stürmisch an die Tür gehämmert werde. Also wartete er und wartete vergeblich bis zum Abend. Dann begab er sich in seine Herberge zurück.

In der Frühe des nächsten Morgens machte er sich wieder auf den Weg. Diesmal hatte er Glück. Als er beim Anwesen eintraf, sah er den Hausherrn vor der Tür stehen. Er hielt in der einen Hand einen Bastkorb, in der anderen Hand eine Waage. Um diese Stunde erwartete er den fliegenden Gemüse- und Käsehändler.

Der biedere Küan trat auf den Mann mit den strengen, kantigen Gesichtszügen und im schlichten schwarzen Kattunrock des Gelehrten zu, verbeugte sich ehrerbietig und murmelte ein paar Grußworte.

«Ich habe doch wohl die Ehre mit Herrn Doktor Eisentür?»

«Der bin ich. Ihr wünscht?»

«Ich hörte, daß Ihr ein Stück Brachland zu verpachten sucht. Ich bin zur Zeit knapp an Mitteln und auf Verdienst durch Handarbeit angewiesen. So wäre ich bereit, das Brachland für den hohen Herrn urbar zu machen. Wäret Ihr geneigt, mich zum Pächter zu nehmen?»

«Hm, seid Ihr der Aufgabe denn auch gewachsen? Solche Feldarbeit erfordert gehörige Muskelkraft, Fleiß und unermüdliche Ausdauer. An faulen Fressern, die auf meinem Grund und Boden bloß ein wenig herumstümpern und nichts Ordentliches schaffen, liegt mir nicht.»

«Unbesorgt, ich bin kräftig und an harte Arbeit und Entbehrungen gewöhnt. Wenn Ihr daran zweifelt, bitte, Ihr könnt ja mal auf ein paar Tage einen Versuch mit mir machen. Wenn Ihr meint, daß ich nicht genug schaffe, dann könnt Ihr Euch ja eine andere Arbeitskraft suchen.»

«Gut. Aber nun eine andere Frage: wie steht's mit der Unterkunft? Bei mir könnt Ihr nicht wohnen.»

«Ganz einfach, ich werde mir auf dem Feld eine kleine, bescheidene Hütte bauen – auf meine Kosten natürlich. Ich stehe ja allein und stelle keine großen Ansprüche. So erspare ich mir Geld für Miete bei fremden Leuten.»

«Ausgezeichnet! Dann geht und setzt einen Pachtvertrag auf.»

«Ist schon geschehen. Ich habe ihn gleich mitgebracht.»

Der biedere Küan zog das Schriftstück aus der Ärmeltasche und überreichte es. Doktor Eisentür las den Vertrag, hieß ihn gut und setzte seine Unterschrift darunter. Er tat es ohne Schwanken und Bedenken. Mit dem ersten abschätzenden Blick hatte er in dem großen, stämmigen, vierschrötigen Bewerber, dessen ganze Person überdies so viel vertrauenerweckende Biederkeit atmete, den richtigen Mann am richtigen Platz erkannt. Der würde nicht nur zum Feldarbeiter und Ackerknecht taugen, sondern ihm auch noch als Hausknecht von Nutzen sein. Damit war der Handel abgeschlossen.

Küan dingte im Ort einige Bauhandwerker, Maurer und Zimmerleute, kaufte Holz, Backstein, Stroh und sonstiges Baumaterial ein und ließ sofort mit dem Bau beginnen. Zehn Tage später stand der Neubau fertig da, und Küan konnte einziehen. Es war zwar nur eine schlichte Hütte, das mit Stroh und Schilf gedeckte Dach auf Holzpfosten ruhend, aber drinnen glänzte es nur so von Frische und Sauberkeit. Es fehlte nicht an Tisch und heizbarem Kachelbett, dem Kang, an Herd und Kochgeschirr und einer Gerätekammer, die alles nötige Handwerkszeug und Ackergerät barg. Küan brauchte bei den Anschaffungen nicht zu geizen, er hatte ja genug Geld bei sich. Und so bot die Hütte eine ganz wohnliche Unterkunft.

Von Stund an brauchte sich Küan nicht mehr als Ortsfremder zu fühlen, er war jetzt Einheimischer mit eigenem Dach über dem Kopf.

Der neue Pächter nahm es mit seiner Aufgabe verflucht ernst, stellte Doktor Eisentür mit Befriedigung fest. Er hauste ganz für sich allein in einer abgelegenen kleinen Studierklause. Sie lag etwas erhöht auf einer Bodenerhebung dicht an der Außenmauer seines Anwesens, so daß er von der Klause aus das Brachland gut überblicken und den wackeren Küan bei der Feldarbeit beobachten konnte.

Er tat es mit der schwarzen Pupille des Wohlwollens. Denn selber Frühaufsteher, sah er, so früh er auch aufstand, seinen Pächter schon immer ungewaschen und ungekämmt mit Hacke und Spaten und Sichel emsig bei der Arbeit. Bevor er selber aus dem Bett kroch, hatte der Mann von der Hütte bereits ein gehöriges Stück Morgenarbeit geleistet und soundso viel Land gerodet und gejätet und umgegraben.

Das imponierte ihm gewaltig, und er kargte nicht mit beifälligen tsai-! ‹bravo›-Zurufen. Küan erwiderte mit doppeltem Eifer und ließ sich auch willig zu allen möglichen schweren Hausarbeiten heranziehen, die eine Magd nicht verrichten konnte. Für solche zusätzliche Hausarbeit beanspruchte er keinerlei Lohn, selbst Essen, das ihm der Hausherr hin und wieder vorsetzen ließ, lehnte er dankend ab.

Einmal wollte ihm Doktor Eisentür beim Fortgehen zur Belohnung für seinen unermüdlichen Diensteifer einen Krug guten Hirseschnaps mitgeben. Auch das lehnte der Biedere bescheiden ab. Er hätte seit jeher keine Beziehung zu Hefe und geistigen Getränken, keinen Tropfen von solchem Zeug brächte er hinunter. Angenommen aber, er schätze einen guten Tropfen, dann sei er in der Lage, sich ihn aus eigenen Mitteln zu leisten, und sei nicht auf fremde Wohltätigkeit angewiesen.

Solche gleichzeitig stolze wie bescheidene Ablehnung von Geschenken war dazu angetan, die günstige Meinung, die sein Dienstherr ohnehin von ihm hatte, noch zu befestigen und zu verstärken.

In seiner Hütte aber, nach des Tages Arbeit allein, machte sich Küan weiter Gedanken über Ziel und Gegenstand seiner geplanten Rache, die Haustochter. Solange er das Anwesen seines Nachbarn noch nicht betreten, hatte er sich immer wieder gefragt: ‹Wie mag sie wohl ausschauen? Vermutlich häßlich, vielleicht sogar ausnehmend häßlich? – Sonst hätte ihr junger Ehemann sie doch schwerlich nach kaum einem Jahr Zusammenleben schon wieder verlassen, hätte dem heimischen Herd und Brunnen den Rücken gekehrt und sich auf die Wanderschaft gemacht, um mit fremden Weibern herumzubuhlen – wenn dem aber so ist, wie soll ich meine Rache vollziehen? Eine Häßliche wird mich gar nicht erst in Wallung bringen, mein Untertan wird den Dienst verweigern und streiken – durch Aroma verwöhnt, traue ich mir schon zu, mich an irgendeine Schöne heranzumachen, aber wenn ich nun an eine Häßliche geraten sollte, dann fürchte ich, werde ich wohl kläglich versagen.›

Diese seine anfänglichen Bedenken und Befürchtungen sollten gleich bei der ersten Gelegenheit, da er von Doktor Eisentür zur Verrichtung grober Hausarbeit herangezogen wurde, zerstreut werden. Dabei wurde er flüchtig einer ausnehmend schönen jungen Frau ansichtig, und die Anrede Hsiao tsiä ‹junge ältere Schwester› – übliche Anrede für ein gnädiges Fräulein oder Frau Haustochter – die ihr von seiten einer Magd und einer Zofe zuteil wurde, gab ihm die angenehme Gewißheit, daß sie und keine andere Ziel und Gegenstand seiner Rache sei.

Wieder in seiner Hütte, streckte er sich auf seiner Pritsche lang und dachte angestrengt nach: ‹Eigentlich unbegreiflich – so eine ist doch wie geschaffen zum Beischlaf – warum läßt der Tor von Ehemann so eine allein zu Hause sitzen und jagt fremden Weibern nach? Hat der Kerl das nötig?›

So ging es ihm wiederholt durch den Sinn. Er nahm sich vor, nur recht behutsam und bedächtig vorzugehen, um sich eine so köstliche Möglichkeit ja nicht zu verscherzen. Dazu bedurfte es freilich eines beträchtlichen Aufwandes an Selbstbeherrschung. Schon beim bloßen Gedanken an die lockende Frucht lief ihm das Wasser im Munde zusammen, sein Untertan reckte sich und verlangte ungestüm nach Betätigung.

Getreu seinem Vorsatz vermied es Küan, wenn er die nächsten Male bei Hausarbeiten zufällig in die Nähe der Haustochter geriet, auch nur einen Blick auf sie zu richten. Stumm und mit gesenktem Haupt strich er dann an ihr vorüber und tat so, als ob er ihre Gegenwart gar nicht bemerkte. Wie ein von allem roten Staub dieser Erde entrückter Asket gab er sich ihr gegenüber.

Im Verlaufe einiger Monate hatte Doktor Eisentür den biederen Küan über die Maßen schätzen gelernt. Was besaß der nicht alles für Tugenden! Er war fleißig und unverdrossen in der Arbeit, genügsam, bescheiden, hilfsbereit, verschwiegen, nicht geschwätzig und dem Trinken abhold! Ein wahres Juwel!

Doktor Eisentür ging mit sich zu Rat: ‹Vor seiner Abreise hat mir der Tochtermann etliche Silberbatzen dagelassen mit der Bestimmung, ich möchte mir davon einen Knecht leisten, an dem es mir in meinem Haushalt dringend gebräche. Ich konnte mich auf Grund der üblichen Erfahrungen, die andere Haushalte mit solchen faulen Fressern, die sich Haushofmeister oder Diener nennen, in der Regel machen, bisher nicht dazu entschließen. Jetzt aber, scheint es, habe ich in meinem Pächter den geeigneten Mann gefunden. Er steht allein, ohne Anhang oder Anhalt an Familie und Sippe. Ob er vielleicht bereit wäre, sich zu verkaufen und mein Leibeigener zu werden?

Freilich würde ich dabei ein doppeltes Risiko eingehen: ungeachtet all seiner Vorzüge ist er doch nur ein hergelaufener Fremdling und Habenichts; wenn ich so einen in meinen Haushalt aufnehme, was bietet Gewähr, daß er mich nicht eines Tages bestiehlt und sich dann heimlich davonmacht? Zum andern ist er unbeweibt, ein rüstiger Mann in besten Jahren – so ein Junggeselle in meinem Haushalt mit Weiblichkeiten zusammen – von Magd und Zofe abgesehen, habe ich schließlich auch noch auf die Tugend meiner Tochter Rücksicht zu nehmen – also das könnte zu Unzuträglichkeiten führen – was tun? – Vielleicht sollte ich ihm, falls er bereit, mein Leibeigener zu werden, unsere kleine Zofe zur Frau geben? Die würde schon auf ihn aufpassen und ihn vor Dummheiten bewahren, und er hätte etwas, was ihn ans Haus fesseln und ihm etwaige Fluchtgedanken austreiben würde. – Dann brauchte ich nichts weiter zu bedenken und zu befürchten – ja – so werde ich's machen – so wird's gehen.›

Sein Entschluß war gefaßt. Eines Tages ging er aufs Feld hinaus, schaute dem biederen Küan eine Weile zu, wie er mit Hacke und Schaufel hantierte, und sprach also zu ihm:

«Ich sehe, du schaffst mit Fleiß und ganzer Kraft; es will mir sogar scheinen, du treibst es fast zu weit damit und überarbeitest dich. Ich frage mich: ein Mann mit deiner Fähigkeit könnte doch gut Frau und Kind ernähren, warum bist du in deinen Jahren noch allein und unbeweibt?»

Küan hielt im Umgraben inne, wischte sich den Schweiß von der Stirne und erwiderte:

«Es gibt einen alten Erfahrungssatz:

Mit Kopf und Geist
vermagst du tausend Münder zu ernähren,
Die rohe Kraft
pflegt Nahrung bloß für einen zu gewähren.

Kurz, bei mir langt's nur dazu, mein eigenes Maul leidlich zu stopfen. Jeder Gedanke an Gründung einer Familie liegt mir fern.»

«Aber Weib und Kind gehören doch nun einmal dazu, um eines Mannes Leben erst richtig zu erfüllen. Wenn du dir nicht zutraust, einen eigenen Hausstand zu gründen, warum suchst du nicht als Tochtermann Anschluß und Anhalt an einen fremden Hausstand? Heiratsfähige Mädchen, die dich in der Ehe glücklich machen und dir Kinder schenken können, gibt's doch genug. Denk doch an später! Wenn du zeitlebens einsamer Hecht bleibst, wer wird dermaleinst an deinem Grab für dich opfern und beten? Wozu ein Leben lang schuften ohne Frucht und Ernte für die Zukunft?»

Der biedere Küan merkte wohl, worauf der andere hinaus wollte, nämlich ihn in seinen Haushalt aufzunehmen. Nun, das würde ja seinen Plan wieder ein Stück der Verwirklichung näherbringen. Er verriet indes mit keiner Miene seine heimliche Befriedigung und wahrte weiter kühle Zurückhaltung.

«Gewiß, im Schatten eines mächtigen Baumes ist gut ruhn, so pflegt man zu sagen – ich weiß, das ist mir wohlbekannt – aber da sind zwei Bedenken: einmal steht zu befürchten, der Herr des Hauses weiß nicht zwischen süß und bitter zu unterscheiden, man schindet sich für ihn ab wie ein Gaul oder Ochse und erntet statt Dank und Anerkennung Schelte oder gar Schläge; zum andern ist seitens der Kollegen vom Dienst Neid und Mißgunst zu befürchten, der Dienstältere erwartet vom Neuling unterwürfige Duckmäuserei; wehe, wenn der Neuling mehr Diensteifer und Hingabe entwickelt als der an ein faules und bequemes Dasein gewöhnte ältere Kollege! Dann gibt es Stunk und Ränke, der Ältere befürchtet, daß der diensteifrige Neuling ihn in der Wertschätzung beim Hausherrn aussticht und verdunkelt – ein Mißstand, den man häufig bei großen Haushalten, besonders denen unserer begüterten Ortsmandarinen, beobachten kann.

Also diese beiden Bedenken könnten mich davon abhalten, mich an eine fremde Dienstherrschaft zu verdingen», gab er zur Antwort.

«Nun, in dieser Hinsicht brauchst du, was meinen Haushalt betrifft, keine Bedenken zu hegen. Bei mir hast du keine Ränke seitens irgendwelcher Kollegen zu befürchten, denn bei mir gibt es gar kein männliches Dienstpersonal. Mein Haushalt ist schließlich kein Mandarinen-Haushalt. Und wie wohl ich es mit dir meine, das ersiehst du aus meiner Bereitschaft, dir gleich beim Eintritt in meinen Dienst ein Frauchen zur Seite zu geben. Was sagst du dazu? Wärst du bereit»?

«Sehr gütig. Warum sollte ich nicht?»

«Schön. Dann wollen wir also einen Leibeigenschaftsvertrag aufsetzen. Teile mir vorher mit, wieviel Silberbatzen du als Kaufpreis für deine Person wünschest. Ich werde inzwischen drüben alles für deine Unterkunft vorbereiten und unter meinem weiblichen Dienstpersonal eine für dich aussuchen. Am Tag deines Einzugs kannst du sie gleich in Empfang nehmen und in deine Kammer einführen. Na, ist es dir recht so?»

Küan nickte bejahend.

«Dann wäre ich für mein ganzes Leben geborgen. Morgen werde ich den Vertrag bringen, bloß ...»

Er räusperte sich und machte eine Verlegenheitspause. Er schien noch etwas auf dem Herzen zu haben.

«Da ist noch etwas: ich bin von Natur etwas eigen geartet, ich mache mir nicht viel aus Frauen. Ich könnte mir wohl eine Frau zur Seite denken, aber es geht auch ohne, ich bin nicht gerade erpicht auf Ehestand. Was Ihr vorhin aussprecht, daß Ihr mir eine Eurer Mägde zur Frau geben wollt, das hat Zeit. Laßt mich erst noch ein paar Jahre für Euch Dienst tun, und verheiratet mich später, wenn meine Kräfte im Schwinden und meine Muskeln müde geworden sind. Jetzt ist es meine erste Pflicht, für den hohen Herrn zu werken und zu schaffen, sein Brachland urbar zu machen und sein Feld zu bestellen; ich möchte die Kräfte, die diesem Zweck dienen sollen, nicht an eine Frau vergeuden und verzetteln und vorzeitig erschöpfen. Was weiter Euer Anerbieten betrifft, mir einen Preis für meine Person zu zahlen, so kann ich das nicht annehmen, es bleibt gänzlich außer Betracht. Ich stehe allein, habe weder für Eltern noch Kinder noch Geschwister zu sorgen, für wen soll ich also Geld ansammeln? Es genügt mir vollauf, wenn mich der hohe Herr mit Unterkunft, Kleidung und Nahrung versorgt. Wozu brauche ich noch Geld? – Also lassen wir in unserem Vertrag den Punkt betreffend Zahlung eines Kaufpreises für die Person ganz weg. Eine Ziffer stünde nur auf dem Papier. In Wirklichkeit würde ich Euch keinen Kupferling abverlangen.»

Das hörte der alte Geizhals gern. Seine Augenwinkel zuckten vergnügt, seine Brauen hüpften vor Freude. Schmunzelnd entgegnete er:

«Satz für Satz wohl gesprochen! Jedes Wort zeugt von Treue und hohem Pflichtgefühl! Was den Kaufpreis betrifft, den du verschmähst, so werde ich den Betrag, den ich dir zugedacht hatte, einstweilen beiseitelegen und später für Kleidung und ähnliche Anschaffungen für dich verwenden.

In einem Punkte freilich bin ich anderer Meinung als du: in der Frage der Verheiratung. Andere an deiner Stelle wären froh, auf solche Weise zu Eheglück zu kommen, du verschmähst beides, Geld und Weib. Angesichts solchen Stolzes und solch edler Selbstlosigkeit würde es mir schwerfallen, in dir überhaupt einen Untergebenen zu sehen und dir jemals irgendwelche Dienstleistungen zuzumuten; ich würde es einfach nicht übers Herz bringen. Du könntest mich ‹Hausherr› nennen, soviel du willst, ich könnte dich nicht als ‹Knecht› und ‹Diener› betrachten. Kurz gesagt, falls du bei deiner Weigerung beharren solltest, würde ich dich zu meinem Bedauern nicht in Dienst nehmen können.»

«Ich verstehe, der hohe Herr befürchtet, ich würde mich ohne Frau nicht ans Haus gefesselt fühlen und früher oder später davonlaufen, darum besteht er darauf, mich zu verheiraten. Aber ich bin kein solcher mit zwiespältiger Gesinnung. Doch, wenn es Eurer Beruhigung dient, füge ich mich Eurem Wunsch und erkläre mich zum Ehestand bereit.»

Damit war alles zu beiderseitiger Zufriedenheit geklärt. Küan wartete nicht erst bis zum nächsten Tag, sondern setzte noch am gleichen Abend den Dienstvertrag auf und überbrachte ihn seinem Dienstherrn. Und der wartete auch nicht bis zum nächsten Tag, sondern führte ihm noch am gleichen Abend das versprochene Frauchen zu. Seine Wahl fiel auf Ju I, die Zofe seiner Tochter. Weiter gab er dem neuen Hausgenossen den Dienernamen Lai Sui Hsin, was soviel bedeutet wie ‹Willkommen›.

Mit seiner Aufnahme im Anwesen des Doktor Eisentür war die Hütte auf dem Feld überflüssig geworden. Auf Weisung des Dienstherrn brach er sie wieder ab.

Damit hatte Küan acht Zehntel der Wegstrecke zum Ziel seiner Rache hinter sich gebracht. Wie er die restlichen zwei Zehntel schaffte, das werdet ihr im nächsten Kapitel erfahren.

Heimlich beobachten und
Intimes in der Nachbarschaft erspähn –
Von jeher hat es prickelnd Reiz
Für manche Schöne.
Doch wehe, wenn sie ihre eignen
Intimen Reize schmachtenden Männerblicken
Preisgegeben weiß! –
Dann tut sie böse und empört.
Womit sie freilich insgeheim
Den Wunsch verbindet, die verliebten Blicke
Möchten weiter auf ihr weilen und bemerken,
Wie schön sie auch im Zorne wirkt.

XIII. KAPITEL

*Beim Liebesgeflüster hinter verriegelten Pforten
wähnen sie sich unbelauscht, doch die Wände haben
Ohren. Astlochgucken ins Damenbad, sonst streng
verboten, ist in diesem Fall erlaubt.*

Seit dem mehr oder weniger erzwungenen Weggang des Tochtermannes – der Schwiegervater hatte ihn mit seiner zänkischen Art und ewigen Schulmeisterei regelrecht aus dem Haus geekelt – befand sich die eben erst an Liebe gewöhnte und nun allein gelassene Edelduft in einer ähnlichen seelischen Verfassung wie etwa ein Trinker, der auf einmal Abstinenzler werden, oder ein Feinschmecker, der auf einmal allem Gebratenen und Gewürzten entsagen und nur noch von faden Gemüsen leben soll.

Schon drei, fünf Nächte einsamen Lagers wurden ihr zur Qual, und nun dehnte sich die Qual ihres Alleinseins schon über ein ganzes Jahr! Wie eine Witwe kam sie sich vor. Da ihr die Freuden des ehelichen Lagers in Wirklichkeit versagt waren, nahm sie Phantasie und Einbildung zu Hilfe und versuchte sich am Anblick jener sechsunddreißig Tschun Kung ‹Lenzpalast›-Bilder aus der Tang-Zeit, die der Vormitternachts-Scholar zu Anfang ihrer Ehe ins Haus gebracht hatte, künstlich zu erhitzen und zu befriedigen. Sie beging damit die gleiche Selbsttäuschung wie jener Narr, der da wähnte, seinen Durst mit dem Anblick eines Stillebens von verlockend gemalten Früchten löschen und seinen Hunger mit dem Anblick eines Stillebens von einladend gemalten Pasteten stillen zu können, und sie erlebte die gleiche Enttäuschung; statt Sättigung und Befriedigung machten sich bei ihr Hunger und Durst nach Liebe nur noch stärker spürbar. Sie legte den unnützen Bilderband wieder in die Schublade zurück und griff zu einem andern Mittel: mit leichter Lektüre wollte sie sich zerstreuen und die öde Langeweile verscheuchen.

Geschätzte Leserschaft, ihr werdet fragen, welche Art Lektüre sie zu diesem Zweck als geeignet wählte? Nun, nach meiner bescheidenen Ansicht hätte sie jene Bücher wieder hervorholen sollen, die sie in früher Jungmädchenzeit von ihrem Vater zur Lektüre empfohlen und geschenkt bekommen hatte, höchst unschuldige, höchst tugendsame Bücher pädagogischer Natur, wie etwa das Liä nü tschuan ‹Lebensbeschreibungen von Heroinnen› oder das Nü hsiao king ‹Leitfaden kindlicher Pietät für Töchter› und ähnliche mehr.

Solche Lektüre hätte ihr auch Ablenkung verschaffen, Langeweile und Unlust vertreiben und darüber hinaus Durst und Hunger vergessen lassen können. An solcher Lektüre vermag sich nicht bloß eine Strohwitwe, sondern auch eine richtige Witwe zu erbauen und aus ihr Trost, Vergessen und Halt zu schöpfen. Stattdessen, was tat Edelduft? Statt der väterlichen Bücher wählte sie die lockeren, schlüpfrigen Schmöker, die ihr Gatte seinerzeit herbeigeschafft hatte, zur Lektüre! Erotische Romane zweifelhafter Qualität wie das Tschi po tze tschuan ‹die liebestollen Weiber› oder das Hsiu ta yiä schi, ‹die wilde Geschichte von den seidegestickten Kopfkissen› oder das Ju i kün tschuan ‹Liebhaber nach Wunsch› und ähnliches mehr. Sie verschlang den aufregenden Lesestoff mit Eifer von Anfang bis Ende und ließ keine Seite aus.

Dabei stieß sie immer wieder auf Stellen, wo Erstaunliches von der Beschaffenheit des Hausgerätes irgendwelchen Romanhelden nachgesagt war und wenn nicht seine stattliche Dicke gerühmt, so seine gewaltige Länge gepriesen wurde. Die Beschreibung verstieg sich dann mitunter auf recht drastische Vergleiche, wie etwa ‹Schnecke, aus ihrem Schneckenhaus kriechend› oder ‹an Umfang und Aussehen ähnlich einem Kaninchen, dem das Fell abgezogen ist› oder ähnliche Vergleiche mehr. Was die Ausdauer und Leistungsfähigkeit solcher Romanhelden betraf, so ging es unter tausend Stößen hintereinander, zu denen diese Betthelden angeblich fähig waren, überhaupt nicht ab, von lumpigen paar hundert oder bloß hundert und weniger Stößen war gar nicht erst die Rede.

Bei solcher Beschreibung mußte Edelduft unwillkürlich an ihre eigenen Eheerfahrungen denken und Vergleiche ziehen. ‹Ist es die Möglichkeit? Gibt es so etwas?› wunderte sie sich. ‹Meines jungen Ehegemahls Ding war kaum drei Zoll lang und nicht mehr als zwei Finger dick, und wenn wir es zusammen trieben, hat er es allerhöchstens zu zweihundert Stößen gebracht, dann war die Wolke geborsten. Er hat sich noch seiner Kraft und Ausdauer gerühmt, und da soll es Mannsbilder geben, die über eine zehnmal so große Leistungsfähigkeit verfügen wie er? Kaum zu glauben – ach was! Man soll nicht alles für wahr halten, was in den Büchern steht, sonst soll man lieber gar nicht lesen, das ist eine alte Lehre – bestimmt sind die Wunderdinge, die in diesen anstößigen Büchern beschrieben werden, reine Erfindung, bloße Phantasie des Verfassers –›

Sie schwankte zwischen Zweifel und Glaube hin und her, bis der Glaube schließlich die Oberhand gewann. ‹Die Männerwelt ist zahlreich und weist vielfältige Unterschiede und Abweichungen von Norm und Durchschnitt auf – warum soll es solche ungewöhnliche Körperbildungen, wie sie in den Romanen geschildert werden, nicht tatsächlich geben? – Wenn ich mir vorstelle, man bekäme als Frau so einen zum Mann, das müßte ja unaussprechliche, unbeschreibliche Bettfreuden geben, deren allenfalls Halbgötter teilhaftig werden können! – Ach, warum ist mir solches Glück versagt geblieben?›

Der Gedanke ließ sie nicht mehr los. Mit ihrer Ruhe war es hin. Sie hatte keinen Sinn mehr für irgendwelche weibliche Handarbeit. Ihre einzige Unterhaltung bildete die bewußte Lektüre, und je mehr sie las, desto mehr verdickte und verdichtete sich das dumpfe Verlangen ihrer Sinne zu schwülem Gewittergewölk, – ach, wenn er nur erst heimkäme, dann wollte sie – dann sollte das Gewölk bersten und erlösenden Regen spenden! –

Doch da konnte die Ärmste lange warten. Ein Jahr verging, und er kam nicht und ließ auch brieflich nichts von sich hören.

Merkwürdig, sie konnte jetzt, anders als früher, nicht einmal mehr Groll über soviel Lieblosigkeit aufbringen. Eine Wandlung war in ihr vorgegangen. Aus Groll war Trotz geworden. Wozu noch Gefühle an den lieblosen Gatten verschwenden? Es gab noch andere Männer. Jetzt beherrschte sie trotziges Verlangen nach Leben und Erleben.

‹In all diesen Romanen kommt kaum eine Heldin vor, die es nicht mit mehreren Männern gehalten hätte – demnach scheint es gar nichts Außergewöhnliches zu sein, daß eine verheiratete Frau sich einen Liebhaber nimmt und sich mit ihm schadlos hält. Wer weiß, vielleicht habe ich in einem früheren Leben eine Schuld auf mich geladen, daß ich in diesem Leben mit einem so herzlosen Gatten gestraft bin? – Wir waren kaum ein paar Monate verheiratet, da hat er mich schon wieder verlassen und beiseite getan – seitdem ist mehr als ein Jahr vergangen, in all dieser langen Zeit soll ein Frauenjäger wie der sich beherrscht haben und keine Seitenpfade gewandelt sein? Das ist nicht anzunehmen – nun gut, was ihm recht ist, soll mir billig sein – wer will es mir verdenken, wenn ich nun meinerseits eine verschwiegene Hintertür aufmache und einen Irgendwen, einen Liebhaber einlasse? Wer wollte mir daraus einen Vorwurf machen? – Nur zu dumm, daß der Alte auf so strenge Hausordnung hält! – Man bekommt ja, abgesperrt von der Außenwelt, wie man lebt, überhaupt kein fremdes Mannsbild zu Gesicht→

An diesem Punkt ihres Gedankenganges angelangt, packte sie neuer Groll, der richtete sich aber diesmal nicht gegen den treulosen Gatten, sondern gegen den Haustyrann, den eigenen Vater. Sie konnte nicht umhin, sie mußte mit dem pietätlosen Gedanken spielen, ihm eine baldige Abreise ins Reich der gelben Quellen zu wünschen. Dann würde sie freie Hand haben, sich einen Liebhaber ins Haus zu holen.

Da war nun kürzlich der fremde Pächter als neuer Hausgenosse in Erscheinung getreten. Sie sah in ihm von vornherein nichts anderes, als was der hungrige Habicht im Huhn sieht, sobald es in sein Blickfeld gerät: eine willkommene Beute. Über sein Äußeres wollte sie hinwegsehen und nicht groß danach fragen, ob fein oder gewöhnlich, ob anziehend oder häßlich, Hauptsache – er war ein Mann! – Noch dazu gar kein übler, jedenfalls ein erfreulich stattlicher und kräftiger. Nun, dieses Mannsbild gedachte sie sich zu nehmen, wie der Hühnerhabicht seine Beute.

Sie hatte ihren längst gefaßten Vorsatz bisher, solange er noch draußen in seiner Hütte hauste, nicht verwirklichen können. Er war ja so entsetzlich brav und bieder und ging, wenn er im Hause zu tun hatte, jeder Annäherung geflissentlich aus dem Wege, senkte in ihrer Gegenwart scheu den Kopf und vermied es, auch nur einen Blick auf sie, geschweige denn ein Wort an sie zu richten, ganz als ob er sich strengste Askese gelobt hätte.

Das sollte nun mit seiner Aufnahme ins väterliche Anwesen anders werden. Als sie erstmals davon verlauten hörte, tat ihr Herz nicht bloß einen Satz, sondern gleich mehrere Freudensprünge. Eigentlich hatte sie es gleich für die erste Nacht auf ihn abgesehen gehabt, aber da mußte sie eine Enttäuschung erleben: er zog ja in die ihm vom Hausherrn zugewiesene Dienerwohnung nicht als einsamer Hecht, sondern als frisch vermählter Ehemann mit Zofe Ju I an der Seite! Sie spürte den bekannten essigsauren Geschmack im Gaumen. Zu Eifersucht gesellte sich Neugier. Wie mochte es mit seinem Hausgerät und seiner Leistungsfähigkeit bestellt sein? Das mußte sie unbedingt in Erfahrung bringen. Heimlich beobachten, wie es die zwei miteinander trieben, dünkte sie auch aufregend und würde sie einigermaßen entschädigen.

Sie blieb angekleidet wach und wartete, bis die Lampen in der väterlichen Studierklause erloschen.

Dann schlüpfte sie aus ihrem Boudoir hinaus und schlich über Hof und Hinterhof und Wandelgang zur Schlafkammer des Pärchens.

Schade, die Kammer lag bereits im Dunklen, also mußte sie sich auf Horchen und Lauschen beschränken. Da, was vernahm ihre schräg zum Fenster geneigte Ohrmuschel? Statt der erwarteten brünstigen Wonnelaute klägliche weibliche Wehlaute, so kläglich anzuhören, daß es der Lauscherin schier das Herz zerriß und sie unwillkürlich mit der armen Dulderin gleiches Leid empfinden mußte. Sie überlegte. Zofe Ju I war Mitte zwanzig, war also älter als sie selber mit ihren kaum achtzehn Lenzen. Allerdings war sie dank der strengen Zucht, auf die ihr Vater im Hause hielt und die jede Möglichkeit zu Männerbekanntschaften ausschloß, bis jetzt tschu nü ‹unberührte Jungfer› geblieben. Daß eine Entjungferung nicht ohne Schmerzen vor sich ging, war nur natürlich. Daß Ju I, immerhin schon reiferen Alters, sich dabei so jämmerlich gebärdete, ließ darauf schließen, daß ihr Partner über ein ganz besonders starkes Rüstzeug verfügen mußte, das sich nur schwer Eingang erzwingen konnte. Die Schlußfolgerung war vielversprechend und erfüllte die Lauscherin mit heimlicher Vorfreude. Womöglich entsprach dieser Fremde tatsächlich den vielbewunderten Idealen ihrer Romanlektüre und würde eines Tages ihren Wunschtraum verwirklichen? Nur schade, daß sie sich nicht durch den Augenschein vergewissern konnte. Aber vielleicht würde sie ein andermal mehr Glück haben und die Kammer des Pärchens erhellt vorfinden.

Das Wehgeschrei drinnen war bald wieder verstummt und von Stille abgelöst worden. Es verhielt

Ju I, Edeldufts Zofe ‹Nach Wunsch›

sich in der Tat so, daß der biedere Küan, gutartig wie er veranlagt war, seiner unerfahrenen Elevin den Anfangsunterricht im Liebesspiel in zarter Rücksichtnahme möglichst schonend und schmerzlos beibringen wollte und daher die erste Lektion vorzeitig abgebrochen hatte.

Es lohnte sich also für Edelduft nicht, ihre Ohrmuschel noch länger zu bemühen. Sie verließ ihren heimlichen Lauscherposten und huschte in ihr Boudoir zurück.

In der folgenden und übernächsten Nacht wiederholte sich das gleiche. Wieder bezog Edelduft ihren Lauscherposten, wieder fand sie die Kammer verdunkelt, wieder war nichts zu sehen, und wieder zog sie enttäuscht ab. Aber es wollte sie bedünken, daß die Wehlaute ihrer Ju I schwächer geworden und im Abklingen waren.

Endlich in der vierten Nacht sollte ihre Geduld belohnt werden. Diesmal fand sie die Kammer von Lampenschein erhellt und sogar, was ihr Herz hüpfen machte, den Fenstervorhang nicht herabgelassen. Es schien, als ob die da drin eigens dem heimlichen Zaungast zuliebe eine Sonder- und Gala-Vorstellung geben wollten.

Der Zaungast hatte sich gerade rechtzeitig zu Beginn der Vorstellung eingefunden. Sie begann damit, daß sich das Pärchen nackt auszog, daß sie sich am Bettrand niederhockte, daß er vor sie hintrat, ihren Kopf und ihre Schulter an seine Brust zog und sie eine Weile an seinem Rüstzeug herumspielen ließ. So etwas von Rüstzeug! – Edelduft verdeckte mit rascher Handbewegung ihren Mund, um den verräterischen leisen Schrei freudigen Entsetzens, der ihr unwillkürlich entschlüpfte, zu dämpfen. So etwas von Länge! Das war nicht die bescheidene zwei, drei Zolllänge, die sie von ihrem Vormitternachts-Scholar gewohnt gewesen war, das war die unwahrscheinliche Riesenlänge von acht Zoll und darüber! Und diese Dicke! Ihre zarten Lotossprossen würden so einen Elefantenrüssel gar nicht umspannen können! Das Pärchen hatte mittlerweile das Vorspiel beendet und gab nun die Hauptnummer der Vorstellung zum besten. Der Angreifer hatte sich glücklich Eingang in die feindliche Feste erzwungen, diesmal ohne großen Widerstand und ohne Wehgeschrei – die behutsame Vorarbeit der ersten drei Nächte hatte ihren anfänglich zu engen Schuh erweitert und nun zur Aufnahme seines Schuhleistens fähig gemacht – und begann zu werken. Sein Werken machte die heimliche Beobachterin zum drittenmal staunen. So etwas von Kraft und Ausdauer! Das ging nicht bloß paar hundertmal, sondern weit über tausendmal so hin und her, ohne daß ihm Ermattung oder Anstrengung anzumerken war! – Ganz wie es in jenen Romanen geschildert war. Und wenn Partnerin Ju I die ersten Male nur mit Unlust bei der Sache gewesen war und die seltsamsten Wehlaute ausgestoßen hatte, so bekundete sie diesmal eitel Wonne und brachte die seltsamsten Lustlaute hervor, die geeignet waren, Himmel und Erde, erst recht aber die heimliche Lauscherin zu ergreifen und zu rühren. Wenn sie die ersten Male mit der armen Dulderin mitgelitten hatte, so waren ihre Sinne diesmal vom bloßen Zusehen nicht minder aufgewühlt und von Wonneschauern ergriffen, wie die Sinne ihrer Ju I vom wirklichen Erleben. Sie hatte genug gesehen und gehört.

Als sie sich auf den Rückweg zum Boudoir machte, stand es bei ihr fest: das ist einer, der es mit jedem Romanhelden aufnimmt! Den muß und werde ich für mich gewinnen!

Er wiederum legte, seit er im Hause festen Fuß gefaßt hatte, der Haustochter gegenüber ein gegen früher völlig verändertes Benehmen an den Tag. Die Asketenrolle war ausgespielt, jetzt gab er sich recht weltlich und für Sinnenreize durchaus empfänglich. Sooft er ihr begegnete, versuchte er sich mit Blicken bei ihr einzuhaken. Schenkte sie ihm ein Lächeln, dann lächelte er ungeniert zurück. Zeigte sie eine ernste Miene, dann gab er ihr durch eine gleich ernste Miene den Einklang seiner Seele mit ihrer Seele zu erkennen.

Eines Tages traf es sich, daß er, mit Gartenarbeiten beschäftigt, zufällig an ihrem Boudoir vorüberkam, als sie gerade drin im Badezuber saß und planschte. Ein absichtliches oder unabsichtliches Räuspern von der Tür her verriet ihr – sie saß mit dem Rücken zum Fenster im Zuber – seine Nähe. Es reizte sie, sich ihm einmal in ihrer ganzen rosigen Nacktheit zu zeigen und die Wirkung auf seine Sinne zu beobachten.

«Wer ist draußen? Ich sitze im Bad – es kann jetzt niemand herein!»

Der Zuruf klang zwar den Worten nach wie Abwehr, aber aus dem lockenden Tonfall ihrer Stimme vermeinte er das gerade Gegenteil herauszuhören: die zarte Einladung, bitte freundlichst näherzutreten! Doch war er seiner Sache nicht ganz sicher, und so strich er, zunächst noch unschlüssig, langsam weiter an der Hauswand entlang, bis er zum Fenster kam. Da blieb er stehen. Ein unwiderstehliches Verlangen überkam ihn, hineinzuspähen. Er feuchtete mit der Zunge die Fingerspitze und mit der Fingerspitze vorsichtig eine Stelle des Pergaments der Fensterfüllung an, bis sich die Stelle erweichte und zum Guckloch auftat. Und nun spähte er, nach vorn geneigt und den Atem vor Spannung anhaltend, hinein. Die Mühe sollte sich lohnen.

Wie schon erwähnt, hatte sie zunächst mit dem Rücken zum Fenster im Zuber gesessen. Ihr feines Ohr hatte das leise Tappen seiner Filzsohlen an der Boudoirwand entlang verfolgt, und als das Tappen dann am Fenster jäh stockte, hatte sie richtig gefolgert, daß er sie jetzt wohl durch das Fenster beobachten wolle. ‹Der soll auf seine Kosten kommen!› hatte sie sich heimlich lachend gesagt und im Zuber eine halbe Drehung um ihre Körperachse vollzogen, so daß sie nun mit Gesicht und nefritenen Zwillingshügeln nach dem Fenster zu sitzen kam. Nicht genug damit, um seinem vermutlichen Verlangen nach schöner Aussicht noch weiter entgegenzukommen, und da ihre intimste Körperpartie doch noch vom Wasser bedeckt und somit seinen Blicken entzogen war, räckelte sie sich nach oben über den Wasserspiegel und brachte sich derart in gestreckte Liegelage, daß ihre weit auseinandergespreizten Schenkel von den Kniekehlen abwärts über den Zuberrand hingen. Nun lag all ihre Herrlichkeit vor seinen Augen deutlich sichtbar ausgebreitet da. –

Eine geraume Zeit gönnte sie ihm die schöne Aussicht und Einsicht in die anmutig gewellte Landschaft ihres ‹Tals der heimlichen Freuden›, dann kehrte sie zur früheren Sitzhaltung zurück. Auf die Dauer erwies sich die künstliche Strecklage mit der harten

Zuberkante als Kopf- und Kniestütze denn doch als zu unbequem und anstrengend.

Nun senkte sie den Blick zu ihrem Schoß hinab, betrachtete ihn eine Weile nachdenklich, zuckte die Achseln und tat einen tiefen, langen Seufzer – für den heimlichen Beobachter am Fenster eine unmißverständliche Geste, die soviel besagen wollte wie etwa: ‹Ach, du liebe Not! – Nicht zum Aushalten! – Gibt es denn keine Erlösung? –›

Jetzt war der biedere Küan zu vollen zehn Zehnteln seiner Sache sicher. Wenn das keine Einladung war! Sogar eine dringende, sie würde es ihm schwer verübeln, wenn er ihre Geste mißverstehen und eine solche dringliche Einladung ausschlagen würde! Eine Lohe heißen, unbezwinglichen Begehrens schlug in ihm hoch. Jetzt gab es für ihn kein Zaudern mehr. Er lenkte seine Schritte zum Boudoireingang zurück und trat ein.

Vor dem Badezuber tat er einen artigen Kniefall, stammelte ein paar Worte der Entschuldigung für das ‹todeswürdige dreiste Unterfangen des elenden Sklaven›, dann beugte er sich vor und umschlang und umhalste ohne Umstände die Badende.

Sie tat zunächst überrascht und erschrocken.

«Was erfrecht Ihr Euch? Was soll das heißen?» kam es vorwurfsvoll, aber es kam gar sanft und lieblich über ihre schon zum Kuß geöffneten Lippen.

«Ach, edle Dame, versteht mich recht: nur um Euretwillen habe ich mich hierher in Knechtschaft verkauft! Nur um Euch nahe zu sein! Schon lange warte ich auf die Gunst des Augenblicks, da Ihr allein seid, um Euch meine Gefühle zu offenbaren, aber ohne Eure Erlaubnis? Ich getraute es mir einfach

nicht, es schien mir allzu keck und vermessen. Nun
fügte es heute der Zufall, daß ich des herrlichen Körpers
des gnädigen Fräulein Tausendgoldstück ansichtig
wurde, da kam es über mich, da konnte ich nicht
länger an mich halten, da mußte ich den unverzeihlichen
Frevel begehen und bei Euch eindringen. Nun
bin ich hier, liege Euch zu Füßen und flehe Euch an:
habt Erbarmen mit mir und schenkt mir in Gnaden
mein Leben!»

Edelduft wollte die kostbare Zeit nicht mit langem
Hin- und Herreden vertrödeln. Bei längerem Zögern
würden sie womöglich durch das Dazwischenplatzen
der Zofe oder einer Magd gestört und auseinandergescheucht
werden. Sie zog es daher vor, ohne Umschweife
gleich zur Sache zu kommen.

«Zu welchem Behuf seid Ihr hier eingedrungen?
Was habt Ihr vor? Sollen wir uns etwa im Badezuber
vergnügen? Das kommt wohl nicht in Betracht, es
wäre zu unvorsichtig, und die Angst vor Störung
würde den Genuß beeinträchtigen.»

«Ich weiß, ich weiß, es ist hier nicht der richtige
Ort dazu – darf ich, bitte, hoffen – würde das gnädige
Fräulein mir die Gunst erweisen und erlauben, daß
ich ihr heut nacht aufwarten darf?»

«Heut nacht? Da schlaft Ihr doch bei meiner Ju I?
Die wird Euch schwerlich beurlauben.»

«Oh, die – keine Sorge, die ist eine wahre Schlafratte.
Wenn die sich einmal zum Schlafen hinlegt,
dann schläft sie bis zum nächsten Morgen fest durch,
so fest, daß ich sie morgens zehnmal wachrufen und
rütteln muß, ehe sie munter wird – die wird es gar
nicht merken, wenn ich mich in der Nacht von ihrer
Seite fortstehle.»

«Dann ist es gut. Also abgemacht, heut nacht!»

Hochbeglückt über ihr Einverständnis streichelte und betätschelte er sie von oben bis unten über den ganzen Körper und küßte sie ab. Dann wandte er sich zur Tür. Sie rief ihn noch einmal zurück:

«Ist es Euch auch ernst damit? Werdet Ihr wirklich heut nacht kommen? Dann lasse ich die Tür offen und warte auf Euch – sonst, wenn Ihr's nicht ernst gemeint habt, würde ich sie wie gewohnt zuriegeln.»

«Aber, aber, Hsiao tsiä, wie könnt Ihr noch zweifeln! Natürlich werde ich kommen – bloß, falls es etwas spät werden sollte, werdet, bitte, bitte, nicht böse und ungeduldig!»

«Gut.»

Mit einem Wink gab sie ihm zu verstehen, daß er in Gnaden entlassen sei. –

Es war bereits Abend, als die beiden ihre Absprache trafen. Edelduft kleidete sich gar nicht erst noch einmal an, sondern legte sich gleich, nachdem sie aus dem Bad gestiegen war und sich abgetrocknet hatte, zu Bett. Auch auf Abendessen verzichtete sie. Sie gedachte auf Vorrat zu schlafen, um bei dem bevorstehenden Liebeskampf gut ausgeruht und bei Kräften zu sein. Aber vor Erregung konnte sie kein Auge zutun. So lag sie wach und wartete und brauchte nicht einmal lange zu warten.

Es war zu Beginn der zweiten Nachtwache, zur Doppelstunde des Ebers, da hörte sie die Tür leise knarren.

«Sui Hsin, bist du's?» fragte sie mit gedämpfter Stimme.

«Geliebte junge Herrin, ich bin's!» kam es ebenso gedämpft zurück. Es war eine mondlose Nacht, das

Boudoir lag in schwarzer Finsternis. Besorgt, er möchte sich im Dunkeln nicht zurechtfinden und irgendwo anecken und unliebsamen Lärm machen, kletterte sie aus dem warmen Nest, lief zur Tür, nahm ihn bei der Hand und zog ihn mit sich zum Bett.

Beim Gedanken an sein gewaltiges Rüstzeug war ihr, der feinen, zarten Schönheit, etwas unbehaglich, etwas bänglich zumute. Womöglich würde er ihr weh tun? Bevor er zu ihr unter die Decke kroch, mahnte sie vorsorglich:

«Treib es nicht zu arg! Geh sanft und zart mit mir um! Ich weiß wohl, wie dein Ding beschaffen ist – ein wahres Ungetüm ist es! Tu mir ja nicht weh! Hörst du?»

«Aber, aber! Wie könnte ich wagen, mit dem kostbaren Leib des gnädigen Fräulein Tausendgoldstück roh und unsanft umzugehen! Ganz zart werde ich es machen und Euch gewiß nicht weh tun!» beteuerte er zwar mit Worten, nahm aber ihre Mahnung nicht recht ernst und hielt sie bloß für kokette Ziererei, mit der sie ihn nun geradezu herausfordern wolle, sein Können zu zeigen. Und so ging er ungeachtet seines Versprechens gleich recht schneidig und ungestüm ins Zeug.

Aber da kam er schön an bei ihr. Unwillig stieß sie ihn von sich.

«Nicht so roh! Du tust mir weh! Hältst du so Wort?» fauchte sie ihn an.

Betreten brach er seinen schneidigen Frontalangriff ab. Also war ihre Mahnung doch ernst gemeint gewesen. Er mußte eine andere, behutsamere Taktik anwenden.

«Verzeiht, Gnädigste, mein Ungestüm! Aber noch nie zuvor war mir das Glück zuteil, eine so schöne Dame umarmen zu dürfen. Eure berückende Nähe beraubte mich der Vernunft, als ich Eure seidige Haut, Euer zartes Fleisch fühlte, kam es über mich, ich war trunken, wie von Sinnen und konnte mein übermächtiges Begehren nicht bändigen – nochmals, verzeiht, und vergönnt mir, mein Unrecht mit doppelter Vorsicht wiedergutzumachen –» bettelte und versprach er von neuem. Und diesmal hielt er getreulich Wort.

Er nahm also davon Abstand, sich gewaltsam Eingang in ihr Lustschlößchen zu erzwingen, ließ vielmehr seinen Botschafter in der näheren Umgebung herumschnüffeln, erst am buschbestandenen Festungswall östlich und westlich von der Burgpforte, und dann unterhalb in ihrem Tal der heimlichen Freuden, auf und ab lustwandeln und sich breitmachen.

Er wandte damit einen Trick an, den ihm seinerzeit Aroma beigebracht hatte. Zu Anfang ihrer Ehe war Aromas Lustpforte ungefähr gleich beschaffen gewesen wie die von Edelduft jetzt und hatte seinem Botschafter gleichzeitig den Zutritt zum Audienzsaal und Geheimkabinett weidlich schwergemacht. Da hatte Aroma selber sich ein ingeniöses Mittel, die Schwierigkeit zu beheben, ausgedacht und ihm empfohlen: das Herumspazieren und Lustwandeln des Botschafters im Tal der heimlichen Freuden, das sanfte Reiben und Streicheln an ‹Schulter und Rücken› der Lustpforte ruft drinnen angenehme Schwingungen hervor, und dieses wieder bewirkt, daß sich Tau der Lust niederschlägt, den Eindringling netzt und befeuchtet und dadurch geschmeidig gleitend die Eingangspforte passieren läßt. Die Zuhilfenahme gewisser anderer Hilfsmittel, welcher sich jugendliche, unerfahrene Liebhaber, die es vor Erregung nicht abwarten können, bedienen, tut nicht entfernt dieselbe Wirkung.

Mit besagtem Tau verhält es sich ganz ähnlich wie mit der Hochwasserflut, die im Frühjahr die Schneeschmelze im Oberlauf des Yang tse mit sich zu bringen pflegt: jede noch so schwerbeladene Lastdschunke, die vorher zufällig auf eine Sandbank geraten war und hilflos festsaß, wird durch die aufkommende Flut hochgehoben und im Nu wieder flottgemacht, ohne daß man sich zu bemühen braucht.

Die Kenntnis dieses Tricks der Zuhilfenahme des Taus der Lust – der technische Ausdruck dafür lautet ‹durch Entfernung von Felsgeröll die Quelle hervorlocken› – verdankte der biedere Küan also seiner Aroma.

Edelduft konnte ein Kichern nicht unterdrücken, als sie spürte, wie sich sein Botschafter mit Fleiß so merkwürdig abseits betätigte und verlustierte.

«Wo fummelst du denn herum und wozu? Du hast dich wohl verlaufen?» wunderte sie sich.

«Sollte Euch diese Spielart nicht bekannt sein?» kam die Gegenfrage.

«Nie zuvor gekannt. Mir scheint, du machst es falsch.»

«Eher habt Ihr es früher falsch gemacht, scheint mir. Paßt auf, Ihr werdet gleich eine angenehme Erregung verspüren und mich loben.»

Wirklich, nach einer Weile Herumschnüffelns im Tal der heimlichen Freuden spürte er, wie sich Tau der Lust niederschlug und den Talpfad glatt und schlüpfrig machte. ‹Das Yang tse-Frühjahrshochwasser kommt!› triumphierte er im stillen.

Die Dschunke war flott – fast zu flott, wollte ihn bedünken. Jetzt war er besorgt, sein Botschafter möchte auf dem schlüpfrigen Boden ins Schliddern geraten und den Eingang verfehlen. So bat er seine Partnerin, sie möchte seinen Abgesandten mit zarter Hand in die rechte Bahn lenken, was sie denn auch tat. Mit einiger Mühe – sie mußte mit allen zehn Lotossprossen nachhelfen – glückte die schwierige Passage, und sein gewichtiger Botschafter war in der angenehmen Lage, in der Audienzhalle seine ergebenste Reverenz zu erstatten.

Edelduft konnte nicht umhin, dem Partner, dessen behutsames Vorgehen ihr jeglichen Schmerz erspart hatte und zweifellos den Könner bewies, Lob und Anerkennung zu zollen. Sie dankte ihm mit zärtlicher Umarmung.

«Merkwürdig, daß einer wie du, der sich doch sonst, wie ich hörte, nie etwas Besonderes aus Frauen gemacht hat und sich jetzt zum ersten Mal in einem galanten Abenteuer versucht, soviel Könnerschaft und zarte Rücksichtnahme an den Tag legt. Dagegen mein eigener junger Gatte, der als wer weiß wie toller Weiberheld angab und überhaupt nichts anderes im Kopf hatte als galante Abenteuer – wann wäre der jemals so verständig, so zart und sanft mit mir umgegangen? – Wirklich, du gefällst mir, ich habe dich zum Sterben lieb!»

Ihr Lob hob sein Selbstbewußtsein und stachelte ihn an, seines Amtes mit doppeltem Eifer weiter zu walten. Und er machte seine Sache so gut, daß sie ihn fortan Nacht für Nacht in ihr Bett lud. Sie mochte den nie zuvor gekannten Hochgenuß, den er ihr zu bieten hatte, nicht mehr missen, er war ihr einfach unentbehrlich geworden.

Die erste Zeit trieben sie es noch heimlich hinter dem Rücken von Ju I. Dann aber sagten sie sich, daß Ju I eines Tages doch dahinterkommen würde, und so hielten sie es für richtiger, sie offen und ehrlich einzuweihen. Um sie nicht zu verärgern und bei Laune zu halten, bequemte sich Edelduft gleichzeitig, Ju I fortan nicht mehr als Untergebene und Sklavin zu behandeln, sondern ihr die wesentlich gehobene Stellung einer Nebenfrau einzuräumen, wobei sie für sich selber die Stellung der Hauptgattin in Anspruch nehmen wollte.

Durch solches Entgegenkommen besänftigt, machte Ju I gute Miene zum nicht ganz freiwilligen Spiel und spielte mit. In freundlichem Einvernehmen trieben sie es von jetzt ab zu dritt, und zwar in der Weise, daß entweder die eine oder andere abwechselnd das Lager mit dem gemeinsamen Partner die ganze Nacht hindurch allein teilte, oder daß sie sich um Mitternacht gegenseitig ablösten, oder daß sie alle drei zusammen schliefen.

Im letzteren Falle konnte es vorkommen, daß der biedere Küan im Dunkel der Nacht und in schlaftrunkenem Zustand die eine mit der andern verwechselte und irrtümlich die Zofe mit Hsiao tsiä ‹gnädige junge Herrin› und Edelduft mit Ju I anredete. Nachdem ihm das Versehen zwei-, dreimal unterlaufen war, zog er es vor, beiden gegenüber die gemeinsame neutrale Anrede Hsin kan ‹Geliebte› zu gebrauchen.

Bei dem Übermaß an Bettfreuden, die der biedere Küan so Nacht für Nacht genießen durfte, konnte es nicht wundernehmen, daß im Verlauf einiger Monate seine Kraft völlig verbraucht und erschöpft war. Er konnte nicht mehr.

Insofern kann man sagen, war der Spieß der Rache umgedreht: wenn es Küans eigentliche Absicht gewesen war, sich am Räuber seiner Hausehre damit zu rächen, daß er sich an seiner jungen Gattin schadlos hielt, so rächte sich der andere seinerseits an ihm, indem er ihn durch seine junge Gattin ruinieren ließ.

Des biederen Küan Verkehr mit Edelduft war nicht ohne Folgen geblieben: drei Monate später fühlte sie sich schwanger. Nun war's mit der Freude vorbei. Aus Angst vor dem väterlichen Zorn wollte sie die unerwünschte Leibesfrucht künstlich aus der Welt schaffen. Aber so viele Mittel sie auch probierte, sie schlugen sämtlich fehl. Da packte sie Verzweiflung. Weinend klagte sie eines Nachts dem biederen Küan ihre Not:

«Du kennst doch meinen Vater und seine unnachsichtliche Strenge, schon ein falsches Wort, eine kleine Unwahrheit – und es setzt Schelte und Schläge – und nun diese Schande! Wenn er sie erfährt, wird er mich totschlagen! – Besser schon, ich mache meinem Leben vorher selber ein Ende – das erspart häßliche Familienauftritte, sie sind mir widerwärtig!»

So sprach sie und traf bereits Anstalten, sich in seiner Gegenwart zu erhängen. Das aber wollte der biedere Küan auf keinen Fall zulassen, und er redete ihr nach Kräften ihr Vorhaben aus.

«Gut, wenn du willst, daß ich am Leben bleibe, dann gibt es nur einen Ausweg: Flucht! Laß uns alle drei heimlich fortziehen, irgendwohin in die Fremde, wo uns niemand kennt. Dann würden wir erstens dem unausbleiblichen häuslichen Ungemach entgehen, zweitens könnten wir in Ruhe einen Zukunftsplan auf weite Sicht fassen und einen Hausstand gründen, und drittens könnte ich in Ruhe und Frieden das Kind zur Welt bringen, das ich im Leib trage, und das ja schließlich dein Fleisch und Blut ist. Ich brauchte es nicht umzubringen und könnte guten Gewissens weiterleben. Was meinst du dazu?»

Er fand ihren Plan sehr vernünftig und erklärte sich einverstanden. Noch in der gleichen Nacht packten alle drei Geld, Schmuck, Wertsachen und die notwendigen Kleidungsstücke in Bündel und verließen, als sie Doktor Eisentür in tiefem Schlaf wußten, heimlich das Haus.

Wohin sie ihre Schritte wandten und was nachher aus ihnen wurde, das werdet ihr in einem späteren Kapitel erfahren.

Die Stunden fliehen – auch die schönste Liebesnacht
Muß, ach!, hinschwinden und vergehn –
Warum nicht kann des Sonnenwagens Lenker
Gerade heute eine Schaltnacht zugestehn?
Gern tausch ich alle Schätze, die bei Tage gleißen,
Gegen einer einzigen Nachtperle Glanz –
Am Horizont des Himmels Kammerspiegel
Bleicht der Geliebten brennend Wangenrot,
Färbt ihrer Schläfenlocke Tiefschwarz grün –
Es dämmert – bald nun heißt es scheiden!
Ach, allzu knapp zum Buhlen war die Frist
   bemessen –
Komm, Schlaf, und laß mich Abschiedsweh
   vergessen!

XIV. KAPITEL

Getreu dem Freundschaftsschwur vertraut sie den andern das aufregende Erlebnis einer Liebesnacht an. Schwesterlich teilen sich die Bundesschwestern in das nächtliche Vergnügen.

Der Hergang, wie der biedere Küan auf seine Art Vergeltung übte, ist zwar noch nicht vollständig, aber doch schon zu acht, neun Zehnteln erzählt. Nach einer Weile werden wir auf die Episode zurückkommen und sie zu Ende berichten. Sprechen wir einstweilen wieder vom Vormitternachts-Scholar und davon, wie er ans Ziel seiner kühnsten Wünsche gelangte und dann vom Gipfel der Wollust zwangsläufig den Sturz in die Tiefe von Leid und Kummer tat.

In jener ersten Nacht, die er in Duftwolkes Armen verbringen durfte, hatte er über jene drei Herrlichsten, nach denen ihm unentwegt der Sinn vor allen anderen stand, zwar einiges in Erfahrung gebracht, daß sie in nahem verwandtschaftlichem Verhältnis zu Duftwolke ständen, daß die ältere eine Tante, die beiden jüngeren ihre Basen und überdies Schwurschwestern seien. Aber nähere Auskünfte über ihr Wer und Woher einzuziehen, verbot die Kürze der Nacht.

Er hatte ja schon soviel Zeit für Ausreden, Notlügen und Entschuldigungen, doppelten Schwur und nachträglichen Kniefall vergeudet, um ihren hartnäckigen Argwohn zu zerstreuen. Etwas von der kostbaren Nacht mußte ja schließlich auch der Befriedigung des beiderseitigen stürmischen Liebesverlangens vorbehalten bleiben. Kurz, eine Menge Fragen waren offengeblieben. Nun, in der zweiten Nacht holte er sie nach. Bereitwillig erteilte ihm Duftwolke die gewünschte Auskunft.

«Die ältere unter den dreien, die ich ‹Tante› nenne, wurde am zehnten Tag des zweiten Monats geboren, an jenem Tag, da alle Knospen aufgesprungen sind und sich zu Blüten entfaltet haben. Daher erhielt sie bei der Geburt den Namen Hua Tschen ‹Glücksstunde der Baumblüte›. Aus Respekt vor ihrem Alter und ihrer Person reden wir Jüngeren sie mit Tschen Ku ‹Tante Glücksstunde› an. Seit zehn Jahren Witwe, würde sie sehr gern wieder geheiratet haben, aber ihr Söhnchen aus erster Ehe hat einer Wiederheirat bisher immer im Wege gestanden. Und so ist sie wohl oder übel Witwe geblieben.

Die beiden Jüngeren, die ich ‹Basen› nenne, sind leibliche Nichten ihres verstorbenen Mannes. Die ältere heißt Tuan Tschu, ‹Perle ohne Makel›, die jüngere Tuan Yü ‹Juwel ohne Makel›, beide sind leibliche Schwestern. Ebenso sind ihre Gatten leibliche Brüder. Der Älteren Gatte führt den Beinamen Wo Yün Schong ‹Wolkenruh-Scholar›, der Jüngeren Gatte nennt sich J Yün Schong ‹Wolkenrast-Scholar›.

Die Anwesen, welche die drei Familien bewohnen, liegen dicht beieinander, sie weisen zwar nach außen, nach der Straßenseite zu, drei getrennte Eingänge auf, innen aber stehen sie durch Innenpforten derart in Verbindung, daß sie so gut wie ein einziges Grundstück bilden. Die Insassen können sich jederzeit gegenseitig besuchen, ohne die Straße benutzen zu müssen. Es ist die gleiche Straße, wie die, an der ich, bloß zwei Häuser entfernt, wohne. Ich habe es also nicht weit zu meiner Tante und meinen Basen. Nun wirst du den Grund meines Argwohns und Verdrusses gegen dich verstehen. Ich mußte natürlich annehmen, du wärest nicht meinetwegen, sondern der drei wegen hierhergezogen, denn bei mir hattest du dich ja während all der Monate deines Hierseins nie blicken lassen. Nun bin ich beruhigt, mein Argwohn war unbegründet.»

Der Jüngling dachte nach. Diese Angaben deckten sich völlig mit dem, was ihm damals sein Freund, der Kun Lun Rivale von den drei gewissen vornehmen Damen berichtet hatte. Auch seine Angaben über die beiden jungen Ehemänner und ihre merkwürdigen Decknamen erwiesen sich als richtig. Im stillen mußte er wieder einmal den fabelhaften Spürsinn und die scharfe Beobachtungsgabe des Edelbanditen bewundern.

«Gestern hattest du mir in großzügiger Anwandlung Bekanntschaft und Besitz deiner beiden Ling meh ‹befehlenden Basen› versprochen. Wann darf ich denn des Vergnügens teilhaftig werden?», bohrte er, unentwegt auf das Ziel seiner Wünsche zusteuernd, weiter.

«Bald, sehr bald. In drei, spätestens fünf Tagen werde ich hinübergehen, ihnen erzählen, was zwischen uns ist, und sie auf deinen Besuch vorbereiten. Freilich, mit dem Vergnügen in diesem meinem Bett hier ist es dann aus. Ich werde nämlich für eine längere Weile drüben wohnen bleiben.»

«Was! Du willst schon wieder vor mir Reißaus nehmen, kaum daß ich in deine Nähe gelangt bin?»

«Sei unbesorgt! Vom Reißausnehmen ist keine Rede. Du kannst mich getrost auch drüben besuchen, und bei der Gelegenheit werde ich dich mit meinen Basen bekanntmachen.»

«Schön, aber ich verstehe nicht recht, warum mußt du dich unbedingt nach drüben umquartieren?»

«Laß dir erklären. Mein Mann ist meinen beiden Schwagern drüben als Repetitor unentbehrlich. Es hapert doch bei ihnen gewaltig an Kenntnissen, und jetzt wollen sie in die große Staatsprüfung steigen, die demnächst in Peking stattfindet. Da haben sie nun meinen Mann während der letzten Wochen der Vorbereitung gleich als Dauergast bei sich im Hause behalten, und sie bestehen darauf, daß er sie jetzt mit nach Peking begleitet und ihnen auch dort zur Seite bleibt. Sie möchten eben bis zum letzten Augenblick vor der Prüfung von seinem Rat und Wissen profitieren und von ihm in Schwung gehalten werden. Sie klammern sich förmlich an ihn und fürchten, ohne seine ermutigende Nähe kläglich durchzufallen. Kurz, alle drei Herren werden an einem der nächsten Tage gemeinsam nach Peking reisen. Damit ich mich nicht gar zu allein und verlassen fühle, haben sie vereinbart, daß ich während ihrer Abwesenheit bei meinen Basen wohnen soll. So, nun weißt du, wieso und weshalb.»

«Das trifft sich ja großartig!», rief aufs freudigste überrascht unser Jüngling aus und dankte im stillen Himmel und Erde und allen guten Geistern, die offensichtlich sein frivoles Vorhaben begünstigten, indem sie ihm zuliebe gleich alle drei Ehemänner aus dem Wege räumten und ihre schönen jugendlichen Gattinnen als leichte Beute seinen begehrlichen Krallen überließen. Er rieb sich heimlich die Hände. Jetzt würde er sich einmal so recht nach Herzenslust und unbeschwert von Angst und Hemmungen ausrasen können!

Wirklich brachen drei Tage später in aller Morgenfrühe die drei Herren zur gemeinsamen Reise nach der Hauptstadt auf. Am gleichen Tage siedelte Duftwolke zu ihren Basen über. Nach kurzer Begrüßung kam sie gleich zur Sache. Sie konnte es gar nicht erwarten, die Neuigkeit von ihrem Erfolg anzubringen.

«Seid ihr inzwischen wieder einmal in den Tempel des bogenspannenden Gottes gegangen?» Die Basen verneinten.

«So? Vielleicht hätte sich ein baldiger neuerlicher Besuch für euch gelohnt? – Ich meine wegen des fremden schönen Jünglings, der euch damals so stürmisch mit Kniefall und Stirnaufschlag vor den Tempelstufen gehuldigt hat.»

«Ach so, der – nun, wir wollten nicht gern mit leeren Händen hinkommen, wir hatten leider keinen überflüssigen Fächer zu verschenken wie – eine gewisse Jemand.»

«Oho, das geht auf mich – natürlich, es war leichtsinnige Verschwendung, meinen schönen Fächer so einfach wegzuschenken – er wiederum hat seine kniefällige Huldigung an euch beide nutz- und zwecklos verschwendet – er konnte euch ja schließlich nachsteigen – aber ihr habt seitdem keine Spur von ihm, nicht einmal seinen Astralleib zu sehen bekommen, nicht wahr?»

«Stimmt – und da geben wir dir recht, wir finden sein Verhalten auch sehr merkwürdig, einfach unerklärlich – erst gebärdet er sich völlig übergeschnappt, scheint ganz verrückt nach uns, als ob er es gar nicht erwarten könne – wir bildeten uns fest ein, er würde uns nachsteigen und noch am selben Abend aufstöbern – die halbe Nacht haben wir hinten im Gartenpavillon unweit der kleinen Parkpforte gesessen und auf sein Kommen gelauert, aber er kam nicht! Hatte uns anscheinend schon wieder vergessen – wirklich, er hätte sich seine übertriebene Huldigung im Tempel ersparen können.»

«Oh, vergessen hat er euch keineswegs. Wie ich von dritter Seite gehört habe, ist er nach wie vor ganz liebeskrank nach euch, bloß weiß er nicht, wo ihr zu finden seid. In seiner Verwirrung hat er es damals versäumt, euren Sänften seine Diener nachzuschicken und eure Wohnung ausfindig zu machen. Ganz untröstlich ist er, daß er euch aus dem Gesichtskreis verloren hat!»

«Liebeskrank nach uns beiden? Kaum – aber vielleicht nach der Eigentümerin eines gewissen Fächers, den er als Andenken behalten durfte?»

«Erraten! Und in diesem Falle Liebeskrankheit konnte der Patient zum Glück geheilt werden, die Heilung verlief glatt und ohne Komplikationen – bedeutend ernster dagegen liegt der andere Fall seiner Erkrankung, die mit dem Symptom der närrischen Stirnaufschläge auf den Tempelstufen anhub – wenn da nicht baldige Heilung erfolgt, steht für den Patienten das Schlimmste zu befürchten, für euch aber besteht Gefahr, daß er euch vor dem Richter der Unterwelt als schuldig an seinem frühen Tod anklagen wird.»

Die beiden Basen tauschten einen vielsagenden Blick. Dann suchten sie krampfhaft in Duftwolkes Miene zu lesen. Meinte sie es ernst oder spaßte sie nur? Das undurchsichtige Lächeln, das um ihren

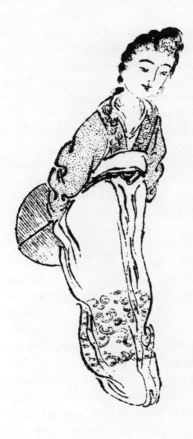

Yü Tschu, ‹Perle ohne Makel›

Mund spielte, war schwer zu deuten, doch meinten sie, so etwas wie heimlichen Triumph lesen zu müssen.

«Demnach scheint dir die Eroberung geglückt und die Fächerrechnung beglichen zu sein?», kam wie aus einem Munde die gespannte Frage.

«So einigermaßen – und es geschah hinter dem Rücken meiner teuren Schwurschwestern, wie ich reumütig gestehen muß.»

Die dürre Bestätigung versetzte die beiden in jene gemischte Seelenverfassung, wie sie sich etwa im Gesicht eines durchgefallenen Prüfungskandidaten widerspiegelt, wenn er bei der Heimkehr seinem Frauchen nach längerer Abwesenheit wieder entgegentritt: niedergeschlagen, betreten und gleichzeitig nach lang entbehrter zärtlicher Umarmung hungernd.

Es kostete die beiden schon einige Überwindung, eine heitere Miene aufzusetzen und sich zu ein paar Worten schwesterlicher Anteilnahme aufzuschwingen:

«Kung hsi! Artiger Glückwunsch! Gratulieren zum Familienzuwachs in Gestalt des neuen Schwestermannes – nach Wunsch!»

Der leise Unterton von Neid, Ironie und Skepsis, der in ihrem erzwungenen Glückwunsch mitschwang und Duftwolkes feinem Ohr keineswegs entging, hätte an sich verstimmen können, bei Duftwolke löste er ganz im Gegenteil heimliche Genugtuung aus. Sie weidete sich an der Verwirrung der Gefühle, die sie bei ihren Basen angerichtet hatte. Sie mit kleinen Nadelstichen zu reizen und aus der gewohnten Seelenruhe aufzuschrecken, daran fand sie Gefallen, das war nun einmal ihre Art. Unbefangen und heiter fuhr sie fort:

«Das Ereignis muß natürlich mit einem Freudenbecher gebührend gefeiert werden, und ihr seid höflich dazu eingeladen – übrigens auch, wenn ihr mir nicht gratuliert hättet.»

«Oh, dann bekommen wir den neuen Schwestermann wohl zu sehen? Wo steckt er überhaupt?» fiel die jüngere Base Juwel lebhaft ein.

«Wozu wollt ihr ihn nochmals sehen? Ihr hattet doch damals im Tempel schon reichlich Gelegenheit, ihn euch anzugucken.»

«Erlaube, das ist doch etwas ganz anderes. Damals war er uns doch noch ganz fremd, und wir konnten seinen artigen Gruß nicht gut erwidern, das wäre unpassend gewesen; jetzt aber hat er sich mit Erfolg in unsere Sippe hineingeschlängelt und gerankt, er gehört zu uns, was ist da groß dabei, wenn wir ihn einmal als neuen Vetter und Schwager begrüßen und ihn – wohlverstanden in deinem Interesse – etwas näher beäugen?»

Duftwolke schob die Brauen eng zusammen, so daß sich auf ihrer glatten Stirn eine steile Falte bildete. Ihre Miene gewann damit den Ausdruck ernsten Bedenkens. Das war natürlich bloß Verstellung. Es bereitete ihr Vergnügen, die werten Bundesschwestern, die vor Erwartung fast barsten, ein bißchen zu foppen und zappeln zu lassen.

«Hm, an sich kein Problem, ihn euch vorzustellen, das könntet ihr jederzeit haben, wann immer es euch beliebt – aber da ist ein Aber, nämlich das Bedenken, daß er bei eurem Anblick vor Begeisterung von neuem überschnappt und wieder so eine närrische

Szene mit Fußfall und zahllosen Stirnaufschlägen aufführt wie damals im Tempel. Was schert sich denn so einer im Überschwang seiner Gefühle um gute Form und Etikette? Der läßt sich vor euch unter Umständen zu groben Taktlosigkeiten hinreißen, denen ich meine teuren Basen keinesfalls aussetzen möchte.»

Base Perle protestierte: «Na na, deine Befürchtung scheint leicht übertrieben. Zwischen damals und heute besteht denn doch ein beträchtlicher Unterschied: damals im Tempel waren außer uns kaum Leute da, vor denen er sich zu genieren brauchte, da konnte er sich gehenlassen, heute dagegen würdest du dabeisein und eifersüchtig über sein Verhalten wachen, in deiner Gegenwart wird er sich wohl zusammennehmen und keine Dummheiten machen.»

«Gib dir keine Mühe! Es ist umsonst!» fiel Base Juwel, ungeduldig auf ihrem Sitz hin und her rutschend, der älteren Schwester gereizten Tones ins Wort. «Sie gönnt uns ganz einfach nicht ihren Herzallerliebsten, nicht einmal seinen bloßen Anblick! Schöne Bundesschwester das! Wie hatten wir uns damals geschworen? Gemeinsames Leid, gemeinsame Freud! Jetzt sieht man es ja, wie ernst sie es mit ihrem Schwur nimmt! Dabei pochen wir nicht einmal auf unser eigenes Anrecht, das sich aus seinem Fußfall herleitet, bloß ihn einmal zu sehen war unser Wunsch, mehr hatten wir gar nicht im Sinne. Laß ab, weiter in sie zu dringen. Erbetteln möchten wir nicht die kleine Gefälligkeit!»

Duftwolke fühlte, daß sie den Bogen des übermütigen Neckens überspannt hatte. Begütigend lenkte sie ein:

«Nun tut bloß nicht gleich beleidigt! Ich habe doch nur Spaß gemacht! Und nun Spaß beiseite – ihr habt keinen Grund, mir böse zu sein. Wenn ich ihn für mich allein hätte beschlagnahmen wollen, dann wäre ich doch gar nicht erst zu euch herübergekommen, sondern hübsch bei mir zu Hause geblieben, um seine Liebe bei Tag und Nacht allein zu genießen – habe ich recht? – Also ihr braucht mir keine finsteren Absichten unterzuschieben und an meiner Bundestreue irre zu werden. Jetzt handelt es sich nur darum, daß wir uns im voraus friedlich auf einen gerechten Verteilungsschlüssel einigen, nach dem wir die gemeinsame Nutznießung seiner Liebe ausüben wollen. Ich möchte nicht, daß es darüber zwischen uns zu irgendwelcher Rivalität, zu häßlichem Zank und Streit kommt. Sobald wir uns in dieser Hinsicht verständigt haben, werde ich ihn zu uns einladen und euch vorstellen.»

Die Mienen der beiden hellten sich auf. Die jüngere sprang von ihrem Sitz hoch und klatschte vor Entzücken in die Hände:

«Gut gesprochen. Das heißt loyal die beschworene Bundestreue halten!» rief sie begeistert aus.

«Bezüglich des Verteilungsschlüssels aber richten wir uns ganz nach deinen Vorschlägen», fügte beifällig Base Perle hinzu.

«So hört denn, wie ich es mir zurechtgelegt habe: Wenn es allein nach der Priorität der Bekanntschaft ginge, dann könnte ich darauf pochen, daß ich vor euch mit ihm Bekanntschaft geschlossen und intimen Verkehr gepflogen habe und könnte daraus logischerweise das Recht auf den gleichen Vorrang vor euch herleiten, wie er einer rechtmäßigen Hauptgattin gegenüber später hinzugeheirateten Nebengattinnen gebührt. Strenggenommen könnte ich entsprechende Vorteile für mich einheimsen, das heißt, ich könnte ihn zur Hälfte für mich beschlagnahmen, in die andere Hälfte müßtet ihr euch teilen. Aber so kleinlich und happig will ich gar nicht sein. Ich ziehe vielmehr in Betracht, daß wir uns nicht nur als Basen und Freundinnen, sondern kraft unseres Bundes so gut wie leibliche Schwestern nahestehen. Demnach bin ich dafür, daß für uns alle drei das gleiche Recht gelten soll, mit der Maßgabe, daß wir bei Ausübung des Nutznießungsrechtes eine vernünftige Reihenfolge unter Vorrang des Alters wahren. Ich befürworte das deshalb, damit wir uns nicht gegenseitig in die Quere kommen. Ich möchte nicht, daß es bei uns zugeht wie in einer Elementarschulklasse, wo alles gleichzeitig laut hersagt und durcheinanderplappert. Disziplin, meine Damen! Hübsch eine nach der anderen! Die jüngere nach der älteren! Zu welcher Zeit ihr euer Recht auszuüben wünscht, ob bei Tag, ob bei Nacht, das überlasse ich euch. Ferner soll die einzelne, wenn sie sich's schmecken läßt, auch an die nächste denken und ihr etwas vom Schmaus übriglassen. Sie soll sich nicht so aufführen, als ob der Tisch für sie allein gedeckt wäre. Das gilt auch für die bloß gesprächsweise Unterhaltung. Keine soll zu kurz kommen, vor allem nicht ich, die ich die ältere Anwartschaft habe. Ich möchte euch, die ihr nach mir gekommen seid, also ersuchen, die Intimität nicht so weit zu treiben, daß ich mich beiseitegedrängt und zurückgesetzt fühlen müßte. Das würde Groll erwecken und unserer Freundschaft Abbruch tun. Seid ihr mit diesen Richtlinien für ein passendes Verhalten einverstanden?»

«Einverstanden! So ist es durchaus recht und billig», bejahten wie aus einem Munde spontan beide Basen.

«Gut, dann will ich gleich eine schriftliche Einladung an ihn aufsetzen. Holt mir Briefpapier herbei!» Perle eilte und brachte das Gewünschte, Juwel rührte Tusche auf dem Tuschstein. Duftwolke griff zum Pinsel und schrieb auf das geblümte Blatt Papier kurz und bündig:

‹Auf der Mondterrasse erwartet gern
Das Damenkränzchen den jungen Herrn!›

Fertig. Die Schreiberin faltete das Blatt zusammen und schickte sich an, es in den Briefumschlag zu stecken.

«Nanu, was soll dieser unfertige Zweizeiler? Wo bleibt da Stil und literarische Form? Warum schreibst du nicht weiter?» wunderte sich Base Juwel.

«Ich weiß, ich hab's!», platzte Base Perle heraus. «Sie schätzt seine Gabe, sich in weibliches Innenleben hineinzuwühlen und einzufädeln, da möchte sie es ihm überlassen, ihr angefangenes Opus zu vollenden und zum Vierzeiler abzurunden, womit sie ihm gleichzeitig die Mühe eines umständlichen Antwortbriefes erspart – ach ja, die Liebe!»

Duftwolke quittierte ihre Bemerkung mit einem verlorenen Lächeln, das wohl als Zustimmung zu deuten war. Sie übergab den Brief ihrer Zofe mit dem Auftrag, ihn durch die bewußte Hauswandlücke ins Nachbargrundstück zu befördern und die Antwort des Empfängers mitzubringen. Die Wartezeit bis zum Eintreffen der Antwort verkürzten sich die drei Damen mit einer Tasse Tee und munterem Geplauder.

Gesprächsstoff war natürlich ein gewisser Er. Was für ein unerschöpflicher Gesprächsstoff!

«Wie hast du es eigentlich fertiggebracht, ihn in deine Wohnung zu schmuggeln und ganze Nächte in seinen Armen zu verbringen?» wollte Base Perle wissen.

Schmunzelnd berichtete Duftwolke den Hergang, daß er zufällig Haus an Haus neben ihr wohne, wie er den genialen Einfall gehabt habe, einen Durchlaß durch die Hauswand zu brechen und ihre Aufmerksamkeit durch lautes Rezitieren des Li Tai Po Gedichts auf ihrem Fächer zu erwecken, und wie er schließlich über die hölzerne Brücke in Gestalt zweier Leitern bei ihr eingestiegen sei.

«Großartig! Das zeugt zweifellos von beachtlichem Geist – aber wie steht's ansonsten mit ihm? Ich meine, ist er auch als Liebhaber tüchtig?» forschte Base Perle.

«Tüchtig ist gar kein Ausdruck – vor Wonne vergehen möchte man in seinen Armen! – Ihr beide kennt ihn nur vom Aussehen, gewiß, schon sein Äußeres ist selten anziehend, einfach unvergleichlich vorteilhaft, aber äußere Vorzüge kann die Hand eines Künstlers, eines Porträtmalers oder Bildschnitzers, schließlich bildlich festhalten und der Natur entsprechend wiedergeben, davon kann man sich eine Vorstellung machen, was sich aber bildlich nicht darstellen läßt und wovon ihr euch überhaupt keine Vorstellung machen könnt, das ist sein verborgener Vorzug – ihr wißt schon, was ich meine – sein gewisses Etwas, sein Kapital – also ich kann euch sagen, so etwas Phantastisches ist noch nie dagewesen! – Einfach unerhört!»

Beide Basen wippten gleichzeitig von ihren Sitzen hoch und bestürmten Duftwolke um nähere, ganz ins einzelne gehende Erläuterung. In ihrer aufgeregten Wißbegierde glichen sie Kandidaten unmittelbar vor der Prüfung, wenn sie Kommilitonen, die die Prüfung gerade hinter sich haben, am Eingang zur Prüfungshalle festhalten und nach allem möglichen ausfragen, welcher Art das Prüfungsthema war, ob kurz, ob lang, ob aus Klassikern entnommen oder von woanders, ob irgendwelche Hinweise dazu gegeben seien, um als ‹Kerze› das Dunkel im Hirn der Kandidaten ein wenig zu erhellen.

«Paßt auf! Um es euch recht anschaulich zu beschreiben ...», begegnete Duftwolke dem Schwall der Fragen und hob ein elfenbeinernes Eßstäbchen – die Schale Tee hatte sich zum Abendessen erweitert, der Tisch war noch nicht abgeräumt – in die Höhe.

«Seht dieses Eßstäbchen – es ist von ungefähr der gleichen Länge wie sein Etwas.»

Nun nahm sie ein Teeschälchen zwischen die Finger und zeigte es herum.

«Seht das Schälchen – hat etwa den gleichen Umfang wie sein Ding.»

«Oh! – Aber wie steht es mit der Härte? Bleibt es auch mit Ausdauer fest?»

Duftwolke zeigte auf den Teller mit Bohnenkäse. «Genau wie dieser Käse hier.» Beide Basen lachten hellauf.

«Was! Solch schlappem, weichem Zeug gleicht sein Ding? – Demnach taugt es trotz Länge und Dicke nichts, schade.»

«Erlaubt, da kennt ihr Bohnenkäse schlecht: nichts kommt ihm an Härte und Festigkeit gleich, nicht ein-

mal Gold, Silber, Kupfer und Eisen! Metalle mögen
noch so hart und fest scheinen, aber im Feuer werden
sie weich und schmelzen. Das einzige, was dem Feuer
standhält und nicht schmilzt, ist Bohnenkäse, im
Gegenteil, je größer die Hitze, desto härter und fester
wird er. Genauso ist es mit seinem Ding: je hitziger
der Kampf, desto fester und härter wird es. Ich habe
es ausprobiert. Gebt ihr nun zu, daß mein Vergleich
richtig war?»

«Ach, du übertreibst – so etwas gibt es doch gar
nicht! Das würde ja an Wunder grenzen – nein, das
glauben wir nicht.»

«Ob ihr's glaubt oder nicht, es ist so – ich habe
keineswegs übertrieben, sondern eher zuwenig gesagt, denn eine weitere wunderbare Eigenschaft habe
ich noch nicht einmal erwähnt – aber wozu davon
reden? Ihr glaubt mir ja doch nicht – warten wir heut
nacht ab, da könnt ihr selber ausprobieren und euch
überzeugen.»

«Nun sprich schon! Kümmere dich nicht darum,
ob wir's ernst nehmen», drängten die beiden und
drängten so lange, bis Duftwolke ihnen den Gefallen
tat und auch die weitere merkwürdige Eigenschaft
seines Dings eingehend beschrieb, wie es im Verlaufe
des Kampfes zu immer ansehnlicherer Stärke anschwelle und sich von anfänglicher Kühle zu wahrer
Gluthitze hineinsteigere.

Ihre liebevoll ausmalende Detailschilderung ließ
im Herzen der Zuhörerinnen eine Lohe wilder Erregung hochschlagen und ihre Wangen bis zu den
Ohrenspitzen hinauf mit brennendem Rot übergießen. Im Geiste wünschten sie sich den Besitzer solch
körperlichen Zaubers augenblicklich herbei und flugs

ohne alle Umstände und vorgängige Förmlichkeiten zu sich ins Bett, um seine Fähigkeiten auszuprobieren.

Da mußten sie sich freilich noch eine geraume Weile gedulden. Der Vormitternachts-Scholar war zufällig gerade ausgegangen, als ihm Duftwolkes Zofe die Einladung überbringen wollte. Während sie im Boudoir ihrer Herrin saß und auf sein Kommen wartete, war sie von seinem jüngeren Burschen namens Bücherkasten erspäht worden, und der, nicht faul, war nach dem Vorbild seines Herrn durch die Mauerluke zu ihr hinübergestiegen und hatte ihr Gesellschaft geleistet. Sie hatten zu recht ausgiebigem Getändel Zeit gehabt, ehe der junge Herr heimkam und das Pärchen auseinanderfahren ließ.

Endlich fand sich die Botin drüben wieder ein. Die drei Damen steckten die Köpfe zusammen und lasen voll gespannter Erwartung den Antwortbrief, den sie überbrachte.

Es war gar kein eigentlicher Brief. Wie richtig vermutet, hatte er vielmehr Duftwolkes Zweizeiler einfach zum Vierzeiler ergänzt, und ebenso kurz und bündig wie ihre Einladung lautete seine Antwort:

‹*Schafft immer schon ein kräftig Mahl mit Lauch herbei,*
Auf daß zum Rendez-vous ich wohl gerüstet sei!›

Das war eine Zusage, die an Deutlichkeit nichts zu wünschen übrigließ. Sie setzte die beiden Basen in hellen Aufruhr. Sie sprangen auf und wollten auf der Stelle in ihre Schlafkammern stürzen, um Betten zu richten, Decken zu schichten, ein Vollbad zu nehmen, Toilette zu machen, Räucherkessel in Brand zu setzen und ähnliche Vorbereitungen zu treffen.

«Halt, nicht so stürmisch!» wehrte Duftwolke ihrem Eifer und bestand darauf, daß zunächst völlige Klarheit über die ‹Reihenfolge› geschaffen werde.

Base Perle bot aus Höflichkeit Duftwolke als der Ältesten den Vortritt an. Duftwolke aber erklärte großmütig, daß sie für diese Nacht verzichten wolle – für sie kein besonderes Opfer, da sie sich von den Genüssen der letzten Nächte mehr als gesättigt fühlte.

Nach längerem Hin und Her wurde beschlossen, daß das Nutznießungsrecht an dem Jüngling von der älteren Schwester Perle bis Mitternacht, von der jüngeren Juwel ab Mitternacht ausgeübt werden solle.

Die Damen waren mit ihren Vorbereitungen in Boudoir und Küche kaum fertig, da erschien auch schon die Zofe, die sie am Hauseingang postiert hatten, und geleitete, mit der Stocklaterne voranleuchtend, den mit Spannung erwarteten späten Besucher herein.

Schämig tuend zogen sich bei seinem Erscheinen die Basen Perle und Juwel etwas in den Hintergrund des Salons zurück und überließen Duftwolke die erste Begrüßung.

Er verneigte sich tief und förmlich vor ihr.

«Möchtest du mich, bitte, nun deinen verehrten Basen vorstellen?» raunte er ihr zu.

Lächelnd nahm sie jede der Basen bei der Hand und zog und zerrte die sich immer noch scheinbar Sträubenden vor ihn hin und stellte sie gegenseitig vor. Perle wollte eine Zofe nach Tee schicken. Duftwolke winkte lachend ab.

«Wozu erst noch zeremoniellen Tee? Lange genug hat er nach euch geschmachtet! – Macht keine Umstände, küßt euch und schlürft statt faden Tees edlen

Saft aus euren Gaumen!» brach sie munter und resolut den Bann anfänglicher Befangenheit. Das ließ sich unser Jüngling nicht zweimal sagen. Kurz entschlossen umhalste er gleichzeitig beide Basen, drückte sie eng Schulter an Schulter und Wange an Wange aneinander und preßte seine Lippen auf beider Lippen dergestalt, daß die drei Münder sich zu dem Schriftzeichen pin 品 formten, das soviel wie ‹familiär› bedeutet. Es wurde ein langer, in die Tiefe schürfender und aus der Tiefe schlürfender Kuß. Er verstand es, ergiebig an ihnen zu schlecken. Endlich riß sich die Jüngere los.

«Ich muß in die Küche, nach dem Nachtmahl sehen – vor allem nach dem bestellten Lauchgericht!» erklärte sie mit schelmischem Seitenblick auf ihn.

«Ach, wozu die Umstände? Es ist schon viel zu spät zu großem Tafeln – und was das bestellte Lauchgericht betrifft, so ist mein Bedarf durch die edle Kostprobe aus eurem Gaumen hinreichend gedeckt! Gehen wir lieber alle zusammen zu Bett!» gab er galant scherzend zurück.

Aber Juwel war schon in die Küche enteilt, und gleich darauf trugen Zofen das kleine, erlesene Nachtmahl auf. Alle vier nahmen am gleichen Tisch Platz und widmeten sich eine Weile schweigend den appetitlich duftenden Schälchen und Schüsselchen.

Unser Jüngling war indes nicht recht bei der Sache. Seine Gedanken waren weit vorausgeflattert und weilten schon ganz woanders als beim Mahl. Zerstreut stocherte er in seinem Lauchgericht und sprang auf, bevor er es auch nur zur Hälfte aufgegessen hatte. Er zwinkerte Duftwolke zu und nahm sie heimlich beiseite:

«Also wie steht es denn mit der Reihenfolge heut nacht?»

«Wir haben es unter uns so abgemacht: bis Mitternacht gehört dir Base Perle als Ältere, ab Mitternacht Base Juwel als Jüngere.»

«Und du?»

«Genau in der Mitte zwischen den beiden», schwindelte sie ihm mit todernster Miene vor.

«Fein ausgedacht hast du dir das!»

«Das klingt wie Vorwurf – willst du damit sagen, ich hielte es mit dem Egoisten von Gastgeber, der beim Karpfenessen das vorteilhafte Mittelstück für sich selber behält und seinen Gästen Kopf- und Schwanzstück mit mehr Flossen und stachligen Gräten als Fleisch überläßt?»

«Hm, ungefähr so – was ich noch sagen wollte: ich fürchte fast, bei solcher Regelung, die eine Menge Hin- und Hergelaufe von Boudoir zu Boudoir, von Bett zu Bett und wiederholtes An- und Auskleiden mit sich bringt, wird viel kostbare Zeit verlorengehen – wäre es nicht praktischer, wenn wir uns gleich alle zusammen auf gemeinsamem Lager zur Ruhe betten würden? Was meinst du?»

«Ah, verstehe, worauf du hinaus willst: du Nimmersatt hast es gleich auf uns alle drei auf einmal abgesehen. Möchtest es weiter unten genauso halten wie vorhin oben beim Küssen, möchtest wie oben das Schriftzeichen pin, so unten das Schriftzeichen tschuan 串 ‹aneinanderfädeln› zustande bringen, nicht wahr? Doch so etwas gleich beim ersten Mal anstellen? – Nein, das wäre voreilig, das hat Zeit für später. Heut nacht wirst du hübsch getrennt schlafen, vor Mitternacht bei Perle, nach Mitternacht bei Juwel, basta! – Ich selber werde diesmal aus dem Spiel bleiben, ich hatte dir vorhin bloß aus Spaß weisgemacht, ich beanspruche das Mittelstück – noch eines: gib dir etwas Mühe mit den beiden! Enttäusche sie nicht!»

«Das versteht sich von selber, das brauchst du mir nicht noch eigens einzuschärfen – nur schade, daß ich auf deine gütige Mitwirkung verzichten muß, ich hätte besonderen Wert darauf gelegt.»

Duftwolke winkte ihre Zofe herbei und hieß sie dem jungen Herrn zum Boudoir von Base Perle mit der Stocklaterne voranleuchten.

Sie selber begab sich zur jüngeren Base Juwel. Es dauerte sie, daß die Kleine nun sitzen und warten mußte, bis sie auch an die Reihe käme. Da wollte sie ihr inzwischen Gesellschaft leisten und die lange Wartezeit bis zur mitternächtlichen Ablösung mit munterem Geplauder kürzen.

Drüben hatte das Pärchen mittlerweile das elfenbeingeschnitzte Bett bestiegen. Viel Umstände waren dabei nicht gemacht, viel Worte nicht gewechselt worden, im Gegenteil, als ob sie sich seit langem vertraut wären, hatten sie sich gegenseitig beim Auskleiden geholfen, sie ihm Gürtel und Hosenbund gelöst, er ihr die unteren Hüllen abgestreift.

Anfänglich schuf ihr die Sache weniger Vergnügen als Pein. Einem solch draufgängerischen Kampfgegner fühlte sie sich nicht gewachsen, und sie war schon nahe daran, aufzugeben. Doch dann erinnerte sie sich der Worte, mit denen Duftwolke ihnen von den im späteren Kampfverlauf zu erwartenden sensationellen Wonnen vorgeschwärmt hatte, Worte, die in ihren Ohren lieblich geklungen hatten. Eine solche

Sensation wollte sie sich auf keinen Fall entgehen lassen, die würde sie für die anfänglich zu erduldende Pein reichlich entschädigen. Und so biß sie tapfer die Zähne zusammen und ließ ihn in seinem ungestümen Angriff gewähren.

Ihre Ausdauer sollte belohnt werden. Was sie von Minute zu Minute mit Spannung erwartete, traf tatsächlich ein: je tiefer sein Botschafter in ihr Lustschlößchen eindrang und sich schließlich Eintritt in das hinterste Privatkabinett erzwang, desto mehr schwoll er, das fühlte sie deutlich, zu immer stärkerem Umfang an, desto mehr steigerte sich, das spürte sie deutlich, seine kühle Anfangstemperatur zu immer größerer Hitze. Schließlich war er zu einem derart stattlichen ‹Magister Horn› angewachsen, daß er das ganze Privatkabinett verstopfte und sich mit seiner Leibesfülle den Rückzug abschnitt und nicht mehr rühren konnte. Damit war für beide der Gipfel der Wonne erreicht, und Perle erlebte nun, was Duftwolke so überschwenglich als Wunder und Sensation gepriesen hatte, und mußte ihr recht geben, es war keineswegs leeres Gerede. Sie preßte den Spender solch nie zuvor gekannter Freuden dankbar entzückt an sich.

«Liebster, schon dein Äußeres, dein Antlitz, deine Gestalt genügt, um Tausende von Frauen vor Sehnsucht nach dir vergehen zu lassen – ich frage mich, warum hat dich die Natur obendrein noch mit einer so seltenen, wunderbaren körperlichen Beigabe bedacht? Das ist doch fast zuviel des Guten! Es scheint ja förmlich deine Bestimmung zu sein, alles Weibsvolk unter dem Himmel toll und verrückt nach dir zu machen!»

«Liebste, soll ich dich beim Wort nehmen? Wärest du denn bereit, dein Leben preiszugeben und in meinen Armen vor Liebe zu vergehen?»

«Nimm mir's nicht übel, aber da du schon über ein solch seltenes Wunderding verfügst, möchte ich aus Sehnsucht danach noch ein wenig am Leben bleiben – laß es mich noch ein paarmal genießen, dann will ich getrost mein Leben lassen – aber gleich beim ersten Mal? Nein, das wäre denn doch etwas verfrüht.»

«Keine Angst, es wird sowieso nicht dazu kommen, daß ich dich vor Liebe gleich ganz tot mache – ich muß ja die heutige Nacht noch mit deinem befehlenden Schwesterchen teilen, also werde ich dich bestenfalls bloß halbtot machen», scherzte er und begann von neuem zu werken und zu walken, daß darob schier Himmel und Erde aus dem Gleichgewicht geraten wollten.

Nun ging Perles Lustgrotte zwar beträchtlich in die Tiefe, aber ihr ‹Blumenherzchen› pochte dicht unterhalb des Grotteneinganges, sein Botschafter brauchte nur ein, zwei Zoll weit einzudringen, da überrieselte sie bereits wohliger Schauer, und sie spürte angenehmsten Nervenkitzel; kurz, es währte nicht lange, da stöhnte sie auf:

«Liebster, halt ein! Schone mein Leben! Ich fürchte, ich muß es nicht nur halb, sondern ganz lassen!»

Er überhörte zunächst ihr Flehen und fuhr unbekümmert in seinem Werken fort, bis ihn schließlich die zunehmende Erschlaffung ihrer Glieder und der kalte Atem, den ihr Mund ausstieß, zur Einsicht brachten, daß ihre zarte Natur einem solchen Kampf einfach nicht gewachsen war. Da ließ er von ihr ab, schlang seine Arme zärtlich um sie und gönnte ihr Ruhe.

Es dauerte eine geraume Weile, bis sie wieder einigermaßen zu Kräften kam und zu sprechen fähig war. Sie zeigte auf die neben dem Bett stehende Wasseruhr.

«Liebster, mit Freuden würde ich mein Leben in deinen Armen aushauchen! Aber es ist jetzt Mitternacht, drüben wartet meine Schwester auf dich. Steh auf und geh zu ihr hinüber.»

«Richtig. Aber wie soll ich mich in dieser lackschwarzen Finsternis zurechtfinden? Würdest du so lieb sein und mich hinbegleiten?»

«Ich kann nicht. Du hast mich völlig erledigt. Nicht einmal vom Bett kann ich mich erheben. Aber ich werde dir meine Zofe mitgeben, die soll dich hinbringen.»

Sie klatschte in die Hände, worauf ein junges Ding, mit einer Stocklaterne in der Hand, aus dem Vorraum zum Vorschein kam. Das Zöfchen wartete, bis sich unser Jüngling angekleidet hatte, dann nahm es ihn bei der Hand und zog ihn mit sich hinaus.

Die knapp Fünfzehnjährige war noch unschuldiges Jüngferlein. Sie hatte die ganze Zeit über nebenan im Dunklen gesessen und mit hochroten Ohren gelauscht. Die Geräusche von nebenan, die den Bettkampf des Liebespärchens begleiteten und schier Berge wackeln und den Erdboden wanken machten, hatten bei der jugendlichen Lauscherin einen gewaltigen Aufruhr der Sinne hervorgerufen.

Während des langen Weges, der über finstere Höfe und stockdunkle Wandelgalerien entlangführte, pochte und drängte das erregte junge Blut in ihren

Adern heftig weiter und verlangte stürmisch nach Erlösung. In einem entlegenen Gartenwinkel, vor einer düsteren Laube, blieb sie auf einmal stehen. Sie mußte endlich heraus, die Frage und Bitte, die schon während des ganzen Weges in ihr gewürgt hatte:

«Junger Herr, ach möchtet Ihr mich, bitte, bitte, nicht auch ein wenig von der Süßigkeit naschen lassen, die Ihr vorhin so wölfisch wild an meine Herrin verschwendet habt? Augenblicklich führt Euer Weg über mich als Zollstation. Wenn ich Euch passieren lassen soll, müßt Ihr mir schon etwas Zoll zahlen.»

Bei diesen Worten hatte sie die Laterne auf den Boden gesetzt, sich zutraulich an ihn geschmiegt und während sie ihn anschmachtete, nestelte sie bereits an ihrer Unterkleidung herum.

Der Jüngling mußte heimlich lachen, aber er war Kavalier genug, ihre Gefühle zu schonen und nicht durch schroffes Zurückstoßen zu verletzen. Gut, er wollte ihr den Gefallen tun. Und so hieß er sie, sich auf einer nahen Gartenbank hinzulegen.

Etwas zerstreut und mit seinen Gedanken weniger bei diesem improvisierten Zwischengang als bei dem programmgemäß vorgesehenen zweiten delikaten Hauptgericht des Nachtmahls, ging er ziemlich lustlos und routinemäßig ans Werk. Sein Bemühen gedieh indes nicht über einen Versuch hinaus, und es war Versuch am untauglichen Objekt. Er war an ein gänzlich unerfahrenes junges Ding, an eine völlig ‹ungebrochene Melone› geraten. Er begegnete Widerstand über Widerstand.

«Au, Ihr tut mir weh!» kreischte sie.

«Warum schuf Euer Ding vorhin meiner Herrin soviel Behagen, während es mir nur Mißbehagen bereitet? Es ist doch das gleiche Ding!» fragte sie naiv und unsicher.

Nachsichtig und geduldig klärte er sie auf, daß sie eben noch ‹ungebrochene Melone› sei, daß bei ihr zunächst ein gewisses Verschlußhäutchen durchstoßen werden müsse, daß das naturgemäß mit Schmerz und Blutung verbunden sei, und daß sie erst nach zehnmaligem Probieren wirklichen Genuß und Behagen spüren werde.

Aber einer blutigen Anfängerin Elementarunterricht im Liebesspiel zu erteilen, ähnlich wie damals Edelduft, seiner Ersten, dazu erschien ihm weder Zeit noch Ort geeignet. Es war längst nach Mitternacht, er wurde doch von Base Juwel schon mit Ungeduld erwartet, und in kühler Nachtluft auf harter Gartenbank Unterricht in primitivster Liebestechnik erteilen? – Nein, das war ihm denn doch zu dumm.

«Weißt du, Kleine, mein Hausgerät ist gar zu groß für dich. Gedulde dich bis zu meinem nächsten Besuch. Dann werde ich meinen netten, jungen Bücherburschen mitbringen, Schu Tung ‹Bücherkasten› heißt er, das ist ein besserer Partner für dich. Mit dem magst du, soviel du Lust hast, dich vergnügen und Süßigkeit naschen», tröstete er sie.

Sie war's zufrieden, schlüpfte vergnügt in ihre Hosen und geleitete ihn weiter zum Wohnbereich der jungen Gebieterin Juwel. An der Pforte wartete schon eine andere Zofe und führte den späten Ankömmling in das mit Kerzen und Ampeln festlich erhellte Boudoir. Er fand Juwel, ein Buch in der Hand, im Bett liegend vor.

Sie trug bei seinem Eintreten eine ziemlich frostige Miene zur Schau.

«Liebling, bitte, sei mir nicht böse! Ich habe mich etwas verspätet», entschuldigte er sich hastig.

«O bitte, du hättest besser gleich die ganze Nacht drüben bleiben sollen! Wozu hast du dir noch die Mühe des weiten Weges zu mir gemacht?» kam es pikiert zurück.

«Aber, aber! Wie kannst du nur so etwas aussprechen! Ich bin schon untröstlich genug, eine kostbare Viertelstunde in deiner Nähe versäumt zu haben.»

Während der kurzen Unterhaltung hatte er sich ausgezogen und unter die Bettdecke an ihre Seite gekuschelt.

Juwel war drei Jahre jünger als ihre Schwester Perle. Sie war ein ausnehmend delikates, feingliedriges Geschöpf. Ihr Fleisch, ihre Haut war das Zarteste und Weichste, was man sich vorstellen kann. Ihre Brüste fühlten sich an wie frisch gelegtes Hühnerei ohne Schale. Sie wirkte wie eine zerbrechliche Nippfigur, die beim geringsten Druck oder Anstoß kaputtgeht. Wenn sie so im Garten lustwandelte oder die Stufen zur Mondterrasse mehr hinaufschwebte als stieg, hatte man den Eindruck, der leiseste Lufthauch könne sie umblasen. Wenn sie sich zum Sitzen niederließ, hatte man den Eindruck, sie brauche noch jemanden, der sie rechts und links stütze, damit sie nicht umkippe.

Wie sollte ein derart zartes Geschöpf einen ernsthaften Bettkampf durchstehen können, noch dazu mit einem Partner, der mit einem so gewaltigen Rüstzeug ausgestattet war wie unser Jüngling? Das Wort ‹vor Liebe sterben›, im Munde der robusteren Schwester Perle vielleicht noch Phrase und Übertreibung, drohte bei der jüngeren Ernst zu werden.

Zum Glück erkannte ihr Partner noch rechtzeitig die Gefahr, wie er sie so daliegen sah, die Augensterne bis auf einen schmalen Spalt durch die heruntergeklappten Lider verdeckt, Mund und Lippen halb geöffnet, nach Atem ringend und nach Worten, die auszusprechen sie einfach nicht mehr die Kraft hatte, da kam es ihm mit Schrecken zum Bewußtsein, daß ihre Duftseele sich offenbar anschickte, dem zarten Gehäuse ihres Leibes zu entfleuchen, und es überkam ihn aufrichtiges Mitleid und Erbarmen.

«Mein zartes Lieb, du kannst wohl nicht mehr? Soll ich lieber aufhören?» fragte er noch – eigentlich überflüssigerweise. Ihr stummes Kopfnicken – zu sprechen war sie gar nicht fähig – sagte ihm genug. Flugs löste er sich von ihr los und kletterte vom Bett herab. Eine Weile hockte er nachdenklich am Bettrand und gönnte ihr Zeit zum Verschnaufen.

Wie liebenswert sie doch trotz allem war! Unwiderstehlich verlangte es ihn nach neuer, inniger Umschlingung. Aber diesmal wählte er in zarter Rücksichtnahme eine andere Lage, die ihr bestimmt keine Unbequemlichkeit schaffen würde: er hob sie sanft der Länge nach über sich, bettete ihre Brust an seine Brust, ihre Wange an seine Wange und schlang die Arme um sie. In dieser Lage schliefen sie ein.

In der gleichen, etwas ungewöhnlichen Lage fanden Duftwolke und Perle das Pärchen vor, als sie, von Neugier getrieben, zeitig am nächsten Morgen im Boudoir erschienen und den Bettvorhang zurückschlugen. Sie rüttelten das noch fest schlummernde nackte Pärchen wach.

«Na, eine neue Wachskerze brauchen wir heute abend für die Bettampel nicht extra zu kaufen», wit-

Yü Tuan, ‹Juwel ohne Makel›

zelte Duftwolke, mit dem Ellbogen Perle anstoßend und auf das noch immer stattliche Etwas des Jünglings zeigend.

«Erlaube, tue unserer Kleinen nicht unrecht! Die arme Kerze hat die ganze Nacht über gebrannt und soviel Öl hergeben müssen, da ist kaum mehr allzu viel von ihr übrig», fiel Perle lachend in ihren Scherz ein.

Auch Juwel, sich die Augen reibend und hastig in die Kleider fahrend, mußte sich an dem allgemeinen fröhlichen Gelächter beteiligen.

«Also höre, wir sind zwecks ernster Beratung mit dir hergekommen», wandte sich Duftwolke alsdann in ernsthaftem Ton an den Vormitternachts-Scholar. «Wie soll es nun weitergehen? Auf die Dauer wird doch die andere bei dir zu Hause dahinterkommen, daß du heimlichen Verkehr pflegst, es wird ihr auffallen, daß du Nacht für Nacht aus dem Haus gehst und erst am nächsten Morgen wiederkommst, kurz, sie wird Verdacht schöpfen und der Sache auf den Grund gehen. Was dann? – Am liebsten wäre es uns, du bliebest gleich einige Zeit hier und gingest gar nicht erst nach Hause! Wir würden uns schon die Zeit vertreiben – es muß ja nicht immer gleich im Bett sein – wir könnten Schach spielen, wir könnten zusammen Gedichte machen, uns lustige Histörchen und Anekdoten erzählen. Das wäre auch ganz hübsch und unterhaltsam. Aber wie machen wir das möglich? Hast du einen Plan zur Hand?»

«Und ob ich ihn habe! Unbesorgt, meine Damen, ich habe in eurem Sinne bereits vorgesorgt!»

«Wirklich? Berichte! Erzähle!» kam es wie aus einem Munde.

«So hört. Meine kleine Freundin ist doch seit geraumer Zeit in anderen Umständen und außer Gefecht, sie bedarf der Schonung. Da habe ich nun kürzlich mit ihr also gesprochen: ich sei doch schon reichlich lange unterwegs auf Reisen und möchte die Gelegenheit, da sie ihrer Entbindung entgegensehe, benutzen, um endlich wieder einmal meine alte Heimat aufzusuchen und nach meinen Angehörigen zu sehen.

Für Hin- und Rückreise würde ich etwa drei Monate benötigen. Bei meiner Rückkehr würde sie wohl ihre schwere Stunde hinter sich haben, und dann könnten wir uns mit neuen Kräften wieder des langentbehrten gemeinsamen Lagers erfreuen. Sie erklärte sich von Herzen gern mit meinem Vorschlag einverstanden. Heute noch werde ich packen, mich von ihr verabschieden und in Begleitung meines jüngeren Burschen die angebliche weite Reise in die Heimat antreten. In Wirklichkeit wird es nur der kurze Sprung hierher zu euch sein. Wir werden also volle drei Monate für uns haben. Von der Unterhaltung mit Schachspiel, gemeinsamem Dichten und Erzählen von Histörchen und Anekdoten ganz zu schweigen – wir können uns dann auch in aller Ruhe die Zeit mit dem tschuan ‹Aneinanderfädeln›-Spiel vertreiben und verlustieren.» Alle drei sprangen vor Entzücken hoch.

«Herrlich! Großartig! Kein Tschen Ping (2. Jahrh. v. Chr. Erfinder der ‹sechs wunderbaren strategischen Pläne›) hätte wohl einen besseren Plan aushecken können!»

«Übrigens ist da noch ein Punkt, den ich zuvor noch gerne mit den verehrten Damen besprochen hätte. Ich habe doch drüben zwei Leibburschen bei mir, der ältere etwas blöd und stur, der jüngere um so heller und aufgeweckter. Ich bin an das Bürschlein gewöhnt und würde ihn gern auch hier ständig um mich haben, während der ältere drübenbleiben und das Haus hüten mag. Hättet ihr etwas dagegen, wenn er mit hier wohnen würde?»

«Nein.»

«Gut. Da ist freilich ein kleines Aber dabei: das Bürschlein ist genauso veranlagt wie sein Herr, nämlich ganz toll auf Weiber versessen. Wenn er hier nichts Süßes für sein Schleckmaul fände, dann würde er mir einfach davonlaufen und sich wieder drüben heimisch machen. Das würde natürlich auffallen und könnte zu Unannehmlichkeiten führen. Was tun?»

«Oh, das ist kein Problem. Wir haben im Hause genug Zofen und junge Dinger, an denen er seinen Appetit stillen mag, wenn es ihn abends nach etwas Süßigkeit gelüstet», beruhigte ihn Base Perle.

«Fein!»

Damit war die Beratung beendet. Am selben Tag hielt der Vormitternachts-Scholar mit Gepäck und Diener Einzug im Anwesen der drei Damen. Von da ab genoß nicht nur der Herr täglich in Fülle das Glück fraulicher Wärme und Zärtlichkeit und konnte sich sattsam an Düften köstlicher Blumen berauschen, auch der Diener kam reichlich auf seine Kosten.

Doch, ach, eines Tages sollten Lenzluft und Lenzduft des Zaubergartens verwehen und vergehen, und übrigbleiben sollten seufzende Nachtrauer und Nimmerwiedersehn.

Im Boudoir
Sie sitzt und stickt
An der damastnen Decke
Für die Hochzeitsnacht.
Ihr bräutlich Sinnen
Ist mit der Handarbeit verstrickt
Und hat nicht acht
Auf alle Pracht
Des heitren Tags,
Der draußen lacht.
Schon formen Fädchen sich und Faden
Zum zärtlichen Entenpärchen,
Da, weh! – ein leiser Schrei –
Die flinke Nadel
Brach entzwei!
Ein Kobold spukt
Im Bild versteckt
Und neckt.

XV. KAPITEL

Auf halbem Wege zum vollen Genuß begegnen sie einer unliebsamen Störung. Der lebende ‹Lenz Palast› wird im Koffer entführt.

Eines Tages machte der Vormitternachts-Scholar den drei Schönen, die ihn bei sich versteckt hielten, einen Vorschlag, der darauf hinzielte, Abwechslung in das Liebesspiel zu bringen. Gemäß der vereinbarten Spielregel hatten sie es bisher so gehalten, daß eine um die andere mit dem Jüngling eine ganze Nacht allein schlafen durfte, wobei die ältere den Vortritt vor der jüngeren hatte. Wenn Juwel als jüngste drangewesen war, eröffnete Duftwolke als älteste von neuem den Reigen. So hatten sie mehrere Runden aneinandergereiht, da brachte er das zur Sprache, was er sich in seiner ausschweifenden Phantasie von vornherein als Schlemmermahlzeit und Gipfel des Genusses ausgedacht und herbeigewünscht hatte:

«Wir sollten jedesmal, wenn eine Runde um ist, eine Nacht einschalten, in der wir alle zusammen das Lager gemeinsam teilen. Wäre das nicht lustig?»

Sein Vorschlag fand seitens der Schönen beifällige Aufnahme. So wurde eine besonders breite Lagerstatt hergerichtet, auf der vier Personen bequem Platz hatten, und es wurde für ein besonders großes Kopfpolster von fünf Fuß (knapp zwei Meter) Länge und für eine aus sechs Einzeldecken zusammengenähte Riesenbettdecke Sorge getragen.

Die drei Basen mußten sich Kopf an Kopf hinlegen, und er durfte sich über und zwischen ihnen hin und her rollen und wälzen und nach Herzenslust tummeln und vergnügen, bald mit der einen, bald mit der anderen. Hatte er die mittlere befriedigt, so beehrte er die Nachbarin zur Rechten, und wenn die genug hatte – alle drei waren zum Glück recht genügsam in ihrem Appetit – so besuchte er die Nachbarin zur Linken.

Das Spiel war für alle Beteiligten so aufregend, daß die Befriedigung allseits nicht lange auf sich warten ließ: im Verlauf von kaum einer Doppelstunde war die Hauptmahlzeit bewältigt, die übrige Zeit vertrieb man sich mit Liebkosungen und Zärtlichkeiten.

So konnte sich der Vormitternachts-Scholar wahrlich glücklich preisen. Bei drei Schönen zugleich liegen zu dürfen! – Welcher junge Mann seines Alters und Standes wäre je solch seltener Gunst des Schicksals teilhaftig geworden? Ja, selbst ein Himmelssohn – ausgenommen höchstens die beiden großen Genießer auf dem Thron, ein Kaiser Yang Ti (603–617) von der Sui-Dynastie und ein Kaiser Ming Huang Ti (713–756) von der Tang-Dynastie – dürfte sich schwerlich solche Extravaganz geleistet haben.

Auch die drei jungen Damen priesen sich glücklich. Es wollte sie bedünken, daß sie den Liebesgott persönlich in ihr Netz eingefangen hätten. Eine Sorge freilich überschattete ihr Glück. Eines Tages, als sie einmal ohne ihn unter sich waren, steckten sie die Köpfe zusammen und hielten Rat.

Duftwolke hub an:

«Soweit wäre alles schön und gut. Wir können es uns gar nicht besser wünschen. Selbst ein Gott könnte uns keine größeren Wonnen schenken. Wir dürfen uns wahrlich glücklich preisen. Aber Glück ist launisch. Wir sollten uns beizeiten gegen einen Rückschlag sichern. Wenn wir nun von unberufener Seite ertappt würden? Wenn unser schönes Geheimnis verraten und womöglich zu Ohren unserer abwesenden Ehemänner gebracht würde? Wir würden in eine sehr peinliche Lage geraten.»

Perle fiel ein: «Hm, unser Wohnbereich liegt an sich tief versteckt und durch Tore und Mauern nach außen abgesperrt, wer sollte unberufen in unsere Frauengemächer eindringen und beobachten können, was Intimes bei uns vorgeht? – Ein männliches Wesen jedenfalls nicht – selbst unser Haushofmeister hat keinen Zutritt zu unserem Wohnbereich, er darf nach der Hausordnung nicht weiter als bis zum zweiten Innentor, also von männlicher Seite besteht keine Gefahr. Gefahr besteht höchstens von weiblicher Seite, und da habe ich allerdings eine stille Befürchtung: es gibt in unserer Nachbarschaft eine gewisse Jemandin. Wenn die zufällig dahinterkäme, dann wäre es freilich aus mit unserem Vergnügen.»

«Welche Jemandin meinst du?» fragte Duftwolke.

«Da fragst du noch? Solltest du es nicht erraten können? Die Betreffende wohnt ganz in der Nähe, sie trägt unseren Sippennamen.»

«Ach, natürlich, Tante Tschen!»

«Wer sonst? Nun, du kennst ja ihr Temperament. Zwar nach außen wahrt sie ehrbares Wittum, aber in Wirklichkeit ist ihr Sinnen und Trachten nur auf eines gerichtet, auf den Mann. Erinnerst du dich noch unseres gemeinsamen Besuches im Tempel des Liebesgottes? Nun, als sie unsern Freund da vor uns auf den Tempelstufen knien und seine Stirnaufschläge verrichten sah, da geriet sie ganz aus dem Häuschen, wäre am liebsten neben ihm niedergekniet, um mit gemeinsamem Stirnaufschlag vor Himmel, Erde und Ahnen eine Blitzvermählung zu vollziehen! Erinnerst du dich weiter ihrer Worte, die sie zu uns sprach, als wir wieder zu Hause waren? Nicht genug konnte sie die elegante Erscheinung, das bildschöne Gesicht, das vornehme Gehabe des fremden Jünglings rühmen. ‹Schade nur, daß man ihn nicht kennt!›, das waren ihre Worte. ‹Wenn man bloß seinen Namen, seine Wohnung wüßte! Na, den würde ich mir nicht entgehen lassen.› – Was meint ihr wohl, wenn eine so von ihm spricht und dahinterkäme, daß wir ihn bei uns verborgen halten, was die wohl auf uns neidisch und eifersüchtig werden, was für finstere Anschläge die gegen uns aushecken würde! Gar nicht auszudenken!»

«Recht hast du. Wir müssen vor dieser mannstollen Frau auf der Hut sein!» pflichtete Duftwolke bei.

«Was also tun?» setzte Juwel hinzu.

Perle fuhr fort: «Anfänglich war ich besorgt, unsere Zofen würden nicht dichthalten und schwatzen. Aber zum Glück haben wir ja unseres Freundes jungen Diener Schu Tung im Haus, der versteht es, ihnen den Mund zu stopfen. Also von seiten der Zofen haben wir nichts zu befürchten, um so mehr von seiten unserer Tante Tschen. Ihr kennt ihre Gewohnheit, unangemeldet herüberzukommen und überraschend bei uns hereinzuplatzen und dann zu spionieren. Wie eine Ratte auf der Suche nach Speck, so läßt sie ihre diebischen Blicke in alle Ecken und Winkel schweifen, lugt nach Ost und späht nach West und gebärdet sich, als gäbe es etwas zu entdecken, was wir vor ihr verheimlichen wollten.

Um gegen ihr ewiges Herumschnüffeln gewappnet zu sein, müssen wir eine doppelte Vorsichtsmaßnahme treffen: erstens strenge Weisung an unsere Zofen, sie sollen dort, wo unser Anwesen an das Grundstück von Tante Tschen grenzt, ständig Wache halten und sich dabei in regelmäßigen Zeitabständen ablösen und uns durch ein geheimes Signal, sei es ein lautes Husten oder Räuspern, sei es ein Zuruf, rechtzeitig warnen und auf ihr Kommen vorbereiten; dann gewinnen wir Zeit, unseren Freund vor ihr zu verstecken, und damit komme ich zur zweiten Vorsichtsmaßnahme – ja, – aber wie und wo ihn verstecken?»

«Hinter der Tür», schlug Duftwolke vor.

«Besser unterm Bett», meinte Juwel.

Perle schüttelte den Kopf.

«Beides wäre abwegig. Die mit ihren Luchsaugen würde ihn sehr schnell hinter der Tür oder unterm Bett aufstöbern. Nein, ich weiß ein besseres Versteck, wo ihn nicht einmal allwissende Geister vermuten dürften.»

«Wo denn?» platzten Duftwolke und Juwel wie aus einem Munde heraus.

Perle zeigte auf einen großen Koffer aus Bambusgeflecht. Er stand in einer Ecke des Boudoirs und diente zur Aufbewahrung von alten Bildrollen. Er maß sechseinhalb Fuß in der Länge, zweieinhalb Fuß in der Breite, dreieinhalb Fuß in der Höhe. Außen war er mit Geflecht aus Bambusruten verkleidet, innen mit dünnen Holzplatten ausgelegt.

«Seht das Ding da, wunderbar zum Versteck geeignet, nicht zu kurz und nicht zu lang, bietet es gerade Raum für eine Person. Wir brauchen nur die alten Bildrollen, die drin aufgehoben sind, herauszuräumen, dann kann unser Freund im Notfall hineinkriechen, er findet drin gerade Platz für seine Gliedmaßen. Das einzige Problem, das noch zu lösen wäre, ist die Gefahr, daß er drin keine Luft zum Atmen findet und erstickt. Nun, dem kann abgeholfen werden. Wir lösen ganz einfach ein paar Platten der inneren Holzverkleidung heraus, dann kann er durch die Ritzen des Bambusgeflechtes atmen.»

«Großartig! So werden wir's machen!» stimmten die beiden anderen Basen zu und schritten sofort zur Tat. Die Zofen wurden herbeigerufen und angewiesen, daß sie von jetzt ab an der Grenze zum Nachbargrundstück von Tante Tschen ständig Posten stehen und sich dabei von Doppelstunde zu Doppelstunde ablösen und die Damen rechtzeitig warnen sollten, sobald die Frau Tante sich zum Kommen anschicke. Weiter mußten sie die Bildrollen aus besagtem Koffer herausräumen und einige Holzplatten aus der Innenwand entfernen. Schließlich erhielt auch der Vormitternachts-Scholar seine Weisungen, wie er sich im Ernstfall zu verhalten habe, daß er, sobald die gefürchtete Besucherin im Anzug sei, geschwind in den Koffer kriechen und sich drin ja nicht rühren und keinen Mucks tun solle.

Die getroffenen Vorsichtsmaßnahmen sollten in der Folge tatsächlich zweimal zur praktischen Anwendung kommen und sich dabei bewähren. Es klappte alles, wie von der Regie vorgesehen, und die Tante zog wieder ab, ohne hinter die Heimlichkeiten gekommen zu sein. –

Nach alter Gepflogenheit ihres Geschlechtes liebten es unsere drei Schönen, in den Sachen ihres gemeinsamen Hausfreundes herumzustöbern. Da machten sie nun eines Tages einen aufregenden Fund. Sie sahen zufällig sein Besuchskartenkästchen herumliegen. Neugierig machten sie es auf und stießen, wie sie so drin herumwühlten, ganz zuunterst auf ein Heft merkwürdigen Inhalts: Es enthielt eine lange Liste von allen möglichen weiblichen Namen, nach Rang und Klasse geordnet, und hinter jedem Namen eine kritische Anmerkung – alles unverkennbar sein eigener Pinselstrich.

Sie holten ihn herbei und bestürmten ihn mit ihren Fragen.

«Sieh da, was wir gefunden haben! Ein Verzeichnis deiner Schätzchen! Wo und wann hast du denn die alle kennengelernt? Und wann und wozu hast du dir die Liste angelegt?»

«Ach, das war damals, als ich in dem Tempel des bogenspannenden Gottes wohnte. Da habe ich mir zum Zeitvertreib immer die Besucherinnen angeschaut, die hinkamen, um ihre Andacht zu verrichten. Wenn mir eine beachtlich schien, habe ich sie in der Liste vermerkt und eine Auslese vorgemerkt – sozusagen köstliche Bambussprossen, die ich später, wenn ich zu Amt und Würden gelangt sein werde, in mein Yamen zu verpflanzen und hin und wieder zu berieseln gedachte, auf daß sie mir mit ihrem lichten Grün das nüchterne Grau meiner Amtsräume verschönern – übrigens auch, um meinerseits ihre eigenen Wünsche zu befriedigen.»

«Und hast du dir von deinen ‹köstlichen Bambussprossen› schon welche ergattern können?»

Der Vormitternachts-Scholar neigte sich mit zur Brust erhobenen und geballten Händen zu feierlicher Verbeugung.

«Euch drei, meine wertgeschätzten Freundinnen.»
Sie lachten alle drei hell heraus.

«Das sollen wir glauben? Das redest du uns doch nur so nach dem Mund, um uns zu schmeicheln. Vor dem strengen kritischen Maßstab, nach dem du deine Auswahl triffst, dürften so unbedeutende Pflänzchen wie wir drei kaum bestehen.»

«Oh, bitte sehr, falls die Damen zweifeln, bitte, lest, was hier über euch geschrieben steht.»

Er zeigte auf die betreffende Rubrik seiner Liste, die von ihnen handelte. Sie lasen, und was sie lasen, erfüllte sie mit Genugtuung. Zwar wollte es sie bedünken, daß er in seinem Lob – sie fanden sich alle drei durch drei kleine rote Kreise in die ‹Sonderklasse› aufgenommen und damit hoch über die Masse herausgehoben – etwas übertrieben habe, aber im großen ganzen fanden sie sich zutreffend beschrieben und charakterisiert.

Da sie einmal beim Lesen waren, lasen sie neugierig weiter, und da sprang ihnen gleich als nächste Nummer in der Liste eine Notiz über eine ‹dunkle Schöne› in die Augen. Was an ihren Vorzügen in der Notiz hervorgehoben war, deckte sich etwa mit dem, was vorher an Perle und Juwel gelobt war, und klang sogar noch etwas schmeichelhafter als die gute Zensur, die Duftwolke erhalten hatte. Alle drei stutzten und fragten wie aus einem Munde:

«Wer ist denn mit dieser ‹dunklen Schönen› gemeint?»

«Eure Begleiterin von damals. Ihr erschient doch zu dritt in dem Tempel. Erinnert ihr euch denn nicht mehr?»

Seine Antwort löste schallendes Gelächter aus.

«Was! Das alte Stück? Und bei solchem Unterschied an Jahren und Aussehen hast du sie genau wie uns in die Sonderklasse eingestuft? Hat die aber Dusel!» stellten Perle und Juwel gemeinsam belustigt fest.

Duftwolke nahm es mit weniger Humor auf.

«Das bedeutet für uns demnach gar keine Auszeichnung, eher eine Blamage! Nach dem blöden Maßstab, den er angelegt hat, ist seine Kritik für uns ganz wertlos! Am besten, wir streichen den ganzen Schmus, den er über uns geschrieben hat, von der Liste!» ereiferte sie sich.

«Regt euch bloß nicht auf deswegen! Er wird wohl seinen Grund gehabt haben, daß er sie mit uns auf gleiche Stufe stellt. Vielleicht hat sie ihm in einer früheren Existenz sehr viel Liebe geschenkt, viel mehr als wir ihm geben können, und er will sich in dieser Existenz dafür erkenntlich zeigen, indem er sie, ohne nach ihrer Eignung zu fragen, gleich in die Sonderklasse befördert – wer weiß? – Von Rechts wegen hätte er dann allerdings uns drei lieber gleich in die unterste Rangklasse degradieren sollen! – Sei es wie ihm wolle, ein so offenkundiges Fehlurteil können wir unmöglich anerkennen – am besten, wir streichen unsere Namen überhaupt auf der Liste!» setzte Juwel kalt und spitz hinzu und schürte damit erst recht die Flamme des Aufruhrs.

Vergebens versuchte er den Sachverhalt aufzuklären, er kam gegen das vereinte Trommeln und Schnattern der drei gegnerischen Zungen nicht auf, sie ließen ihn einfach nicht zu Wort kommen. Das allgemeine Stimmendurcheinander wurde schließlich von Perles kräftigem Organ übertönt:

«Also abgemacht, streichen wir unsere drei Namen samt zugehörigem Gefasel von der Liste! Überlassen wir seiner teuren Geliebten aus einer früheren Existenz den alleinigen Ehrenplatz einer ersten Siegerin in der Palastprüfung!» trompetete sie, griff auch gleich zum Pinsel, strich mit energischen Strichen die drei Namen nebst zugehörigen Kritiken durch und schrieb statt dessen daneben:

Wie eine Kette von wilden Gänsen
Sollen wir flattern nach Siegeskränzen?
Nein – gönnen wir dem Alter Vorrang und Glück!
Wir Jüngeren treten artig zurück.

Hierauf wandte sie sich an den Vormitternachts-Scholar:

«Und nun wollen wir dir verraten, wer jene von dir so wertgeschätzte köstliche Bambussprosse, deine so bewunderte ‹dunkle Schöne› ist. Du kannst von Glück reden, sie wohnt ganz in der Nähe, es ist unsere teure Nachbarin und liebe Tante Tschen! Und nun kannst du ja hinübergehen und deine geliebte Bambussprosse berieseln. – Was uns drei betrifft, so wollen wir dich von jetzt ab nicht länger um Erfüllung unserer Wünsche bemühen.»

Angesichts des Umstandes, daß er die allgemeine Stimmung gegen sich hatte, verzichtete der Vormitternachts-Scholar wohlweislich auf Widerrede und aussichtslosen Disput. Er mußte sich ja selber eingestehen, daß er, wenn auch in bester Absicht, einen groben Taktfehler begangen hatte. Und so saß er eine Weile mit gesenktem Kopf da, wie ein armer Sünder, der sein Unrecht einsieht, und ließ sich geduldig die Peitsche ihres Zornes, Spottes und Hohnes um die

Ohren knallen, obwohl zu solchen Peitschenhieben eigentlich gar kein vernünftiger Grund bestand.

Erst nachdem sich der Sturm gelegt und die Wogen geglättet hatten, tat er den Mund auf und setzte den verstimmten Schönen mit ruhigen Worten auseinander, was eigentlich dahintersteckte, daß er der ‹dunklen Schönen› reifen Alters, der würdigen Tante Tschen, eine so übertrieben günstige Note erteilt hatte – taktische Berechnung!

Da sie ihm damals im Tempel mit Blicken so unmißverständlich ihre Zuneigung zu erkennen gegeben, hätte er gedacht, bei ihr besonders leichtes Spiel zu haben, und sich vorgenommen, zuerst ihre Bekanntschaft zu suchen – aber nur als Mittel zum Zweck, nämlich um durch sie ihren Nichten vorgestellt zu werden, denen sein Hauptinteresse galt. Bei Gelegenheit würde er ihr die auf sie bezügliche Eintragung in seiner Namensliste vor Augen gehalten haben, und um sie recht wohlwollend und seinem Wunsch nach Bekanntschaft mit den Nichten geneigt zu stimmen, hätte er nachträglich ihrer Zensur einen dritten roten Kreis zugefügt und sie damit – natürlich völlig unverdienterweise – ebenfalls in die Sonderklasse erhoben. Um der guten Absicht willen möchten ihm die jungen Schönen sein Fehlurteil verzeihen und nicht länger grollen, bat er und bat nicht vergebens. Die drei Schönen waren augenblicklich besänftigt, das letzte Wölkchen ihres Unmuts verzog sich im Nu, und die Stimmung im Boudoir war wieder eitel Sonnenschein.

Nach vereinbartem Turnus sollte diese Nacht wieder einmal allen vier gemeinsam gehören. Unter heiterem Geschwätz und Gelächter – der Vormitternachts-Scholar wußte den amüsanten Unterhalter zu spielen und die Damen mit galanten Anekdoten und Witzen bei Laune zu halten – ging man schon zeitig zur Stunde der gelben Dämmerung ans Auskleiden. Er war zuerst fertig und hatte bereits seinen Platz auf dem breiten Sammellager eingenommen; bei den Damen ging es etwas langsamer, sie legten Wert darauf, ihre Kleidung und Unterkleidung sorgfältig gefaltet auf dem Schemel neben dem Bett abzulegen und ordentlich übereinanderzuschichten. Endlich waren sie soweit und gerade im Begriff, eine nach der andern auf das Lager zu klettern, als von draußen, vom Garten her, ein wiederholtes Husten und Räuspern hörbar wurde. Das vereinbarte Warnsignal! Tante Tschen im Anzug! Es war höchste Zeit, in Deckung zu gehen.

Über all dem fröhlichen Schwatzen und Lachen hatte man das erste Warnsignal überhört. Hurtig wie flinke Wellen tummelten sich jetzt alle vier und stürzten sich auf den Kleiderhaufen, der auf dem Schemel übereinandergeschichtet lag und suchten gleichzeitig ihre Sachen zu erraffen.

Infolge des Wirrwarrs, der hierbei entstand, ging kostbare Zeit verloren, die Damen konnten nur eine notdürftige Oberbekleidung anziehen, ihr Unterzeug mußten sie liegenlassen. Der Vormitternachts-Scholar aber kam überhaupt nicht zu seinen Kleidungsstücken, sie lagen ganz zuunterst, unter den Damensachen. Splitternackt, wie er war, drängte und schubste ihn Duftwolke in den Koffer und schlug den Deckel über ihm zu.

Gleich darauf trat die Besucherin, flankiert von Perle und Juwel, die ihr, wie sich's gehört, ein paar

Schritte zum Empfang entgegengeeilt waren, ins Boudoir ein.

Schon bei der ersten Begegnung mit den beiden Nichten hatte die Tante Unrat gewittert. In den Mienen der beiden, die ihr in der mittleren Empfangshalle entgegentraten, als ob sie ihr den Weg versperren wollten, las sie deutlich Angst und Verlegenheit geschrieben. Sofort Verdacht schöpfend, ließ sie sich gar nicht erst in das übliche Begrüßungsgespräch ein, in das die beiden jungen Frauen sie verwickeln wollten, um sie aufzuhalten, sondern stürmte in beschleunigter Gangart geradewegs auf das weiter hinten gelegene Boudoir zu.

«Ah, alle drei Hübschen beisammen! Welch reizender Anblick! Wie geht's? Lange haben wir uns nicht gesehen.»

Während dieser kurzen Begrüßungsworte ließ sie ihre Blicke bereits suchend im Raum umherschweifen, auch überhörte sie zunächst die höfliche Einladung, Platz zu nehmen, unternahm vielmehr anschließend den gewohnten Schnüffelgang durchs ganze Boudoir, spazierte am Bett entlang, schaute hinein und dahinter, guckte hinter Schränke und Kleiderständer und äugte in sämtliche Ecken und Winkel.

Aber sie konnte – zu ihrem Leidwesen – zunächst nichts Verdächtiges entdecken. Sollte sie sich huschende Schatten von Drachen und Schlangen bloß eingebildet haben? Etwas enttäuscht nahm sie auf dem angebotenen Sessel Platz und hub eine gleichgültige Unterhaltung an.

Die drei Nichten atmeten im stillen auf. Die Gefahr schien zum Glück noch einmal vorübergegangen

zu sein. Sie wähnten sich schon in Sicherheit – aber
o weh! Nachträglich fiel ihnen zu ihrem Schrecken
ein, sie hatten in der Aufregung etwas ganz übersehen, was sich jetzt womöglich als garstiger Pferdefuß erweisen würde, das Heft des Vormitternachts-
Scholars mit der Liste seiner Auserwählten! Bei dem
allgemeinen Durcheinander von vorhin hatten sie es
offen auf dem Schreibtisch liegenlassen! Zu dumm!
Nun saßen sie auf der Lauer und warteten nervös
einen günstigen Augenblick ab, um es unbemerkt an
sich zu nehmen und verschwinden zu lassen.

Aber der Tante Blicke waren flinker als ihre Hände.
Bevor sie dazu kamen, hatte sie das Heft entdeckt
und mit raschem Griff an sich gerissen. Perle und
Juwel versuchten es ihr sacht und unauffällig wieder
zu entwinden – natürlich vergeblich. Die Tante hielt
ihre Beute fest in Händen und dachte nicht daran, sie
wieder herzugeben. Duftwolke dachte sich geschwind
ein anderes, wie sie meinte, besseres Mittel aus, um
dem fatalen Pferdefuß seine Gefährlichkeit zu nehmen: einen kleinen Schwindel.

«Laßt es doch Tante Tschen! Mag sie es behalten,
wenn es ihr Spaß macht. Wir haben das Heft unterwegs auf der Straße aufgelesen, es hat doch für uns
gar keinen Wert», wandte sie sich betont harmlos
und lässig an die beiden Basen.

«Sehr großzügig von dir, danke! Mir scheint auch,
irgendwelchen Geldwert hat es keinen; darum verstehe ich nicht recht, warum die beiden anderen es
mir unbedingt wieder wegnehmen wollen – ich
möchte nur mal einen Blick hineintun und schauen,
welcher Art der Inhalt ist», bemerkte die Tante, stand
auf und trat ein paar Schritte beiseite ans Fenster. Als

sie das Heft aufschlug, sprang ihr auf der ersten Seite der vielversprechende Titel ‹lenzliche Erscheinungen von weit und breit› in die Augen. ‹Aha, etwas von Lenz und Liebe!› dachte sie bei sich und kombinierte, es möchten wohl anstößige Nacktbilder drin enthalten sein. Mit nervöser Hast blätterte sie in dem Heft, immer auf der Suche nach Bildern, die sie interessanter dünkten als der Text.

Aber obwohl sie das Heft von vorn bis hinten durchblätterte, es war nichts von ‹Lenz Palast›-Darstellungen drin zu entdecken, das ganze Heft bestand nur aus Text, geschrieben in winziger ‹Fliegenkopf›-Schrift.

Sie blätterte zurück und fing von vorn an zu lesen. Nachdem sie die ersten Abschnitte überflogen hatte, kam sie zu dem Ergebnis, irgendein gefühlvoller akademischer Jüngling von Geist müsse diese eigenartige, mit Personenbeschreibungen und kritischen Anmerkungen versehene Liste schöner Frauen verfaßt haben. Und in welch elegantem, poetischem Stil waren seine Beschreibungen und Kritiken abgefaßt! Sie zu lesen bot allein schon Genuß, fast noch mehr Genuß als die Lektüre irgendwelcher schwülstiger Romanschilderungen ‹lenzlicher› Szenen.

Sie war derart gefesselt und in Bann geschlagen, daß sie immer weiter lesen mußte. Da geriet sie nun an eine Stelle, wo von einer gewissen ‹dunklen Schönheit› die Rede war. Zu ihrer Überraschung fand sie, daß deren Beschreibung Zug um Zug, Strich um Strich auf sie selber paßte! Ihr Herz begann höher zu schlagen. Und gar mit dreifachem rotem Kreis war am Schluß die Beschreibung ihrer Person versehen, also war sie von dem unbekannten Beobachter in die höchste Rangklasse, in die Sonderklasse eingestuft worden! Wer mochte es bloß sein, der dieses schmeichelhafte Porträt von ihr entworfen hatte?

Sie dachte nach. Seit jenem Tempelbesuch hatte sie sich nicht mehr außer Hauses begeben und vor fremden Männeraugen gezeigt. Tempelbesuch – richtig, da waren sie doch jenem bildschönen, eleganten Jüngling begegnet, der ihnen auf den Tempelstufen so stürmisch mit Kniefall und Stirnaufschlag gehuldigt hatte – der und kein anderer wird der Verfasser sein! So ging es ihr durch den Sinn.

Wenn sie noch irgendeinen Zweifel an der Richtigkeit ihrer Vermutung gehegt hätte, so wurde er endgültig behoben, als sie zurückblätternd und zwei durchstrichene Abschnitte überspringend an die Sammelüberschrift stieß:

‹Zur soundsovielten Stunde des soundsovielten Tages des soundsovielten Monats Begegnung mit drei wirklichen Landesschönen...›

Waren sie nicht zu dritt im Tempel gewesen? – Es folgten die beiden durchstrichenen Textstellen. Sie waren offenbar ganz kürzlich durchgestrichen worden, denn die dick aufgetragenen Pinselstriche glänzten noch verdächtig frisch. Von dem völlig verschmierten Text waren immerhin einzelne Schriftzeichen leserlich geblieben, die sie mühelos entziffern konnte, so die Worte:

‹*Silbern und rotfarben das Gewand*› ...
‹*Robe vom zarten Hellgrün der Lotossprosse*› ...

Trug Nichte Juwel damals nicht ein Gewand in Silber und Rot und war Nichte Perle nicht hellgrün gekleidet gewesen? – Und nun zum Überfluß der gleichfalls noch von frischer Tusche glänzende, also erst kürzlich danebengeschriebene Vierzeiler:

‹Wie eine Kette von wilden Gänsen
Sollen wir flattern nach Siegeskränzen?
Nein – gönnen wir dem Alter Vorrang im Glück!
Wir Jüngeren treten artig zurück.›

Nichte Perles Handschrift! Diese Handschrift kannte sie genau. Tante Tschen mußte insgeheim befriedigt und gleichzeitig ingrimmig lachen. Na warte! Denen wollte sie es geben!

Gelassen versenkte sie das verräterische Heft in die Tiefe ihrer Ärmeltasche. Sie setzte auf einmal eine ernste, strenge Miene auf, als ob sie irgend etwas Hochnotpeinliches vorzubringen hätte.

«Ja, ja, unser guter alter Tsang Kiä (3. Jahrtausend v. Chr.), der Erfinder unserer Schrift – er war doch wirklich ein großer Weiser!» seufzte sie.

Die drei jungen Damen sahen sich verdutzt und fragend an. Worauf wollte sie mit dieser weit hergeholten, rätselhaften Bemerkung hinaus?

«Wieso?» fragte Duftwolke.

«Seine Schriftzeichen – jedermann schreibt sie verschieden, auf eigene persönliche Weise, anders als die anderen – mit Hilfe der Handschrift kann man Missetäter überführen oder – Missetäterinnen! Eine Frage: Ihr drei haust doch hier in einer Wohnung zusammen, nicht wahr? – Merkwürdig, daß der weise Tsang Kiä für ‹buhlen› und ‹Ehebruch› das Schriftzeichen kiän 姦 erfunden hat, das ausgerechnet aus dreimal ‹Frau› besteht, als ob er um Jahrtausende vorausgeahnt hätte, was heute hier in euren Räumen vor sich geht! – Habe ich recht? Gebt ihr zu, daß es etwas Wunderbares um die Schrift des alten weisen Tsang Kiä ist?»

«Es stimmt, daß wir drei hier zusammen wohnen. Aber woher nimmst du den Grund zu solch gröblicher Verdächtigung? Wir sind uns keiner Schuld bewußt!» versuchte Perle alle drei zu verteidigen.

«Soso. Und wie kommt dieses belastende Heft in euren Besitz?»

«Gefunden haben wir es, bei einem Ausgang auf der Straße aufgelesen», beharrte Duftwolke.

«Das wollt ihr mir weismachen? Das glaubt euch nicht einmal ein dreijähriges Kind! Und nun im Ernst! Wo haltet ihr den Verfasser des Heftes versteckt? Gesteht! Wenn ihr gutwillig gesteht, dann will ich Gnade walten lassen und euch Skandal ersparen. Andernfalls werde ich unnachsichtig euren Ehemännern in der Hauptstadt brieflich Bericht erstatten und zum Zeugnis das Heft mitschicken, und ich werde ihnen dringend raten, sofort nach Hause zu kommen und euch zur Rechenschaft zu ziehen.»

«Wir haben es wirklich zufällig gefunden und wissen nichts vom Verfasser, weder ob er Tschang oder Li heißt, noch wo er wohnt. Was sollen wir weiter sagen?» leugneten alle drei Angeklagten mit dem letzten Mut der Verzweiflung. Aber ihr Leugnen klang recht gedämpft und matt und machte keinen Eindruck auf die gestrenge Untersuchungsrichterin. Sie hielt nochmals prüfend Umschau im Boudoir und ließ ihren Blick nach Ost und nach West schweifen, bis er schließlich an einer gewissen Stelle haften blieb. Der Bildkoffer! Den hatte sie vorhin bei ihrem Schnüffelgang außer acht gelassen – warum war übrigens heute sein Deckel zugeklappt? Sonst hatte er doch immer offengestanden – da mußte etwas dahinterstecken. Sie wandte sich zu Perle und Juwel:

«Da ihr nicht gestehen wollt, unterbreche ich einstweilen das Verhör und vertage die Verhandlung. – Jetzt etwas ganz anderes. Ich wollte mir schon immer einmal eure alten Bildrollen betrachten, bin leider bisher nicht dazu gekommen. Seid doch so gut und holt mir ein paar Rollen heraus.»

Perle und Juwel tauschten einen bestürzten Blick.

«Ach, zu dumm! Der Koffer steht seit langem abgeschlossen, und den Schlüssel haben wir irgendwohin verlegt, wir wüßten im Augenblick gar nicht, wo wir ihn suchen sollten. Aber wir werden gleich morgen nach ihm suchen lassen, er wird sich schon irgendwo finden, und dann werden wir ein paar Bildrollen herausnehmen und dir in deine Wohnung hinüberschicken», redeten sie gleichzeitig auf die Tante ein.

«Aber ich bin gerade jetzt so aufgelegt, mir Bilder zu betrachten, und der Schlüssel? – Kleinigkeit, ich habe drüben in meiner Wohnung eine Unmenge Schlüssel, für jedes Schloß passend, ich schicke einfach eine meiner Zofen hinüber und lasse den Schlüsselkorb herbringen», beharrte freundlich lächelnd die Tante auf ihrem Wunsch und schickte auch gleich ihre eine Begleiterin mit entsprechender Weisung in die Wohnung hinüber. Nach einer Weile brachte die Zofe einen großen Henkelkorb angeschleppt. Er mochte etliche hundert Schlüssel enthalten.

Die Tante machte sich sofort ans Werk, die Schlüssel eigenhändig am Kofferschloß auszuprobieren.

Die drei jüngeren standen wie zu leblosen Bildsäulen erstarrt dabei und schauten untätig zu. Sie konnten doch der Tante nicht gut in den Arm fallen und sie hindern, dann hätten sie sich ja erst recht verdächtig gemacht. Ihre letzte, schwache und verzweifelte Hoffnung war nur noch die eine, die Schlüssel möchten samt und sonders nicht passen. Aber diese Hoffnung erwies sich als eitel. Das Glück stand auf seiten ihrer Widersacherin. Die Tante brauchte gar nicht erst zwei, drei Schlüssel zu bemühen, gleich der erste paßte, das Schloß schnappte auf, und sie konnte den Deckel hochklappen.

Und – welche Überraschung! – Was erblickte sie drin? Keine toten Bildrollen, nein, eine höchst lebendige wohlgeformte Rolle aus Fleisch und Blut in Gestalt eines splitternackten, schönen Jünglings von glatter, heller Haut, den Klöppel – zu ihrer Beruhigung, sonst würde der Anblick sie gar zu sehr erschreckt haben – noch im harmlos friedlichen Zustand quer über den Oberschenkel gelagert!

Immerhin war sie erschrocken genug, um den Deckel schleunigst wieder herunterzuklappen und den Koffer abzuschließen. In gespielter Entrüstung wandte sie sich hierauf an die drei überführten Missetäterinnen:

«Schöne Geschichte das! So also treibt ihr's hinter dem Rücken eurer Ehemänner! Seit wann habt ihr den Kerl im Haus? Und wieviel Nächte habt ihr es schon mit ihm getrieben? Gesteht! Heraus mit der Sprache!»

Völlig verdattert, mit vor Schreck erdfarbenen Gesichtern standen die drei armen Sünderinnen und brachten keinen Mucks hervor.

«Gut, da ihr verstockt bleibt und immer noch nicht gestehen wollt, bleibt nichts anderes übrig, als die

Obrigkeit zu alarmieren und die Sache vor den Richter zu bringen, also öffentlicher Skandal! Ihr habt es nicht anders gewollt!» erklärte schroff die Tante und winkte ihre beiden Zofen herbei.

«Lauft und erzählt überall in der Nachbarschaft herum, es habe sich hier im Hause am hellichten Tag ein Fall von dreifachem Ehebruch ereignet, der Täter sei auf frischer Tat ertappt worden und befinde sich hier in sicherem Gewahrsam, die Leute möchten herbeikommen und ihn besichtigen, um später Zeugnis vor dem Richter abzulegen», befahl sie.

Die drei Sünderinnen baten um kurzen Aufschub des Befehls und zogen sich zu interner Beratung zurück. Sie waren der Auffassung, die Drohung mit öffentlichem Skandal sei gar nicht ernst gemeint, die Tante wolle sie nur einschüchtern, um selber am Genuß des Jünglings teilzuhaben. Nun gut, darüber lasse sich reden. Das Vernünftigste sei, den Widerstand nicht auf die Spitze zu treiben, vielmehr nachzugeben und auf dem Verhandlungswege einen Kompromiß, eine friedliche Verständigung herbeizuführen. So wurde es beschlossen.

Zu dritt traten sie dann erneut wieder vor die Tante hin.

«Wir sehen unser Unrecht ein. Wir durften so etwas nicht eigenmächtig hinter deinem Rücken tun. Jetzt wollen wir unseren Fehltritt nicht länger ableugnen und beschönigen. Wir bitten dich, uns hochherzig Nachsicht zu schenken und den Insassen aus dem Koffer zu lassen, damit er dir auch seinerseits demütig Abbitte leiste.»

«Gut, einverstanden. Freilich müßte vorher noch geklärt werden, in welcher Form er seine Abbitte leisten soll», erwiderte die Tante und gab ihren Zofen zu verstehen, daß der vorgängige Befehl widerrufen sei.

Duftwolke machte sich zur Sprecherin:

«Wir wollen der verehrten Frau Tante nicht verhehlen, daß wir drei Basen uns bisher zu gleichen Teilen in den Genuß des Betreffenden geteilt hatten. Wir sind so frei, der Frau Tante von jetzt ab Teilhaberschaft zu einem Viertel anzubieten mit der Maßgabe, daß sie als ältere in der Ausübung des Genußrechtes den Vorrang vor uns drei jüngeren haben soll.»

Tante Tschen schlug eine helle Lache an.

«Ein drolliges, absurdes Angebot, mir Genugtuung zu leisten! Haha! – Also ihr haltet den gewissen Jemand wer weiß wie lange bei euch versteckt und vergnügt euch wer weiß wie lange mit ihm, jetzt nachdem ich euch ertappt und überführt habe, bietet ihr mir gnädig ein Viertel Beteiligung am künftigen Vergnügen an – das ist so, wie wenn der Richter einem überführten Dieb Verhör und Folter und Rückgabe des Diebesgutes und Strafe gnädigst erlassen und ihm lediglich die Verpflichtung auferlegen würde, einen Teil des künftigen Diebesgutes freundlichst an die Obrigkeit abzuführen – und auf so etwas soll ich mich einlassen? Das wäre ja gelacht!»

«Was hattest du denn gedacht?» fragte etwas zaghaft Nichte Perle.

«Wenn ich Milde walten lassen und die Sache totschweigen soll, dann nur unter der Bedingung, daß ich den Jemand mit mir nehme und solange als meinen Beischläfer behalte, bis ich das Vergnügen nachgeholt habe, um das ihr mich bemogelt habt. Wenn ich meinen Anteil nachgeholt habe, werde ich ihn euch zurückerstatten, und ihr könnt euch von neuem mit ihm auf eure Weise verlustieren. Das ist mein Gegenangebot. Solltet ihr nicht darauf eingehen, dann würde ich den Jemand der Gnade des Richters überantworten und dann würde er im günstigsten Fall zu einem Bündel Hackfleisch zusammengedroschen werden, an dem ihr schwerlich noch Lust haben würdet, euren Appetit zu stillen. Also, was habt ihr zu sagen?»

«Dann sollten wir uns auf eine genaue Anzahl von Nächten einigen, an denen er dir allein gehören soll, und nach deren Ablauf du ihn an uns zurückgeben mußt – gleich für einen ganzen Monat, für ein ganzes Jahr, wirst du ihn ja kaum mit Beschlag belegen wollen», ließ sich Juwel vernehmen.

«Lassen wir die Frage des Wie-Lange einstweilen offen. Ich werde ihn drüben ins Verhör nehmen und von ihm schon herauskriegen, wieviel Nächte ihr es bisher zusammen getrieben habt. Genau soviel Nächte beanspruche ich ihn für mich allein. Alsdann erfolgt Rückgabe. Weiter habe ich nichts hinzuzufügen.»

Die drei sagten sich im stillen, ihnen zuliebe würde er wohl, wenn ihn die Tante ausfrage, weit weniger gemeinsam verbrachte Nächte zugeben, als es tatsächlich waren, einfach in dem Wunsch, möglichst bald wieder zu ihnen entlassen zu werden. Und so erklärten sie ohne Bedenken ihr Einverständnis.

«Er war nur zwei Nächte bei uns. Du kannst ihn ja drüben ausfragen, er wird es bestätigen», setzten sie so laut und vernehmlich hinzu, daß es der Jemand im Koffer unbedingt mithören mußte. Sie wollten ihn eigentlich gleich aus dem Koffer herauslassen, um ihn der Tante als Begleiter mit auf den Weg zu geben. Die Tante war dagegen. Sie war besorgt, er möchte ihr, wenn er erst einmal draußen war, unter der Hand entwischen.

«Es ist noch heller Tag. Meine Leute drüben könnten ihn sehen und sich wundern, wenn ich mit ihm ankomme, das wäre mir nicht gerade angenehm, das würde Klatsch geben. Nein, wir müssen uns etwas ausdenken, wie wir ihn ganz unauffällig hinüberbringen.»

«Geh du schon immer hinüber, wir werden ihn dann gegen Abend, wenn es dunkel ist, nachschikken», schlugen die Nichten vor.

Die Tante schüttelte den Kopf. Auch das schien ihr nicht sicher. Was bot denn Gewähr, daß diese schlauen Dinger auch Wort hielten und ihn nicht entlaufen lassen würden?

«Ich hab's! Mir ist ein großartiger Einfall gekommen. Wir brauchen den Koffer gar nicht erst aufzumachen, ich lasse ihn so wie er jetzt ist, samt Inhalt, von meinen Leuten einfach hinüberschaffen und gebe an, er enthalte alte Bildrollen, die von Rechts wegen mir gehörten und die ich euch zeitweilig überlassen hätte. Höchst einfach!»

Sie wartete gar nicht erst ab, was die Nichten dazu sagen würden, sondern schickte auf der Stelle eine Zofe in ihre Wohnung mit dem Auftrag, den Haushofmeister nebst vier kräftigen Knechten herbeizuholen.

Es dauerte nicht lange, da erschien die Zofe mit den angeforderten Leuten wieder auf dem Plan. Sie waren mit Tragstangen und Stricken ausgerüstet. Ein kurzer Befehl ihrer Herrin, und schon hatten die Knechte Stricke um den Koffer geschlungen und an den Tragstangen befestigt und die Tragstangen auf die Schultern gehoben und trabten unter Vorantritt des Haushofmeisters mit ihrer Last davon. Die Tante folgte mit ihren beiden Begleiterinnen auf dem Fuß nach.

Trüben Sinnes schauten die drei Bundesschwestern dem sich entfernenden Trupp nach. Es war ihnen zumute wie trauernden Witwen hinter dem Sarg des geliebten Mannes. Am liebsten hätten sie losgeheult. Da zog er hin, im Koffer entführt, ihr teurer ‹lebender Lenzpalast›! Hinzu kam die bange Sorge: Wie würde jene mannstolle Frau ihn zurichten? Vielleicht würde sie ihn zu Tode erschöpfen? Womöglich würde es für ihn gar kein Zurück geben? Die Gedankenverbindung zwischen Koffer und Sarg war zweifellos von düsterer Vorbedeutung.

Ob es für den Vormitternachts-Scholar dennoch ein Zurück zu seinen geliebten Bambussprossen geben sollte, das wird die geschätzte Leserschaft im nächsten Kapitel erfahren.

Mag grüne Jugend auch in vielen Stücken
Voll Neid und Haß aufs reife Alter blicken,
In einem Punkt wird Jugend über Alter siegen:
Im Kampf um Liebe muß das Alter unterliegen.
Mag Alter sich auch noch so quickvital gebärden,
In Liebesdingen wird die Jugend Sieger werden.
Drum tut es weise dran, Zuschauer brav zu bleiben,
Wo junge Liebesleute ihre tollen Zicken treiben.

XVI. KAPITEL

Über einen Spottvers verschnupft, läßt sie die Jugend ihre Überlegenheit fühlen. Im Besitz aller Vorteile, gräbt sie den anderen eine Grube und fällt selber hinein.

Drüben in ihrem Wohnbereich angelangt, entfernte Tante Tschen Haushofmeister, Träger und sogar die Zofen aus ihrer Nähe. Sie wollte unbeobachtet sein, wenn sie das Geheimnis der Bildertruhe lüften würde.

Aber zunächst ließ sie unseren Jüngling noch eine Weile in seinem Dunkelkäfig zappeln. Vielmehr öffnete sie erst eine eigene Kleidertruhe und kramte eine vollständige Herrenausstattung heraus, alles Sachen, die ihr verstorbener Ehemann einst getragen hatte. Sie legte die Sachen zu einem ordentlichen Haufen geschichtet auf einem Porzellanhocker neben der Bildertruhe nieder, erst dann steckte sie den Schlüssel in das kupferne Schloß und ließ es aufschnappen, klappte den Deckel hoch und hieß den Jüngling herausklettern und sich ankleiden, wobei sie ihm behilflich war.

Es folgte eine beiderseitige förmliche Vorstellung und Begrüßung, dann lud sie ihn zum Platznehmen ein und eröffnete eine zwanglose Unterhaltung, wobei sie ohne viel Umschweife gleich zur Sache kam.

Sie begann mit Tempelbegegnung und Tagebuch und wollte wissen, ob seine stürmische Huldigung und seine schmeichelhafte Kritik in Ansehung ihrer Person auch wirklich ernst gemeint gewesen sei.

Nun, der Vormitternachts-Scholar war nicht auf den Mund gefallen und verfügte über einige Übung im Schwindeln und Schmusen. Und so beteuerte er ihr seine aufrichtige Verehrung und versicherte, daß er seit der Begegnung im Tempel bei Tag und Nacht an sie gedacht und sich in Sehnsucht nach ihr verzehrt habe und ganz untröstlich darüber gewesen sei, daß er weder ihren hochansehnlichen Namen noch ihre werte Adresse ausfindig machen konnte. Da preise er nun den Himmel, der die heutige Begegnung auf so wunderbare Weise gefügt und ihm vergönnt habe, seiner heimlich Angebeteten nun endlich in ihrer ganzen Herrlichkeit nahe zu sein.

Die Dame Tschen nahm seinen ölglatt hervorgebrachten Schmus für bare Münze und nahm ihn dankbar und wohlwollend zur Kenntnis. Sie rief nach ihren Zofen und bestellte ein Abendessen zu zwei Gedecken. Nach dem Essen ging es gleich zu Bett.

Die Dame ‹Baumblüte› war eine große, stattliche Erscheinung. Sie wirkte nicht gerade fett, wies aber recht wohlgerundete, üppige Formen auf.

Wie er so Leib an Leib fest umschlungen in ihren vollen, runden Armen lag und den kräftigen Druck ihrer vollen, saftigen Lippen auf seinen Lippen spürte, da überkam ihn gleich von vorneherein, bevor er sich überhaupt irgendwie betätigt hatte, ein so überströmendes, schier an Betäubung grenzendes Wonnegefühl, wie er es nie zuvor – und er hatte doch in den Armen schon mancher anderen gelegen – erlebt hatte. Wie kam das – wird die geschätzte Leserschaft wissen wollen.

Laßt euch erklären. Es gibt zwei Arten von schöner Frau: die eine Art ist schön zum Ansehen, die andere Art ist schön zum Genießen. Wenn eine Frau schön zum Ansehen ist, so ist damit noch nicht gesagt, daß sie auch schön zum Genießen ist, und umgekehrt. Seit dem Altertum hat sich in unserer Geschichte nur einmal der seltene Fall ereignet, daß unter den Damen, die bei Hofe eine politische Rolle spielten, ein und dieselbe Frau beide Vorzüge in sich vereinigt hat: das war die schöne Yang Kweh Feh, die berühmte Favoritin des Kaisers Ming Huang Ti (713 bis 756) von der Tang-Dynastie.

Frauen, schön zum Ansehen, müssen über drei Eigenschaften verfügen: Sie müssen eher schlank als voll, eher klein und zierlich als groß und stattlich sein, eher zart und schüchtern als robust und keck wirken. So haben sich unsere Maler seit je weibliches Schönheitsideal vorgestellt und bildlich zur Darstellung gebracht: Taillen, vergleichbar biegsamen Weidenruten, die Gliedmaßen nicht prall, sondern lose in der Gewandung steckend. Große, üppige Gestalten haben unsere Maler bestimmt nicht gewählt, wenn sie Frauen schön zum Ansehen malen wollten.

Anders verhält es sich mit der Art von Frauen, die schön zum Genießen sind. Diese Art verlangt gleichfalls drei Eigenschaften: sie müssen eher üppig als mager, eher groß und stattlich als klein und zierlich sein, eher robust und selbstsicher als zart und schüchtern wirken. Wieso gehören genannte drei Eigenschaften zum rechten Genuß?

Nun, beim Beischlaf sind es drei Dinge, die der Mann von seiner Partnerin erwartet und an ihr schätzt: erstens frauliche Wärme und Weichheit, zweitens, daß sie in der Größe zu ihm paßt, drittens, daß sie seinem Körpergewicht gewachsen ist. Auf einem mageren, flachen Geschöpf zu liegen, das ist so, wie wenn man auf harte Pflastersteine zu liegen

Tante Hua Tschen, ‹Dame Baumblüte›

käme, das ist wenig vergnüglich, eher höchst ungemütlich. Umgekehrt verhält es sich, wenn der Er eine mollige oder gar üppige Sie zur Partnerin hat, da empfängt er Wärme und Weichheit, da fühlt er sich wie auf Kissen und Polstern gebettet, da empfindet er, ohne daß er sich zu betätigen und anzustrengen braucht, schon ganz spontan höchste Lust. Hinzu kommt die höchst schätzenswerte Fähigkeit der Fülligen, der Üppigen, dem Partner im Winter Wärme, im Sommer Kühle zu spenden. Demnach sind Füllige, Üppige beim Beischlaf den Dünnen, Mageren vorzuziehen.

Ein höchst fragwürdiges Vergnügen ist es weiter, eine Kleine, Kurzbeinige zur Bettgenossin zu haben. Dann stimmen die beiderseitigen Körperproportionen nicht überein. Wenn er sie oben Kopf an Kopf und Brust an Brust an sich drückt, dann baumeln unten seine Gliedmaßen in der Luft, das ist höchst mißlich. So ein kleines, kindlich-zierliches Püppchen in den Armen halten, läßt beim Partner allenfalls etwas wie zärtliche Zuneigung, aber nie und nimmer Wollust aufkommen. Demnach sind Große bei der Liebe Kleinen vorzuziehen.

Nun hat ja die Partnerin dabei einen ansehnlichen Druck an Körpergewicht auszuhalten. Ein Mann wiegt immerhin seine mindestens fünfundachtzig bis hundertfünfzig Pfund. Nur eine robuste Frau ist einem solchen Körperdruck ohne weiteres gewachsen, keinesfalls ein zartes, zierliches, zerbrechliches Geschöpf, das der Partner unter sich zu erdrücken und zu zerquetschen befürchten muß. Es muß ihn ja hemmen und deprimieren und aller Laune und allen Genusses berauben, wenn er sein natürliches Verlangen nur mit aller Vorsicht, gewissermaßen tropfenweise stillen und sich nur tropfenweise Befriedigung verschaffen darf. An richtigen, herzhaften Liebeskampf ist in diesem Falle überhaupt nicht zu denken. Demnach ist eine robuste Person beim Liebeskampf entschieden einem zarten, zierlichen, ängstlichen Geschöpf als Partnerin vorzuziehen.

Man sieht also, schön anzusehen und schön zu genießen sind zwei ganz verschiedene Dinge. Eine, die beide Eigenschaften in ihrer Person vereinigen kann, braucht nicht einmal zu zehn Zehnteln alle äußeren Reize zu besitzen, es genügt schon, daß sie bloß zu acht Zehnteln schön anzusehen ist, um ihrem Partner zu zwölf Zehnteln Genuß und Befriedigung zu schaffen. Ein solch seltener Typ war auch die Dame ‹Baumblüte›, sie war beides: Schön anzusehen und schön zu genießen.

Wie unser Jüngling so an ihrem vollen Busen lag, oben von ihren runden Armen umschlungen, unten von ihren seidig glatten, trotz praller Fülle elegant geschwungenen Schenkeln fest umklammert, da kam er sich vor wie zwischen weichen, wattegepolsterten Kissen gebettet, und es überkam ihn unendliches Wohlgefühl. Auch paßten ihre Körpermaße trefflich zu den seinen, und seine Last schien ihr nichts auszumachen. Im Vergleich zu dieser stattlichen, üppigen, reifen Schönen schienen ihm die andern, in deren Armen er bisher gelegen hatte, jetzt auf einmal samt und sonders in der oder jener Hinsicht unzulänglich, entweder zu flach und mager oder kurzbeinig oder zu hart und schüchtern. Nein, eine mit dieser vergleichbare Wonne hatte ihm noch keine andere zuvor geschenkt.

Ohne daß es noch einer Ermunterung oder Nachhilfe bedurft hätte, reckte sich sein Botschafter ganz spontan zu voller Höhe und durchschritt keineswegs in demütig gekrümmter Haltung, nein, hocherhobenen Hauptes und mit stolz geschwellter Brust ihre geräumige Lustpforte – er fand sie weit geräumiger als die der drei Nichten –, um ihr in ihrem Privatkabinett würdevoll seine geziemende Aufwartung zu machen.

Wie glatt das alles diesmal vonstatten ging! Rascher als sonst hatte sich der Botschafter seiner delikaten diplomatischen Mission entledigt, und auch von ihrer Seite verriet gleich darauf ein befreites Aufatmen, daß die Wolke angestauter politischer Spannung geborsten und die gewitterschwüle Atmosphäre gereinigt war.

Nach einer Pause wohltätiger Entspannung hub der Vormitternachts-Scholar, wißbegierig wie immer, zu fragen an:

«Geliebte, wie kommt es, daß du so rasch kapitulierst? Ich habe doch kaum erst zwanzig Züge getan, und da bist du schon soweit. Bei deinen drei Nichten mußte ich mich mehr anstrengen, unter ein- bis zweihundert Zügen ging es nicht ab, ehe ich die schachmatt gesetzt hatte. Ich dachte schon, bei denen hätte ich unter allen Frauen das leichteste Spiel, und hätte nicht gedacht, bei einer anderen noch weniger Widerstand zu finden.»

Die Dame ‹Baumblüte› setzte eine strenge, überlegene Miene auf.

«Pah, das junge Gemüse! – Mit so etwas nehme ich es noch lange auf! Aber auch mit jeder anderen – du unterschätzest meine Widerstandskraft – da muß sich einer schon zwischen ein- und zweitausendmal hin und her bemühen, ehe er mich schwach macht.»

«Was! Mehr als tausendmal? – Aber eben ist es doch so schnell und leicht gegangen – sollte die edle Dame mich etwa zum besten gehalten und Kapitulation bloß vorgetäuscht haben?»

«Keineswegs – doch das war diesmal eine Ausnahme – bedenke, mein Junge, seit zehn Jahren bin ich Witwe, seit zehn Jahren habe ich bei keinem Mann mehr gelegen! Da kannst du dir ungefähr vorstellen, wie es bei mir aussah: Von dumpfem Verlangen bis zum Bersten geladen! Da genügt ein Funke zur Explosion! Na, der Funke warst eben zufällig du – aber bilde dir deswegen keine Schwachheit ein! Daß es so rasch zur Explosion kam, lag mehr an meiner augenblicklichen körperlichen Verfassung als an deiner wackeren Leistung – das nächste Mal wirst du bestimmt kein so leichtes Spiel haben.»

«Ach so, verstehe – freilich, hm, zwischen ein- und zweitausend Zügen hin und her, verflucht, das will geschafft sein! – Hm, sollte es außer dem ortsüblichen Hin und Her nicht vielleicht noch ein anderes, weniger anstrengendes Verfahren geben, um einer so anspruchsvollen Dame Befriedigung zu verschaffen?»

«Leider nein – höchstens gewisse Hilfsmittel zur Unterstützung des ortsüblichen Verfahrens, zum Beispiel galante Witze und Anekdötchen – so etwas ist lustig und hebt die Stimmung. Ohne Stimmung vollzieht sich das Spiel fad und langweilig wie zwischen Taubstummen – hat so etwas noch Reiz?

Übrigens, da ich gerade von taub und stumm spreche, wenn mich's einmal richtig erwischt, dann pflege ich auch eine Weile taub und stumm, wie zum

Tode erstarrt dazuliegen, der Zustand hält gewöhnlich eine Viertelstunde an, erst dann komme ich wieder zu mir und kehre ins Leben zurück. Ich mache dich vorsorglich im voraus darauf aufmerksam, damit du dich nicht wunderst und womöglich ängstigst, wenn der Fall eintritt.»

«Danke. Ich bin darauf gefaßt, nur fürchte ich, werde ich mit meinen bescheidenen Kräften gar nicht in der Lage sein, der edlen Dame zu einem solchen Zustand des Scheintodes zu verhelfen – zwischen ein- und zweitausendmal hin und her, ritsch und ratsch, raus und rein – ja, wer kann denn das? Das müßte schon einer von ganz kolossaler Kraft und Ausdauer sein. So ein Kraftbold bin ich nun wieder nicht, allenfalls kann ich mich rühmen, über eine Leistungsfähigkeit zweiten Ranges zu verfügen. Wie stand es denn in diesem Punkte mit deinem verstorbenen Gatten? War denn der Nacht für Nacht solch hohen Anforderungen gewachsen? Konnte der dich denn Nacht für Nacht zum Scheintod befördern?»

«Ach der! – Dessen Leistungsfähigkeit zählte noch nicht einmal zweitklassig, allenfalls war sie drittklassig. Der hatte es in jüngeren Jahren eben auch zu arg getrieben und sich vor der Zeit verplempert. Er pflegte zu mir zu sagen, während bei anderen Frauen die gewisse Körperpartie aus Fleisch und Blut und Nerven bestehe, müsse sie bei mir wohl aus Eisen gefügt sein, so unempfindlich sei sie, er möge anstellen, soviel er wolle, er könne mich nicht erschüttern. Er dachte sich darum gewisse Mittel aus, um bei mir etwas Glut zu entfachen, und einige haben sich auch tatsächlich bewährt. Sie versetzten mich eben in die nötige Stimmung – auf die Stimmung kommt es an!»

«Oh, diese Mittel möchte ich gern kennenlernen und auch anwenden! Vielleicht verhelfen sie mir dazu, Kraft zu sparen?»

«Es sind drei Mittel, ganz einfach anzuwenden.»

«Und das wären?»

«Lenzliche Bilder, galante Lektüre, aufreizende Geräusche.»

Die vorher gespannte Miene des Vormitternachts-Scholaren verriet Enttäuschung.

«Wenn es weiter nichts ist! Die beiden erstgenannten Mittel habe ich selber in der ersten Zeit meiner Ehe ausprobiert – sie haben sich ganz brauchbar erwiesen, bloß hält ihre Wirkung nicht vor. Beim ersten Mal Angucken oder Lesen, gewiß, da hat es noch den Reiz des Neuen, da kann so etwas in Stimmung versetzen, aber später, wenn man es zum zweiten, zum dritten Mal anguckt oder liest, da verliert es seinen Reiz und läßt kalt. Viel halte ich nicht von diesen Mitteln.»

«Du hast vermutlich zu wenig Vorrat davon. Darum findest du die wenigen auf die Dauer fad und reizlos. Ich besitze von ‹Lenzpalast›-Bildern gleich ein paar Dutzend Alben und an galanten Erzählungen einige hundert. Wenn ich mit dem Angucken und mit der Lektüre durch bin, dann habe ich die ersten Bilder und Erzählungen schon wieder vergessen. Dann fange ich wieder von vorne an und erlebe von neuem, daß sie mich in Stimmung bringen. Wichtig ist dabei, den richtigen Zeitpunkt zum Angucken und Lesen zu wählen. Lenzliche Bilder gemeinsam betrachten, empfiehlt sich vor Kampfbeginn, wenn Partner und Partnerin noch angekleidet sind und noch den kühlen und förmlichen Abstand wahren, wie er zwischen Gastgeber und Gast üblich ist. Beim gemeinsamen Betrachten und Besprechen der Bilder wird sich dann, bei ihm sowohl wie bei ihr, wachsende Erregung bemerkbar machen, die sie zunächst nicht weiter beachten sollen, bis sie sich allmählich zum übermächtigen sinnlichen Verlangen steigert. Schließlich werden alle Hemmungen von selber fallen, zum Ausziehen und gemeinsamen Bettbesteigen wird es nur noch ein kleiner selbstverständlicher Schritt sein, und die magische Kraft solcher ‹Lenzpalast›-Darstellungen wird sich voll auswirken.

Anders bei galanter Lektüre. Sie empfiehlt sich, wenn Partner und Partnerin bereits beim Auskleiden und Austausch erster abtastender Zärtlichkeiten begriffen sind. Da sollen sie zwischendurch pausieren und sich gegenseitig eine passende Textstelle aus irgendeinem galanten Roman vorlesen, sei es, daß er ihr, sei es, daß sie ihm vorliest, dann sollen sie sich hinlegen und miteinander vergnügen, und wenn sie es eine Weile getrieben haben, sollen sie den Roman wieder zur Hand nehmen und sich weiter draus vorlesen, kommen sie an eine besonders schöne, packende Stelle, dann sollen sie sich wieder hinlegen und sich wieder miteinander vergnügen, bis sich bei ihnen Ermüdung einstellt, dann sollen sie wieder zum Buch greifen und weiterlesen und so fort. Auf solche Weise erfährt ihre körperliche Unterhaltung eine Art Würze, eine geistige Veredlung, und es kommt keine Langeweile auf. Das ist die magische Kraft galanter Lektüre.»

«Sehr fein beobachtet und durchdacht!» mußte der Vormitternachts-Scholar anerkennen. »Leider war die Lektüre, die ich damals mit meiner Ersten zur Hand hatte, zu seicht und zu albern, um als veredelnde Würze brauchbar zu sein. Nun, über die beiden erstgenannten Hilfsmittel bin ich jetzt hinreichend im Bilde. Bleibt das dritte und letzte übrig – aufreizende Geräusche? Nie gehört davon – was meinst du damit?»

«Nun, die brünstigen Begleitgeräusche beim intimen Verkehr, aber nicht beim eigenen, sondern beim Verkehr zwischen anderen. Mir jedenfalls hat das seit jeher ein diebisches Vergnügen, einen höchst aufregenden Kitzel bereitet, solchen Wollusttönen zu lauschen, wie sie ein Liebespaar in der Ekstase von sich gibt.

Früher, als mein Mann noch lebte, pflegte ich ihn aus eigenem Antrieb und mit Bedacht auf die eine oder andere meiner Zofen scharf zu machen, ich hielt mich dann in Hörweite auf, wenn er mit der Betreffenden buhlte – die Geräusche, sein Stöhnen, ihre brünstigen Schreie, die dann von drüben zu mir herüberdrangen, versetzten mich selber in hochgradige Erregung – wenn es schließlich im Topf meines eigenen Lenzverlangens zum Überlaufen kochte und brodelte, dann pflegte ich mich durch ein lautes Räuspern – das war so zwischen uns verabredet – bemerkbar zu machen, dann kam er eilends zu mir herübergeflitzt, um sich wie ein hungriger Wolf über mich herzumachen, und er hatte strikte Weisung, nicht eher von mir abzulassen, als bis ich es selber wünschte. Ei, das gab dann immer ein wildes Kampfgetümmel, ich war eben vorher in die nötige Stimmung geraten. Gewöhnlich verlief der Kampf in diesem Falle auch rascher als sonst, es brauchte noch lange keine tausendmal hin und her, dann war ich befriedigt und konnte ihm Einhalt gebieten. Alles in allem, dieses dritte Mittel erweist sich, wenigstens bei mir, noch weit wirksamer als die beiden anderen.»

«Höchst originell! Ganz köstlich! Aber gestatte mir einen Einwand: Du gabst doch vorhin zu verstehen, daß dein werter Gatte in puncto Leistungsfähigkeit kaum drittklassig, also ziemlicher Schwächling gewesen sei. Wie reimt sich damit zusammen, daß er erst die Zofe und gleich darauf auch noch die Herrin bedienen kann? Ferner muß es doch nach deiner Darstellung zwischen ihm und der Zofe reichlich hoch hergegangen sein, wenn dich die Begleitgeräusche so in Stimmung gebracht haben, er muß doch völlig erledigt gewesen sein. Wie kann er gleich darauf ein wildes Kampfgetümmel, wie du sagst, mit dir entfacht haben? Dazu war er doch schwerlich noch imstande – also das will mir nicht recht eingehen.»

Die Dame ‹Baumblüte› lächelte überlegen.

«Wozu hat man denn seinen Stellvertreter und Ersatzmann? Bei der Zofe hat er eben seinen Stellvertreter vorgeschickt, und bei dem nachfolgenden Kampfgetümmel hat er ihn auf mein eigenes Verlangen mitwirken lassen – wie hätte er es sonst schaffen können?»

«Ah, verstehe – Magister Horn!»

«Stimmt. Ich habe einen ganzen Vorrat von solchen Ersatzmännchen in Reserve, und meine Zofen, sofern sie hübsch genug sind, um in Betracht zu kommen, desgleichen. Heute war es zwischen mir und dir das Debut, da hattest du leichtes Spiel bei mir, und wir kamen ohne Hilfsmittel aus. Das nächste Mal können wir es ja mit Magister Horn probieren.»

Das hörte der Vormitternachts-Scholar gern. Mit ihrer Erlaubnis die eine oder andere hübsche Zofe als

Vorspeise vernaschen zu dürfen, das versprach neue, angenehme Abwechslung. Gleichzeitig aber fühlte er sich an seiner Ehre gekitzelt. Schon jetzt die Dienste eines Magister Horn in Anspruch nehmen? – Oho, hatte er das nötig? – Wie schätzte sie ihn denn ein? – Er hatte sich doch noch gar nicht sonderlich anzustrengen gebraucht, das war doch vorhin bloß sanftes Vorgeplänkel gewesen, noch lange kein wildes Kampfgetümmel.

Er straffte sich jäh in neu erwachter Unternehmungslust. Jetzt wollte er ihr zeigen, daß er Manns genug war, um wildes Kampfgetümmel zu entfachen, und zwar – aus eigener Kraft! Und sich in die Rolle ihres weiland Eheliebsten hineinversetzend, wenn er durch ihr Hustensignal alarmiert, dienstbeflissen herbeigeflitzt kam, riß er die Dame ‹Baumblüte› ungestüm an sich und machte sich wie ein hungriger Wolf über sie her.

Diesmal wurde es ein Kampf von längerer Dauer. Er mochte an die halbtausend ritsch und ratsch geschafft haben, da bemerkte er, wie eine seltsame Veränderung mit ihr vorging: von den Händen und Füßen her begann sie auf einmal zu erkalten, ihr Blick wurde starr, ihr weit geöffneter Mund tat sich nicht mehr zu, ihr Atem stockte, alle Bewegung wich aus ihrem Körper, sie lag reglos unter ihm da wie eine Tote.

Es war der Scheintodzustand, von dem sie gesprochen hatte. Ein Glück nur, daß sie ihn vorbereitet hatte, sonst würde er jetzt tausend Ängste ausgestanden haben.

Der Zustand hielt genau eine Viertelstunde an, dann kehrte Leben, Wärme und Bewegung in ihren

Körper zurück. Sie wälzte sich zur Seite und schlang den Arm um ihn.

«Hast dich brav gehalten, mein Junge! Bist ein ganzer Kerl! Brauchst keinen Stellvertreter, um mich zu überwinden – bist wirklich Sonderklasse! Hast gar keinen Grund, dich übertrieben bescheiden nur als zweitklassig auszugeben», lobte sie.

«Vielen Dank für das Kompliment! Das nenne ich prompte Revanche dafür, daß ich die edle Dame auf meiner Liste gleichfalls der Sonderklasse für würdig befunden habe.»

«Ah, die Liste – gerade wollte ich deswegen etwas fragen: Wer hat eigentlich die drei Namen und zugehörigen Kritiken vor der Stelle, wo ich drankomme, durchgestrichen und verschmiert? Und wer hat den spöttischen Vierzeiler nachträglich hinzugeschrieben?»

«Ich weiß nicht», gab der Vormitternachts-Scholar vor. Aus Taktgefühl scheute er sich, Perle als Verfasserin bloßzustellen.

«Hm, kann mir schon denken, wer – eine von den drei übermütigen jungen Dingern drüben – wollten mir mit ihrem Spottvers eins auswischen, halten sich für zu jugendlich und zu gut, um mit mir älteren auf gleiche Stufe gestellt zu werden – das ist doch der klare Sinn des Verses – nun, zugegeben, sie sind ein paar Jahre jünger als ich und wirken äußerlich vielleicht etwas frischer und knuspriger als ich, aber das ist doch eben äußerlich, na ja – sie sind hübsch anzugaffen, wenn sie so vor dir sitzen, doch wenn es drauf ankommt, da können sie es nicht entfernt mit mir älteren aufnehmen – ganz zu schweigen von der praktischen Ausübung der Liebeskunst, allein schon nackt ausgezogen und zu viert deinem prüfenden schiedsrichterlichen Blick nebeneinander zur Schau gestellt, na, da wollen wir doch mal sehen, wo du das ‹Portal› besser gebaut finden würdest, bei mir oder bei den anderen.

Ich habe es für richtig gehalten, die Beleidigung, die sie mir mit dem albernen Vers zugefügt haben, einstweilen stillschweigend zu schlucken und keinen Krakeel deswegen zu machen. Aber bei nächster Gelegenheit werde ich wieder zu ihnen hinübergehen, um sie zum Wettkampf unter uns – vier Frauen und einem Mann – herauszufordern, und dann wollen wir doch sehen, wer sich als kampftüchtiger erweisen wird, die Jugend oder das Alter!»

«Liebeswettstreit – ein ausgezeichneter Gedanke! Das muß unbedingt gemacht werden! – Im übrigen hast du ganz recht, deine jungen, unerfahrenen Nichten drüben sollten sich nicht so respektlos und naseweis aufführen und lieber froh und dankbar sein, daß sie in ihrer Tante eine lebenskundige Ratgeberin und Führerin haben. Jugend braucht Rat und Lenkung durch das reife Alter.»

Vom nächsten Tag ab zog Dame ‹Baumblüte› besagte drei Mittel zum Hilfsdienst heran. Sie ließ von ihren Zofen alle möglichen, seit Jahren in Vergessenheit geratenen Bilderbände lenzlichen Charakters und alle möglichen, seit Jahren nicht mehr gelesenen Romane und Novellen galanten Inhalts heranschleppen und auf Tischen ausbreiten, um sich zu gegebener Stunde mit ihrem Liebsten an der gemeinsamen Betrachtung und Lektüre zu erbauen und in Stimmung bringen zu lassen.

Dame ‹Baumblüte› hielt sich vier Leibzofen, sämtlich nette, adrette junge Dinger. Zwei von ihnen, eine

Achtzehnjährige und eine Siebzehnjährige, waren bereits po kwa ‹erbrochene Melonen› und im Liebesdienst erfahren. Die beiden jüngeren, eine Sechzehnjährige und eine Fünfzehnjährige, waren noch tschu tze ‹unberührte Jüngferlein›. Mit Zustimmung der Herrin überließ der Vormitternachts-Scholar seinem Diener Schu Tung die etwas mühsame Aufgabe, die beiden jüngeren Zöfchen zu ‹erschließen› und in die Anfangsgründe des Liebesunterrichtes einzuführen, er selber hielt sich an die beiden älteren als leckere, Appetit anregende Vorspeise. Auch verschmähte er nicht, im weiteren Verlauf gelegentlich auch einen Magister Horn zum Hilfsdienst heranzuziehen. So gestaltete sich sein Aufenthalt bei der Dame ‹Baumblüte› nicht nur erfreulich abwechslungsreich, er lernte in der Technik der Liebe auch noch einiges dazu.

Mittlerweile wurde den drei Basen drüben die Zeit zu lange. Nun hielt die garstige Tante ihren Liebsten schon drei Tage und drei Nächte bei sich gefangen! Nicht einmal sehen konnten sie ihn, denn gleich nachdem sie ihn im Bilderkoffer glücklich in ihre Wohnung verschleppt, hatte sie wohlweislich die Verbindungspforte zwischen den beiden Grundstükken abschließen und verriegeln lassen.

Da standen nun die drei trauernden jungen Strohwitwen den lieben langen Tag vor der verschlossenen Pforte, ergingen sich in bewegten Klagen und forderten laut und stürmisch das ‹Diebesgut› zurück. Aber die böse Tante ließ sie klagen und schreien und mit den Fäusten an die Pforte hämmern, soviel sie wollten, und blieb hart.

So war der fünfte Tag seit der Entführung herangekommen. Da legte der Gefangene selber Fürsprache bei seiner gestrengen Wächterin ein. Es jammerte ihn der drei Verlassenen drüben und ihrer verzweifelten Rufe, auch machte sich bei ihm wachsende Sehnsucht nach den jüngeren Geliebten geltend.

Mit aller ihm zu Gebote stehenden Zungenfertigkeit suchte er ihr einzureden, daß mit fünf Tagen Beschlagnahme ihr Besitzanteil an seiner Person, um den sie sich seitens der Nichten bemogelt gefühlt hatte, nunmehr eingeholt und wettgemacht sei. Und tatsächlich gelang es seinem diplomatischen Geschick, die Dame ‹Baumblüte› zu überzeugen und zu erweichen. Sie ließ sich zu der Verpflichtung herab, daß sie mit Ablauf von sieben Tagen Gefangenschaft ihn freilassen und an die Nichten zurückgeben werde.

Ihre Erklärung, durch die noch immer verschlossene Pforte nach drüben bekanntgegeben, löste bei den Nichten allgemeines Aufatmen aus, die Gemüter beruhigten sich, das ungeduldige Pochen und Hämmern an der Pforte hörte auf.

Es brach der achte Tag seit der Entführung, der Tag der Entlassung des Gefangenen an.

Als sich die Verbindungspforte endlich auftat und den Gefangenen von drüben in die Freiheit entließ, da wollte es die drei Basen, die bereits am frühen Morgen vor der Pforte standen und ungeduldig lauerten, bedünken, als ob die griesgrämige Wolkendecke, die sieben Tage lang ihren Himmel verdüstert hatte, jäh zerrisse und die langentbehrte Sonne in neuem Glanze hervorbräche. Sie begrüßten den Ankömmling mit Jubel und bestürmten ihn mit neugierigen Fragen.

«Wie war's? Wie hast du die sieben Nächte drüben verbracht? Was hat das alte Stück mit dir angestellt?

Sie war wohl mächtig aufgekratzt? Hat denn deine Dschunke in der weiten Yang tse Mündung noch Ankergrund und Ufer zum Anlegen finden können?», so schwirrte und plapperte es kichernd durcheinander.

Der Vormitternachts-Scholar übte bei seinen Antworten vorsichtige Zurückhaltung. Er hütete sich, ein Preislied anzustimmen, das wahrlich verdient und am Platze gewesen wäre. Damit würde er sie schön eifersüchtig gemacht und verstimmt haben, und das wollte er nicht. Er beschränkte sich daher wohlweislich auf einen ausführlichen Bericht über ihre berühmten drei Stimmungsrezepte und empfahl sie ihnen gleichfalls zur Anwendung. Außerdem verständigte er sie von dem Vorhaben der Tante, die Nichten demnächst zu einem Liebeswettstreit herauszufordern, und knüpfte daran die Mahnung, sie möchten sich bei der Gelegenheit hübsch zusammennehmen und nicht von der Tante blamieren lassen.

Seine Ankündigung rief helle Aufregung hervor.

«Was mag wohl dahinterstecken? Bestimmt will sie uns eins auswischen – vermutlich wird sie uns den Vortritt lassen und sich selber für zuletzt aufsparen, um sich an uns aufzuregen und dann mit der nötigen Stimmung in den Schlußkampf einzutreten – das ist ja ihr Rezept Nummer drei, aber wir können ihr das Rezept verderben und wirkungslos machen, wenn wir uns recht leise und manierlich aufführen und alle lauten Begleitgeräusche, alles Kreischen und Quieken, tunlichst vermeiden – was meint ihr?» ließ sich als erste Duftwolke vernehmen.

«Meiner Ansicht nach könnten wir ihr das Rezept auch auf andere, weniger opfervolle Art verderben, indem wir recht artig gerade ihr als Tante und älterer Respektsperson den Vortritt einräumen und wir selber als jüngere Nichten bescheiden zurücktreten. Wenn sie dann im Zuge ist und sich schon weidlich abgemüht hat, dann erheben wir auf einmal – natürlich zum Hohn – lautes Geschrei, als ob wir sie zum Endspurt anfeuern wollten, und werden sie damit völlig aus der Fassung und zur Verzweiflung bringen, denn wir krakeelen ja als unbeteiligte Zaungäste, und der Krakeel, den wir machen, ist ja gar nicht das richtige Begleitgeräusch, das sie laut Rezept hören möchte, um in Stimmung gekitzelt zu werden – na, wäre das nicht eine lustige Verulkung?» schlug Perle vor.

«Beide Vorschläge klingen sehr beachtlich – bloß fürchte ich, wird uns die gute Tante mit einem eigenen listigen Anschlag überrumpeln, der es gar nicht zur Ausführung eurer Vorschläge kommen läßt – am besten, wir warten ihr Kommen ab und handeln dann je nach den Umständen», tat Juwel als jüngste ihre Meinung kund.

«Eigentlich hat unsere Kleine recht – richten wir uns nach den Umständen!» pflichteten ihr die beiden anderen bei.

Drei Tage und Nächte vergingen, an denen sich die drei Basen in der gewohnten Altersreihenfolge – eine nach der andern je einen Tag und eine Nacht lang – wieder einmal mit ihrem gemeinsamen Hausfreund nach Herzenslust vergnügen konnten.

Am vierten Tag erschien eine Zofe von drüben und überbrachte eine schriftliche Botschaft von Tante Tschen, mit der diese sich für den Nachmittag zum Besuch ansagte. Beigefügt war der Botschaft ein Geldpäckchen, enthaltend einen Silberbatzen als Unkostenbeitrag für ein Festmahl, das die jungen Damen freundlicherweise herrichten möchten. Es solle lustig getafelt und gebechert und hinterher ein Liebeswettstreit veranstaltet werden, besagte die Botschaft des weiteren.

Die Nichten, durch den Vormitternachts-Scholar vorbereitet, nahmen die Botschaft gelassen auf. Sie sagten sich, heute sei nach vereinbarter Satzung sowieso das gemeinsame Vergnügen zu viert fällig, da würde eine Teilnehmerin mehr und ein bißchen Druck mehr auf die Bettkissen nicht viel ausmachen. ‹In aller Ehrerbietung richten wir uns nach deinem erhabenen Befehl› – mit dieser kurzen schriftlichen Antwort entließen sie die Botin wieder nach drüben.

Eine Stunde später stellte sich, begleitet von vier Zofen, die Besucherin ein. Dem scharfen Blick des Vormitternachts-Scholaren entging nicht eine leichte Aufbauschung in der Gegend ihrer linken Ärmeltasche.

«Was hat denn die hohe Dame da in der Ärmeltasche stecken? Etwa einen Magister Horn?» fragte er scherzend.

Sie schüttelte den Kopf.

«O nein, etwas anderes und auch Vergnügliches. Bei Trinkgelagen und bei Bettgelagen, bei beiden dient es als beliebtes, Stimmung machendes Zubehör. Vielleicht können wir uns seiner im Verlauf des heutigen Abends gelegentlich bedienen», erwiderte sie verschmitzt lächelnd und brachte einen Packen obszön bebilderter Trinkkarten zum Vorschein.

«Ah, Trinkkarten, mit Bildern der verschiedenen Stellungen! – Gewöhnlich dienen sie nur als leere

Attrappe, bei unserem heutigen Liebeswettkampf könnten wir sie eigentlich recht gut ihrem eigentlichen Zweck entsprechend gebrauchen – ich meine, jede der Damen zieht auf gut Glück eine Karte und versucht sich nachher mit mir in der gleichen Stellung, die auf der gezogenen Karte abgebildet ist – eine Art Lottospiel der Stellungen – zweifellos sehr unterhaltsam!» ließ sich der Vormitternachts-Scholar vernehmen.

«Genau das hatte ich im Sinn, als ich sie mitbrachte», bestätigte kopfnickend Tante Tschen.

«Laßt doch mal sehen! Wir möchten gern vorher wissen, nach welchen Mustern wir uns nachher zu richten haben», bettelte Duftwolke.

Der Vormitternachts-Scholar nahm die Karten und breitete sie vor Tante Tschen auf der Tischplatte aus. Seine heimliche Absicht dabei war, die Jugend möchte sich die Bilder unter Anleitung und sachkundiger Erklärung seitens des reifen Alters anschauen. Doch Tante Tschen erhob sich von ihrem Platz und überließ das Anschauen der Jugend.

«Ich habe die Bilder schon wer weiß wie oft angesehen und die verschiedenen Stellungen, die sie darstellen, kenne ich sämtlich auswendig, sie sind mir durchaus geläufig – habe es nicht nötig, wenn es dazu kommt, mich noch ängstlich an Buddhas Füße zu klammern – guckt ihr anderen sie euch nur an! – Ich mache mir inzwischen ein bißchen Bewegung», bemerkte sie sehr überlegen und von oben herab.

Die drei Basen stießen sich heimlich mit den Ellenbogen an und kicherten. Dann nahmen sie eine Karte nach der anderen zur Hand und betrachteten sie gemeinsam genauer. Da gerieten sie nun an eine Karte, die sie stutzen machte. Das Bild auf ihr zeigte ein nacktes Mädchen mit hochgerecktem ‹Hinterhof› auf einer Felsplatte am Rand eines Weihers kauernd und sich von einem nackten Jüngling nach Lung Yangs Art (Günstling eines Fürsten von Weh, 4. Jahrh. v. Chr.), wie sie unter schwulen jungen Leuten üblich ist, bedienen lassend. Alle drei mußten dabei hell aufkreischen.

«Pfui! Was ist denn das für eine unanständige Stellung? Können die zwei sich nicht auf eine etwas manierlichere Art verlustieren?» riefen sie schockiert aus. Von ihrem Gekreisch angelockt, trat die Tante zu der Jugendgruppe zurück.

«Was gibt's denn da zu lachen? Laßt mal sehen!» Duftwolke reichte ihr die anstößige Karte.

«Ach so, das Lung Yang-Bild – der Künstler ist bei seinem Entwurf von der Literatur inspiriert worden.»

«Wieso von der Literatur?» wollte Duftwolke wissen.

«Was! Das fragst du noch? Kennt ihr nicht die alte Novelle des Titels ‹Ich möchte heiraten›? Die hat den Künstler zu diesem Bild angeregt.»

«Nie gehört davon – worum geht es denn in der Erzählung? – Wir bitten um geneigte Belehrung», bettelten alle drei.

«Also hört zu. Die Geschichte handelt von zwei Nachbarskindern, die sich liebten. Sie war eine schöne, sittsame Haustochter, er ein hübscher, flotter Studiosus von ziemlich hitzigem Temperament. Er verliebte sich in die schöne Nachbarstochter, und da sie leider für ihn unerreichbar blieb, verzehrte er sich dermaßen vor Sehnsucht nach ihr, daß er ernstlich krank wurde.

Vom Krankenlager aus ließ er ihr heimlich einen Brief zukommen, des Inhalts: Wenn er sie nur wenigstens einmal von Angesicht zu Angesicht sehen und sprechen dürfe, dann würde er mit Freuden sterben, im übrigen brauche sie nicht zu fürchten, daß er sich Unziemlichkeiten herausnehmen würde, falls sie ihm die Gunst eines heimlichen Stelldicheins gewähren sollte.

Zu Mitleid gerührt, gewährte sie ihm das erbetene Treffen. Sie duldete es auch, daß er, als sie so in einer versteckten Parklaube ungestört beisammen waren, sie auf den Schoß nahm und an seine Brust zog und sie umarmte und nach Herzenslust küßte und streichelte und liebkoste. Doch der feurige Jüngling hatte damit nicht genug, er verlangte nach mehr. Aber das verweigerte sie ihm strikte.

‹Ich möchte heiraten!›, so sprach sie zu ihm. ‹Darum kann ich dir das, was du möchtest, auf keinen Fall gewähren.›

Unfähig, sein leidenschaftliches Begehren zu zügeln, beschwor sie der Jüngling auf Knien um Erbarmen. Aber sie blieb standhaft und verweigerte sich ihm weiter, indem sie ihm immer wieder die Worte entgegenhielt: ‹Ich möchte heiraten!› Auch machte sie geltend, er hätte bei seiner Bitte um ein Stelldichein doch nur den Wunsch geäußert, sie von Angesicht zu Angesicht zu sehen und zu sprechen, und hätte noch das ausdrückliche Versprechen hinzugefügt, sich keine unziemlichen Freiheiten herauszunehmen. Sie wäre schon großzügig genug gewesen, indem sie ihm gestattete, sie auf den Schoß und in die Arme zu nehmen und zu küssen und am ganzen Leib abzutasten und abzuknutschen, damit wäre sie seinen Wünschen doch schon recht weitgehend entgegengekommen. Jetzt aber sei es genug! Ihre Jungfernschaft dürfe er ihr auf keinen Fall nehmen, die wolle sie sich intakt und unverletzt für die Ehe aufsparen. Wie würde sie denn vor ihrem künftigen Gatten dastehen, wenn er sie bereits entjungfert fände? Fürs ganze Leben würde sie entehrt sein und von der Gesellschaft nicht für voll genommen werden! Nein und nochmals nein! Aber der hitzige Jüngling ließ nicht locker. Er fiel ihr erneut zu Füßen und schwur, nicht eher aufzustehen, bevor sie ihn erhört habe. Die Natur habe es doch nun einmal so eingerichtet, daß zur Liebe solch innige, leibliche Verschmelzung gehöre. Wozu habe die Natur ihn denn mit dem gewissen Ding von drei Zoll Länge ausgestattet? Ohne daß es seine natürliche Bestimmung erfülle, bliebe alle sonstige noch so innige Liebe und Zärtlichkeit doch unvollkommenes Stückwerk, und Liebende blieben sich trotz allem sonstigen Entgegenkommen im Grunde fremd.

Also von ihm bestürmt und bedrängt, versank die Jungfrau für eine Weile in tiefes Nachdenken. Und sie dachte sich eine Behelfslösung aus, die den Wünschen beider Teile gerecht wurde.

‹Also es bleibt dabei: Ich möchte heiraten! Und daher kann ich dir die Gunst, die du heischest, unmöglich gewähren›, so sprach sie zu dem Jüngling. ‹Aber wenn ich dir zum Ersatz nun eine andere Gunst gewähren würde? Was meinst du?›

‹Ich wüßte nicht, welche andere Gunst als Ersatz in Frage käme.›

‹Doch, ich wüßte eine: Du brauchst es ja nicht gerade von vorn zu machen, dein gewisses Ding von drei Zoll Länge könnte ja, wenn es unbedingt sein muß, ebensogut von hinten in meinen Leib eindringen, und damit wäre deinem sehnlichen Wunsch auch Genüge geschehen.›

Dem Jüngling war die vorgeschlagene Behelfslösung auch recht, und so beehrte er sie statt vom Vorderhof vom Hinterhof aus mit seinem Besuch.

Das also ist die Geschichte, die unseren Künstler zu seinem Bild angeregt hat. Und eine so hübsche Geschichte habt ihr nicht gekannt? – Unglaublich!» schloß Tante Tschen ihr Referat.

Die drei Nichten hörten den schulmeisterlich überheblichen Unterton, der in ihrer Schlußbemerkung mitschwang, sehr wohl heraus und waren verstimmt. Wie die wieder einmal angibt! Keine Gelegenheit läßt sie sich entgehen, um ihre Überlegenheit zu zeigen und uns zu ducken, so ging es ihnen durch den Sinn. Sie verzichteten auf weitere Besichtigung der Trinkkarten und zogen sich in den Nebensalon zurück. Dort wollten sie Kriegsrat halten. Wer weiß, was das ‹alte Stück› für nachher gegen sie im Schilde führte. Da hieß es zusammenhalten und Gegenmaßnahmen treffen.

Ihre Abwesenheit bot der Dame Baumblüte und dem Vormitternachts-Scholar willkommene Gelegenheit, sich brünstig in die Arme zu schließen und abzuherzen. Drei Tage lang hatten sie sich entbehrt, es kam ihnen vor wie neun Herbste lang. Am liebsten wären sie ganz unter sich geblieben und gleich auf der Stelle ins Bett gestiegen.

Inzwischen war das Mahl gerichtet und alle fünf ließen sich an der Festtafel nieder. Selbstverständlich war der Ehrenplatz an der einen Schmalseite der

Tante vorbehalten, den Platz an der anderen Schmalseite des Tisches durfte der gemeinsame Hausfreund einnehmen, an den Seiten rechts und links nahmen die drei Basen Platz. Die Gerichte waren zahlreich und erlesen, schwere Weine und scharfe Schnäpse taten das ihre, um die ganze Gesellschaft bald in jenen beschwipsten, ausgelassenen Zustand zu versetzen, bei dem heitere Tafelei in wüste Zecherei auszuarten droht.

Dem Bedürfnis nach einer Respektsperson, die nach Art eines Kommerspräsiden das Kommando an der Tafel führt und für Ordnung sorgt, entsprach der Vormitternachts-Scholar, indem er das beliebte Gesellschaftsspiel des Fingerknobelns als Verfahren für die Wahl eines Präsiden, eines Ling kwan, eines ‹Befehlsgebers› vorschlug.

Wer beim Fingerknobeln als Sieger hervorgehe, der solle von jetzt ab das Präsidium bei der Tafel und das Kommando bei der anschließenden Lustbarkeit führen, auf daß es kein Durcheinander und keinen Streit gebe.

Sein Vorschlag wurde einstimmig – von Tante Tschen mit heimlicher Vorfreude, denn Fingerknobeln war ihre besondere Stärke – angenommen. Fünf Faustpaare erhoben sich zum gleichzeitigen Fingerstrecken, vom Vormitternachts-Scholar angefangen bis herab zur jüngsten, zu Juwel, mußte jedes seine Kunst im Blitzraten zeigen, und tatsächlich – Tante Tschen erwies sich als schnellste und treffsicherste Ratekünstlerin. Sie ging aus dem Wettbewerb als Siegerin hervor und wurde damit der Ehre teilhaftig, von nun an das Präsidium zu führen. Sie ernannte den Vormitternachts-Scholar zum Kiän ling kwan, zu ihrem ‹Chargierten›. Er hatte die Befolgung ihrer Befehle zu überwachen.

Alle hatten sich von nun an ihrem Kommando zu unterwerfen und zu parieren. Und sie war um Befehle nicht verlegen und erließ eine regelrechte Geschäftsordnung, die den ordnungsgemäßen und reibungslosen Ablauf der nun als Nachtisch folgenden Lustbarkeit des Liebeswettstreites gewährleisten sollte.

Ihr Trinkkomment entsprach dem studentischen Komment, wie er bei dem akademischen Festkommers im Schwang ist, den die Kandidaten nach erfolgreich bestandener Palastprüfung im kaiserlichen Rubinenpark abzuhalten das Privileg haben. Da führt der Tschuang Yüan, der erste Sieger in der Prüfung, das Präsidium, er hat den Pang Yen, den zweiten Sieger, und den Tan Hua, den dritten Sieger, als Chargierte zur Seite.

Tante Tschen fühlte sich in der Rolle eines Tschuang Yüan beim Festkommers. Und sie ordnete an: Wen die Präsidin, die Ling kwan, zum Trinken aufforderte, der mußte gehorchen und trinken. Alle Verstöße gegen die Tafeldisziplin und die Geschäftsordnung wurden mit Strafbechern geahndet. Der Vormitternachts-Scholar sollte bei jedem Becher, den die Tante genehmigte oder die Basen genehmigen mußten, als Kavalier artig ‹mitziehen›. Die kleine Juwel war von jeglichem Trinkzwang befreit. Da sie beim Fingerknobeln am schlechtesten abgeschnitten hatte, wurde sie wie ein bei der Prüfung durchgefallener Kandidat behandelt, sie blieb von der aktiven Teilnahme am Trinken sowohl wie an der nachfolgenden Lustbarkeit, dem Liebeswettstreit, dispensiert, hatte vielmehr eine Art Pedell, Mädchen für alles zu spielen, an der Tafel die Becher neu zu füllen, beim späteren Bettkampf der anderen mit feuchtheißen Tüchern bereitzustehen und ähnliche untergeordnete Dienste mehr zu verrichten. Bei der Verrichtung ihrer Dienste mußte sie selbstverständlich nüchtern bleiben. Diese Regelung war unserer kleinen Juwel recht; sie war in beiden Fächern, im Trinken sowohl wie im Bettkampf, ausgesprochen schwach.

Die Geschäftsordnung für den nachfolgenden Liebeswettstreit sollte im Rahmen eines Karten-Lottos ausgefochten werden, jede der drei Teilnehmerinnen – Juwel, die jüngste, blieb wie gesagt dispensiert – sollte von dem Packen der mit der leeren Rückseite nach oben liegenden Karten die jeweils oberste abheben und dann mit dem Vormitternachts-Scholar als Partner genau die gleiche Stellung und Kampfart nachmachen, die das Bild auf der Vorderseite der gezogenen Karte aufwies. Was die Reihenfolge betraf, so ordnete die Präsidin sehr willkürlich und durchaus zum eigenen Vorteil – sie legte ja Wert darauf, laut bewährtem Rezept Nummer drei durch fremde Lustgeräusche erst in Stimmung gebracht zu werden – genau die umgekehrte Reihenfolge wie die, die sich beim Fingerknobeln ergeben hatte: also sollte Perle als Drittbeste im Fingerknobeln den Anfang machen, Duftwolke als Zweitbeste hinter ihr und die hohe Präsidin selber zuletzt drankommen – ein nachträglicher Umtausch der einmal gezogenen Karte war ausgeschlossen! Was die jeweilige Kampfdauer betraf, so bewilligte sie Nichte Perle einhundertmal ritsch ratsch, Nichte Duftwolke zweihundertmal ritsch ratsch, ohne Rücksicht darauf, ob die bewilligte

Frist ausreichen würde, um die Wolke zum Bersten zu bringen. Nichte Juwel hatte das Amt, die Anzahl der getätigten ritsch ratsch genau nachzuzählen, für jedes mehr oder weniger wurde das Pärchen zu zahlenmäßig entsprechenden Strafbechern verknackt, sich selber räumte die Präsidin großzügig eine unbegrenzte Anzahl von ritsch ratsch und Kampfdauer bis zum Bersten der Wolke ein. Als Siegerin im Wettkampf solle diejenige Teilnehmerin gelten, die es dem bildlichen Muster auf ihrer Karte am echtesten und elegantesten nachtun würde. Willkürliche Abweichungen vom Muster sollten mit Strafbechern geahndet werden, außerdem sollte die bewilligte Frist zur Strafe gekürzt werden ...

An dieser Stelle wagte Perle eine Frage:

«Wenn nun der hohen Ling kwan, der Präsidin, selber Abweichungen vom Muster unterlaufen, was dann?»

«Dann werde ich mich selber zu drei Strafbechern verurteilen und noch einmal von vorne anfangen. Überhaupt dürft ihr, wenn ich selber irgendwelche Verstöße gegen die Geschäftsordnung begehen oder mir irgendwelche Ungerechtigkeiten zuschulden kommen lassen sollte, lautes Protestgeschrei erheben. Ich möchte durchaus keine tyrannische Diktatur ausüben nach Art des Tyrannen Tschou Hsin von der Yin Dynastie (1150 v. Chr.)», versicherte gnädig und etwas unbedacht Tante Tschen.

Die drei Basen blinzelten sich verstohlen zu. Ein weitgehendes, ein gefährliches Zugeständnis! Das wollten sie sich für alle Fälle merken! Im übrigen ließen sie die Befehlsausgabe der gestrengen Ling kwan in demütig geduckter Haltung, wie sich's für folgsame Nichten gehörte, ohne Widerspruch über sich ergehen. Höchstens der Vormitternachts-Scholar erlaubte sich hin und wieder einen Einwand oder eine Zweifelsfrage, und dann gab es jedesmal eine kurze Geschäftsordnungsdebatte. Daß die drei Nichten besagte Befehlsausgabe, die fraglos alle Vorteile der Befehlsgeberin zuschanzte und die Befehlsempfängerinnen recht zu kurz kommen ließ, so ergeben und widerspruchslos hinnahmen, damit hatte es freilich seine besondere Bewandtnis.

Nicht umsonst hatten sie vorhin geheimen Kriegsrat abgehalten. Dabei hatten sie ein gar verschmitztes, ein ganz verteufeltes Plänchen ausgeheckt – abwarten!

Die Befehlsausgabe war beendet. Jetzt konnte es losgehen. Es begann damit, daß die Präsidin einen Becher genehmigte und Duftwolke zu zwei Bechern verdonnerte. Der Chargierte mußte bei jedem Becher ‹mitziehen›. Dann mußte Juwel – auch das gehörte zu ihren Pedellpflichten – die vom jahrelangen unbenutzten Herumliegen arg verstaubten Karten mit einem feuchten Wischlappen sauberwischen, sie sorgfältig vor aller Augen mischen und sie zu einem Häufchen, leere Rückseite nach oben, auf die Tischplatte übereinanderschichten.

Als erste hob Perle ihre Karte ab und zeigte sie zunächst vorschriftsmäßig vor aller Augen rund herum. Das Bild auf ihrer Karte wies jene Stellung auf, die als ‹Libelle über Wellen gleitend› bezeichnet wird: Eine nackte Schöne liegt mit weit gespreizten, aber nicht erhobenen Beinen auf dem Bett, ihr Partner liegt, die Arme auf die Bettdecke gestützt, den

Oberkörper zu drei Fuß Abstand erhoben, über ihr und spielt oberflächlich an ihr herum, wie eben eine Libelle, die nur die Oberfläche des Wassers streift, aber nicht eintaucht!

Perle und der Vormitternachts-Scholar kleideten sich nackt aus, nahmen die Stellung des Bildmusters ein und absolvierten die ihnen zugebilligten hundertmal ritsch ratsch. Um Tante Tschen einen Gefallen zu tun und sie in Stimmung zu versetzen, gebärdeten sie sich zum Schein schon lange, bevor es soweit war, wer weiß wie toll und gaben alle möglichen brünstigen Lustlaute zum besten, bis Juwel, die pflichtschuldig und gewissenhaft mitgezählt hatte, ihnen Halt gebot und die bereitgehaltenen feuchtheißen Tücher zum Abwischen reichte.

Als nächste kam Duftwolke an die Reihe. Die von ihr abgehobene und gleichfalls zunächst offen herumgezeigte Karte wies jene Stellung auf, die unter dem Namen ‹flußaufwärts Nachen schieben› bekannt ist. Eine Schöne liegt, die untere Körperpartie zum Rand hin aufgereckt, tief in einem leichten Korbstuhl, ihr Partner, vor ihr am Stuhlrand stehend, hat ihre Füße über seine Achseln gehoben und stößt, den Oberkörper vornüber geneigt und die Hände auf die Stuhllehne gestützt, nach Kräften zu und schiebt mit jedem Stoß den leichten Stuhl ein Stückchen vor sich her, wie ein Schiffer seinen Nachen.

Duftwolke und ihr Partner bezogen also nach Muster Stellung und mühten sich nach Muster rechtschaffen ab. Die Lustgeräusche, die hierbei laut wurden, kamen spontaner und wirkten echter als die gemachten Scheingeräusche im vorhergehenden Fall und versetzten Tante Tschen in derartige Erregung und Stimmung, daß sie es gar nicht erwarten konnte, bis das Pärchen sein Pensum erfüllt hatte und sie nun selber drankam. Sie fühlte sich diesmal, da zum Ohrenschmaus auch noch Augenschmaus hinzukam, womöglich noch angeregter und aufgelegter als dannzumal, da sie dem noch in der Vorarbeit steckenden Gatten durch das verabredete Husten ihre Bereitschaft signalisierte.

Kaum, daß der zweite Gang des Wettstreits beendet war, da schnellte sie auch schon von ihrem Stuhl hoch und verkündete wichtig und gebieterisch:

«Nun macht mal Platz! Jetzt kommt mein Auftritt dran!»

Und während ihre eine Hand nach der Karte langte, da nestelte die andere bereits nervös an ihrem Gürtel, so eilig hatte sie es! Da – sie ließ die Hand mit der abgehobenen Karte erschrocken sinken.

«Nach dieser Karte sollte ich?... Nein, auf keinen Fall! Ich werde sie umtauschen», brachte sie, mühsam nach Haltung ringend, mit belegter Stimme hervor und löste damit augenblicklich einmütigen Protest der drei Nichten aus.

Sie rissen ihr die gezogene Karte aus den Fingern und räumten den restlichen Stoß Karten geschwind aus erreichbarer Nähe. Dann steckten sie die Köpfe zusammen und beguckten sich das Bild auf der Karte. Und siehe da, welche Überraschung! Auf der einen Seite böse, auf der anderen Seite schadenfrohe Überraschung!

Das Bild zeigte ausgerechnet jene anstößige ‹Ich möchte heiraten!›-Stellung, bei der der Partner sich als Notbehelf Eingang in den hochgereckten Hinterhof der Partnerin erzwingt! Daß die würdige Tante

und Präsidin gerade zu dieser Stellung verurteilt war
– war es bloß tückischer Zufall? – Es war mehr als
bloßer Zufall!

Geschätzte Leserschaft, laßt euch erklären. Als die
drei Basen anfangs und hinter dem Rücken der Tante
die Karten unter sich betrachteten, da war ihnen aufgefallen, daß gerade diese eine Karte sich von den
anderen Karten durch besonders stark vergilbte Rückseite unterschied und leicht erkennbar war.

Diese Karte der Tante zuzuspielen, das war ihr verteufeltes Plänchen, das sie bei dem anschließenden
geheimen Kriegsrat ausheckten. Den Plan auszuführen war die Aufgabe der Jüngsten. Juwel hatte ja
das Amt, die Karten erst zu säubern und dann zu
mischen. Daß die Tante als dritte und letzte drankommen werde, hatte sie ja selber angeordnet und
verkündet. Juwel wußte geschickt und unauffällig
die Karte an die dritte Stelle von oben zu schmuggeln. Und so war es listige Berechnung, daß die Tante
gerade diese Karte ziehen mußte.

Vielleicht könnte man, da die Karte auf natürliche
Art gezinkt war, weiter annehmen, daß auch höhere
Mächte, Rachegeister, ihre Hand mit im Spiel und
sich mit Menschenwitz verbündet hatten, um Tante
Tschen für ihre Überheblichkeit und Arroganz zu
strafen. –

Die Nichten bestanden auf dem schon angekündigten Auftritt der Tante. Sie setzte sich verzweifelt
zur Wehr.

«Herrschaften, habt doch, bitte, ein Einsehen und
dispensiert mich! – So etwas, nein, das kann mir unmöglich zugemutet werden!» flehte und bettelte sie
ganz klein und jämmerlich.

«Dispensieren? Kommt nicht in Frage! Gleiches Recht für alle! Angenommen, eine von uns würde deine Karte erwischt haben, würdest du sie gnädigst dispensiert haben? – Schwerlich. Umtausch der einmal gezogenen Karte ausgeschlossen! – Das war deine eigene Anordnung. Und hast du dich nicht selber gerühmt, dir wären sämtliche Stellungen auf den Bildern geläufig, du wüßtest sie auswendig und brauchtest nicht erst Buddhas Füße zu umklammern? – Deine eigenen Worte! Wenn du deine Karte jetzt auf einmal als unmöglich ablehnst, warum hast du sie nicht von vornherein ausgemerzt? – Nein, da ist gar nicht dran zu rütteln, es bleibt dir nicht erspart, du mußt! Und nun herunter mit den Kleidern! Oder willst du, daß wir Hand an dich legen und dich gewaltsam ausschälen?« beharrten unerbittlich die revoltierenden Nichten, und zum Vormitternachts-Scholaren gewandt:

«He du! Tu doch auch mal deinen Mund auf! Wozu bist du Chargierter? Schöner Chargierter das!»

«Aber meine Damen! Es sei ferne von mir, daß ich als Chargierter Partei für unsere verehrte Präsidin nehme – doch bedenkt, wie ich nun einmal von Natur körperlich beschaffen bin, es geht schon rein technisch nicht! – Wollen wir doch nicht allzu hart sein! Gewähren wir unserer verehrten Präsidin nachsichtig Dispens und brummen wir ihr ersatzweise eine Anzahl Strafbecher auf!» versuchte der Chargierte diplomatisch zu vermitteln.

Aber da kam er bei dem aufsässigen Jungvolk schön an.

«Fang pi! Quatsch! Wenn in ihrem Fall Strafbecher als ausreichender Ersatz gelten sollen, dann hätten uns anderen gerechterweise vorhin auch Strafbecher wahlweise als Ersatz zugebilligt werden müssen. Wir hätten Straftrinken auch gern dem peinlichen Zwang vorgezogen, uns vor aller Augen entkleiden und auf dem Bett betätigen zu müssen», prasselte es entrüstet auf ihn zurück.

Der Logik ihres Einwandes konnte sich der Chargierte nicht verschließen. Dem war nichts Plausibles entgegenzusetzen. Er verstummte für eine Weile und dachte nach.

Auch die Präsidin war um Gegenargumente verlegen. Wie sie so mit gesenktem Kopf rat- und mutlos dasaß, bot sie ein Bild des Jammers. Endlich fand der Vormitternachts-Scholar die Sprache wieder.

«Ich mache einen Vorschlag: Die Herrschaften mögen ihr bitte nachsichtig das Netz wenigstens an einer Seite offen lassen und nicht allzu hart auf Tilgung der ganzen Schuld bestehen. Gut, sie soll sich vor aller Augen entkleiden und die vorgeschriebene Stellung im großen ganzen andeuten, aber lassen wir es dabei bewenden und erlassen wir ihr das Weitere.»

Duftwolke und Juwel erhoben Protest. Sie bestanden gnadlos weiter auf Begleichung der ganzen Schuld. Perle dagegen erklärte sich, ohne mit der Wimper zu zucken, mit dem vorgeschlagenen Kompromiß einverstanden.

«Gut, mag es mit dem Nacktausziehen und der bloßen Andeutung der Stellung dabei sein Bewenden haben.»

Die Präsidin und ihr Chargierter atmeten auf. Sie ließ sich, wenn auch noch anfangs widerstrebend, ihre Hüllen von ihm abstreifen und lagerte und krümmte sich zögernd und unter viel gutem Zureden schließlich am Rande eines gepolsterten Divans zu der vorgeschriebenen Stellung. Gesicht und Vorderfront nach unten, Hinterfront hoch nach oben gereckt.

Der Vormitternachts-Scholar schickte seinen Botschafter aus und ließ ihn, um die Sache im großen ganzen anzudeuten, in der Schlucht der heimlichen Freuden auf und ab spazieren und ein wenig um die versteckte Hinterpforte herumschnüffeln, aber noch lange nicht in die Pforte selber eindringen. Da erhub die hohe Präsidin bereits lautes Gekreisch, und in der Meinung, es sei genug angedeutet worden und sie habe ihr Pensum bereits redlich erfüllt, schickte sie sich schon zum Aufstehen an.

Aber da fuhr das schlimme Jungvolk hindernd dazwischen. Was Perle vorhin, ohne mit der Wimper zu zucken, zugestanden hatte, es solle mit Nacktausziehen und bloßem Andeuten sein Bewenden haben, das war gar nicht ernst gemeint, vielmehr nur Bluff gewesen, um das Opfer zu täuschen und dazu zu verleiten, überhaupt erst einmal die verlangte Stellung einzunehmen. Nachdem man es glücklich soweit gebracht hatte, sollte jetzt das Spiel programmgemäß weitergehen, das war die einhellige stürmische Forderung der entfesselten Jugend.

Und schon griffen drei Händepaare zu und duckten den Kopf des Opfers nach unten und hielten seine Hände und Schultern fest auf den Diwan gepreßt und wehrten ihm nicht nur das Aufstehen, sondern auch jede Drehung und Wendung des Körpers, nicht einmal seine versteckte Hinterpforte erlaubten sie ihm groß zu verschieben, so fest stemmten sie sich gegen den darüber gewölbten prachtvollen Zwillingshügel.

Es blieb ihr nicht erspart, der Botschafter des Chargierten mußte sich, von zarter Hand gelenkt, Eingang in die enge Pforte selber erzwingen, mehr noch, eine der drei Schlimmen hatte sich hinter den Vormitternachts-Scholar postiert und half mit kräftigem Schieben nach, dem Botschafter den schwierigen Eingang zu erleichtern.

Bis zur Hälfte hatte er sich glücklich hineingezwängt, da hub das Opfer ganz jämmerlich zu schreien und zu winseln an, als ob es Folterqualen auszustehen hätte. Zwischendurch waren die flehentlichen Worte ‹Erbarmen! Ich sterbe!› deutlich hörbar. Der Vormitternachts-Scholar hielt erschrocken inne.

«Halt! Nicht weiter! Ihr Leben wollen wir nicht aufs Spiel setzen! Schluß!»

«Nicht eher, als bis die Wolke geborsten ist! Das hat sie vorher bei ihrer Befehlsausgabe selber so angeordnet», protestierte das unerbittliche Jungvolk.

«Fragen wir sie doch, ob es bei ihr denn schon soweit sei.»

«Es ist soweit», beteuerte ächzend gleich mehrere Male hintereinander Tante Tschen.

Jetzt endlich ließ sich die Jugend erweichen und gab ihr Opfer frei. Mühsam rappelte sich Tante Tschen auf die Füße, rief ihre draußen wartenden Zofen herbei und wankte völlig zusammengebrochen, von Zofen gestützt, wortlos hinaus.

Drei Tage lag sie danach krank und fiebernd zu Bett und mußte eine schmerzhafte rote Schwellung, die sich an ihrer Hinterpforte gebildet hatte, auskurieren.

Die drei Tage Krankenlager genügten, um sie zur Einkehr zu bringen. Sie sah das Unrecht ein, das sie mit ihrer Arroganz den jungen Nichten angetan und zugedacht hatte und fühlte sich, zwar noch ein bißchen Groll im Herzen, zu Recht gestraft.

Kaum wieder in Ordnung und wohlauf, ging sie wieder nach drüben und feierte mit den Feindinnen von gestern große Versöhnung. Von da ab vergnügten sie sich voller Harmonie und Freundschaft auf gleichen Kissen und unter der gleichen Decke zu fünft – vier Frauen mit einem Mann.

Inzwischen waren mehr als drei Monate vergangen, seit der Vormitternachts-Scholar von Aroma Abschied genommen hatte und, statt vorgeblich in die Heimat, zu den drei Basen gezogen war. Eigentlich hatte er Aroma ein Wiedersehn in drei Monaten versprochen. Bis dahin würde sie wohl die Geburt glücklich überstanden haben.

Länger als gedacht hatte ihn das abenteuerliche Erlebnis mit den vier Schönen aufgehalten und die Rückkehr zu Aroma vergessen lassen. Endlich eines Tages erinnerte er sich ihrer und stellte mit Schrecken fest, daß die drei vorgesehenen Monate längst vorüber waren.

Er sandte seinen Leibdiener Schu Tung schleunigst in die Wohnung hinüber, um Aroma seine baldige Rückkehr anzukündigen. Schu Tung brachte ihm die Neuigkeit, daß Aroma inzwischen glücklich entbunden, und zwar zwei Mädchen, zwei Zwillingen, das Leben geschenkt habe.

Tante Tschen und die drei Basen beglückwünschten ihn und feierten mit ihm drei Tage lang das freudige Ereignis. Dann nahmen sie Abschied von ihm und entließen ihn zu seiner Aroma.

Er fand seine Zwillinge in der Wohnung gar nicht mehr vor. Gleich nach der Geburt hatte Aroma ihre Kleinen zwei gemieteten Ammen anvertraut und zur Pflege außer Hauses gegeben. Sie befürchtete, durch die Gegenwart der Kleinkinder in ihrer persönlichen Freiheit allzusehr behindert zu werden und sich nicht in dem Maße ausleben zu können, wie es sie verlangte. Sie wollte ihre Ruhe haben und wieder ungehemmte Freiheit genießen, wie vor der Zeit ihrer Schwangerschaft.

Es war genau einen Monat seit der Geburt, als Aroma ihren lang entbehrten Geliebten endlich wiedersah. Sie wähnte, er würde nach so langer Abwesenheit nun mit wehenden Bannern und blitzenden Spießen seine Streitmacht aufmarschieren lassen und sie wie ehedem zur grimmigen Liebesschlacht herausfordern und mit aller Strenge die inzwischen aufgelaufene Liebesschuld eintreiben.

Da mußte sie nun freilich eine gewaltige Enttäuschung erleben: Sie fand seinen ehemals so streitbaren Haufen aufgerieben und desertiert, seine Kriegskasse erschöpft und leer, kurz, sie fand ihn – und da half alles Ermuntern und Anfeuern nichts – völlig kampfmüde und lustlos. Was Wunder, wenn es einer vier Monate lang unablässig gleich mit vier Weibern treibt? Da muß ja auch das stärkste Rüstzeug, und mochte es aus Eisen gefügt sein, stumpf und abgewetzt werden, da mußte das größte Staubecken an Manneskraft, mochte es auch flußbreit und meertief sein, ob soviel Inanspruchnahme schließlich leerlaufen!

Von Stund an mieden sie sich. Aroma aber, deren Wünsche unerfüllt blieben, begann zu bedauern und zu bereuen, daß sie beim Vormitternachts-Scholaren an den Falschen geraten war.

Ob und wie sie sich anderweit schadlos halten würde, das werdet ihr aus einem späteren Kapitel erfahren.

XVII. KAPITEL

Eine Tochter aus ehrsamem Bürgerhaus gerät in den Dreck der Straße und büßt offensichtlich ein gerüttelt Maß Gattenschuld mit ab. Zwei Brüder buhlen um die Wette mit einer exklusiven Kurtisane und treiben unwissentlich eine alte Schuld ein.

Wie der Vormitternachts-Scholar nach und nach ans Ziel all seiner Wünsche gelangte, das wurde bereits zu neun Zehnteln erzählt. Von den Fehlschlägen und Enttäuschungen, die er umgekehrt erleben mußte, wurde bisher kaum zu zwei Zehnteln berichtet. Wohlan, rühren wir jetzt die Tusche auf dem Tuschstein und lassen wir den Pinsel übers Papier tanzen und berichten wir, wie er die Schuld, die er im Verlauf seines lockeren, einzig auf vergnügliches Wind- und Mondspiel gerichteten Lebenswandels anhäufte, Sünde um Sünde abbüßen und so ernten mußte, was er gesät hatte.

Im dreizehnten Kapitel war berichtet worden, wie Yü Hsiang ‹Edelduft›, des Vormitternachts-Scholaren erste und rechtmäßige Gattin, in Begleitung ihrer Zofe Ju I und ihres Buhlen, des biederen Küan, heimlich bei Nacht das sichere Vaterhaus verlassen und sich auf die Wanderschaft in die Fremde begeben hatte.

Unterwegs während der Wanderschaft überkamen sie eines Tags auf einmal heftige Wehen. Sie hatte seit langem, als sie noch daheim weilte, ihre verbotene Leibesfrucht mit hundert Mitteln, aber ohne Erfolg, abzutreiben versucht. Jetzt mußte es ihr mitten auf der Landstraße widerfahren, daß sie von der unerwünschten Frucht glücklich befreit wurde – leider etwas zu spät!

Wäre es einige Tage früher noch daheim geschehen, dann hätte sie sich die Mühen und Strapazen der Flucht ins Ungewisse ersparen und nun das geborgene Leben als ehrbare Haustochter im gutbürgerlichen Vaterhaus weiterführen können. Jetzt, bereits auf der Flucht, war an eine Rückkehr ins Vaterhaus natürlich nicht mehr zu denken. Jetzt erwies sich ihre Flucht nachträglich als überflüssig und der ganze damit verbundene Aufwand an Nervenkraft als umsonst vertan! Indem es das Schicksal so unglücklich fügte, sollte sie offensichtlich für die Missetaten ihres lasterhaften jungen Ehemanns mitbüßen. –

Was den biederen Küan betraf, so war ja der eigentliche Antrieb für seine Handlungsweise weniger sinnliches Begehren als der Wunsch nach Rache und Vergeltung gewesen. Mit der Verführung und Entführung von Edelduft hatte er seinen Rachedurst gestillt. Er war mit dem Vormitternachts-Scholaren, dem Räuber seiner Hausehre, quitt.

Nun fesselte ihn innerlich nichts mehr an Edelduft. Sie war für ihn bloß Gegenstand seiner Rache, bloß Mittel zum Zweck gewesen. Nun war sie ihm wieder gleichgültig geworden. Er hatte sich daher bei der Flucht von vornherein mit dem Gedanken getragen, sie früher oder später loszuwerden, indem er sie in den Bereich der menschlichen und gesellschaftlichen Hsia schui ‹Abwasser› verkaufte.

Mit Rücksicht auf ihren schwangeren Zustand wollte er jedoch abwarten, bis sie entbunden haben würde. Falls sie einem gesunden Knäblein oder Mägdlein das Leben schenken sollte, gedachte er sie zu heiraten und mit ihr zusammenzubleiben. Sein eigen Fleisch und Blut zu verleugnen und womöglich bei gänzlich fremden Leuten aufwachsen zu lassen, dagegen sträubte sich sein väterliches Pflicht- und Ehrgefühl, das erschien ihm gemein und häßlich.

Nachdem sie nun auf offener Landstraße lediglich eine unreife, tote Frucht zur Welt gebracht hatte, fühlte er sich jeder weiteren Verantwortung für ihre Person frei und ledig und entschied sich für baldmöglichen Verkauf.

Kurze Zeit darauf traf die kleine Reisegesellschaft in der Hauptstadt Peking ein und bezog vorläufig in einer Herberge Quartier.

Am nächsten Tag suchte der biedere Küan eine berufsmäßige Vermittlerin auf und beauftragte sie, seine ‹Ware› auf dem Markt der ‹Abwasser› unterzubringen. In Kreisen der Mädchenhändler ist es nun ein üblicher Trick, das Opfer, sofern es von gutbürgerlicher Herkunft und gänzlich arglos ist, damit in die Falle zu locken, daß man ihm vorspiegelt, es solle vorläufig im Haus einer lieben Verwandten, einer netten, freundlichen ‹Tante›, Aufnahme und Unterkunft finden. Da würde es einstweilen geborgen und in guter Obhut sein, bis sich später die passende, gemeinsame Wohnung gefunden haben würde.

Auch der biedere Küan bediente sich dieses Tricks, und prompt gingen seine beiden Begleiterinnen auch in die Falle und ließen sich von der Vermittlerin vertrauensselig zum Haus der angeblichen ‹guten Tante› bringen.

Als ‹gute Tante› hatte die Maklerin die Inhaberin eines weithin bekannten und angesehenen Blumenhofs auserkoren. Die betreffende ‹Wildgansmutter› war in Kreisen der Lebewelt unter dem anspruchsvollen, hochtrabenden Beinamen Ku Hsiän Niang bekannt, das bedeutet soviel wie ‹Herrin der Liebesgrotte für verwöhnte Ansprüche höchster Herrschaften, sogar von Halbgöttern›.

Eine kurze Vorstellung und Besichtigung, und mit geübtem Auge erkannte die Herrin der Grotte in Edelduft eine ganz erlesene ‹Ware›, eine selten günstige Kapitalanlage, die ihrem Unternehmen reichliche Zinsen abwerfen würde. Ohne erst wie üblich zu feilschen, bezahlte sie den von der Maklerin geforderten Kaufpreis für beide, für Edelduft und Zofe Ju I. Sie wies Edelduft ein besonders geräumiges und geschmackvoll eingerichtetes Boudoir an und erlaubte ihr, Ju I auch weiterhin als Zofe bei sich zu behalten.

Bis vor kurzem war der biedere Küan völlig von skrupellosen Rachegedanken besessen gewesen. Jetzt, nachdem er auch noch Menschenhandel getrieben und dabei ein schönes Stück Geld verdient hatte, spürte er auf einmal Gewissensbisse. Reue überkam ihn. Er mußte sich Selbstvorwürfe machen. War er in seiner Rache nicht zu weit gegangen?

‹Ich habe von einem Ausspruch Buddhas gehört, der irgendwo in den Sutras geschrieben steht: Wollt ihr von euren Taten in einem früheren Leben wissen, ihr erkennt sie an dem Ergehen, das ihr als Lohn dafür in diesem Leben erntet; wollt ihr von eurem Ergehen in einem künftigen Leben wissen, ihr könnt es voraussehen an euren Taten in diesem Leben.

An dem häuslichen Skandal, den ich erleben mußte, war ich im Grunde selber schuld: Ich hatte es in sträflicher Sorglosigkeit an der nötigen strengen Überwachung meiner Frauengemächer fehlen lassen. Mehr noch, wer weiß, vielleicht habe ich in einem früheren Leben sündige Buhlschaft mit der Ehefrau eines anderen getrieben und bin dafür in diesem Leben mit meinem häuslichen Mißgeschick bestraft worden? – Wer weiß. Ich hätte es ruhig als Strafe hinnehmen sollen, und damit wäre meine Schuld aus einem früheren Leben beglichen und getilgt gewesen.

Was kam mir bei, auf eigene Faust Rache zu üben, indem ich diese Edelduft, eines anderen Frau, zum Ehebruch verführte? Damit habe ich neue Schuld auf mich geladen, die ich in einem künftigen Leben wiederum abbüßen muß. Wenn ich aber durchaus Rache üben wollte, konnte ich es nicht wenigstens mit ein paar Nächten Buhlschaft bewenden lassen? Dann wäre meinem Racheverlangen vollauf Genüge geschehen gewesen. Warum mußte ich die Unglückliche obendrein noch dem trüben, anrüchigen Tümpel menschlicher ‹Abwasser› preisgeben und aus der bürgerlichen Gesellschaft ausstoßen, die gutbürgerliche Ehefrau eines einzelnen zur käuflichen Dirne für jedermann machen? Wer sagt denn, daß außer mir noch jedermann mit ihrem Gatten eine Schuld abzurechnen hatte? Damit habe ich mich schwer versündigt, und zwar um so schwerer, als ich auch noch eine völlig unschuldige Zofe gänzlich grundlos dem gleichen traurigen Schicksal wie ihre Herrin preisgegeben habe.›

So verliefen die reuigen Gedankengänge des biederen Küan. Völlig zerknirscht schlug er sich an die Brust und stampfte im Zorn gegen sich selber mit den Füßen und gelobte sich, sein Leben von jetzt ab der Buße zu weihen. Denn rückgängig konnte er seine verhängnisvollen Irrtümer nicht mehr machen.

Und so nahm er das Sühnegeld, das ihm Menschenhandel eingebracht hatte, und verschenkte es an Anstalten der öffentlichen Wohlfahrtspflege, Siechen- und Krankenhäuser, Altersheime und Obdachlosenasyle. Dann ließ er sich sein Haupt kahlscheren, zog eine Kutte von grober Wolle an, nahm einen derben Stecken zur Hand und ward Wolkenwanderer. So zog er von Ort zu Ort, von Landstrich zu Landstrich, getrieben von dem frommen Ziel, einen heiligen Einsiedler, einen Meister von hohen Graden zu finden, der bereit sein würde, ihn als Jünger aufzunehmen und ihm den Pfad zur Läuterung und Vollendung zu weisen.

Nach langer Wanderschaft durch die nördlichen Provinzen gelangte er so eines Tages in die südliche Provinz Tsche Kiang zur Hütte des Einsiedlers Ku Fong ‹Einsamer Gipfel›. Der hauste in der Bergeinsamkeit des Kwa tsang schan, des ‹in Azurbläue gehüllten Berges› und stand weithin im Geruch wirklicher Heiligkeit. Die Leute priesen ihn voll Ehrfurcht als einen Huo Foh, einen ‹lebenden Buddha›.

Er galt geradezu als Nachfolger des Màtanga, jenes Buddhajüngers, der, nach fünf Jahrhunderten wiedergeboren, während der Regierung des Kaisers Ming Ti (76–58 v. Chr.) die Lehre Buddhas in China einführte (64 v. Chr.).

Der biedere Küan fand bei dem heiligen Einsiedler tatsächlich Aufnahme und gelangte in zwanzig Jahren harter Askese zur Vollendung. Doch das gehört nicht mehr in unsere Erzählung, das ist eine spätere Geschichte.

Sprechen wir jetzt wieder von Edelduft. Es währte keine zwei Tage, da kam sie ebenso wie Zofe Ju I dahinter, was in dem Haus der angeblichen ‹guten Tante› vorging, und daß sie betrogen und in eine böse Falle geraten waren.

Ein Entkommen aus dieser Art Falle, eine Flucht aus den Wällen und streng bewachten Pforten eines Blumenhofs ist auch für eine von Ehrgefühl und Mut und Tatkraft kaum mehr möglich. Für eine wie Edelduft, die ihre Ehre bereits aus freien Stücken preisgegeben hatte und längst kein männerscheues, unschuldiges Haustöchterlein mehr war, kostete es keine allzu große Überwindung, sich in das Unvermeidliche zu schicken und aus der Not eine Tugend zu machen. Sie vertraute sich der Herrin der Grotte offen an und fand sich philosophisch damit ab, daß sie von nun ab nicht mehr zur bürgerlichen Gesellschaft, sondern zum leichten Völkchen derer gehörte, die das gewisse Viertel mit den grell rot und blau und grün lackierten Hofpforten bewohnen.

Natürlich legte Edelduft mit Eintritt in die Pforte öffentlichen Buhldienstes ihren bürgerlichen Namen ab und führte fortan einen ihrer neuen Umgebung angemessenen ‹Künstlernamen›. Verfasser benennt sie jedoch weiter mit ihrem alten Namen, genau wie er im Falle des biederen Küan, der sich mit Eintritt in den neuen Lebensabschnitt der Einkehr und Buße einen Tempelnamen zulegte, am alten Namen festhält. Er möchte es der geschätzten Leserschaft ersparen, daß sie, durch die vielen verschiedenen Namen verwirrt, Blumen vor den Augen tanzen sieht.

Es war kurz nach ihrem Einzug in die ‹Grotte für Halbgötter›, als die Neue einem reichen älteren Herrn zwecks Dienstes am Kunden zugeteilt wurde. Es war ein sehr geschätzter, weil zahlungsfähiger und nobler

Stammkunde, dessen Wünsche zu berücksichtigen sich die Wildgansmutter besonders angelegen sein ließ. Sonst pflegte er gleich mehrere Tage und Nächte hintereinander in der Grotte zu bleiben und eine entsprechend hohe Zeche zu machen. Diesmal hatte er es merkwürdig eilig. Gleich am anderen Morgen in der Frühe empfahl er sich von der Herrin der Grotte. Sie versuchte vergebens, ihn zu längerem Verweilen zu bewegen. Er winkte ab.

«Euer Ling ai ‹befehlender Liebling› ist soweit in Ordnung, was äußere Vorzüge und feines Benehmen betrifft. Aber es fehlt ihr an der höheren Technik, an der Beherrschung der gewissen Kunstkniffe. Ihr solltet sie ihr unbedingt noch beibringen. Für heute möchte ich mich empfehlen und abwarten, bis sie besagte drei Kniffe von Euch gelernt hat und ausreichend beherrscht. Dann werde ich wiederkommen und Euch um geneigte Weisung bitten.»

Mit diesen Worten empfahl sich der wertgeschätzte Kunde. Ihr werdet wissen wollen, was er mit seiner Andeutung von ‹höherer Technik› und ‹drei Kunstkniffen› meinte. Laßt euch erklären:

Die Herrin der ‹Grotte für Halbgötter› war dafür berühmt, daß sie in der Liebestechnik drei besondere Finessen beherrschte, von denen bürgerliche Ehefrauen gemeinhin keine Ahnung haben. Von Natur war sie äußerlich gar nicht einmal etwas Besonderes, vielmehr bloß gewöhnlicher Durchschnitt, und mit ihrer geistigen Bildung war es erst recht nicht weit her gewesen, nicht einmal mit Pinsel und Tusche hatte sie umzugehen gelernt.

Wenn eine solche Frau ohne besonderes Format gleichwohl seit dreißig Jahren unvermindert hohes

Ansehen in der hauptstädtischen Lebewelt genoß, wenn ihre Verehrer ausschließlich den höchsten und vornehmsten Kreisen, der illustren Gesellschaftsklasse der Tsin Schen ‹Rotgürtelträger›, der Würdenträger im Amt oder außer Amtes angehörten, wenn sogar Fürsten und Prinzen dazu zählten, wenn gewöhnliche Kunden ohne Stand und Rang überhaupt keinen Zutritt zu ihr erlangen konnten, wenn sie jetzt als Fünfzigjährige und Herrin eines exklusiven Blumenhofs anspruchsvollsten Herren von Stand und Reichtum immer noch begehrenswert genug erschien, um gelegentlich das Lager mit ihr zu teilen, so hatte sie diesen erstaunlichen Erfolg eben ihrer vollendeten Beherrschung besagter drei Finessen zu danken.

Welches waren nun die drei besonderen Finessen? Erstens: ‹Partnerin neigt mit Hingabe ihren Schoß zum Botschafter des Partners hinab›, zweitens: ‹Partnerin hebt zuvorkommend ihren Schoß dem Botschafter des Partners entgegen›, drittens: ‹Partnerin opfert Lebenssaft zugunsten des Partners›.

Zweck der Übung: Nicht der Partner soll die Partnerin umwerben, sondern die Partnerin den Partner.

Wenn er sich rücklings niederlegt, dann steigt sie in den Sattel und leitet seinen Botschafter in die rechte Bahn. Wenn sich der Botschafter animiert und unternehmungslustig gibt, dann umschließt sie ihn fest wie das Futteral die Flöte. Wenn er sich lustlos zeigt, dann weiß sie mit kundigem Fingerspiel das Flämmchen seines Begehrens neu anzufachen.

Andere Frauen pflegen im Laufe eines Liebeskampfes leicht zu ermatten, kreuzlahm und gliedersteif zu werden, so daß sie sich am Spiel nicht länger beteiligen können. Gerade umgekehrt verhielt es sich bei der Herrin der Grotte. Deren Gliedmaßen schienen gegen jede Ermüdung gefeit zu sein, so elastisch und beweglich blieben sie. Je heftiger das Kampfgetümmel, desto lebendiger und kampfesfreudiger wurde sie; nicht nur, daß sie den Angriffen des Partners standhielt, sie fand auch selber Lust und Vergnügen am Gegenangriff.

Bekannt wurde folgende drastische Äußerung von ihr: ‹Einen Partner zum Bettkampf einladen, das ist so, wie wenn ich ihn bitte, mich zu kratzen, wo mich's juckt; aber wie soll er erraten, wo es mich juckt? Er mag sich alle Mühe geben, aber mit Bestimmtheit wird er etliche Juckstellen übergehen; am besten, ich selber helfe nach, die richtige Stelle zu finden, dann ist ihm und mir geholfen. Das also ist es, was man mit der technischen Formel fu yin kiu yang bezeichnet. ‹Mit Hingabe den Schoß zum Botschafter neigen.›

Das ist die erste Finesse. Nun zur zweiten: Partnerin lagert sich, zum Liebesspiel bereit, unter den Partner. Da läßt sie nun den Partner nicht allein die Partie führen, vielmehr leistet sie ihm verständnisvoll Assistenz, indem sie seine Bewegungen auffängt und begleitet. Auf solche Weise gestaltet sie das Spiel zu einem anmutigen Schmetterlingshaschen und verschafft damit sich und ihm doppeltes Vergnügen und erleichtert es gleichzeitig dem Angreifer, ans Hauptangriffsziel, die yü kwan ‹Edelsteinsperre› zu gelangen.

Es wurde bei ihr zur ständigen Redensart: ‹Gemeinsames Vergnügen ist erst richtiges Vergnügen!› Partner und Partnerin müssen sich auf halbem Weg

Hsüeh Pin Niang, ‹Fräulein Schneebraue›

entgegenkommen, dann wird die Begegnung zum Fest! Wenn Partnerin die Bewegungen des Partners nicht mit verständnisvollen Gegenbewegungen erwidert, sondern gänzlich unbeteiligt bleibt, dann kann er sich ebensogut einfach einer aus Lehm gepappten oder aus Holz geschnitzten schönen Weibsfigur mit imitierter Lustgrotte bedienen und sein Verlangen an der Figur befriedigen. Wozu braucht er dann noch ein lebendes Weib aus Fleisch und Blut? Jede Kurtisane von Klasse und Ruf richtet sich nach obigem Prinzip und verschafft damit ihren männlichen Gästen Gunst und nebenbei sich selber Vergnügen.

Das also ist die zweite Finesse. Sie wird mit der technischen Formel sung yin tsiä yang ‹zuvorkommend den Schoß dem Partner entgegenheben› bezeichnet.

Schließlich zu Finesse Nummer drei: Hier handelt es sich um etwas ganz Außerordentliches, etwas, das an Magie, an Schwarze Kunst grenzt. Wenn bei gegenseitigem Gefallen das Paar besonders innig verstrickt ist, erwacht in ihr der Wunsch, den edlen Auszug ihrer weiblichen Lebenssäfte nicht nutzlos zu vergeuden, sie möchte diese dem Partner zu bleibendem Genuß spenden. Andernfalls würde sie diese Kräfteabgabe nachträglich als eine Art Kapitalverlust zu bereuen und zu beseufzen haben. Wie stellt sie es nun an, zu vermeiden, daß diese Abgabe nicht umsonst erfolgt, vielmehr dem Partner zum Vorteil gereicht?

Wenn sie spürt, daß bei ihr die Ekstase nahe ist, dann befiehlt sie dem Partner, seinen Kweh tou ‹Schildkrötenkopf› an ihr Hua Hsin ‹Blumenherz› heranzubringen und dann keine Bewegung mehr zu machen, vielmehr sich ganz still zu verhalten.

Während sie ihn innig umschlingt und an sich drückt, bewirkt sie durch eine besondere Wendung ihres Schoßes, daß sich die ‹Edelsteinsperre› auftut und der Mund ihres Blumenherzens haargenau auf den Mund seines Botschafters preßt. Damit hat sie die Voraussetzung geschaffen, daß der Botschafter des Partners, wenn nun die Ekstase eintritt, den edlen Auszug ihrer feinsten Lebenssäfte in sich hineinschlürfen und aufsaugen kann. Diese Säfte gelangen von der vorgeschobenen Außenpforte dann geradewegs in sein Tan tiän ‹Zinnoberfeld› und können nun ihre Wirkung entfalten.

Das Wunderbare an dieser Art Saft ist, daß er eine belebende Kraft besitzt, an die kein Ginsong-Präparat heranreicht, mehr noch, ein unvergleichliches Mittel zur Verjüngung und Lebensverlängerung darstellt. Das also ist die dritte und höchste Finesse, bekannt unter der technischen Formel scho yin tschu yang ‹Partnerin opfert Lebenssaft zugunsten des Partners›.

Woher hatte sie die Kenntnis dieser höheren Technik, wird die geschätzte Leserschaft fragen. Nun, von einem fahrenden Gaukler und Magier, in dessen Armen der damals Sechzehnjährigen das unvermeidliche Erlebnis des Schu lung ‹Durchkämmens›, der Entjungferung, widerfahren war. Wohl zum Dank für die Gunst, die sie ihm, dem Wildfremden, geschenkt, hatte er ihr das geheime Rezept besagter drei Künste verraten, und sie hatte es sich wohl eingeprägt und gelehrig befolgt. Aber nicht jeden ersten besten, vielmehr nur einen Partner, dem sie besonders zugetan war, würdigte sie in der Folge des Vorzugs, von ihren Finessen kosten und naschen zu dürfen.

Dem Auserwählten gab sie dann während des Liebesspiels die und die vertraulichen Weisungen, und sofern der Betreffende ihre Weisungen richtig befolgte, durfte er sicher sein, eines ungeahnten köstlichen Genusses teilhaftig zu werden. Zwei, drei Nächte in ihren Armen, und er fühlte sich hinterher wie neugeboren. Nicht nur seine Lebensgeister spürte er neu angefacht, seine Energie verdoppelt, auch äußerlich in der Frische der Wangen, im Glanze des Blickes tat sich sichtliche Erneuerung, förmliche Verjüngung kund.

Kein Wunder, daß sich so etwas herumsprach und der Spenderin solch beglückender Gaben den Ruf einbrachte, daß sie kein gewöhnliches Menschenkind, vielmehr ein höheres Wesen, eine Fee sei, die zeitweilig zur Erde herabgestiegen war. Daher auch der schmeichelhafte Beiname, den dankbare Verehrer für sie ausgedacht und in Umlauf gebracht hatten: Ku Hsiän Niang ‹Fee und Herrin der Liebesgrotte für Halbgötter›!

Nun wird man einwenden: Da sie bei gewissen Favoriten ihre höhere Technik in Anwendung brachte, waren die Betreffenden hinreichend eingeweiht, um die gleiche Technik zu Hause von ihren Frauen auch praktisch üben zu lassen, also brauchten sie die Herrin der Grotte und ihre Künste gar nicht mehr. Das mag wohl für die zwei erstgenannten Finessen gelten, deren Kenntnis ließ sich weiter lehren und anwenden. Was dagegen die dritte Finesse betrifft, die war nicht nachzumachen, deren Beherrschung blieb Monopol und Geheimnis der Grottenfee.

Um auf jenen reichen Gast zurückzukommen, der es mit dem Fortgehen so merkwürdig eilig hatte, so hatte den natürlich der besondere Ruf, den die Grotte für Halbgötter genoß, hergelockt, und als ihm die Herrin der Grotte die Neue, Edelduft, als Partnerin zuteilte, hatte er ohne weiteres angenommen, daß sie in der bewußten höheren Technik ebenso versiert und bewandert sei wie die Grottenherrin selber und ihm eitel Vergnügen und bequemen Genuß ohne Anstrengung von seiner Seite bereiten würde.

Da mußte er nun eine Enttäuschung erleben. Edelduft, der höheren Technik noch völlig unkundig, dachte gar nicht daran, ihm das Spiel so leicht zu machen, wie er es sich erhofft hatte. Dies um so weniger, als ihr der dickbäuchige ältere Herr als Spielpartner eher lästig als willkommen war.

Sie blieb also völlig teilnahmslos und untätig und ließ ihn allein machen. Da währte es auch gar nicht lange – der Dickwanst hatte kaum begonnen, sich wie eine fette Kröte auf ihrem Jaspisleib breitzumachen –, da hub er bereits zu japsen und donnergleich zu schnaufen und zu rasseln an und verlor das Gleichgewicht und rutschte schwerfällig an ihr herunter, um sich ächzend in eine bequemere Lage an ihrer Seite zu rollen, sie zu packen und über sich zu zerren. Edelduft ihrerseits war von Haus aus etwas phlegmatisch veranlagt und als einzige Tochter gewöhnt, nicht zu bedienen, sondern bedient zu werden. Sie überließ es also ihrem Partner, sich in umgekehrter Lage an ihr abzumühen. Sie tat nur zum Schein etwas mit, beschränkte sich darauf, seine Wachskerze etwas zu besprengen, ließ sich dann von seinem Bauch herabgleiten, rollte sich zur Wand und drehte ihm, Müdigkeit vorschützend, den kalten Rücken zu.

Er war immerhin Kavalier und rücksichtsvoll genug, dem zarten, feingliedrigen Geschöpf neben sich nicht wolfsmäßig weiter zuzusetzen, brach das ungleiche Spiel ab und ließ sie in Ruhe. Am nächsten Morgen verabschiedete er sich dann, enttäuscht wie er war, überstürzt von der Wildgansmutter und erteilte ihr beim Fortgehen noch die bereits erwähnte Weisung. Denn ungeachtet aller Enttäuschung zog es ihn zu der schönen Neuen. Er wollte wiederkommen und es nochmals mit ihr versuchen.

Nachdem die Wildgansmutter den wertgeschätzten, mißvergnügten Kunden unter viel Entschuldigungen hinauskomplimentiert hatte, stellte sie erbost die unglückliche Debütantin zur Rede.

«Soso, dich totstellen und dafür Geld einkassieren – das nennst du Dienst am Kunden? Verärgerst und vertreibst mir meine beste und zahlungsfähigste Kundschaft! Auf solche Weise wirst du mein Unternehmen in Kürze bankrott machen!» schnob sie, drohend mit dem Kia fa ‹Hausmittel›, der Peitsche fuchtelnd, die verdutzte Edelduft an und befahl ihr, sich auszuziehen und niederzuknien, um die verdienten Strafhiebe in Empfang zu nehmen.

Aber ihr Zorn verflog gleich wieder, als sie die arme Sünderin in all ihrer zarten, jaspisgleichen Schönheit am Boden kauern sah und unter Tränen mit einer Stimme, die wie süßes Schluchzen einer Nachtigall klang, um Erbarmen flehen hörte. Sie legte die Peitsche weg und half Edelduft aufstehen.

«Nun ja, du bist Anfängerin, da will ich noch einmal Nachsicht üben. Zieh dich an und hör mir aufmerksam zu», sprach sie und begann ihr die Grundsätze ihrer Methode zu erläutern. Es war die erste Unterrichtsstunde, die Edelduft genoß, und es blieb nicht bei dieser einen Stunde, bei Tag und Nacht wurde die Meisterin nicht müde, ihre Schülerin zu belehren und in die Geheimnisse höherer Liebeskunst einzuweihen. Sie beließ es auch nicht bei bloß theoretischem Unterricht, vielmehr verband sie ihn von Zeit zu Zeit mit praktischem Anschauungsunterricht.

Wenn sie selber gelegentlich das Lager mit einem bevorzugten Kunden teilte, dann befahl sie die Schülerin herbei und hieß sie mit gespannter Pupille aufpassen und jede ihrer Bewegungen genau verfolgen. Umgekehrt, wenn Edelduft einen Kunden zugeteilt erhielt, dann gesellte sich die Meisterin hinzu, nahm ungeniert in der Nähe der Lagerstatt Platz und kontrollierte gleichfalls mit gespannter Pupille, ob es die Schülerin auch richtig anstelle.

Und Edelduft erwies sich als sehr lernbeflissene, eifrige Schülerin, einmal aus Angst, sich den Unwillen der strengen Wildgansmutter zuzuziehen, zum andern aus dem ehrgeizigen Wunsch heraus, gleichfalls zu Ruf und Ansehen zu gelangen. Und so machte sie rasche Fortschritte. Im Verlauf eines knappen Monats hatte sie sich die höhere Technik angeeignet und beherrschte sämtliche drei Finessen mit der gleichen Vollendung, wie die Meisterin selber.

Es kam hinzu, daß sie ihr überdies den dreifachen Vorzug der Jugend, Schönheit und geistigen Bildung voraushatte. Und so konnte es nicht ausbleiben, daß ihr Ruf gar bald den Ruf der Meisterin noch überflügelte und weithin in die Kreise der vornehmen

Pekinger Lebewelt und sogar in den Bereich des kaiserlichen Hofes drang. Hohe Mandarine und Akademiker, alte und junge Rotgürtelträger, Fürsten und Prinzen kamen herbei und bewarben sich um ihre Gunst. Der Strom prächtiger Kutschen und Karossen mit berittenem Gefolge, der sich ständig zur Grotte für Halbgötter ergoß, wollte nun überhaupt nicht mehr abreißen.

Unter den vornehmen Besuchern waren zwei Herren, die sich die Ehre und Gunst, von Edelduft empfangen zu werden, besonders gern und viel kosten ließen. Für eine einzige Nacht an ihrer Seite zahlten sie mit Freuden ihre zwanzig Batzen. Edelduft blieb bei allem kühle Rechnerin, die sie von jeher dank väterlicher Erziehung gewesen war. Ausgestoßen aus ihrer Sippe, bedachte sie angelegentlich ihre Zukunft und Altersversorgung. So verteilte sie ihre Gunst an die verschiedenen Verehrer je nach deren Noblesse und Großzügigkeit.

Darum auch zeigte sie sich besagten zwei jungen Verschwendern gegenüber besonders dienstbeflissen. Und was meint ihr wohl, wer die beiden Kavaliere waren?

Es waren die jungen Gatten von Perle und Juwel, die Brüder Wo Yün Schong ‹Wolkenruh-Scholar› und J Yün Schong ‹Wolkenrast-Scholar›.

Wie schon erwähnt, waren sie vor einiger Zeit zusammen mit ihrem unentbehrlichen Einpauker und Repetitor, dem würdigen Herrn Hsiän Hsiän tse, dem bejahrten Ehegatten von Duftwolke, nach Peking verzogen, um sich auf dem berühmten Kwo Tse Kiän, der ‹Thronsöhne- oder Prinzenakademie›, dem exklusiven Vorbereitungsinstitut für Söhne vornehmer Familien, inskribieren und auf die große Staatsprüfung vorbereiten zu lassen.

Auch zu ihnen war der hohe Ruf jener neuen, berückenden kleinen Nymphe in der ‹Grotte für Halbgötter› gedrungen. Da gab es auch für sie kein Halten, und heimlich hinter dem Rücken des anderen machte sich erst der ältere, dann der jüngere zur Nymphengrotte auf, um sich mit ernstem, gründlichem Tag- und Nachtfachstudium von der Berechtigung des bewundernden Gemunkels zu überzeugen, das in ihren Kreisen über die hohen Vorzüge der Grotte umlief.

Nun, sie kamen einer wie der andere auf ihre Rechnung, und einer wie der andere bildete sich ein, die ganz besondere Gunst der Nymphe zu genießen. Sie bedachten nicht, daß es der nur auf ihren Geldbeutel ankam. Nach strengen Moralbegriffen hätte sie eigentlich nicht gleichzeitig mit Bruder und Bruder buhlen dürfen, das war immerhin sittenwidrig, auch wenn man beim leichten Völkchen des Blumenhofviertels in Hinsicht Moral einen Pflock zurücksteckt. Nun, ihr Erwerbssinn setzte sich über solch bürgerliche Bedenken hinweg. Sie fragte nicht nach Alter und verwandtschaftlicher Beziehung, sie scheute sich auch nicht, es gleichzeitig mit Sohn und Vater und Großvater zu treiben und ihr gewisses kleines Etwas unterhalb des Gürtels auf dem Altar der Ahnenhalle gleich drei Generationen zu opfern.

Auf die Dauer konnten die beiden Brüder freilich nicht voreinander Versteck spielen, geschwätzige Dienerzungen sorgten dafür, daß eines Tages einer hinter die heimlichen Schliche des anderen, und zwar seine eigenen Schliche kam. Weit davon entfernt, die Entdeckung tragisch zu nehmen, den bewußten essigsauren Geschmack im Gaumen zu spüren und sich deswegen zu verfeinden, beschlossen sie lachend, sich künftig brüderlich in das Vergnügen zu teilen, mehr noch, ihren unentbehrlichen Begleiter und Helfer beim Hauptstudium, ihren würdigen Repetitor Hsiän Hsiän tse, an diesem vergnüglichen Nebenfachstudium gleichfalls teilnehmen zu lassen.

Von Zeit zu Zeit luden sie Edelduft zwecks Erteilung teuren häuslichen Nachhilfeunterrichts in ihre Wohnung und ließen sich gemeinsam von ihr in dem Wissenszweig höherer Liebestechnik unterrichten. Der würdige Hsiän Hsiän tse machte dabei die Feststellung, daß die schöne Hauslehrerin tatsächlich über ein wahres Wunderrezept verfügte, das auch bejahrten Herren wie ihm zur Auffrischung und Neubelebung erschlaffter Kräfte verhalf, und er bedauerte nur, daß er nicht so eine zur Frau bekommen hatte, dann würde er sich nicht wie vor Duftwolke scheu und ängstlich um seine ehemännliche Pflicht zu drücken brauchen.

In den Stunden solchen gemeinsamen galanten Unterrichts bei Edelduft zahlten die drei Herren ohne ihr Wissen dem Räuber ihrer Hausehre, dem Vormitternachts-Scholaren, haargenau das heim, was er ihnen angetan hatte: wenn der sie erst hintereinander und schließlich gleichzeitig mit ihren drei Ehefrauen betrogen hatte, so hielten sie sich jetzt erst einzeln und schließlich gemeinsam dafür an seiner Edelduft schadlos. Die Rechnung war glattgestellt.

Nach zwei Semestern Studium an der Prinzenakademie in Peking spürten die beiden Wolkenscholare das Verlangen, einmal wieder daheim nach dem Rechten, vor allem nach dem Befinden ihrer alleingebliebenen jungen Frauen zu sehen. Sie erbaten vom Rektor ihrer Lehranstalt einen dreimonatigen Urlaub und machten sich zusammen mit ihrem Repetitor auf die Heimreise.

Bei ihrer Rückkehr waren die jungen Frauen natürlich begierig, zu erfahren, ob ihre Eheherren in Peking irgendwelche aufregenden Abenteuer mit Frauen erlebt und was für Erfahrungen sie dabei gemacht hätten. Und so lag in der ersten Nacht des Zusammenseins jede ihrem Gatten mit den gleichen Fragen in den Ohren. Und jeder gab nur zu gern sein Erlebnis mit der herrlichen Nymphe aus der ‹Grotte für Halbgötter› zum besten und konnte deren Liebeskunst gar nicht genug rühmen und preisen.

Am nächsten Morgen tauschten die drei jungen Frauen offenherzig, wie es sich für Schwur- und Bundesschwestern gehört, untereinander aus, was ihnen die Gatten einzeln berichtet hatten. Da stellte sich nun die völlige Übereinstimmung der Einzelberichte heraus. Die drei Basen sahen sich betroffen an.

«Wenn es wirklich so etwas gibt, wenn diese Dingsda in Peking tatsächlich über eine so vertrackte Technik verfügt, dann können wir Ehefrauen einpacken, dann sind wir wertlos», meinte verzagt Perle.

«Ach was! Die drei haben uns auf Verabredung nur etwas vorgemacht, um uns zu ducken und zu besserer Pflichterfüllung aufzustacheln. Die Sache klingt völlig unglaublich», protestierte Juwel.

«Wißt ihr was? Wir sollten unseren gemeinsamen Freund fragen, was er dazu meint. Der hat doch auf dem einschlägigen Gebiet eine so ausgebreitete Sachkenntnis. Der wird wohl wissen, ob es in Peking tatsächlich eine solche Hexenmeisterin der Liebe gibt.

Sobald sich eine Gelegenheit bietet und wir allein sind, wollen wir ihn zu uns herüberbitten», schlug Duftwolke vor, und ihr Vorschlag wurde von den beiden jüngeren Basen gutgeheißen.

Die Gelegenheit ließ nicht lange auf sich warten. Es war gerade Frühling und das Tsing ming-Fest gekommen, das ‹liebliche Fest der lichten Klarheit›, Frühlings- und Totenfest zugleich, denn nach Brauch und Herkommen verbindet man an diesem Fest ausgedehnte Spaziergänge in die in frischem Grün prangende Landschaft mit Besuch und Pflege der Grabstätten lieber Verstorbener.

Auch unsere drei Ehemänner machten sich gemeinsam auf, um pflichtgemäß ihre Ahnengräber zu besuchen und sauberzufegen und die vorgeschriebenen Andachten und Opfer zu verrichten. Das bedeutete einen ganzen Tag Abwesenheit.

Kaum waren sie fort und die Frauen allein, da schickten sie eine Zofe in die nahe Wohnung des Vormitternachts-Scholaren und baten ihn zu einem Sprung herüber. Er kam auch sofort, und nun berichteten sie ihm, was ihre Gatten für unglaubliche Dinge von jener Dingsda in Peking erzählt hatten, und fragten ihn nach seiner maßgeblichen Meinung. Er zuckte die Achseln und sprach:

«Unter dem Himmel kommen merkwürdige und seltsame Dinge genug vor. Warum soll es unter den Kurtisanen von Peking nicht auch ein so ungewöhnliches Exemplar, eine Art Zauberin geben? Ich werde wohl eines Tages wieder einmal nach Peking kommen. Da werde ich ihre Grotte aufsuchen und eine Nacht mit ihr verbringen und mich selber überzeugen. Im übrigen, was verstehen eure Trottel und

Stümper von Ehemännern schon groß von Liebeskunst? Also solltet ihr nicht allzuviel auf deren Laienurteil geben. Laßt euch bloß nicht bange machen!»

In dieser Nacht überdachte er die Sache noch einmal reiflich vor dem Einschlafen. Es wollte ihn bedünken, wenn die Einzelheiten der drei Ehemänner so auffällig übereinstimmten, dann müsse wohl etwas Wahres an der Sache sein. Er sagte sich weiter, er hätte nun alle möglichen Typen von schönen Frauen und alle möglichen Varianten der Liebeskunst kennengelernt, aber so etwas fehle ihm noch im reichen Schatz seiner Erfahrungen. Diese Lücke auszufüllen sei für ihn eigentlich Ehrensache. Außerdem würde es ihm in seiner jetzigen Verfassung, da er durch den monatelangen Verkehr gleich mit fünf Frauen bedenklich erschöpft und abgekämpft war, recht gelegen und dienlich sein, seinen matten Kräften durch eine besondere Technik wieder neu aufhelfen zu lassen. Was er da von der gewissen dritten Finesse, von der Möglichkeit des Einsaugens vitaler Lebenskraft aus dem Schoß der Partnerin gehört, das hatte ihn ganz besonders beeindruckt. Und so faßte er den Entschluß: Auf nach Peking und in die Grotte für Halbgötter!

Vorher wollte er noch einen Pflichtbesuch bei Schwiegervater und Gattin erledigen. Die wohnten ja in den Westbergen, nicht weit von Peking. Das ließ sich also gut verbinden.

Wie sich im Verlauf dieser Reise aus purem Übermut ein ganzer Tai Schan-Berg von Kummer und Schande auf seine Brust wälzen sollte, den auch die geballte Kraft des ganzen Weststroms nicht herunterwaschen konnte, davon im nächsten Kapitel.

XVIII. KAPITEL

Das Maß der Sünden ist voll. Mit beiden ‹Duftgemächern›, mit seiner Ersten wie mit seiner Zweiten, erlebt er Schmach und Schande. Das Triebwerk seelischer Einkehr kommt in Gang. Alle Arten Fleischeslust sind erschöpft und gehen ins Leere auf.

Vor seinem Weggang nahm der Vormitternachts-Scholar Abschied von seinem Freund und Schwurbruder, dem Kun Lun Rivalen. Dabei legte er ihm ans Herz, während seiner Abwesenheit das Haus zu betreuen und sich um Frau Aroma und die Zwillinge zu kümmern. Der Freund meinte:

«Mich um Haus und Hof kümmern, für Küche und Heizung sorgen, Lebensmittel und Brennholz heranschaffen, mit Geld aushelfen, wenn die Haushaltskasse knapp wird, das alles will ich gern für dich tun, aber deine Innengemächer hüten, die Verantwortung für Weib und Kind übernehmen, nein, das kann ich nicht, dazu bin ich zu plump und ungeschickt, das muß ich schon dir selber überlassen.»

«Das habe ich dir auch gar nicht zumuten wollen. Ich meinte bloß, daß du mir die praktischen Haushaltsorgen abnimmst. Was meine Frau und die Kinder betrifft, so habe ich bereits meine Anordnungen getroffen. Im übrigen ist Aroma eine Frau von reifer Erfahrung und verwöhnten Ansprüchen, der keinesfalls Dummheiten und Seitensprünge zuzutrauen sind, wie etwa einer jugendlichen, unerfahrenen Neuvermählten. Erst hat sie in ihrem Verflossenen, dem biederen Küan, einen höchst brauchbaren Ehepartner besessen, dann hat sie in mir einen noch besseren

Partner gefunden, der allen ihren Ansprüchen genügt und dem sie für immer angehören möchte. Wen sollte sie auch noch besseren finden als mich? Nein, um Aroma und ihre Treue brauche ich mir nicht die geringste Sorge zu machen.»

«Um so besser. Dann ist ja alles in Ordnung. Und falls du später irgendwelche Aufträge für mich haben solltest, dann brauchst du mir nur zu schreiben.»

«Gemacht.»

Von Tante Hua Tschen und ihren drei Nichten verabschiedete sich unser Jüngling auf brieflichem Weg, wobei er jede der vier Geliebten zum Andenken mit einem gefühlvollen Abschiedsgedicht bedachte.

Die letzten zwei Tage widmete er sich Aroma und der Ordnung häuslicher Angelegenheiten. Dann machte er sich auf die Reise.

Eines Nachmittags klopfte er an der Pforte des schwiegerväterlichen Hauses an. Drinnen rührte sich nichts. Er klopfte wieder und wieder an, mit dem gleichen Ergebnis. Drinnen blieb es stumm.

Belustigt und zugleich beruhigt, sagte er sich, daß solch harthöriges Wartenlassen ja die sattsam bekannte Gepflogenheit seines wunderlichen Schwiegervaters sei, demnach im Haus wohl alles beim alten geblieben und kein anderweitiges Mannsbild vorhanden sei. Dann würde es ja auch nicht viel ausmachen, wenn er jetzt mit ein paar Monaten Verspätung zurückkehrte. Unverdrossen klopfte und pochte er mit Zwischenpausen weiter und wartete.

Endlich, es war inzwischen Abend geworden, wurden drinnen Geräusche vernehmbar, erst das Schlürfen von Filzpantoffeln, dann das Quietschen des verrosteten Türriegels, schließlich das Knarren der

Hauspforte, die sich bedächtig auftat, aber nur zu einem schmalen Spalt. In dem Jemand, der durch den Türspalt vorsichtig nach draußen lugte, erkannte der Besucher den alten Sonderling persönlich, den Doktor Eisentür.

«Yo tschang, hochverehrter Schwiegervater, macht auf! Ich bin's, Euer ergebener kleiner Schwiegersohn! Bin von der Reise zurück!» rief der Jüngling nach drinnen, woraufhin sich die Hauspforte vollends auftat und ihn einließ.

Stumm geleitete Doktor Eisentür den Heimkehrer in den mittleren Empfangsraum. Der Jüngling entledigte sich des vorgeschriebenen Begrüßungsfußfalls und ließ sich respektvoll zu Füßen des Yo tschang auf einer Matte am Boden nieder. Er entbot zunächst ihm ein tai an! ‹erhabenen Frieden!›, alsdann ein tjing tji! ‹reines Glück!› dem abwesenden ‹befehlenden Liebling›, der Haustochter, seiner jungen Frau Edelduft, und erkundigte sich nach beider kostbarem Befinden.

Doktor Eisentür tat einen langen, tiefen Seufzer.

«Was mich alten Gesellen betrifft, so erfreue ich mich nach wie vor robuster Gesundheit. Von meiner Tochter dagegen muß ich leider Trauriges berichten. Seit deinem Weggang war sie gesundheitlich nicht mehr in Ordnung und verfiel zusehends. Sie litt an Schlaflosigkeit, hatte keinen Appetit mehr, und ihr Geist verfing sich immer tiefer im Gestrüpp der Schwermut. Es währte kein Jahr, da hauchte sie ihre drei Zoll Lebensodem aus – ach, viel zu früh! Das arme Kind...»

Die weitere Rede wurde durch heftiges Schluchzen erstickt.

«Gestorben? – Aber wie konnte denn das zugehen?» rief bestürzt der Vormitternachts-Scholar aus. Weiter brachte er, von Schmerz übermannt, nichts hervor. Ganz verzweifelt schlug er sich an die Brust und stimmte wehklagend in das Jammern des Schwiegervaters ein.

«Wo ist ihr Sarg? Ist sie schon beerdigt?» wollte er wissen, nachdem er sich wieder beruhigt hatte.

«Im kalten Saal steht noch ihr Sarg. Ich wollte mit der Beerdigung bis nach deiner Rückkehr warten. Komm!»

Der Schwiegervater führte ihn in den im rückwärtigen Teil des Anwesens, hinter der Ahnenhalle gelegenen ‹kalten› Saal. Wirklich, da stand, flankiert von Räuchertischchen mit brennenden Wachskerzen und schwelenden Räucherkesseln drauf, ein Sarg. Der Deckel war geschlossen und bereits zugenagelt.

Der Jüngling kniete am Kopfende des Sarges nieder und erging sich eine Weile in erneuter Wehklage.

Die geschätzte Leserschaft wird erstaunt fragen, was für eine Bewandtnis es mit diesem Sarg hatte. Laßt euch erklären: Der Sarg war leer! Als Doktor Eisentür damals dahinterkam, daß sich seine Tochter samt Zofe heimlich von dem biederen Fremdling und Hausgenossen hatte entführen lassen, da hatten zwei Erwägungen sein Handeln bestimmt. Einmal befürchtete er Klatsch und Tratsch der Leute, er wollte nicht ins Gerede kommen. Zum anderen mußte er gewärtigen, daß der Schwiegersohn, wenn er bei der Rückkehr die Gattin nicht mehr vorfände, sein Recht geltend machen und den Fall vor den Richter bringen würde. Und das würde öffentlichen Skandal bedeuten. Skandal aber wollte er, der Ruhe und Zurückgezogenheit über alles schätzte, unbedingt vermeiden. Und so entschloß er sich, die Sache zu vertuschen.

Er kaufte zum Schein einen Sarg, stellte ihn geschlossen und zugenagelt im kalten Saal auf und verbreitete nach außen die harmlos klingende Nachricht, seine Tochter wäre plötzlich an Krankheit verstorben. Auf solche Weise gelang es ihm, den wahren Sachverhalt vor den Leuten und auch vor dem eigenen Schwiegersohn zu vertuschen und peinliche Weiterungen zu vermeiden. Er blieb in seiner gewohnten und über alles geliebten Ruhe und streng privaten Zurückgezogenheit weiterhin ungestört.

Nun war unser Jüngling von Natur ein schlichtes und argloses Gemüt. Nie und nimmer wäre er auf den Gedanken gekommen, daß sein seriöser Schwiegervater, dieser altväterische, eckige Pedant, der keinen Spaß verstand und lachen verlernt hatte, Verstellung üben und ihm Theater vorspielen könnte. Auch klang seine Darstellung der Gründe, die zu dem angeblichen frühen Tod von Edelduft geführt hätten, durchaus einleuchtend und plausibel. Als er sie damals überstürzt verließ, hatte er sie eben erst für die Liebe erweckt und empfänglich gemacht. Daß ein junges Frauchen, so jäh vom herzlosen Gatten verlassen, unter der überschüssigen Glut ihrer eben geweckten Sinne, für die sich kein Auslaß bietet, leidet, daß sich ihre Gedanken darob unrettbar in das Gestrüpp schwarzen Trübsinns verirren und verfilzen, daß sie darüber gemütskrank wird und eingeht, das erschien ja ganz natürlich, so natürlich, daß er sich jetzt nachträglich Selbstvorwürfe machte und sich schuldig am Tod seiner Edelduft fühlte. Kurz, unser Jüngling nahm das Theater, das ihm sein Schwiegervater so lebensecht vorspielte, für wahr. Er scheute auch keine Kosten, um den Heimgang der geliebten Toten recht würdig zu gestalten, und engagierte einen Trupp Mönche ins Haus, die drei Tage und drei Nächte feierliche Totenklage am leeren Sarg abhalten und geistliche Fürbitte einlegen mußten, daß die Verstorbene baldiger glücklicher Wiedergeburt teilhaftig werden und ihrem herzlosen Gatten nicht weiter grollen möge.

Nachdem er solchergestalt seiner Gattenpflicht Genüge getan und sein Gewissen beschwichtigt hatte, nahm er von neuem Abschied von Doktor Eisentür. Wiederum schützte er als Vorwand für sein eiliges Fortgehen Studium und Vorbereitung auf die große Staatsprüfung vor. In Wahrheit bildete eine gewisse Grotte in Peking das Ziel der neuen Studienfahrt.

Kaum in Peking angelangt und in einer Herberge untergebracht, mietete er sich eine Kutsche und fuhr bei der ‹Grotte für Halbgötter› vor. Auf seine Frage nach der gewissen neuen Nymphe wurde ihm der Bescheid zuteil, sie sei leider abwesend. Vor ein paar Tagen sei sie von einem hohen Herrn eingeladen und mit auf sein Schloß genommen worden. Der Betreffende sei so vernarrt in sie, daß er sie gar nicht fortlassen wolle. Aber sie habe ihre Rückkehr für den übernächsten Tag angesagt. Der geschätzte Besucher möge sich solange gedulden und wiederkommen.

So hochgestimmt unser Jüngling vorgefahren war, so niedergeschlagen fuhr er ab. Am übernächsten Tag wiederholte er seinen Besuch. Die Grottenfee empfing ihn persönlich und eröffnete ihm strahlend, daß er diesmal Glück habe.

«Meine junge Nymphe hat nochmals Botschaft geschickt und sich bestimmt für heute gegen Abend angesagt und ausdrücklich hinzugefügt, falls irgendwelcher ansehnliche und nette Kunde nach ihr verlange, stünde nichts im Wege, ihn zu halten und bis zu ihrem Kommen warten zu lassen.»

Hocherfreut langte der Vormitternachts-Scholar in seinen Geldbeutel und zahlte der Grottenherrin gleich dreißig Silberbatzen im voraus.

«Nehmt das als Buhlgeld und überlaßt mir Eure wertgeschätzte junge Nymphe gleich für drei Nächte. Einige persönliche Geschenke habe ich außerdem für sie bereit, möchte sie ihr aber nur persönlich aushändigen.»

«Abgemacht. Es ist jetzt noch früher Nachmittag. Falls der junge Herr noch irgendwelche Gänge in der Stadt zu erledigen hat, könnte er sich vielleicht die lange Wartezeit damit kürzen ...»

«Nein, nein, ich bin ja nur Eures befehlenden Lieblings wegen nach Peking gereist, sonstige Geschäfte oder Gänge habe ich nicht vor – mit Eurer Erlaubnis werde ich gleich hier warten.»

«Bitte, ganz wie es dem jungen Herrn beliebt. Ihr könnt Euch solange im Boudoir meiner kleinen Wildgans aufhalten und Euch die Zeit mit Lektüre vertreiben oder Euch hinlegen und ein wenig ruhen. Macht es Euch nur ganz bequem. Mich wollt Ihr bitte unterdessen entschuldigen, mich rufen Haushaltspflichten.»

«O bitte, laßt Euch durchaus nicht abhalten!»

Die Wildgansmutter geleitete den Besucher in das Boudoir ihrer Wildgans und hieß eine junge Dienerin ihm aufwarten und Tee bereiten und Räucherkessel mit duftenden Sandelholzscheiten in Brand setzen. Dann empfahl sie sich.

Der Vormitternachts-Scholar zog es vor, sich niederzulegen und ein Schläfchen zu genehmigen. Er sagte sich, ein wenig Kräfte zu sammeln und gut ausgeruht zum bevorstehenden Kampf anzutreten könne seiner Truppe nicht schaden. Und so schlief er gleich mehrere Stunden bis zum sinkenden Abend durch. Dann stand er auf, trank einen Schluck Tee und griff zu einem Buch. Er blätterte gerade in den ersten Seiten, als ein Schatten am Fenster auftauchte und seinen Blick auf sich lenkte.

Er gewahrte die Gestalt einer jugendlichen Schönen. Sie hielt sich dicht am Fenster und starrte mit weit aufgerissenen Augen nach ihm hin.

Er wollte zum Fenster treten, um sie näher zu betrachten, aber da hatte sie sich schon blitzschnell abgewandt und war davongehuscht. Es sah aus, als ob sie vor ihm flüchten wolle.

«Wer war das, die da eben so groß nach mir gestarrt hat?» fragte er die kleine Dienerin, die gerade dabei war, seine Teeschale frisch zu füllen.

«Unsere Tsiä Tsiä, unseres Hauses junge Herrin, eben die, auf die Ihr wartet.»

Hatte sie etwas gegen ihn? Warum kam sie nicht herein? Wollte sie sich ihm versagen? – Von Ungeduld und Ungewißheit geplagt, stürzte er zum Boudoir hinaus auf die Suche nach ihr. Wo sie auch stecken mochte, er mußte der Sache auf den Grund gehen. –

Geschätzte Leserschaft, laßt euch erklären. Die da so angelegentlich nach ihm gestarrt hatte und dann so blitzschnell geflüchtet war, es war Edelduft! Von ihrem mehrtägigen Schloßaufenthalt soeben zurückgekehrt und von der Wildgansmutter verständigt, daß drin im Boudoir schon den ganzen lieben Nachmittag ein neuer Verehrer voll Ungeduld auf sie warte, hatte sie diesen Verehrer erst einmal heimlich in Augenschein nehmen und sich vergewissern wollen, ob er auch äußerlich entsprechend beschaffen sei, um ihrer Gesellschaft gewürdigt zu werden. Zu ihrem Schreck hatte sie in dem Besucher ihren eigenen Gatten, den Vormitternachts-Scholar wiedererkannt! Ihr böses Gewissen sagte ihr, er sei vermutlich gekommen, um sie zur Rechenschaft zu ziehen und ihr eine häßliche Szene zu machen; dem wollte sie aus dem Wege gehen. Denn nichts war ihr so zuwider wie häßliche Auftritte und häusliche Szenen. Darum hatte sie sich so blitzschnell wieder vom Boudoirfenster abgewandt. Sie war zur Wildgansmutter geflüchtet. Bei der wollte sie sich in ihrer Not Rat holen. Auf dem Weg zu ihr gewahrte sie – neuer Schreck! – wie der Besucher aus ihrem Boudoir herausgestürzt kam und hinter ihr in der gleichen Wegrichtung weiterlief, in Richtung auf die Wohngemächer der Wildgansmutter.

Zur Aufklärung der Sachlage und Beratung war also gar keine Zeit mehr. Jetzt kam es nur noch darauf an, die wenigen Schritte Vorsprung, die sie vor ihm hatte, zu nutzen und sich rechtzeitig vor ihm zu verstecken, bevor es zu einer unliebsamen Erkennensszene und zum unvermeidlichen Skandal kam.

Atemlos vom hastigen Lauf, brachte sie am Ziel gerade noch die Worte hervor: «Diesen Herrn kann ich auf keinen Fall empfangen! Völlig unmöglich! Nicht einmal sehen darf er mich! Unter keinen Umständen!», dann war sie auch schon in das anstoßende Boudoir der Grottenherrin geschlüpft und hatte die Tür hinter sich zugeriegelt. Völlig erschöpft und verzweifelt warf sie sich aufs Bett.

Der Wildgansmutter blieb ihr seltsames Verhalten zunächst unverständlich. Der Besucher war doch ein sehr gut aussehender junger Kavalier von zweifellos vornehmer Herkunft. Warum also diese schroffe Ablehnung? Sie hatte nicht viel Zeit, sich darüber den Kopf zu zerbrechen, denn schon kam der abgewiesene Besucher in ihren Empfangssalon gestürmt und heischte ziemlich ungestüm sein Recht und seine Nymphe. Schließlich hatte er ja ein sehr nobles Buhlhonorar vorausbezahlt.

Die Wildgansmutter, die es mit einem so noblen Kunden nicht verderben wollte, versuchte ihr Glück mit einer diplomatischen Notlüge:

«Eben ist wieder eine Botschaft von ihr eingetroffen. Ihr fürstlicher Verehrer wolle sie immer noch nicht gehen lassen und noch ein paar Tage in seinem Schloß behalten. Nun bin ich selber in Verlegenheit. Ich fürchte, es hat keinen Zweck, daß Ihr noch länger auf sie wartet – ich bedaure – aber...»

«Dummes Zeug!» schnitt ihr ärgerlich der Vormitternachts-Scholar die weitere Rede ab. «Sie ist zurückgekommen! Ich habe sie mit eigenen Augen gesehen! Durchs Boudoirfenster hat sie mich groß angestarrt! Also macht mir gefälligst nichts vor! Vermutlich ist ihr mein Honorar nicht hoch genug, darum läßt sie sich verleugnen. Gut, ich kann noch etwas zulegen. Aber das ist doch keine Art, einfach davonrennen und sich vor mir verstecken! Hat sie etwa Angst, daß ich sie heimlich abkonterfeie? Begrüßen kann sie mich doch wenigstens und dann meinetwegen fortkomplimentieren, aber höflich, bitte. Sie sollte die alte Anstandsregel beherzigen:

*Mag dir der andre auch zuwider sein,
Zeig offen nicht den Widerwillen dein!*

Ich habe sie hierher in Eure Räume laufen sehen, sie hält sich bei Euch versteckt. Laßt mich doch nach ihr suchen! Wetten, daß ich sie finde? Sollte ich die Wette verlieren, gut, dann könnt Ihr meine dreißig Batzen Buhlhonorar ohne Gegenleistung für Euch behalten.»

Der Wildgansmutter lief das Wasser im Mund zusammen. Der Vorschlag ließ sich hören. Dreißig Batzen geschenkt! Das wäre ein Geschäft für sie. Aber leider konnte sie nicht darauf eingehen, er würde sie ja bestimmt finden. Sie versuchte es mit einer anderen Taktik, mit gütlichem Zureden:

«Also ich will es nicht länger abstreiten: sie ist tatsächlich zurückgekommen. Aber sie fühlt sich dermaßen matt und zerschlagen von den Anstrengungen ihres Ausgangs – Ihr müßt wissen, der Betreffende ist ein ziemlicher Draufgänger, er hat ihr wolfsmäßig zugesetzt. – Kurz, sie bedarf jetzt dringend der Schonung – gönnt ihr zwei Tage Ruhe, dann wird sie Euch empfangen.»

«Einverstanden. Aber ich möchte sie wenigstens einmal sehen, bevor ich weggehe, und mich selber mit ihr für später verabreden! Ihr müßt schon entschuldigen, aber ich möchte sichergehen und nicht Gefahr laufen, daß ich das nächste Mal von Euch wieder mit leeren Ausflüchten abgespeist werde. Also ruft sie, bitte, heraus!»

«Wie der junge Herr wünscht», gab die Wildgansmutter nach und führte ihn aus dem Empfangssalon über einen kleinen Innenhof zu dem nahen Pavillon, der ihr Boudoir enthielt. Sie fand die Pforte zugeriegelt. Auf ihren Zuruf kam keine Antwort.

«Liebling, der junge Herr hier besteht darauf, dich unbedingt zu sehen – sei doch vernünftig und komm heraus, nur für einen Augenblick!» rief sie, erst leise bittend, dann laut drängend, hinein. Wieder blieb es drinnen stumm...

Ach, eine Antwort konnte ja leider gar nicht kommen, es war schon zu spät dazu. Die Sachlage überdenkend, hatte sich Edelduft gesagt, daß es für sie nur einen ehrenvollen Ausweg gab: Tod durch eigene Hand.

Angenommen, sie würde sich vor ihrem Gatten zeigen, was würde sie dann zu gewärtigen haben? – Öffentlichen Skandal! Er würde ihr eine häßliche Szene machen und sie vor den Richter zerren – für Ehebruch und böswilliges Verlassen drohte ihr schwere Prügelstrafe! Zu Tode würde man sie prügeln! Überdies würde sie, öffentlich an den Pranger gestellt, Namen und guten Ruf ihrer Sippe entehren, – dann lieber in aller Stille Freitod unter Vermeidung häßlicher Szenen, die sie so verabscheute. Indem sie sich selber richtete, würde sie ihre Schuld abwaschen und im Reich der ‹Gelben Quellen› den Tadel der Ahnen nicht zu befürchten brauchen.

Und so löste sie die seidene Schärpe von ihren Hüften, schlang sie um einen Deckenbalken zur Schlinge, stieg auf einen Schemel und erhängte sich.

Als eine Weile später der Vormitternachts-Scholar, von Ungeduld und Wut gepackt, die Tür eintrat und atemlos in das Boudoir eindrang, fand er eine Erhängte vor.

Erschrocken wandte er sich ab. Die Lust war ihm vergangen, das bleiche Blumenantlitz der Toten näher zu betrachten. ‹Nur fort von dieser Stätte des Unheils!› sagte er sich und wollte, ohne die Tote erkannt zu haben, schleunigst davonlaufen. Aber die Wildgansmutter vertrat ihm den Weg.

«He wohin? Gefälligst hiergeblieben! Was kommt Euch bei, mir so etwas anzutun? Ich wüßte nicht, daß ich Euch in diesem Leben oder in einem früheren Dasein etwas angetan hätte – wie kommt Ihr dazu, mein Mädel, meinen Liebling, in den Tod zu hetzen, zum Selbstmord zu treiben? Mich der besten Kraft meines Unternehmens, meiner Hoffnung und Stütze im Alter zu berauben? Steht Rede und Antwort!» schrie sie ihn an und stieß gellende Hilferufe aus. Die Gewalt ihrer Stimme alarmierte den ganzen weitläufigen Blumenhof.

Von allen Seiten, aus allen Gemächern kamen sie wie auf Verabredung angelaufen, die vornehmen Kunden, die Grafensöhne und Fürstenenkel, sämtlich Verehrer der schönen Nymphe, die von ihrer heutigen Rückkehr erfahren hatten und sehnsüchtig darauf lauerten, ihr huldigen zu dürfen.

Der traurige Anblick der Erhängten zerriß ihnen das Herz und erschütterte sie womöglich noch mehr, als es der Tod der eigenen Gattin vermocht hätte. Entsetzen und Wut ließ ihnen die Haare sich aufwärts sträuben, daß ihre Barette darob den Halt verloren und ins Rutschen und Schaukeln gerieten.

Die einmütige Wut aber richtete sich gegen den unbekannten Neuling, diesen unerwünschten Eindringling und Störenfried. Der also hatte nach Aussage der Wildgansmutter ihre allgemein verehrte und begehrte Huldin, ihre vergötterte Nymphe in den Tod gehetzt! Mit einem solchen Kerl noch länger die gleiche Himmelsluft atmen? Dafür war kein Platz, fort mit ihm! Das stand für die empörten Verehrer der Toten fest. Und so riefen sie ihre Gefolgsleute und Diener, die vorn bei den Kutschen und Gäulen herumlungerten, herbei und hetzten sie auf den Fremdling, den vermeintlichen Mörder.

Vergebens beteuerte der Vormitternachts-Scholar seine Unschuld und versuchte, den Sachverhalt zu erklären; man ließ ihn gar nicht zu Worte kommen, und ehe er sich's versah, fühlte er sich von rohen Fäusten gepackt und zu Boden geworfen und mit Reitgerten und abgebrochenen Baumästen als Knüppeln bearbeitet.

Übel zugerichtet, Rücken und Gesäß zerbläut und von Platzwunden übersät, mußte es der irrtümlich Beschuldigte und zu Unrecht Mißhandelte auch noch in Kauf nehmen, daß ihm die Wildgansmutter eiserne Fußschellen, herbeigeschafft aus der ‹kalten› Kammer, der Strafkammer für unbotmäßige Puderlarven, anlegen ließ und damit jede Fluchtmöglichkeit abschnitt. Um das Maß seines Leidens voll zu machen, ließ sie ihn zu guter Letzt – grausige Ironie – auf die gleiche Matte, Seite an Seite neben die inzwischen heruntergeholte Leiche seiner so sehnsüchtig begehrten Schönen betten.

Da sollte er liegenbleiben, bis die Polizei ihn abholen würde. Mit der Toten allein gelassen, überkam ihn unwiderstehliches Verlangen, sie genauer zu betrachten. Vorhin, als er Hals über Kopf auf und davon laufen wollte, hatte er sich nicht die Zeit dazu genommen. Wie mochte sie aussehen, die unbekannte Feindin, die ihn durch ihr rätselhaftes Verhalten in eine so verzweifelte Lage, in Mordverdacht, gebracht hatte?

Wie er nun so, den Kopf seitwärts gewandt, das leblose Blumenantlitz neben sich näher betrachtete, da schrak er auf einmal zusammen. Diese Gesichtszüge – ja, war es die Möglichkeit? – glichen Zug für Zug den Gesichtszügen seiner Ersten, seiner Edelduft! Er schaute noch schärfer hin – kein Zweifel, das mußte sie sein, Edelduft! Es war ja nicht gut denkbar, daß es eine zweite gab, die seiner Edelduft so aufs Haar glich – aber sie war doch nach Aussage ihres Vaters, des Doktor Eisentür, gestorben? Er hatte ihm ihren Sarg gezeigt – oder sollte . . . ?

Sein Verstand begann unter dem Druck der Not fieberhaft zu arbeiten, in seinem Hirn dämmerte es, es wurde licht und lichter, und aus dem dunklen Wust des Zweifels und Irrtums löste sich eine Kette klarer Gedanken: sie war gar nicht gestorben, vielmehr von irgendeinem Kerl verführt, entführt und hierher in die Niederung der ‹Abwasser› verschleppt worden. Der Schwiegervater aber hatte, um ihm und den Leuten gegenüber den peinlichen Familienskandal zu vertuschen und das Gesicht zu wahren, mit Hilfe eines Sarges, wohlverstanden leeren Sarges, und gespielter Trauer eine regelrechte Komödie inszeniert, sie wiederum hatte ihn vorhin, als sie durchs Boudoirfenster spähte, erkannt und sich aus begreiflicher Scham vor ihm verkrochen und schließlich, in ausweglose Enge getrieben, das Leben genommen. So fügte sich für seinen Verstand alles logisch zusammen, und was ihm vorher dunkel und unverständlich gewesen war, das formte sich nun zur überzeugenden Gewißheit, leider traurigen Gewißheit.

Aber würde seine mehr oder weniger auf Kombination beruhende Darstellung auch die Leute, die Polizei, den Richter überzeugen? Das war die Frage. Man würde Beweise verlangen. Wie konnte er ihnen die Identität der Toten mit seiner Edelduft bloß beweisen?

Wieder begann sein Hirn angestrengt zu arbeiten, und da fiel ihm etwas ein: er erinnerte sich, daß Edelduft am Hinterkopf ein rotes Brandmal hatte, auf dessen Fläche kein Haar nachgewachsen war, es war dort eine kahle Stelle zurückgeblieben. Er drehte den Kopf der Toten etwas zur Seite, hob ihren schweren Haarknoten nach oben und schaute darunter. Wirklich, da war sie, die gesuchte kahle Stelle, da kam das längliche, rote Brandmal zum Vorschein! Nun gab es für ihn keinen Zweifel mehr, und ruhigen Gewissens würde er Rede und Antwort stehen, wenn die Polizei...

Da kam sie auch schon. Von der Wildgansmutter herbeigerufen, erschienen drei Mann der örtlichen Bezirkspolizeiwache auf der Bildfläche. Zwei führten abwechselnd Verhör, einer protokollierte.

Ruhig und gefaßt erteilte der Vormitternachts-Scholar seine Aussage und klärte in logischer Darstellung das für die Umstehenden bis dahin rätselhafte Geschehen auf, wie er völlig ahnungslos hergekommen sei und erst nachträglich, als er mit eisernen Fesseln an den Füßen auf gleicher Matte neben ihr lag, in der Toten seine rechtmäßige Gattin erkannt und nun ihr seltsames Verhalten voll begriffen habe.

Daß sie sich, nachdem sie ihn zuerst erkannte, aus Scham vor ihm verleugnete, verkroch und schließlich in der Verzweiflung das Leben nahm, sei ja leider nur zu verständlich. Darum habe er keine Angst vor einem Richterspruch, im Gegenteil, er bitte darum, dem Richter möglichst rasch vorgeführt zu werden.

Die Beamten wandten sich an die Wildgansmutter mit der Frage, ob sie die Aussage bestätigen könne. Sie zuckte die Achseln und erklärte, sie wisse von nichts. Die Beamten forschten weiter:

«Wer ist der Mann, der Euch das Mädchen ins Haus gebracht und verkauft hat? Wenn es ein berufsmäßiger Mädchenhändler war, dann wird er Euch vermutlich nicht bloß diese eine, sondern gleichzeitig noch weitere Mädchen zugeführt haben. Befindet sich die eine oder andere im Haus? Die Tote ist leider stumm, von ihr können wir nichts erfahren. Wir brauchen die Zeugenaussage einer lebenden Person.»

Endlich tat die Wildgansmutter den Mund auf.

«Sie hatte eine Zofe bei sich, als ich sie damals von einem Unbekannten kaufte. Ich habe die Zofe mitgekauft und ihr belassen. Sie befindet sich noch im Hause. Soll ich sie herrufen?»

«Sofort! Worauf wartet Ihr noch?»

Die Wildgansmutter lief hinaus und rief und suchte überall nach der kleinen Ju I. Nach einer Weile kam sie unverrichteter Sache zurück.

«Unauffindbar.»

«Wann und wo habt Ihr sie zuletzt gesehen?»

«Vorhin, es ist kaum eine halbe Stunde her. Sie kam mit der Herrin von einem Ausgang zurück und rannte hinter ihr her in mein Boudoir hinein.»

«Dann steckt sie womöglich noch hier. – Los! Durchsuchen!» befahl der Wachtmeister seinen beiden Leuten. Die Männer durchsuchten den Raum bis in alle Winkel und Ecken, schnüffelten in Schränke und Kleiderstellagen, hinter Wandschirme und Vorhänge. Zuletzt legten sie sich flach auf den Fußboden und guckten unter das breite Bett. Richtig, da entdeckten sie die Gesuchte. Zum Igel zusammengerollt, lag sie ganz hinten an die Wand gedrückt. Unter rauhem Gelächter zogen und zerrten die Büttel die vor Angst Bebende aus ihrem dunklen Versteck heraus und führten sie dem Wachtmeister vor. Auch er konnte sich eines belustigten Schmunzelns nicht enthalten. Der drollige Zwischenfall war dazu angetan, die ganze Atmosphäre beträchtlich ihres düsteren Ernstes zu entkleiden. Gleich sollte sich auch für den Angeschuldigten seine bis dahin bedrohliche Lage wesentlich entspannen.

«Kennst du den da?» eröffnete der Wachtmeister, auf den Gefesselten zeigend, das neue Verhör. Erst wollte sie nicht mit der Sprache heraus. Sollte sie ihn verleugnen, überlegte sie krampfhaft. Sie schämte sich vor ihm. Aber ihre verlegene Miene, die nervöse Art, wie sie an ihrer verrutschten Frisur herumfingerte und sie wieder in Ordnung zu bringen suchte, sprachen für das geschulte Polizeiauge des Verhörleiters deutlich genug.

«Ja oder nein!» donnerte er sie an und löste mit der bewährten Taktik der Einschüchterung ihre Zunge.

«Ja», kam es leise und zaghaft.

«Du hast in deinem Versteck alles mit angehört, was er ausgesagt hat. Stimmt es?»

«Es stimmt», gab sie zu.

«Gut. Was weißt du selber Näheres über den ganzen Hergang? Berichte!»

Einmal ins Sprechen gekommen, hatte sie ihre anfängliche Unsicherheit abgeschüttelt und zögerte nicht länger, der Wahrheit die Ehre zu geben. Und so berichtete sie ohne Stocken in zusammenhängender Rede den ganzen Hergang von der Wurzel bis zum Wipfel und bestätigte, daß die Tote, ihre frühere Herrin, die einzige Tochter des angesehenen Doktor Eisentür droben in den Westbergen und rechtmäßige Gattin des Beschuldigten sei, daß ein Fremder, der sich als Gärtner und Diener nützlich zu machen und ins Haus einzuschleichen wußte, ihre Herrin verführt und geschwängert habe, daß ihre Herrin aus Angst vor Entdeckung und väterlichem Zorn eines Nachts mit ihr und dem Verführer heimlich aus dem Haus entlaufen sei, daß der betreffende Verführer und Entführer, anstatt ihr die versprochene Ehe und den versprochenen bürgerlichen Hausstand zu bieten, sie gewissenlos hierher in eine anrüchige Stätte der Abwasser verschleppt und verkauft habe, und daß sie heute, als sie in dem neuen Kunden, der auf sie wartete, ihren eigenen Gatten erkannte, aus Scham und Verzweiflung ihrem Leben freiwillig ein Ende gemacht habe.

Ihre Aussage bestätigte die vorhergehende Aussage des Angeschuldigten und erschien der Polizei ausreichend, um ihn von jedem Schuldverdacht zu entlasten.

«Es handelt sich demnach um eine private Familientragödie. Sie ist privat zu bereinigen. Es erübrigt sich, deswegen eine hohe Behörde in Bewegung zu setzen und ein Gericht zu bemühen», entschied der Wachtmeister und fügte hinzu: «Löst ihm die Fesseln! Er ist frei!»

Dann belehrte er noch den Vormitternachts-Scholar, daß er die Wahl habe, die Zofe seiner verstorbenen Gattin, also seine frühere Dienerin, hier im Hause ihrer Wildgansmutter zu belassen, der sie ja rechtmäßig auf Grund schriftlichen Kontrakts verkauft worden sei, oder sie mit sich zu nehmen, in welchem Falle er sie allerdings erst freikaufen müsse.

Der Vormitternachts-Scholar schüttelte apathisch den Kopf. Er hatte genug. Er fühlte sich innerlich leer und ausgebrannt. Was lag ihm noch an Frauen? Und wenn es Edelduft selber gewesen wäre, er hätte kein Verlangen gespürt, sie aus der Niederung der Abwasser herauszuholen und es nochmals mit ihr zu versuchen. Erst recht die Zofe – was lag ihm an ihr? – Er fühlte sich sterbensmüde.

«Was meine frühere Dienerin, die Zofe meiner verstorbenen Frau betrifft, so lege ich keinen Wert mehr auf sie. Sie hat sich schon allzusehr an das Leben in einem öffentlichen Haus gewöhnt, es würde ihr schwerfallen, sich wieder in bürgerliche Verhältnisse einzuordnen. Soll sie hier bleiben. Im übrigen möchte ich den Fall auf sich beruhen lassen und meinerseits keine weiteren Schritte unternehmen. Wohl könnte ich das Gericht anrufen und ein Ermittlungsverfahren gegen den unbekannten Räuber meiner Hausehre beantragen. Aber was hätte ich davon? Öffentlicher Skandal! Meinen guten Namen durch den Dreck schleifen lassen? Mich dem Gespött der Leute aussetzen? – Nein, dazu verspüre ich keine Lust mehr!»

«Dann ist der Fall also erledigt», stellte der Wachtmeister abschließend fest und zog mit seinen beiden Leuten wieder ab.

Die Wildgansmutter atmete auf. Ihre anfängliche Befürchtung, in ein peinliches Gerichtsverfahren mit hineinverwickelt zu werden, erwies sich als gegenstandslos. Es würde keine ärgerlichen Weiterungen geben. Natürlich bedeutete der Verlust ihrer besten Kraft eine empfindliche Einbuße für ihr Unternehmen, aber auf keinen Fall durfte sie, das hatten die polizeilichen Verhöre klar ergeben, dem fremden Kunden irgendwelche Schuld in die Schuhe schieben. Es lag eine tragische Verkettung unglücklicher Umstände vor. Sie war anständig genug, einzusehen, daß sie ihm in der ersten Aufregung bitter unrecht getan hatte und beeilte sich, ihr Unrecht wiedergutzumachen, indem sie ihm freiwillig, ohne ein Wort zu verlieren, seine dreißig Batzen des vorausbezahlten Buhlhonorars zurückerstattete. Hierauf komplimentierte sie ihn artig hinaus.

Während er sich, mühsam humpelnd und sich vor Schmerzen krümmend, zu seiner vor dem Eingang wartenden Kutsche schleppte, mußte er freilich noch ein regelrechtes Spießrutenlaufen in Kauf nehmen. Jene vornehmen jungen Leute, die es nicht verwinden konnten, daß ihnen durch die vermeintliche Schuld dieses unerwünschten Eindringlings und Störenfrieds ihre vielgeliebte Nymphe für immer genommen war, hatten sich zu beiden Seiten des Weges, den er nehmen mußte, zum keineswegs freundlichen Spalier aufgestellt und konnten es sich nicht versagen, ihm im Vorbeigehen zum Abschied noch etliche Püffe und Rippenstöße und Backenstreiche zu versetzen und das beliebte, höhnische Schmähwort vom Wu kweh wang pa ‹schwarzer Schildkröterich› nachzurufen. Wahrlich, kein rühmlicher Abgang aus der ‹Grotte für Halbgötter!›

In dieser Nacht gab es für den Vormitternachts-Scholar keinen Schlaf. Einmal die körperlichen Schmerzen – die Striemen und Platzwunden auf seinem zerbläuten Rücken brannten und verboten jede vernünftige Ruhelage. Zum andern die Qual des Gewissens – unablässig kreiste das Rad seiner Gedanken und wollte nicht stillestehn.

Nacht war es nicht nur um ihn, sondern auch in ihm. In seinem von zuckendem Schmerz, brennender Scham und düsterer Trübsal bis zum Rand gefüllten Busen wogte und brodelte es wie in einem vom Sturm gepeitschten und aufgewühlten Meer. Nicht minder wogte und brodelte es in seinem Hirn. Dem chaotischen Durcheinander seiner im Dunkel tappenden und suchenden Gedanken entrang sich schließlich grell hell und erlösend klar, gleich einer Kette von Leuchtkugeln am schwärzlichen Nachthimmel, eine logische Folge von Einsichten:

‹Da habe ich nun, anmaßend wie ich war, die Frauen anderer für Freiwild genommen, an dem mir Jagdrecht zustünde. Nie und nimmer habe ich, verblendet wie ich war, an die Möglichkeit gedacht, daß meine eigene Frau für andere zum Freiwild herhalten könnte – und so habe ich hemmungslos darauflos gebuhlt und gehurt, wann und wo ich nur konnte – jetzt muß ich die Vergeltung erleben. Daß sie mich so rasch und schwer treffen würde, hätte ich mir freilich nicht träumen lassen. Ich habe es dort mit den Frauen anderer getrieben, die anderen haben sich hier an meiner Frau schadlos gehalten – und nun, was die Vergeltung für mich besonders schlimm macht: ich habe es mit den Frauen anderer immerhin heimlich und verschwiegen getrieben, die andern dagegen haben mit meiner Frau in aller Öffentlichkeit gebuhlt! – Weiter, ich habe Aroma, die Frau des biederen Küan, immerhin zu meiner Zweiten gemacht, habe ihr eine anständige, eigene Häuslichkeit und geachtete Stellung in der bürgerlichen Gesellschaft geboten, mir dagegen muß die Schande widerfahren, daß meine Frau für die anderen lediglich öffentliche Dirne war! – Daraus ist ersichtlich, daß man das Buhlen mit Frauen anderer lieber sein lassen sollte, es rächt sich bitter. Wie hatte doch damals vor drei Jahren der heilige Einsiedler ‹Einsamer Gipfel› recht! – Wie eindringlich hat er mich vor den Gefahren der Fleischeslust gewarnt! Wie nachdrücklich hat er mir zugeredet, gleich bei ihm zu bleiben und der Welt des roten Staubs zu entsagen! Und ich Narr, verstockt und verblendet wie ich war, habe seinen wohlgemeinten Rat in den Wind geschlagen, habe mich mit ihm herumgestritten und ihm schließlich zornig den Rücken gekehrt! – Jetzt sehe ich ein, daß niemand um die Bezahlung seiner Sündenschuld herumkommt! Der Himmelsfürst ist unparteiisch und gerecht, es ist schwerlich anzunehmen, daß er gerade gegen mich einen Groll hat und gerade mich die Strenge der Vergeltung fühlen lassen will und anderen Sündern gegenüber beide Augen zudrückt. Und noch eine weitere Fehlrechnung ist mir Toren unterlaufen: Ich erinnere mich genau an den Disput, der sich damals zwischen dem ‹Einsamen Gipfel› und mir entspann, als er den Satz

Buhle nicht mit deines Nächsten Weib,
Dann buhlt der Nächste nicht mit deinem Weib –

ins Treffen führte. Ich parierte mit dem Einwand, Frauen und Mädchen zum Buhlen gebe es ohne Zahl, dagegen sei die Zahl der weiblichen Wesen, die sich ein einzelner in seinem Haushalt leisten könne, begrenzt: angenommen, gemäß Vergeltungstheorie müsse ein Leichtfuß Strafe durch Verführung seiner sämtlichen Frauen gewärtigen, so könne er sich seinerseits doch an weit mehr sonstigen Frauen schadlos halten, das Herumbuhlen mit fremden Frauen würde für ihn also trotz Vergeltung an seinen eigenen Frauen immer noch ein lukratives Geschäft bleiben – so hatte ich damals törichterweise gegenargumentiert – jetzt muß ich die bittere Erfahrung machen, daß ich allenfalls mit sechs fremden Frauen herumgebuhlt habe, während meine eigene Frau dank ihres Gewerbes möglicherweise Hunderten, bestimmt aber mehr als bloß einigen Dutzenden von Männern zur Befriedigung ihrer Lüste herhalten mußte, – demnach habe ich mich arg verrechnet, mein Herumbuhlen wie mein Rechnen war für mich Vermessenheit!

Und schließlich das letzte Wort, das der ‹Einsame Gipfel› mir auf den Weg mitgab, es war eine Prophezeiung, jetzt bewahrheitet es sich! – Wie sagte er doch?

‹Mein Mund vermag es nicht, aber die Erfahrung wird dir beweisen, daß ich mit meiner Warnung recht hatte. Auf dem Jou Pu Tuan, auf dem ‹Andachtspolster aus Fleisch› wirst du zur Erweckung gelangen.› –

Nun, ich habe drei Jahre lang auf dem ‹Andachtspolster aus Fleisch› gründlich Götzendienst gehalten, habe Süße und Bitterkeit, beißende Säure und stechende Schärfe, habe alle seine Geschmäcker durchgekostet und zur Genüge geschmeckt – worauf warte ich noch? Die Zeit zum Erwachen ist da! – Sprach der ‹Einsame Gipfel› nicht von einem Paukenschlag, mit dem der Himmel den Sünder weckt, wenn sein Maß voll ist? – Nun, was ich heute erlebt habe, der öffentliche Schimpf, den ich über mich ergehen lassen, die Prügel, die ich einstecken mußte – wenn das kein himmlischer Paukenschlag war! – Er dröhnt mir noch in den Ohren! Kein Zweifel, das war der Paukenschlag, mit dem mich der Himmel warnen und wecken wollte, wobei er sich der Menschenhand bediente – wohlan, die Stunde zur reuigen Umkehr und Einkehr ist gekommen! Worauf warte ich noch? – Der Kwa tsang schan, der ‹in Azurbläue gehüllte Berg› ruft! Der heilige Mann, der ‹Einsame Gipfel› ruft nach mir! Ich höre seinen Ruf, und diesmal soll er nicht vergeblich nach mir rufen! Auf zu ihm! Reumütig will ich vor ihn hinknien und hundertmal meine Stirn in Demut vor ihm auf den Boden schmettern, mein Unrecht will ich ihm bekennen und ihn um Aufnahme anflehen, auf daß er mir die Furt durch den reißenden Strom der Verirrung zeige und mir zum rettenden Ufer der Erlösung hinüberhelfe.›

Mit dieser Gedankenfolge hatte er sich zum Entschluß durchgerungen. Sobald seine Wunden geheilt sein würden, sobald es sein gesundheitlicher Zustand erlauben würde, wollte er sich von neuem auf die Wanderschaft machen, diesmal auf den Weg nach der südlichen Provinz Tsche Kiang, zur Klause des heiligen Einsiedlers ‹Einsamer Gipfel›.

Vorher wollte er noch seine häuslichen Angelegenheiten ordnen. Was sollte aus Aroma, seiner Zweiten, und aus den Zwillingen werden? Gleich am nächsten Morgen schleppte er sich zum Schreibtisch und gedachte einen Brief an seinen Freund und Schwurbruder, den Kun Lun Rivalen, aufzusetzen und ihm entsprechende Anordnungen zu erteilen. Aber o weh, er hatte seinen mißlichen Zustand nicht bedacht. Seine Gliedmaßen, geschwollen und steif von der gestrigen Bastonade, versagten den Dienst, seine klammen Finger waren außerstande, einen Pinsel zu halten, geschweige denn zu führen. Resigniert ließ er sich aufs Lager zurückfallen. Es bedurfte eines vollen Monats Bettruhe und ärztlicher Pflege, ehe er wiederhergestellt und seine sonst so schreibgewandte Hand wieder gebrauchsfähig geworden war.

Nun wollte er mit einem Monat Verzögerung endlich seinen Vorsatz ausführen und den Brief aufsetzen. Gerade hatte er den Pinsel in den Tuschenapf getaucht, da erschien ein Bote und überbrachte ihm einen Brief des Kun Lun Rivalen. Er war sehr kurz gehalten und besagte lediglich, häusliche Vorgänge von höchster Wichtigkeit erforderten dringend seine persönliche Anwesenheit, er möchte nach Empfang des Briefes keine Stunde säumen und sich sofort auf die Reise machen. Irgendwelche nähere Begründung war nicht angegeben.

‹Vielleicht ist Aroma erkrankt? Oder sollte den Kindern etwas zugestoßen sein?› mutmaßte der Vormitternachts-Scholar. Etwas anderes zog er nicht in Betracht.

«Weißt du, worum es sich handelt?» fragte er den Boten.

Der wollte anfangs nicht recht mit der Sprache heraus. Anscheinend wollte er dem Empfänger eine unangenehme Nachricht ersparen. Auf weiteres Drängen tat er endlich kund:

«Eure Zweite ist mit einem fremden Mann davongelaufen.»

«Wer ist der Entführer?» erkundigte sich der Vormitternachts-Scholar ziemlich gleichgültig und gelassen. Er schien von der Nachricht gänzlich unberührt. Der Bote zuckte die Achseln.

«Ich weiß nicht. Auch ihre Zofe wußte nichts Näheres. Sie hatte Nacht für Nacht verdächtige Geräusche im Schlafgemach ihrer Herrin wahrgenommen, so als ob sie es mit einem Mannsbild triebe. Aber gesehen hat sie von ihm keinen Schatten. Etwa zehn Nächte lang hat sie die gleiche Wahrnehmung gemacht, dann hat sie eines Morgens das Nest leer gefunden, die Pforte zu den Gemächern Eurer Zweiten waren offen, sie selber fort, unbekannt wohin, Geld, Schmuck, Kleidung und Wäsche in Handkoffern mitgenommen. Darum hat mich mein Herr zu Euch entsandt. Ich soll Euch zu schleunigem Kommen antreiben und unterwegs begleiten. Er selber wollte sich inzwischen auf die Suche nach Eurer Zweiten machen.»

Die Kunde kam für den Vormitternachts-Scholar wie aus einer gänzlich fremden Welt. Mit dieser Welt war er längst fertig. Was ging ihn das alles noch an? Er tat einen Seufzer und dachte bei sich:

‹Ein neuer Paukenschlag des Himmels! – Und seine Lehre? Sündenschulden aus Fleischeslust müssen hundertfältig zurückgezahlt werden! Kein Sünder entgeht der Vergeltung! – Wenn sich die Vergeltung wenigstens darauf beschränken würde, daß ich an meinen Frauen büßen muß – aber da sind noch zwei unschuldige Kinder, wer weiß, vielleicht wird die Vergeltung auch sie, mein Fleisch und Blut, treffen? Und sie werden mitbüßen müssen? – Besser sie wären gar nicht geboren – aber wozu soll ich mir jetzt Gedanken darüber machen? Beim ‹Einsamen Gipfel› will ich mir Rat holen.› –

Er tauchte den inzwischen getrockneten Pinsel von neuem in die Tusche und setzte einen Antwortbrief folgenden Inhalts an seinen Freund auf:

‹Daß sich eine lüsterne Nebenfrau heimlich entführen läßt, was ist schon groß dabei? Mich kann es nicht erschüttern –

‹Wider Recht und Sitte gewonnen,
Wider Recht und Sitte zerronnen!›

Das ist eine häufige Erfahrung. Auch mir bleibt sie nicht erspart, und ich muß mich damit abfinden. Das ist die Vergeltung für meinen sündhaften Lebenswandel. Aber damit ist jetzt Schluß! Mein besseres Ich ist erwacht! Die Dämonen der Versuchung sind von mir gewichen! Der Pfad, den ich von nun an wandle, führt zum Ufer der Erlösung. Das einzige, was mir noch Kummer bereitet, ist das ungewisse, künftige Schicksal meiner unmündigen beiden Kleinen. Werden sie eines Tages die Schuld ihrer Eltern mitbüßen müssen? Noch gehören sie, unschuldige Früchte der Sünde, an eine zärtliche Vater- und Mutterbrust. Darf ich meinen alten Freund bitten, sich ihrer einstweilen väterlich anzunehmen und über ihren Lebensodem zu wachen, bis ich dereinst, zum würdigen Nachfolger Buddhas gereift, sie mit Hilfe meiner heiligen Klinge vor Schlimmerem bewahren werde?›

Er übergab den Brief dem Boten und schickte ihn seines Weges. Seinen Diener Schu Tung gab er ihm als Begleiter mit. Eigentlich hatte er vorgehabt, ihn auf die Reise nach Tsche Kiang mitzunehmen und künftig als Schami, als ‹geistlichen Diener›, weiter im Dienst zu behalten. Aber dann hatte er sich's anders überlegt. Er befürchtete, die ständige Gesellschaft dieses hübschen, verschmitzten Bürschleins, das genauso locker und lüstern veranlagt war wie sein Herr, könnte ihn von neuem auf eitle, weltliche Gedanken bringen und rückfällig werden lassen.

Wer erst einmal der giftigen Natter Biß geschmeckt,
Drei Jahre wird von jedem Strick er tief erschreckt.

Besser, sich gleich und für immer von ihm zu trennen. Und so machte er sich eines Tages allein auf den weiten Weg zum ‹Berg der Azurbläue›. Ob der ‹Einsame Gipfel› sich des reuigen Sünders erbarmen und ihn in seiner Einsiedlerklause aufnehmen werde, das könnt ihr im nächsten Kapitel erfahren.

Ein späterer Glossar bemerkt hierzu:

‹Mit diesem Kapitel wird der eigentliche, tiefere Sinn des ganzen Romans klar ersichtlich. Die anderen Kapitel braucht die geschätzte Leserschaft nur einmal zu lesen, dieses eine Kapitel aber, und ebenso das Schlußkapitel, verdient, gleich drei-, viermal hintereinander gelesen zu werden.›

XIX. KAPITEL

Einsiedler Ledersack nimmt in milder Nachsicht zwei Sünder auf, den Lustteufel und den hochgemuten Edelbanditen. Auf dem breiten Sandelholzpfad zum Heil begegnen sich zwei Feinde von früher ohne Groll wieder.

Seit dem brüsken Weggang des Vormitternachts-Scholaren vor drei Jahren hatte sich ‹Einsamer Gipfel› immer und immer wieder mit Selbstvorwürfen gequält. Er kam nicht darüber hinweg, daß es ihm nicht gelungen war, diesen äußerlich so gewinnenden, aber um so gefährlicheren Lustteufel zu überzeugen und zum Verbleiben zu bewegen. Er müsse wohl noch recht weit von der Vollendung, vom Gottmenschen, entfernt sein und noch lange nicht genügend ‹mütterliches Herz› entwickelt haben, daß all seine Überredungskunst am Widerspruch dieses mit einer so selten scharfen Geistesklinge begabten Jünglings derart wirkungslos abgeprallt war, tadelte er sich selbst. Wer weiß, was für Unheil dieser hübsche Lustteufel in den Frauengemächern seiner Mitmenschen anrichten würde!

Schuld daran würde weniger der Unheilstifter tragen als er, der ‹Einsame Gipfel›, der unfähig gewesen war, ihn festzuhalten und zu bändigen. Er brauchte für seinen Verdruß irgendeine Zielscheibe und fand sie in seinem schöngebastelten Ledersack. Hatte er, während er an ihm bastelte, nicht manche geheimnisvolle Beschwörungsformel in ihn hineingemurmelt des Sinnes, daß er irgendeine arme, verirrte, aber reuige Seele einfangen möchte, deren irdisches Gehäuse würdig und berufen wäre, den immer noch vakanten Platz eines Gehilfen und künftigen Nachfolgers bei ihm auszufüllen?

Und nun, da ein Berufener gekommen und zum Einfangen nahe war, hatte die magische Kraft des geweihten Sackes kläglich versagt. ‹Unnütz Ding! Fort aus meinen Augen!› schalt er den Gegenstand seines Unmutes und verbannte ihn zur Strafe auf den Wipfel der mittelhohen knorrigen Kiefer, die wie ein einsamer Tempelwächter vor dem Eingang zu seiner Klause stand. Da droben sollte das unnütze Ding fortan dem rauhen Wind und Wetter ausgesetzt hängen bis – –

Während er von Ast zu Ast hochstieg und den Sack am Wipfel befestigte, war dem Meister ein Einfall gekommen. Vielleicht würde der Berufene eines Tages doch noch reuig zurückkehren? Dann sollte er an dem oben im Geäst der Kiefer hängenden leeren Ledersack schon von weitem erkennen, daß die ihm zugedachte Stelle immer noch vakant und unbesetzt sei und noch immer seiner harre. Als Einladung sollte er den Sack auf der Kiefer deuten. Aber würde er die symbolische Einladung auch verstehen? Der Meister wollte es ihm noch deutlicher machen. Und so schnitzte er eine kleine viereckige Holztafel zurecht, pinselte ein paar Reihen feiner Schriftzeichen darauf und nagelte sie in guter Sichthöhe an den Kiefernstamm. Die Inschrift lautete:

‹Mag der Vormitternachts-Scholar auch nicht gleich
  kommen,
Mag ihm der Sack aus Leder auch nicht gleich
  frommen,

*Der Ledersack wird nicht so bald
    verderben,
Des Mönchleins Wunsch und Hoffnung nicht
    gleich sterben:
Mög er nicht ewig auf des Fleisches Andachts-
    polster weilen
Und eines Tags zurück zum Ledersack doch eilen!»*

Merkwürdig, diesem Ding, diesem gewöhnlichen Ledersack schien eine übernatürliche Kraft innezuwohnen. Seit dem Fortgang des Vormitternachts-Scholaren waren drei Jahre vergangen. Während dieser ganzen drei Jahre hatte der Sack droben auf dem Kiefernwipfel im Freien gehangen, aber Wind und Wetter, Nässe und Kälte hatten ihm nichts anhaben können, das Leder war nicht aufgeweicht und brüchig geworden, nicht zerfallen und in Fetzen gegangen, wie zu erwarten gewesen wäre, im Gegenteil, es war nicht allein unverdorben geblieben, sondern womöglich noch fester und straffer geworden, als es zuvor gewesen.

Und nun war er eines Tages wirklich wiedergekommen. Schon von weitem fiel dem Ankömmling etwas Besonderes an der einzelnen Kiefer vor dem Eingang zur Klause auf, der dickliche Fremdkörper, der oben im Wipfel hing und im Luftzug der Berghöhe sachte hin und her pendelte.

Erst hielt er das Etwas für eine Kutte, beim Näherkommen erkannte er in ihm einen Sack. Vor dem Kiefernstamm blieb er stehen. Die Holztafel mit der Inschrift zog seine Aufmerksamkeit auf sich. Er las und begriff. Der ehrwürdige Meister wartete noch immer auf ihn!

Vor Rührung aufschluchzend, sank der Vormitternachts-Scholar in die Knie und neigte sich bereits vor der bloßen Holztafel zu einer ganzen Reihe von inbrünstigen Stirnaufschlägen, als ob er einem geweihten Tempelbildnis des Meisters huldige.

Wieder auf den Füßen, kletterte er kurz entschlossen von Ast zu Ast am Kiefernstamm hoch, löste den Ledersack vom Wipfel, stülpte sich ihn über den Kopf und trat solchergestalt bekleidet in die Foh Tang ‹Buddha Halle› der Klause ein.

Er fand Meister ‹Einsamer Gipfel› gerade auf der Andachtsmatte hockend und in frommer Versenkung begriffen vor. Erneut beugte er demütig die Knie vor ihm und schmetterte nur so die Stirn hörbar auf den Boden, beileibe nicht bloß zu einem Dutzend, nein, wohl zu einem Hundert und mehr Stirnaufschlägen. Solange der Meister in der Versenkung verharrte, und das währte an die drei Viertelstunden, ließ er nicht ab, seinen Nacken immer wieder zu beugen und die Stirn auf den harten Boden zu klatschen.

Endlich war der Meister mit seiner Meditation fertig. Er erhob sich von der Andachtsmatte, trat auf den Knienden zu und zog ihn sanft in die Höhe.

«Wozu die überschwengliche Huldigung? Daß mein werter Laienbruder erneut hergefunden hat und mir seine Gegenwart schenkt, beweist mir hinreichend seine treue Anhänglichkeit.»

«Des Adepten Verstand war von Natur leider verstopft und verkleistert. Jetzt bedauert und bereut er aufrichtig, daß er damals nicht auf den Meister gehört und seine wohlmeinenden Ratschläge verlacht hat, vielmehr seinen wilden Gedanken und Gelüsten gefolgt ist und unverantwortliche Dinge begangen hat, die ihn Stufe für Stufe geradewegs in die Hölle führen müssen. Irdische Vergeltung für seine Missetaten hat er im Diesseits bereits reichlich erfahren, noch aber steht ihm die künftige Vergeltung im Jenseits bevor. Darum bittet er jetzt den verehrten alten Meister flehentlich, er möge sich seiner erbarmen und ihn in die Gemeinschaft der heiligen Lehre aufnehmen, auf daß er reuig Buße tue und fortan den rechten Pfad zur Läuterung und Erlösung wandle. Wäre der verehrte alte Meister dazu geneigt?»

‹Einsamer Gipfel› erwiderte:

«Warum sollte ich altes Mönchlein nicht dazu bereit sein? Ich sehe ja, du hast meinen Ledersack vom Wipfel der Kiefer heruntergeholt und an dich genommen, auch hast du ja meine Inschrift auf der Holztafel gelesen. Seit deinem Fortgehen damals habe ich mir die Augen nach dir ausgeguckt. Und da du dich jetzt reumütig zur heiligen Lehre bekehrst, warum sollte ich dich nicht mit Freuden bei mir aufnehmen? Nur fürchte ich, dein Entschluß wird sich als nicht fest genug erweisen, du wirst rückfällig werden und dich künftig wieder zum roten Staub der Welt hingezogen fühlen.

Sieh diesen Ledersack, drei Jahre habe ich ihn für dich aufbewahrt und draußen im Freien Wind und Wetter ausgesetzt, in der Sonne bleichen, vom Regen durchweichen lassen, und er hat trotz allen Wetterunbilden keinen Schaden genommen. Wirst du die gleiche Ausdauer und Widerstandskraft aufbringen, allen Anfechtungen und Versuchungen Trotz zu bieten und in deinem Entschluß nicht zu wanken?»

«Gerade eben mit Gewalt wachgerüttelt und zur reuigen Einkehr erweckt, gerade eben noch einmal glücklich der Hölle entronnen, wie könnte es mir einfallen, je wankelmütig und rückfällig zu werden? Nein, mein Entschluß steht fest, es gibt kein Zurück zum roten Staub der Welt! – Darum flehe ich nochmals, verehrter alter Meister, nehmt mich auf!»

«Gut, dein Wunsch sei dir gewährt!»

An einem glücklichen Kalendertag ließ sich also der Vormitternachts-Scholar von der Hand des Meisters das Haupt scheren, zog eine Novizenkutte an und legte sich einen selbstgewählten Tempelnamen zu. Wan Schi ‹Thumber Kiesel›, so nannte er sich fortan in Selbsttadel und aus Ärger, daß er sich ohne Verstand wie ein harter, stumpfer Kieselstein benommen und drei lange Jahre gebraucht hatte, ehe er zur Erweckung und Einsicht gelangte.

Von da ab arbeitete er mit ehrlichem Eifer an der Entschlackung und Läuterung seines Ich, wobei er in seinem Eifer fast übertrieb. So verschmähte er geflissentlich warme Kleidung und reichliche, besonders schmackhaft zubereitete Pflanzenkost, aus Angst, seine schlummernden Triebe könnten dadurch von neuem geweckt werden.

Er legte es förmlich darauf ab, nach frierendem Hungerleider auszusehen, um seine völlige Weltverachtung zu zeigen.

Seinem Entstaubungsdrang setzte die Natur freilich eine gewisse Grenze. Ungeachtet aller guten Vorsätze war und blieb er doch gesunder junger Mann. Bei Tag mochte es noch angehen, da waren seine Gedanken durch fromme Meditation, durch Gebete und Lektüre der heiligen Sutras abgelenkt, aber bei Nacht – da begann sich sein unartiger, sein sündiger, sein aufsässiger Leibeigener bemerkbar zu machen und ihn zu beunruhigen. Unter der rauhen Wolldecke räkelte und reckte er sich, bäumte sich trotzig auf und schlenkerte und fitschelte übermütig hin und her.

Mit gutem Willen allein, mit gedanklichen Befehlen vermochte der Schläfer den Rebellen nicht unterzukriegen. Was war zu tun? Er überlegte. Sollte er die Finger zu Hilfe nehmen? Sollte er sich an einen artigen Novizen halten? – Die beiden üblichen Notbehelfe, deren sich Mönche gemeinhin zu bedienen pflegen, um den Brand der Sinne zu löschen. Aber dagegen sträubte sich seine bessere Einsicht. Ob sich mit Hilfe von Phantasie und Fingerspiel Befriedigung verschaffen, ob sich mit einem Wesen gleichen Geschlechts ersatzweise verlustieren, es kam, wenn auch nur Surrogat, auf eins hinaus, auf Buhlen. Vom Surrogat zum echten Buhlen war nur ein kleiner Schritt. Buhlen, der Fleischeslust frönen, war aber nach der Lehre Buddhas streng verpönt. Und unser Vormitternachts-Scholar nahm es sehr genau mit den Vorschriften und Kasteiungen, die die Lehre den Dienern Buddhas auferlegte. Also beherrschte er sich, wenn es ihm auch weidlich schwerfiel.

Eines Nachts hatte er einen aufregenden Traum. Er träumte, die Klause bekäme Damenbesuch; es war eine ganze Schar von Pilgerinnen, die eintraten, um ihre Andacht vor dem Buddhabildnis zu verrichten; als er sie näher in Augenschein nahm, erkannte er zu seiner Überraschung in ihnen sämtliche sechs Frauen, zu denen er früher einmal in Liebesbeziehungen gestanden hatte: Tante Hua Tschen und ihre drei Nichten Duftwolke, Perle und Juwel, auch seine zwei treulosen Gattinnen Edelduft und Aroma waren dabei; die beiden schickten sich gerade an, vor ihm davonzulaufen, in höchster Erregung schrie er auf und rief Tante Hua Tschen und ihre drei Nichten zu Hilfe und beschwor sie, ihm bei der Verfolgung der Flüchtigen zu helfen; aber die waren im nächsten Augenblick verschwunden, und es blieben nur die vier anderen, Tante und Nichten, übrig; er geleitete sie in den rückwärts gelegenen, kleinen heimlichen Saal, der für stille Meditation vorbehalten war. Da entkleideten sich alle fünf und lagerten sich auf den am Boden ausgebreiteten Andachtsmatten zum gleichen vergnüglichen Wettstreit der Liebeskunst und wollten es treiben, wie sie es so manches Mal in früheren Tagen getrieben hatten; er war schon mitten im Zug mit der ersten, da ertönte auf einmal vom nahen Gehölz her lautes Hundegebell und schreckte ihn wach... Ei, wie ungestüm sich wieder einmal der lästige Störenfried, der ewig aufsässige Leibeigene da unten bemerkbar machte! Steil aufgebäumt stieß er an die Bettdecke und wippte bald nach Ost und kippte bald nach West und suchte offenbar verzweifelt nach dem altgewohnten behaglichen, heimeligen Unterschlupf.

‹Wirst du wohl artig sein, Plaggeist! Bist die Wurzel alles Übels, Quell aller meiner Sünden gewesen und machst mir noch das Leben schwer! Kusch dich!› schalt ‹Thumber Kiesel› im stillen den Störenfried und versuchte, sich abzulenken und seine aufgerührten Sinne zu beruhigen, indem er zu einer Sutrarolle griff und eine Weile bei flackerndem Kerzenschein in dem heiligen Text las. Als auch das nichts half, als der böse Dämon an seinem Leib gleichwohl weiter rumorte und keine Ruhe geben wollte, da verlor er denn doch die Geduld.

‹Wozu dieses verdammte Anhängsel, diesen aufsässigen Leibeigenen noch länger mit mir herumschleppen? Zumal er zu einem guten Teil hündischer, tierischer Herkunft und schon um deswillen Buddha im höchsten Grad zuwider ist! Wie soll ich's denn je zur Vollendung, zum würdigen Nachfolger Buddhas bringen, wenn ich ständig dieses unheilige, sündige Anhängsel an mir herumschleppe? – Messer her! Fort damit! Dann ist der Quell künftigen Übels ein für allemal verstopft!› Sein Entschluß war gefaßt.

Er wartete nicht erst den nächsten Morgen ab, nein, noch in dieser Nacht führte er sein Vorhaben aus. Mit einer Kerze in der Hand schlich er sich in die Küche, holte sich ein Gemüseschnittmesser mit besonders scharfer, dünner Schneide, wetzte die Schneide vorsorglich an der Kante eines irdenen Wasserkruges noch schärfer, dann setzte er das Messer an und schnitt mit Todesverachtung zu. Und siehe da, die Amputation war geglückt. Es hatte nicht einmal sonderlich wehgetan.

Damit hatte er in mutigem Entschluß das letzte und stärkste Band zur Welt des roten Staubs durchschnitten. Von Stund an hatte er Ruhe und blieb gegen nächtliche Anfechtungen gefeit. Nichts konnte ihn fortan auf dem einmal eingeschlagenen Pfad zur Läuterung noch beirren und wankend machen. Täglich nahm er zu an Erkenntnis und Erleuchtung.

‹Einsamer Gipfel› war um diese Zeit ein gesuchter heiliger Mann, ein weiser Künder der Lehre Buddhas. Der Zulauf an jungen Menschen, die sich dem geistlichen Beruf widmen wollten und sich täglich um ihn scharten, andächtig seiner Vorlesung zu lauschen, war beträchtlich. Der eifrigste aber unter der Hörerschaft,

der aufgeweckteste, der hin und wieder sogar durch
lebhaftes Kopfnicken seine Anteilnahme, sein Verständnis kundtat, war ‹Thumber Kiesel›, unser Vormitternachts-Scholar.

Sein erstes Semester war im wesentlichen durch
theoretisches Studium und gelegentlich praktische
Übungen in Meditation und anderen geistlichen Verrichtungen ausgefüllt. Es war die Probezeit, die jeder
Novize durchmachen mußte, bevor er vom Meister
für würdig befunden wurde, die zehn Mönchsgelübde
zu leisten und durch Handauflegen zum Diener
Buddhas geweiht zu werden. Im Laufe des zweiten
Semesters wählte der Meister unter den Novizen
zwanzig besonders Fortgeschrittene aus, die ihn reif
und würdig für diese Weihe dünkten.

Es waren sämtlich Auserwählte, deren Entschluß,
sich dem Dienste Buddhas zu weihen, felsenfest
stand, und die ernstlich und ‹toten Herzens› bereit
waren, sich den zehn Geboten der Enthaltsamkeit zu
unterwerfen und selbst dann unerschütterlich in
frommer Versenkung auf der Andachtsmatte zu verharren, wenn rings die Erde beben und wanken
sollte.

Es kam der Tag, da sich die zwanzig Auserwählten, unter ihnen ‹Thumber Kiesel›, wieder um den
Meister scharten, um nun die Weihe zu empfangen.
Vorher galt es noch eine letzte Prüfung zu bestehen:
Das Bekenntnis ihrer Sünden. Es war Vorschrift, daß
die Kandidaten der Reihe nach die Missetaten, die
sie im Laufe ihres Lebens begangen, vor der ganzen
Versammlung offen berichten mußten. Nach diesem
öffentlichen Schuldbekenntnis mußte jeder vor dem
Buddha-Bildnis niederknien und, die Stirn am Bo-

den, demütig die Fürbitte des Meisters bei Buddha stumm anhören.

Erst nach gewährter Fürbitte wurde ein Kandidat für würdig befunden, das Gelübde der zehn Enthaltsamkeiten abzulegen und durch Handauflegen die Weihe zum Diener Buddhas zu empfangen.

Das Schuldbekenntnis mußte lückenlos sein, eine einzige Sünde zu verschweigen, galt als sträflicher, unverzeihlicher Versuch, den Himmel zu täuschen und Buddha zu belügen. Wer sich dessen schuldig machte, der mochte sein Leben lang noch so hart an seiner Besserung arbeiten, er würde es nie zur Vollendung, zum Bodhisatva bringen.

Meister ‹Einsamer Gipfel› nahm seinen Hochsitz auf der Lehrkanzel ein und wies den zwanzig Kandidaten ihre Plätze zu beiden Seiten der Kanzel zu, wobei sich die Reihenfolge nach dem Zeitpunkt ihres Eintritts in seinen Kreis richtete. ‹Thumber Kiesel› kam demnach auf den letzten Platz zu sitzen, denn er war als letzter in den Kreis der Novizen aufgenommen worden.

Hierauf eröffnete der Meister die Feierlichkeit mit einer Ansprache, in der er nochmals kurz, aber nachdrücklich auf den Ernst der Stunde und Inhalt und Bedeutung des abzuleistenden Enthaltsamkeitsgelübdes hinwies. Dann forderte er die Kandidaten auf, in der festgesetzten Reihenfolge einer nach dem andern Rechenschaft abzulegen. Mit gesenktem Blick und schräg geneigtem Ohr hörte sich ‹Thumber Kiesel› aufmerksam an, was seine Vordermänner alles zu berichten hatten.

Was kam da nicht alles zur Sprache! Mord und Totschlag, Raub und Diebstahl, Brandstiftung und

Ehebruch – es gab eben auch etliche, die, genau wie er selber veranlagt, mit Vorliebe hinter Ehefrauen anderer hergewesen, mit ihnen gebuhlt und gegen bürgerliche Satzungen und gute Gesittung schwer verstoßen hatten.

Nun kam der Vorletzte, sein nächster Vordermann, an die Reihe. ‹Thumber Kiesel› musterte ihn heimlich. Er fand, daß seine Gesichtszüge, obzwar grob und eckig geschnitten, doch einen Hauch von geistiger Abgeklärtheit an sich hatten.

Er zähle etwas über dreißig Jahre und sei sich keiner weiteren Missetat bewußt, als daß er die verheiratete Tochter seines Dienstherrn, dem er sich in Leibeigenschaft verkauft hatte, verführt und mitsamt ihrer Zofe, seiner eigenen Frau, entführt und in ein öffentliches Haus verschleppt habe. Im Falle, daß er für diese Missetat noch im Jenseits werde büßen müssen, flehe er den Meister an, Fürbitte bei Buddha für ihn einzulegen. Also hörte ‹Thumber Kiesel› seinen Vordermann beichten und hierauf den Meister erwidern:

«Ein gar schlimmes Verbrechen, was du da begangen hast! Seit alters gilt verbotene Lust unter allen Übeln als Hauptübel. Dich verbotswidriger Lust schuldig gemacht und eines andern Eheweib verführt zu haben, das allein genügt schon, dich zu verdammen! Warum hast du das Opfer deiner bösen Lust obendrein auch noch entführt und sie mitsamt ihrer Zofe, deiner eigenen Frau, in die Gosse verstoßen? Die ehrbare Ehefrau eines einzelnen zur Dirne, zur käuflichen Beute Hunderter erniedrigt und ihr damit die Rückkehr in die bürgerliche Gesellschaft ein für allemal verschlossen? Ich fürchte, für so gehäuftes, schändliches Tun kann ich keine Fürbitte bei Buddha für dich einlegen.»

«Darf ich mit des ehrwürdigen Meisters Erlaubnis etwas zu meiner Entschuldigung vorbringen? Es war keineswegs böse Lust, die mich zu meiner verwerflichen Handlungsweise trieb, vielmehr der berechtigte Wunsch, Vergeltung und Rache zu üben an dem Ehemann meines Opfers, der mir vorher Gleiches zugefügt hatte. Er hatte heimlich mit meiner Frau Buhlschaft getrieben und mich dann gezwungen, sie ihm als Nebenfrau zu verkaufen. Es fehlte mir an der Möglichkeit, ihn auf ordentlichem, gesetzmäßigem Wege zur Rechenschaft zu ziehen, ihn dem Richter zu überantworten, bei dem ich doch kein Recht gefunden haben würde, da meinem Gegner mehr Geld und Einfluß zu Gebote standen als mir. Und so habe ich es aus Verzweiflung mit den Räubern vom Liang Schan Moor gehalten, habe mich selber zum Richter aufgeworfen und Gleiches mit Gleichem vergolten. Unter diesen Umständen, da ich nicht aus böser Lust, sondern aus Not und gekränkter Ehre heraus gehandelt habe, wage ich zu hoffen, daß sich der Meister vielleicht doch bewogen fühlen wird, mich seiner Fürbitte zu würdigen.»

Mit wachsender Anteilnahme hatte ‹Thumber Kiesel› zugehört. Jetzt konnte er sich nicht länger beherrschen, er mußte den Vordermann mit einer Zwischenfrage unterbrechen, die ihm auf der Zunge brannte.

«Alter Bruder in Buddha, wie hieß sie, die du damals entführt und verschleppt hast? Wessen Gattin war sie? Wie hieß ihre Zofe? Und wo befinden sie sich jetzt, Herrin und Dienerin?»

«Yü Hsiang ‹Edelduft› hieß sie, war die einzige Tochter eines gewissen Doktor Eisentür in den Westbergen bei Peking und rechtmäßige Ehegattin eines jungen Akademikers, der sich Weh Yang Schong ‹Vormitternachts-Scholar› nannte. Ihre Zofe hieß Ju I ‹Nach Wunsch›. Sie leben in Peking in dem berühmten Blumenhof ‹Grotte für Halbgötter› und empfangen berufsmäßig Buhlkunden. Mein werter Bruder in Buddha kennt sie wohl gar?»

«Dann bist du also der frühere Seidenhändler Küan, genannt Lao schi ‹der Biedere›? – Wieso bist auch du hier?»

«Darf ich vorher fragen: Bist du etwa gar Weh Yang Schong, der Vormitternachts-Scholar?»

«Ich bin's!»

Auf beiden Mienen malte sich sichtliche Verblüffung. In stummer Ehrfurcht erkannten sie die weise Fügung Buddhas, die sie hier auf dem Sandelholzpfad zum Heil wieder zusammentreffen ließ. Wie auf inneren Befehl erhoben sie sich von ihren Matten, traten aufeinander zu, verneigten sich ernst voreinander und leisteten sich feierlich Abbitte ob des gegenseitig angetanen Unrechts. Hierauf wandten sie sich vereint an Meister ‹Einsamer Gipfel› und berichteten ihm gemeinsam die seltsame Geschichte ihrer Beziehung und des Unrechts, das sie einander gegenseitig zugefügt hatten.

Des Meisters Miene hellte sich während ihres Berichtes mehr und mehr auf und verklärte sich schließlich zu einem milden Lächeln.

«Solch wackere Gegner, solch einsichtige Feinde lobe ich mir! Reichen sich, von gleicher Reue getrieben, gegenseitig die Hand zur Versöhnung! Gepriesen der Tag, der euch hier wieder zusammenkommen ließ! Bloß schade, daß ich das glückliche Heute nicht vorausgesehen habe, dann wäre es vielleicht gar nicht erst zum schlimmen Gestern gekommen! Gepriesen Buddha, der in Erbarmen und Gnade euch zu Nutz und Frommen den breiten Sandelholzpfad zum Heil aufgetan hat! Wäret ihr euch auf einem anderen, auf einem weltlichen Pfad wiederbegegnet, dann würde sich eure Feindschaft schwerlich so glücklich in Frieden und Versöhnung aufgelöst haben.

Eigentlich sind die Missetaten, die ihr beiden begangen habt, unverzeihlich, und eigentlich müßte ich euch die erbetene Fürbitte verweigern. Bedankt euch bei euren edlen Gattinnen, daß sie ein gut Teil eurer Sünde für euch mit abgebüßt und die Traglast Schuld, die eure Schultern belastete, ein gut Teil leichter gemacht haben! Andernfalls würdet ihr – von diesem Leben ganz zu schweigen – den Fluch eurer Sünde auch in einem künftigen Leben, nein, auch in zehn künftigen Leben der Buße nicht loswerden und dem unerbittlichen Rad der Vergeltung nicht entrinnen können.

Wenn ich jetzt bei Buddha Fürbitte für euch einlege und ihn anflehe, daß er Erbarmen und Milde mit euch walten lasse, so tue ich es vornehmlich um eurer Gattinnen willen. Schade um diese zwei edlen Frauen! Einen marmornen Ehrenbogen mit Ehreninschrift hätten sie eigentlich verdient! Daß sie der Sünde verfielen, war eure Schuld! Daß sie schon im Diesseits für euch mitgebüßt haben, stellt freilich vor einem höheren Richter im Jenseits eure Schuldrechnung keineswegs glatt, wohl aber wird er Milde walten lassen und einen Teil eurer Schuld durch eure

Frauen als abgebüßt gelten lassen. Schade, schade um sie, daß sie durch eure Schuld in Schande geraten mußten!»

Nach dieser Ansprache ließ der Meister die beiden reuigen Sünder vor dem Buddhabildnis niederknien. Nun breitete er eine Sutrarolle auseinander und las feierlich eine bestimmte Textstelle vor. Dann neigte er sich zum Buddhabildnis und murmelte ein Gebet, mit dem er Fürbitte für die beiden reuigen Missetäter einlegte. Hierauf nahm er ihnen das vorgeschriebene Mönchsgelübde ab und strich ihnen schließlich segnend übers Haupt.

Damit waren sie in aller Form zum Ho Schang, zum Mönch und Diener Buddhas geweiht.

‹Thumber Kiesel› hatte noch etwas auf dem Herzen.

«Ehrwürdiger Schi Fu, darf ich noch eine Frage vorbringen? Angenommen, der Sünder, für den Ihr Fürbitte einlegt, dessen Schuld zum Teil bereits durch seine Frau abgebüßt ist, hat Kinder, unmündige, kleine Kinder, sagen wir Töchterchen, die noch am Busen der Amme schlummern, kommt der Segen Eurer Fürbitte auch den Kleinen zugute? Müssen sie im späteren Leben für die Schuld des Vaters auch Leid erdulden? Oder bleibt ihnen künftige Mitbuße erspart?»

Der Meister schüttelte ernst den Kopf.

«Sie bleibt ihnen nicht erspart, leider nicht. Sätlinge des Sünders müssen seine Schuld, auch wenn sie noch so unschuldige, kleine Kinder sind, künftig mit abbüßen. Auch sie sind ans Rad der Vergeltung geflochten.»

«Ich kann es dem verehrten Meister nicht verhehlen: der Richterspruch, den Ihr damit gefällt habt, trifft mich, Euren unwürdigen Adepten selber, und er trifft mich hart! Ich bin Vater von zwei Sätlingen, unmündigen kleinen Zwillingsmädchen, meine entlaufene Zweite hat sie zur Welt gebracht, sie leben in meinem Haus an einem fernen Ort unter der Obhut ihrer Ammen. Gemäß Eurem Spruch werden sie also in einem künftigen Leben meine Schuld mit abbüßen müssen – der Gedanke zerreißt mir das Herz. Wohlan, ich möchte einstweilen Urlaub und Abschied von Euch nehmen und in die Ferne zu meinen Kindern zurückkehren. Mit meiner geweihten Klinge will ich sie, die Aussaat meines Lasterlebens, beseitigen, um sie beizeiten vor künftigem Leid zu bewahren. Ich werde mich dabei mit der Einbildung trösten, sie hätten sich ja gleich bei der Geburt im Badezuber ertränken und ihr junges Leben aushauchen können. Würde ich recht daran tun?»

Der Meister schlug die Hände vor der Brust zusammen:

«A mi to foh! Heiliger Buddha! Was fällt dir ein! Solch sündige Rede durfte gar nicht über deine Lippen kommen, gar nicht an meine Ohrmuschel dringen! Wie kann einer, der eben die zehn Schilapada, ‹Enthaltsamkeiten› gelobt und die Mönchsweihe empfangen hat, an Mord denken? Und noch dazu Mord an den eigenen Kindern! An unschuldigen, kleinen Kindern, die noch in den Windeln liegen! Ganz zu schweigen von deinem Gelübde, das ausdrücklich und an erster Stelle ‹du sollst nicht töten!› gebietet, welcher Vater würde eine so unmenschliche Tat übers Herz bringen! Nein, mit Gewalt darfst du dem Rad der Vergeltung nicht in die Speichen fallen wollen!»

«Aber was soll dann werden? Wie kann man die armen Kleinen von dem Fluch erlösen, den sie durch meine Schuld mit sich schleppen?»

«Das überlasse getrost dem Himmelsfürsten! Halte du deinen Sinn unentwegt auf das Gute und Reine gerichtet! Hüte dich, in deinem frommen Eifer nachzulassen und eitlen, unsauberen Regungen Raum zu geben! – Wer weiß, vielleicht wird sich dann der Himmelsfürst zu einer Sinnesänderung bewogen fühlen und dir zuliebe deine Kleinen von der Mitbuße gnädig entbinden, wer weiß, dazu bedarf es keiner magischen Klinge.»

‹Thumber Kiesel› nickte eifrig mit dem Kopf.

«Ich verstehe – der verehrte Meister hat recht – ich beuge mich gehorsam seinem Befehl.»

Von Stund an bannte er alle Gedanken an Haus und Familie und roten Staub der Welt aus seinem Hirn und richtete seinen ganzen Sinn, sein ganzes Denken ausschließlich auf Buddha und seine heilige Lehre. –

Ein halbes Jahr war seitdem vergangen. ‹Thumber Kiesel› weilte eines Tages gerade im Saal der Versenkung und hielt geistliche Zwiesprache mit Meister ‹Einsamer Gipfel›, da wurden sie in ihrem Gespräch durch das plötzliche Erscheinen eines fremden Besuchers unterbrochen.

Es war ein hochgewachsener, kräftiger, stattlicher Mann, der da ohne Anmeldung und ohne anzuklopfen laut und ungestüm in den stillen, weihevollen Raum hereingestapft kam. ‹Thumber Kiesel› hob seine Augen auf, und siehe da – es war sein alter Freund und Schwurbruder, der Kun Lun Rivale! Der Ankömmling beugte seine Knie zunächst vor dem

Buddha-Bildnis und alsdann vor dem Meister und entbot ihm mit Stirnaufschlag artig Gruß und Huldigung.

‹Thumber Kiesel› stellte vor:

«Das ist mein guter Freund und Schwurbruder Sai Kun Lun, der Kun Lun Rivale, von dem ich Euch schon oft erzählt habe – der unerschrockenste Abenteurer unserer Tage, bei all seinem gesetzwidrigen Tun der wackerste Streiter für Recht und Gerechtigkeit!»

«Ah, verstehe, der Mann, dem keine Mauer zu hoch, keine Wand zu dick ist, daß er sie nicht überklettern, nicht durchbohren könnte? Der Mann, der sich bei seinen Raubunternehmen aus eigenem, edelmütigem Entschluß fünf Enthaltsamkeiten auferlegt hat? – Ist es der?»

«Er ist es.»

«Demnach habe ich die Ehre mit einem wahren Bodhisatva der Diebe und Räuber. Wie stünde es mir armseligem Mönchlein an, Gruß und Huldigung seitens eines Bodhisatva entgegenzunehmen? Im Gegenteil gebührt es mir, meine Knie vor ihm zu beugen und ihm mit schuldigem Respekt zu huldigen.»

Tatsächlich schickte sich der alte Mann bereits zum Kniefall an, der Kun Lun Rivale ließ es indes nicht soweit kommen, er packte mit beiden Händen zu und zog ihn artig wieder in die Höhe.

«Aber, aber, will der ehrwürdige Schi Fu mich unheiligen Strolch gleich wieder von seiner heiligen Schwelle verjagen? Das und nichts anderes gibt er mir doch wohl zu verstehen, indem er sich weigert, Gruß und Huldigung von mir entgegenzunehmen, nicht wahr? Aber sei Euer ergebener Adept von Beruf bisher Räuber und Bandit gewesen, so ist seine Gesinnung doch nicht schlechter, ja, ich wage es zu sagen, womöglich besser als die von manch bürgerlichen Leuten, die nie im Leben gestohlen haben. Wenn ich jetzt den weiten Weg über Berg und Tal zu Euch, verehrter Schi Fu, unternommen habe, so tat ich es aus zwei Beweggründen: Einmal wollte ich meinen guten alten Freund wiedersehen und nach seinem Befinden schauen, zum andern trieb mich das Verlangen, Euch, den ehrwürdigen Meister, den Huo Foh, den wieder lebenden Buddha, von Angesicht zu schauen und ihm in ehrlicher Bewunderung und aufrichtiger Ehrerbietung zu huldigen. Wenn Ihr meinen Gruß und meine Huldigung verschmäht und mich gleich wieder von Eurer heiligen Schwelle jagt, dann heißt das, daß Ihr meinen neuen Vorsatz, mich fortan zum Guten zu bekehren, zunichte macht und meinen alten Hang zum Bösen stärkt und festigt. Wollt Ihr das wirklich? Ich kann es nicht glauben. Dann müßte ich ja die Folgerung und den Schluß daraus ziehen, daß der Weg zum Heil denen verschlossen ist, die Raub und Diebstahl offen begehen, dagegen denen offensteht, die das gleiche heimlich und verkappt, sagen wir unter der Maske von respektablem Amtsornat, betreiben.»

«Unter diesen Umständen wagt das schlichte Mönchlein nicht länger, Euren Gruß und Eure Huldigung zu verschmähen», erklärte ermunternd lächelnd ‹Einsamer Gipfel› und lud ihn freundlich zum Platznehmen ein.

Es wurden die zwischen Gastgeber und Gast üblichen Artigkeitsfloskeln betreffend Wetter und Befinden ausgetauscht, die einem Gespräch voranzugehen pflegen. Der Kun Lun Rivale rutschte unruhig auf seinem Sitz hin und her und gab auf die Fragen des Alten nur kurze und zerstreute Antworten, er war mit seinen Gedanken offenbar ganz woanders. Jetzt erhob er sich auch schon wieder von seiner Matte und gab seinem Freund durch stumme Blicke und Zeichen zu verstehen, daß er ihn draußen und allein zu sprechen wünsche. Merkwürdig, ‹Thumber Kiesel› ging auf seinen Wink nicht ein. Er blieb seelenruhig auf seiner Matte hocken.

«Du mußt wissen», so sprach er zum Freund, «ich habe keine Geheimnisse vor unserem ehrwürdigen Meister. Ich habe ihm mein ganzes Vorleben rückhaltlos offen dargelegt. Wenn du mir irgend etwas Vertrauliches betreffend mein Haus und meine Familie mitzuteilen hast, du kannst es offen vor dem Meister sagen. Ein mit so übernatürlicher Schaukraft begabter wieder lebender Buddha wie er durchschaut sowieso Vergangenes und weiß Zukünftiges im voraus. Dem kann man nichts vormachen noch verbergen. Also sprich dich getrost aus!»

Der Kun Lun Rivale machte sich's wieder auf seiner Matte bequem und hub zu berichten an. Erst waren es nebensächliche Dinge, die er erwähnte, dann machte er eine Pause, seine bis dahin gleichgültige Miene verdüsterte sich und wurde bekümmert, und er fuhr etwas zögernd fort:

«... und nun leider eine traurige Botschaft – es liegt wohl an meiner Schuld, daß es dazu kam, ich habe dein Vertrauen enttäuscht, habe es an der unbedingt zuverlässigen Freundestreue, die ich dir schuldete, fehlen lassen – kurz, ich habe in Erfüllung des Auftrags, den du mir beim Abschied erteiltest, schnöde versagt, – nicht bloß der Aufgabe, über dein Weib zu wachen, auch der anderen Aufgabe, deine Kinder zu behüten, habe ich mich nicht gewachsen gezeigt, leider, leider! – Ich fürchte, ich habe bei unserem heutigen Wiedersehn kein Gesicht mehr, dir unbefangen in die Augen zu sehen...»

«So sprich schon! Ist meinen Töchterlein daheim irgend etwas zugestoßen?»

«Also höre, – ich weiß nicht, wie es geschehen konnte – deine beiden Ling ai ‹befehlenden Lieblinge› erfreuten sich bester Gesundheit, sie waren von keiner Kinderkrankheit heimgesucht, weder von Blattern noch von Masern, ja nicht einmal die leichteste Erkältung hatte sie befallen. Trotzdem – sie waren eines Abends gesund und munter wie immer zu Bett gebracht worden und friedlich eingeschlummert – um nicht mehr zu erwachen! – Die beiden Ammen, die sie betreuten, berichteten übereinstimmend von einem merkwürdigen Traum, den sie in dieser Nacht geträumt haben wollen – sie hätten eine Stimme gehört, die hätte den Kleinen also zugerufen: ‹Die Schuldrechnung eurer Familie ist glatt und beglichen! Ihr werdet zur Mitbuße nicht länger gebraucht! Kommt und folgt mir, auf daß ich euch heimbringe!› Beim Erwachen am nächsten Morgen hätten sie die beiden Kleinen leblos in ihren Bettchen gefunden – wirklich, eine seltsame Geschichte, sie geht über meinen Verstand – was hältst du davon?»

‹Thumber Kiesel›, der erschüttert zugehört hatte, gab keine Antwort. Statt dessen schritt er gemessen zum Buddhabildnis, kniete nieder und bezeugte der Gottheit mit einer Reihe feierlicher Stirnaufschläge seinen Dank. Auf seine Matte zurückgekehrt, wandte er sich an den Freund und erklärte ihm, wieso die eben vernommene Todesnachricht bei ihm statt Trauer frohen Trost ausgelöst habe. Wie ihn der Gedanke bedrückt habe, daß seine unschuldigen Töchterlein im späteren Leben für die Schuld ihres Vaters würden mitbüßen müssen, wie ihm der Meister empfohlen habe, sich keinerlei weltliche und häusliche Sorgen mehr zu machen, sondern seinen Sinn ausschließlich auf seine Läuterung und die heilige Lehre Buddhas zu lenken und es dem Himmelsfürsten anheim zu geben, ob er in Anerkennung seines frommen Eifers vielleicht doch noch Strenge in Milde wandeln und die unschuldigen Kindlein von künftiger Mitbuße entbinden werde, das legte er ihm kurz dar und schloß mit den Worten:

«Verstehst du nun? Dank ihrer frühen Heimberufung sind meine Kinderchen von dem Fluch erlöst, der ihnen durch mich in die Wiege mitgegeben war! Das bedeutet etwas Freudiges, keineswegs Schmerzliches! – Statt mir Beileid zu spenden, solltest du mich besser beglückwünschen!»

Dem wackeren Kun Lun Rivalen sträubten sich die Haare vor ehrfürchtigem Staunen ob dem offenkundigen Eingreifen einer höheren Macht in das Schicksal seines Freundes. Sein schlichter Verstand brauchte eine volle Viertelstunde, um das Gehörte zu verarbeiten und zu begreifen. Endlich tat er den Mund wieder auf:

«Demnach dürfte es für dich auch keine Trauerbotschaft bedeuten, was ich dir des weiteren zu vermelden habe und wozu man dich wohl auch beglückwünschen kann. Es betrifft deine Zweite, deine Nebenfrau Aroma.

Wie dir mein Bote bereits angedeutet hat, ist das abscheuliche Weib eines Nachts heimlich auf und davon mit einem Kerl durchgebrannt! Ich hielt es für meine Freundespflicht, das saubere Pärchen aufzuspüren. Nach langer, vergeblicher Suche konnte ich, rein durch Zufall, ihr heimliches Liebesnest entdekken. Der Kerl, ihr Buhle und Entführer, hielt sie in einer Felshöhle tief im Walde verborgen.»

«Erlaube, wie konntest du sie aufspüren, wenn sie tief verborgen in einer Höhle hausten?» unterbrach ‹Einsamer Gipfel› seine Rede.

«Es war mir zu Ohren gekommen, daß in jenem Walde ein fremder Wandermönch sein Unwesen trieb und die Wege unsicher machte. Er hatte es auf einsame Wanderer abgesehen. Mit Vorliebe lauerte er ihnen an Kreuzwegen auf, dort überfiel er sie und raubte sie aus, wobei seine Opfer außer ihrer Habe auch vielfach ihr Leben lassen mußten.

Es wurde gemunkelt, er hielte sich in einer Höhle einen ganzen Schatz von zusammengeraubten Geldern verborgen. Auf diesen Schatz hatte ich es abgesehen, den wollte ich ihm abnehmen. Ich hatte inzwischen seinen Schlupfwinkel ausfindig gemacht. Eines Nachts schlich ich mich in die Höhle, wohlverstanden nur in der Absicht, sie auszuplündern. Ich fand sie ganz wohnlich eingerichtet, sie enthielt sogar einen Schlafraum – und darin ein richtiges breites Bett mit richtigen Vorhängen. Wie ich mich so im Dunkeln behutsam mit gespitzten Ohren herantappte, stellte ich zu meiner Überraschung fest, daß das Bett doppelt belegt war! Der Kerl hatte ein Weib bei sich! Sie unterhielten sich gerade. Ich lauschte mit angespannten Sinnen, und da konnte ich deut-

lich hören, wie das schamlose Weib zum Kerl also sprach:
‹Mein früherer Mann, er hieß Küan, genannt der Biedere, war zwar von Aussehen nicht gerade anziehend, er war ein vierschrötiger Geselle mit plumpen, groben Gesichtszügen, aber ansonsten stellte er seinen Mann, wir paßten zusammen, wir waren i ma i an ‹ein Pferd ein Sattel›, wie man zu sagen pflegt, und vor allem, er hielt treu zu mir, ich brauchte seine Gunst mit keiner anderen zu teilen. Das also war mein Früherer – dann – ich hätte im Leben nie daran gedacht – schmuggelte mir doch noch der verteufelte Kun Lun Rivale mit List seinen Freund als Buhlen ins Bett, einen hübschen jungen Akademiker, der sich Vormitternachts-Scholar nannte, und bringt es auch fertig, die Einwilligung meines Mannes zu erzwingen, daß ich mich von ihm trenne und dem Jüngling als seine Zweite folge – denn der hatte schon eine rechtmäßige Erste, aber die hat er kurz nach der Eheschließung gleich wieder sitzenlassen, um sich bei anderen Weibern auszutoben – und genauso hat er es mit mir gehalten, viele Monate lang hat er mich allein im leeren Haus sitzenlassen und sich inzwischen herumgetrieben und mit anderen Weibern vergnügt. Als er dann eines Tages endlich wieder zurückkam, da war er völlig verbraucht und erschöpft und konnte nicht mehr – und da hat er sich, der Feigling, auch gleich wieder gedrückt und ist irgendwohin in die Ferne verduftet – kurz, er hat seine Gattenpflicht mir gegenüber aufs gröblichste verletzt, kümmert sich weder um mich noch um unsere Kinder, fragt nicht danach, ob wir überhaupt noch am Leben oder schon gestorben sind! Ich wäre schön

dumm, einem solchen Bruder Leichtfuß und Ausbund von Treulosigkeit meinerseits noch länger die Treue zu halten!...›

Bis dahin hatte ich ruhig, wenn auch zähneknirschend mit zugehört, wie das verdammte Weib, deine Aroma, über dich herzog. Jetzt konnte ich nicht länger an mich halten. Gerechter Zorn übermannte mich. Ich zog meine Klinge, riß den Bettvorhang auf und erschlug sie beide, Aroma und ihren sauberen Buhlen.

Dann habe ich das Bett in Brand gesetzt und die Höhle ausgeräuchert, nachdem ich zuvor den versteckten Silberschatz in Sicherheit gebracht hatte. Es sind rund zweitausend Batzen, ich habe sie für dich mitgebracht, du kannst sie mit vollen Händen unter die Armen und Hilflosen verteilen – nun sprecht, ehrwürdiger Meister, habe ich recht gehandelt? Hatte das buhlerische Paar den Tod nicht wirklich verdient? Durfte ich darum das zusammengeraubte Geld an mich nehmen?»

«Den Tod haben sie beide verdient, und das Diebesgut in ihrem Besitz mußte ihnen wieder abgenommen werden – aber nicht durch dich, mein werter Laienpatron! Du durftest dich nicht zum Richter aufwerfen! Du hast gegen beide, gegen himmlische Ordnung und gegen kaiserliche Satzung gefehlt – ich fürchte, ich fürchte, du wirst von beiden, vom himmlischen wie vom irdischen Richter, zur Rechenschaft gezogen werden und im Diesseits wie im Jenseits verurteilt werden», lautete der Spruch des Meisters. Er schien den Kun Lun Rivalen nicht sonderlich zu erschüttern.

«Ich habe mein Lebtag das Diebes- und Räuberhandwerk betrieben, ohne je mit der Obrigkeit in

Schwierigkeit geraten zu sein. Richter bestechen ist für mich ein Spaß. Es ist kaum anzunehmen, daß ich ausgerechnet wegen dieser lumpigen zweitausend Batzen geraubten Geldes gefaßt werden und in ein Gerichtsverfahren schliddern soll», entgegnete er zuversichtlich.

«Nimm es nicht gar so leicht, werter Patron! Himmlische Ordnung wie kaiserliche Satzung, beide verfügen über ein Netz, durch dessen enge Maschen so leicht kein Faden einer Missetat schlüpfen kann. Verstöße gegen himmlische Ordnung wie gegen weltliche Satzung ziehen auf jeden Fall Vergeltung nach sich, fragt sich nur, ob früher oder später. Rasche Sühne pflegt in der Regel leichter auszufallen als späte Sühne. Auf keinen Fall durftest du aus jäher Aufwallung heraus zur Klinge greifen und dich an dem fremden Geld vergreifen. Jener tückische Wandermönch hat sich der Verbrechen des Raubes, des Mordes, des Ehebruchs und der Entführung schuldig gemacht, jene Frau hat Ehebruch begangen und ihren Gatten böswillig verlassen und damit gleichfalls ein gerüttelt Maß an Schuld auf sich geladen. Meinst du, der Himmelsfürst hat nicht Mittel und Wege genug, um Bösewichter und Missetäter zu zermalmen und zu zerschmettern? Meinst du, der Herr über Donner und Blitz sei unbedingt auf deine Menschenhand angewiesen, um Rache zu vollstrecken? Nein, die Allmacht ist nicht auf Menschenhilfe angewiesen, die Fee Ah Hsiang braucht keine Mitläufer, um den Wagen des Donnerfürsten schieben zu helfen.

Nach allem wirst du, auch wenn du in diesem Leben straffrei davonkommen solltest, einem künftigen Urteilsspruch im Jenseits bestimmt nicht entgehen.

Möglicherweise werden dir dann mildernde Umstände zugebilligt werden, weil es nicht brave, unschuldige Mitbürger, sondern Bösewichte waren, gegen die du deine Hand erhoben hast, und deine Strafe wird entsprechend etwas leichter bemessen werden, wer weiß! Aber Strafe wirst du auf alle Fälle empfangen. Soweit die himmlische Vergeltung. Um nun wieder auf die irdische Bühne herabzusteigen, was du dir angemaßt hast: eigenmächtig Strafvollzug zu üben, ohne Untersuchung und Verhöre, so etwas gibt es nicht in der Justiz!

Bedenke weiter, du hast, wie du selber sagtest, dein zweifelhaftes Handwerk schon jahrelang, wer weiß wie lange schon betrieben, du hast dir Ruf und Namen gemacht, um nicht zu sagen, dich berüchtigt gemacht, bei sämtlichen Ämtern und Gerichtsbehörden bist du aktenkundig. Zugegeben, du stiehlst und raubst nicht aus Eigennutz, sondern verteilst deine Beute hochherzig unter Arme und Hilfsbedürftige, und viele Leute wissen es, aber es wird andere Leute geben, die es nicht glauben und meinen, du hättest deine Beute in deinem Haus versteckt, und so werden unfehlbar eines Tages die Häscher kommen und bei dir Haussuchung halten – angenommen, du hieltest deine Beute tatsächlich bei dir versteckt, dann könntest du davon immerhin dein Leben erkaufen, aber wie du selber sagst, pflegst du deine Beute unter die Armen zu verteilen, wie willst du die Gelder von den armen Empfängern wieder eintreiben? Das wird unmöglich sein, demnach werden dir die nötigen Mittel fehlen, um dich loszukaufen und deinen Hals aus der Schlinge zu ziehen. Also nimm mir's nicht übel, werter Patron, aber ich sehe schwarz um deine

Zukunft. Auch der irdischen Gerechtigkeit wirst du schwerlich entgehen, und sie wird sich, was ich besonders befürchte, vielleicht Zeit nehmen und erst spät zupacken, aber dann um so schmerzhafter für dich, wer weiß!»

Der Kun Lun Rivale war ein Mann von Charakter und Eigenwillen. Er war kein schwankendes Rohr, vielmehr ein starker, fest verwurzelter Baumstamm, der Winden und Stürmen trotzt. So leicht war er nicht zu beeinflussen. Es kam hinzu, daß der Respekt, den er allgemein genoß, sein Selbstbewußtsein beträchtlich stärkte. Wenn ihm wohlmeinende Bekannte hin und wieder zugeredet hatten, sein zweifelhaftes Handwerk aufzugeben und zu einem gutbürgerlichen Dasein zurückzukehren, so hatte er solche Ratschläge stets verlacht. Da erlebte er es nun zum ersten Mal, daß seiner gewohnten Selbstsicherheit ein arger Stoß versetzt wurde.

Die ernste, eindringliche Warnung des heiligen Eremiten, die so voll Vernunft war, hatte Eingang nicht nur in seine Ohrmuschel, sondern auch in seinen Verstand und sein Herz gefunden und sein Gewissen wachgerüttelt. Er begann einzusehen, daß er sich mit seinem bisherigen Lebenswandel böse verrannt hatte und daß es für ihn höchste Zeit zur Umkehr wurde. Nach einer Weile angestrengten innerlichen Ringens tat er erneut den Mund auf:

«Ich sehe ein, daß ich mich mit meinem bisherigen Tun und Treiben nicht wie ein rechtschaffener Bürger, geschweige denn wie ein Kün tze und Edelmann aufgeführt habe. Wenn ich etwas zu meiner Entschuldigung sagen darf, so ist es der anständige Beweggrund, der mich zu meinen Taten trieb. Es erbitterte mich, zu sehen, daß die Reichen dieser Welt von selber nichts von ihrem Überfluß an die Armen abgeben, darum habe ich eingegriffen und für etwas gerechteren Ausgleich gesorgt. Bei meinem Tun habe ich weniger an mich als an meine hilfsbedürftigen Mitmenschen gedacht.

Nach der Auffassung des ehrwürdigen Schi Fu habe ich mich unverzeihlicher Taten schuldig gemacht und sowohl irdische wie himmlische Vergeltung zu gewärtigen. Wenn ich von jetzt ab mein Haupt reuig zurückwende und mich fortan der Besserung befleißige, darf ich dann auf des Meisters geneigte Fürbitte zählen?»

Das war ein freiwilliges, keineswegs erzwungenes Schuldbekenntnis und Reuegelöbnis. Beide, ‹Thumber Kiesel› wie ‹Einsamer Gipfel› atmeten freudig erleichtert auf. Der Meister zeigte auf den ‹Thumben Kiesel› und sprach:

«Sieh dir den an! Seine Sündenschuld wog noch schwerer als deine! Und dennoch, da er ehrliche Reue aufbrachte und seinen Sinn auf das Gute gelenkt hält, hat er des Himmelsfürsten Herz zu rühren vermocht: wie du vorhin aus deines Freundes eigenem Munde vernommen, hat der Himmelsfürst seine beiden Töchterlein um seinetwillen vom Fluch der Mitbuße gnädig erlöst und entbunden! Daran kannst du erkennen: nicht auf meine Fürbitte, auf dich, auf dein Herz, auf deinen ehrlichen Willen zum Guten kommt es in erster Linie an!»

«Ja, sieh mich nur an! Nimm mich zum Spiegel!» fiel ‹Thumber Kiesel› lebhaft ein. «Es ist jetzt mehr als dreieinhalb Jahre her seit meinem ersten Besuch beim Meister. Damals war ich verstockt und wollte nichts von seinem weisen Rat wissen, ich wandte mich von ihm ab, zog die Welt des roten Staubs vor und ließ mich ohne Hemmung von meinen Lüsten und Gelüsten treiben. Und dann folgte die Vergeltung.

Wort für Wort erfüllte sich, was er mir damals warnend vorhergesagt hatte. Darum nochmals: Sieh mich an! Nimm mich zum Spiegel!»

Es hätte seines Zuredens gar nicht mehr bedurft. Des Freundes Entschluß stand bereits fest.

Er warf sich dem heiligen Eremiten zu Füßen, gelobte ihm Gehorsam und Gefolgschaft als seinem Oberen und Meister und fand in Gnaden Aufnahme in den Kreis seiner Jünger.

In knapp drei Jahrzehnten eifrigen Dienstes an Buddha gelangte er schließlich zur Vollendung und ging gemeinsam mit dem Meister und dem Freund mitten während der Versenkung auf der Andachtsmatte sanft und friedlich ins Nirvana ein. –

Woraus ersichtlich ist, daß jeder Mensch, auch der ärgste Sünder, vor Buddha Gnade zu finden und es zum Bodhisatva zu bringen vermag. Nur die unlösbare Verkettung mit Gewinnstreben und Geschlechtslust bringt es mit sich, daß die meisten Menschen weder dem roten Staub und dem Irrtum der Welt entgehen, noch jemals das rettende Ufer der Erlösung erklimmen können. Zwar ist das Paradies geräumig, aber Menschen sind dort selten anzutreffen, während die Hölle eng und aufs äußerste übervölkert ist. Der Himmelsfürst hat in Ewigkeit wenig zu tun, während der Höllenfürst derart überlastet ist, daß er nicht weiß, wo ihm der Kopf steht. Die Ehrwürdigen Schöpfer des Himmels und der Erde hätten die Menschen nicht auf das einzige Streben nach Kindersegen und irdischem Reichtum hin anlegen dürfen.

Wie urteilt doch Meister Kung tse an einer Stelle irgendwo in den Sse Schu ‹vier klassischen Büchern›?

«Wer solche Menschenbilder schaffen konnte, war denn der selbst noch ein Ehrwürdiger?»

Der Haare üppig schwarze Fülle
Kann schwerlich lebenslang bestehn,
Der Wangen jugendliche Frische
Muß leider allzu früh vergehn.
Was Ruhm? Er pflegt sehr rasch zu bleichen,
Was Macht? Sie pflegt der Macht zu weichen.
Beschieden ist uns Menschen allen:
Ein Windstoß – und die Blüten fallen.
Bei lebensfroher Jugend Treiben
Sind alte Herrn ungern gesehn.
Fort! Für euch ist hier kein Bleiben!
Gibt man den Alten zu verstehn.
Was weise Männer? Weise Lehren?
Jugend kehrt ihnen kalt den Rücken,
Schätzt höher Dinge, die den Sinn betören.
Viel lieber lassen Prinzen sich entzücken
Von melodiösen Kantilenen,
Goldfäden gleich lang hingeschwungen.
Gar früh schon sucht des Jünglings Sehnen
Den Busch von Düften schwer durchdrungen.
Was hat ein langes Leben uns hienieden
An echten Freuden schon beschieden?
Genau gerechnet, liebe Leute,
So zählt doch nur des Lagers Freude!
Was bieten Amt und Rang und Würde?
Am Anfang Freude, später Bürde.
Da heißt's, im Amtsornat zu Frühaudienzen
    hetzen,
Da heißt's sich sammeln, heißt's antichambrieren,
Mag abends ein Gelage auch ergötzen
Und hohe Herrn ein wenig animieren –

Kaum legt man aufgeräumt zur Ruh sich nieder,
Fährt Angst vor morgen in die müden Glieder,
Angst vor der Glocke dröhnend Wecken
Läßt stöhnend sie aus kurzem Schlummer schrecken...

XX. KAPITEL

Hört her: Einhalt soll geboten werden dem Zug der Zeit zu hemmungslosem Sichausleben! Die Schilderung erotischer Vorgänge dient nur als Mittel zum Zweck, der Stimme der Vernunft Gehör zu verschaffen.

Dieses Stück Zierprosa, betitelt ting fang ‹Hof und Halle voller Düfte›, will besagen:

Des Menschen Leben ist Tag für Tag von früh bis abend ausgefüllt mit Mühe und Plage, Sorge und Verdruß und läßt kaum Raum für ruhigen Genuß. Da sollten die Menschen dem Schöpfer von Himmel und Erde Dank wissen, daß er den Unterschied und die Beziehung zwischen den zwei Geschlechtern und damit die Möglichkeit geschaffen hat, daß sich die Menschen von Mühe und Plage erholen, von Sorge und Verdruß loslösen und entspannen können und darum nicht am Dasein gänzlich zu verzweifeln brauchen.

Nach Auffassung orthodoxer Anhänger der altkonfuzianischen Lehre ist der Eingang in den Schoß des Weibes die Pforte zu unserem Leben, gleichzeitig aber auch die Pforte zu unserem Sterben. Nach neuerer, fortschrittlicher Ansicht stünde ohne besagtes Organ zu befürchten, daß wir Männer etliche Jahre vor der Zeit ergrauen und etliche Jahre unseres Lebens einbüßen würden.

Gegner dieser Ansicht führen die Tatsache ins Feld, daß vierzig- und fünfzigjährige Mönche durchaus noch nicht ergraut zu sein pflegen und daß es sogar Mönche gibt, die mit siebzig, achtzig Jahren körperlich noch recht rüstig und keineswegs hinfällig wie Greise sind.

Dem ist entgegenzuhalten, daß Mönche, obzwar aus Sippe und bürgerlichem Leben ausgeschieden, dennoch und gemeinhin die gleichen Pfade geschlechtlicher Befriedigung zu wandeln pflegen wie Männer der bürgerlichen Laienkreise: entweder sie buhlen heimlich mit Weibern, das ist der fernere Weg, oder sie halten sich an Novizen, das ist für sie der nähere Weg. Demnach treiben sie es nicht anders als andere Männer.

Mit dem Quell des Lebens haushalten, die Wurzel der Kraft stark und leistungsfähig erhalten, darauf kommt es an! Wer das nicht vermag, der wird es schwerlich zu einem hohen Alter bringen.

Betrachten wir doch, bitte, das Gegenbeispiel der Palasteunuchen in Peking. Die können es weder mit Weibern noch mit Buhlknaben treiben, da sie des zum Buhlen nötigen Werkzeugs beraubt sind. Nach der gegnerischen Theorie müßten sie also ein paar hundert Jahre leben und sich dabei wunder wie jung und frisch halten können. Wie verhält es sich dagegen in Wirklichkeit? Sie ergrauen weit früher, sie bekommen weit früher Falten und Runzeln im Gesicht als normale Männer.

Drolligerweise werden die Palasteunuchen kung kung genannt, was soviel bedeutet wie ‹mannmännlich›. Besser angebracht wäre für sie der Name po po ‹altes Weib›. Im Stadtbereich von Peking kann man Gedenktafeln sehen, zu Ehren von Mitbürgern, die es zum hohen Alter von hundert und mehr Jahren gebracht haben. Derartige Tafeln gibt es bestimmt nicht zu Ehren besonders langlebiger Eunuchen.

Daraus ist zu folgern, daß der Geschlechtsgenuß an sich dem Menschen nicht schädlich ist. In unseren Handbüchern der Nähr- und Heilmittel ist diese Genußart freilich noch nicht verzeichnet, woraus sich wohl erklärt, daß sie noch keine exakte wissenschaftliche Definition und Auslegung gefunden hat, vielmehr gibt es entgegengesetzte Meinungen darüber.

Die einen vertreten den Standpunkt, Geschlechtslust sei der Gesundheit des Menschen dienlich und förderlich, die anderen behaupten das Gegenteil, sie sei abträglich und schädlich.

Bei sorgfältigem Abwägen des Für und Wider wird man sich doch für die erste Ansicht entscheiden. Geschlechtsgenuß hat etwas von der Wirkung eines Heilkrauts, einer Kraftdroge, eines Arzneimittels an sich, er hat in der Tat viel mit dem Genuß eines Ginsong-Wurzelsuds gemeinsam.

Vergleichen wir doch einmal, es dürfte sich lohnen. Da ist vor allem eines wichtig: Ginsong ist zwar ein großartiges Regenerations- und Stärkungsmittel, aber es will sparsam über längere Zwischenräume hin genossen werden. Es soll immer als Heilmittel angesehen werden, keinesfalls als ständige Nahrung. Allzuviel und allzuhäufig davon einnehmen schadet gleichermaßen der Gesundheit.

Mit dem Geschlechtsgenuß verhält es sich nicht anders: Über vernünftige Zwischenpausen hin sparsam verteilt, hat er das Gute, Yin und Yang, Partner und Partnerin, sich wechselseitig Erquickung und Erlösung von schwülem Gewitterdruck spenden zu lassen. Zu häufig und unvernünftig reichlich genossen, wird er zum Vernichtungskampf zwischen den feindlichen Elementen Feuer und Wasser.

Als Heilmittel genommen, zeitigt Geschlechtsgenuß die Wohltat, die mittlere Region des Leibes zu entspannen und Gemütsdruck zu lockern. Im Gegenteil als tägliche Nahrung mißbraucht, zeitigt er bedenkliche Schädigungen an Hirn und Herz.

Wenn die Menschen Geschlechtsgenuß als Heilmittel zu nehmen wissen, dann werden sie ihm nicht ängstlich aus dem Wege gehen, aber ihn auch nicht zur Sucht werden lassen. Sie werden seinen Wert weder unterschätzen noch überschätzen.

Vor der Paarung sollte man sich sagen: Sie ist ein Heilmittel, kein Gift, wozu also Angst davor? – *Während* der Paarung sollte man immer daran denken: Sie ist zum Heilen bestimmt, nicht zum Überfressen, warum dann sich von diesem Trieb willenlos knechten lassen? – Dann wird es männlicherseits kein Widerstreben gegen eine unwillkommene Ehefrau und weiblicherseits keine Enttäuschung geben, dann wird es kein verfrühtes Jungsterben infolge Übermaßes an Geschlechtsgenuß, es wird daheim keinen Groll und keine Tränen enttäuschter und vernachlässigter Ehefrauen und draußen keine unter fremden Frauen wildernden Einzelgänger geben – was übrigens durchaus im Sinne einer gesunden Bevölkerungspolitik liegen dürfte und insofern auch sein Gutes hat. Denn nach der Lehre des weisen Kung tse geht die Ordnung des Staates bekanntlich von der Ordnung in der Familie aus.

Die Analogie zwischen Geschlechtsgenuß und Genuß der Ginsong-Droge läßt sich soweit Zug um Zug verfolgen, aber in einer Hinsicht ergibt sich statt der sonstigen Übereinstimmung eine Gegensätzlichkeit. Sie betrifft die Herkunft des Heilmittels.

Wer Ginsong genießt, muß sich eins vor Augen halten: Nur die echte, in den Tschang Pai Schan-Gebirgswäldern der südlichen Mandschurei und Koreas wild gewachsene Ginsong-Wurzel verbürgt die vielgerühmte treffliche Heilwirkung. Anderwärts und selbst angebaute Ginsong-Pflanzen sind wertlos. Gerade umgekehrt verhält es sich mit dem Geschlechtsgenuß: Da verbürgt nur Eigengewächs treffliche Wirkung. Fremdes Gewächs von außerhalb dagegen erweist sich als wertlos, ja unter Umständen sogar als schädlich.

Was ist hier unter ‹Eigengewächs› und was ist unter ‹Fremdgewächs› zu verstehen?

Es hat einer daheim seine rechtmäßige Ehefrau und meinetwegen außer ihr noch Nebenfrauen, dann braucht er doch nicht in die Ferne zu schweifen, braucht kein Geld für fremde Weiber zu verplempern. Wonach er verlangt, hat er doch zur Hand, er braucht nur zuzupacken. Das also ist hier mit ‹Eigengewächs› gemeint.

Wenn und wann ihn die Lust anwandelt, sich hinzulegen und ein Weib in die Arme zu schließen, bitte, es steht nichts im Wege, niemand hindert ihn daran, auch ein Pochen an die Türe braucht ihn nicht zu schrecken, nichts stört ihn beim Genuß in seiner Seelenruhe, nichts braucht seinen Genuß zu unterbrechen, mit gutem Gewissen kann er seinen Dienst an den Ahnen verrichten und ihnen seinen Danktribut darbringen. Während des Genusses fühlt er sich von reinem Glück, vom Glück ohne Reue durchströmt. Ist das nicht schön? Kann man da etwa nicht mit vollem Recht von stärkender, belebender Heilkraft reden?

Nun zum umgekehrten Fall: Da ist einer mit hohen Ansprüchen, sie muß aus vornehmem Hause sein, sie muß nicht nur schön, sondern auch elegant sein. Der Geschmack des Haushuhns dünkt ihn fade, er leppert nach dem haut-goût der Wildente. Die Reize seiner alternden Frau schwinden, er schmachtet nach Abwechslung, nach etwas Jugendlichem. Das ist es, was mit ‹Fremdgewächs› gemeint ist.

Eines Tages begegnet er einem solchen ‹Fremdgewächs›, das seinem Ideal entspricht, und nun ist es mit seiner Ruhe vorbei. Bei Tag denkt er nur an sie, bei Nacht träumt er von ihr, sein ganzes Sinnen und Trachten ist nur auf das eine Ziel gerichtet: Er muß sie unbedingt besitzen.

Es fängt mit gefühlvollen Liebesbotschaften an, es folgen Geschenke, dann kommt es zum heimlichen Stelldichein. Er schreckt nicht davor zurück, über Mauern zu steigen, durch Keller und Gruben zu kriechen, um in die Nähe der Geliebten zu gelangen. In dem Verlangen, den fremden, verbotenen Genuß zu schlürfen, versteigt sich seine Keckheit himmelhoch, und doch ist ihm bänglich zumute wie der Maus beim Naschen. Es braucht kein Mensch in der Nähe zu sein, und doch meint er Schritte zu hören, glaubt er sich ertappt. Statt Lustschweiß quillt ihm Angstschweiß aus allen Poren.

Ein keckes Abenteuer ist eine Sache von kurzem Atem, eheliche Bande haben lange Bestand, sie überdauern das Abenteuer. Mögen Jahre darüber hingehen, mag dem Missetäter inzwischen ein langer Bart gewachsen sein, eines Tages kommt die Geschichte ans Licht, der Vorhang lüftet sich über seiner Tat, über der er längst Gras gewachsen glaubte. Sippenrache rührt sich, man stellt ihm nach, und nun muß er erfahren, was es heißt, am Rande des Abgrundes zu wandeln, das Schicksal leichtfertig herauszufordern, sich gegen klare bürgerliche Satzung zu vergehen und das Gewissen mit heimlicher Schuld zu beladen – eines Tages erreicht ihn die Vergeltung, er fällt einem Mordanschlag zum Opfer.

Und seine Buhle? – Mag sie auch gnädig mit dem Leben davonkommen, aber ihre Ehre hat sie verloren, ihre Ehe ist zerstört; Aufregung, Verdruß und Gram werden ihr das Leben vergällen und sie vor der Zeit unter die Erde bringen.

Daraus ergibt sich die Lehre: Liebesabenteuer lohnen sich nicht! Wer nach Geschlechtsgenuß verlangt, soll nicht das Nahe verschmähen und das Ferne suchen, soll es nicht halten wie der mäkelsüchtige Esser, der sich am Fleisch das Magere aussucht und das Fette beiseite tut, soll nicht Hausmannskost verachten und nach seltenen Leckerbissen trachten.

Damit kommen wir auf die gute, mütterlich besorgte Absicht, in der unser Verfasser diesen Roman geschrieben hat: *Mahnen will er die Menschen, ihre sinnlichen Gelüste zu bändigen. Keineswegs will er sie ermuntern, ihnen freien Lauf zu lassen! Keineswegs will er den Wüstling und sein Treiben verherrlichen, im Gegenteil, er will ihn seines falschen Nimbus entkleiden!*

Die geschätzte Leserschaft möge diese gute, mütterlich-besorgte Absicht des Verfassers ja nicht verkennen!

Halt! – Verfasser, wenn du eine so moralische Absicht verfichtst – höre ich einwenden – warum hast du dann nicht einen moralischen Traktat über Sittenreform geschrieben? Warum hast du statt dessen einen lockeren Roman geschrieben, der alle möglichen ‹windigen› Ausschweifungen schildert?

Liebe Leute, laßt euch erklären: Das heutige Lesepublikum hat einen wahren Abscheu vor allem erzieherischen und moralisierenden Schrifttum im trockenen, seriösen Stil der alten Klassiker und Historiker, es findet vielmehr Vergnügen an ‹wilden› Geschichten, an der unterhaltsamen Darstellung menschlichen Nebengeschehens, das gewissermaßen als ‹Unkraut› auf dem Felde der offiziellen, amtlich als wichtig und erwähnenswert abgestempelten Geschichte wuchert, ja es lehnt sogar innerhalb der ›wilden› Geschichte jegliche aufdringliche Betonung von Moral und Tugend, wie Meister Kung tse sie predigt, als langweilig ab; im Gegenteil, es hat Gefallen gerade an eingehender, phantasievoller Schilderung – es kann gar nicht toll genug zugehen – einer Erotik, die von der streng bürgerlichen Norm abweicht. Die Sitten einer gewissen Schicht sind ja heute, das kann man wohl sagen, auf dem Gipfel vorurteilsloser Freiheit, um nicht zu sagen zügelloser Laxheit angelangt.

Wer seine Zeit reformieren will, muß es machen wie weiland der Große Yü (später Kaiser Yü 2205 bis 2197 v. Chr.), als ihm die Aufgabe zufiel, die Hung schui ‹ungeheure Flut› zu bändigen, die zu Yao's Zeit (2357–2255 v. Chr.) die Lande überschwemmte.

Wie meisterte er seine schwierige Aufgabe? ‹... Die Wogen schienen sich zum Himmel türmen zu wollen. Sie überfluteten die Hügel und umbrandeten selbst die Gipfel hoher Gebirge. Yü ließ viererlei Archen bauen, mit denen er in das Gebirge gelangen konnte. Durch Wälder und Gestrüpp mußte er sich den Weg bahnen zu den Gipfeln, um von dort einen Überblick zu gewinnen über die Richtung, in der die Wassermassen zum Meere zu leiten seien...›, so berichten die alten Chroniken.* Indem er sich der Strömung anpaßte, vermochte er die Wasser mittels Kanälen zum Meer abzuleiten und das Land trockenzulegen.

Wer seine Zeit reformieren will, muß ähnlich dem großen Yü sich der Zeitströmung anpassen, dann wird sein Wort Eingang finden.

Wenn heutzutage ein Reformer mit einem lehrhaften, moraltriefenden Traktat daherkommen und damit die Welt verbessern wollte, so wäre das von vornherein ein aussichtsloses Unterfangen. Wer gibt denn Geld für solche Lektüre aus? Aber auch wenn er es etwa einem frommen Tempelpatron gleichtun wollte, der seine erbaulichen Hauspostillen den Leuten gratis und franko unter Beifügung seiner Visitenkarte ins Haus schickt, was wäre der Erfolg? Empfänger würde seinen Traktat entweder ungelesen gleich in den Abfallkübel stopfen oder ihn zerfetzen und die einzelnen Fetzen als Lunte zum Anzünden seiner Tabakpfeife benützen. Er denkt gar nicht daran, auch nur einen einzigen Blick an solche Lektüre zu verschwenden.

Nein, so direkt geht es nicht! Man muß es ganz anders anfangen, auf einem Umweg muß man den Leuten beikommen. Mit der unterhaltsamen, vergnüglichen Schilderung erotischen Geschehens muß man zunächst die Leserschaft einfangen, fesseln und in angenehme Spannung versetzen. Wenn der Leser

* Vgl. Kuhn «Altchinesische Staatsweisheit» S. 29, Verlag Die Waage, Zürich.

sich mit ständig wachsendem Interesse erst einmal eingelesen hat und von der anregenden Lektüre nicht mehr loskommt, dann mag er ruhig zunächst an besonders prickelnden Stellen, die mit Bedacht eingestreut sind, in ehrfürchtiger Bewunderung aufseufzen und bei sich denken: ‹Ja, ja, die Weiber! Die Erotik! Es ist schon etwas dran! Man soll das Leben genießen und die Gelegenheiten nützen, wo sie sich bieten, wenn auch fern von Hause, als Lustteufelchen soll man mit vollen Zügen alle Süße aus holden Päonienblütenkelchen schlürfen! Das lohnt sich! Wozu das eitle Streben nach leerem Ruhm und hohler Ehre!› – Laßt ihn! Mag er getrost also bei sich denken! Später, wenn er begierig weiterliest, werden ihn auf einmal feine Nadelstiche schmerzhafter, aber heilsamer Akupunktur picken und sein jähes, schreckhaftes Erwachen herbeiführen, und er wird sich betroffen sagen: ‹Alle Wetter! Ist es so schlimm mit der Vergeltung? Muß der Wüstling so hart für sein keckes Eindringen in fremde Frauengemächer büßen? – Dann lieber die Hand davon lassen! Solches gewagtes Spiel treiben, heißt ja mit Perlen nach Spatzen schießen! Heißt nutzlos Geld verplempern und dafür Schulden einheimsen! Nein, das lohnt sich nicht! Halten wir uns lieber an die eigene Frau und die eigenen Nebenfrauen daheim!›

Also wird er sich letztlich sagen und in sich gehen und einsehen, daß er sich verrannt hatte. Reumütig wird er auf den Pfad der Vernunft zurückkehren und die eigene Frau und die eigenen Nebenfrauen schätzenswert finden und bei ihnen Achtung und Gegenliebe finden, und in sein Ich und sein Haus werden wieder schönste Ordnung und Harmonie einkehren.

Das heißt der Sache mit der Sache, dem Menschen menschlich beikommen. Diese Methode – sie läuft auf einen förmlichen Zaubertrick hinaus, man nennt ihn ‹aus Sumpf und trüber Lache die unschuldweiße Lotosblüte zaubern› – empfiehlt sich nicht nur dem Darsteller ‹wilder Unkraut-Geschichten›, dem Romanschriftsteller. Sogar große Weise des Altertums haben es nicht verschmäht, sich ihrer zu bedienen, wenn es galt, notwendige Reformen erfolgreich durchzusetzen.

Ein klassisches Beispiel hierfür bietet der berühmte Moralphilosoph Mong tse (372–289 v. Chr.), als er den verstockten Fürsten Hsüan von Tsi mit Erfolg bekehrte.

Mong tse führte mit dem jungen Fürsten wiederholt Gespräche über Regierungskunst und Staatsweisheit. Nun stand aber des Fürsten Sinn nach ganz anderen Dingen als nüchternen Regierungsgeschäften. Er hatte fünf Liebhabereien, richtiger Schwächen: Er liebte Jagd, Musik, Wein, seltene Kostbarkeiten und – die Frauen.

Wenn er den Ausführungen von Meister Mong tse hin und wieder Beifall zollte, so tat er es nur mit dem Mund. Im Inneren war er gelangweilt und gar nicht bei der Sache. Mong tse merkte es wohl und stellte ihn mit den Worten zur Rede: «Wenn Ihr, mein Fürst, meine Ratschläge gut findet, warum befolgt Ihr sie dann nicht?» Der Fürst erwiderte: «Ich habe nun einmal von Natur gewisse Fehler, so meine Schwäche für weibliche Reize.» Mit diesen wenigen Worten machte er sich bedenkenlos die gleiche sture Haltung zu eigen, die jene beiden unbelehrbaren, infolge Weiberhörigkeit zu Tyrannen gewordenen

Herrscher der alten Zeiten gegenüber Mahnungen weiser Ratgeber einzunehmen pflegten.

Es waren dies Kiä Kweh (auch bekannt als Li Kweh), letzter Herrscher der Hsia Dynastie, der von 1818 bis 1766 regierte und von Tschong Tang, dem Gründer der Schang-Dynastie gestürzt wurde, und ein halbes Jahrtausend später Tschou Hsin, letzter Herrscher der Schang- oder Yin-Dynastie, der 1154 bis 1122 regierte und von Wu Wang, dem Begründer der Tschou-Dynastie vom Thron gejagt wurde.*

Alle ernsten Mahnungen und Warnungen besorgter Ratgeber pflegten sie mit den dürren Worten «praktisch undurchführbar» in den Wind zu schlagen.

Wenn nun Mong tse die Pose eines strengen Erziehers angenommen und mit ernster Miene und erhobener Stimme den Fürsten etwa so geschulmeistert hätte: «Zur Verhütung von Ausschweifung mit Weibern bestehen seit alters feste Satzungen und Vorschriften für Herrscher und Volk: Der gewöhnliche Bürger, der sich der Ausschweifung schuldig macht, wird mit dem Tode bestraft, ein ausschweifender Würdenträger geht seines Amtes verlustig, ein ausschweifender Landesfürst geht seines Landes verlustig, ein ausschweifender Himmelssohn büßt Thron und Reich ein –»

Wenn Mong tse auf solche Art gesprochen hätte, dann würde der Fürst vielleicht stumm zugehört und aus Höflichkeit eine Entgegnung unterdrückt haben, aber im stillen würde er zu seiner Entschuldigung gedacht haben: «Was kann ich für meine Veranlagung? Das sind eben meine Fehler und die sind nun einmal unheilbar. Mag er sich fortscheren! Sein Rat

* Vgl. Kuhn «Altchinesische Staatsweisheit», S. 38 ff.

ist für mich ohne Wert.» Also würde er gedacht und alle Mahnungen in den Wind geschlagen haben.

Was hingegen tat Mong tse? Er vermied alle Schulmeisterei, ging vielmehr nachsichtig auf des Fürsten Schwäche ein und erzählte ihm in unterhaltsamem Plauderton von einem ähnlichen Fall aus der Historie, nämlich dem Fürsten Tan Fu (Tai Wang), dem Urgroßvater des Wu Wang, der mit der gleichen Abhängigkeit von Weibern behaftet war. Indem er ein amüsantes Stück galanter Historie zum besten gab und eingehend schilderte, wie jener Fürst Tan Fu (um 1250 v. Chr.) derart von weiblicher Gesellschaft abhängig war, daß er sie keine Viertelstunde lang entbehren mochte und selbst bei gefahrvollem Ritt, auf der Flucht vor dem Feind, seine derzeitige Favoritin bei sich auf dem Sattel haben mußte, brachte er es fertig, daß ihm der Fürst nicht nur überhaupt zuhörte, sondern ein höchst aufmerksam, ja gespannt lauschender Zuhörer war. Und dann kam die überraschende Wendung. Der fürstliche Zuhörer war darauf gefaßt gewesen, aus des Meisters Mund zu vernehmen, daß ein so ausschweifender Fürst, der sich keine Viertelstunde von seinen Weibern trennen konnte, der sogar auf der Flucht eine Schöne bei sich im Sattel mitführen mußte, ein trauriges Ende gefunden, daß er Thron und Leben verloren hätte. Ganz im Gegenteil vernahm er jetzt, daß jener Fürst, weit entfernt, die Freuden des Lagers für sich allein in Anspruch zu nehmen, auch die Bevölkerung an solchen Freuden teilhaben ließ, indem er die Ehefreudigkeit im ganzen Lande förderte und ermunterte und dafür sorgte, daß es in den Häusern keine trauernden, sitzengebliebenen Haustöchter und draußen keine unbeweibt herumstreunenden Junggesellen im heiratsfähigen Alter gab, ja daß er sogar bei festlichen Gelegenheiten, wenn er bei Hofe mit seinen Frauen feierte, die Bevölkerung weitherzig mitfeiern und bei Musik und Tanz sich in Form von Volksfesten des Lebens mitfreuen ließ. So wurde er für sein Volk zu einem wahren «Lenz auf Füßen», zu einem segensreichen Freudenbringer und Lebensspender und brachte jenen Grundsatz uralter Staatsweisheit zu Ehren, der vom Philosophen Kwan tse (7. Jahrh. v. Chr.) in die Worte gefaßt ist: «Der Himmel ist gerecht und unparteiisch und selbstlos. Ob schön oder häßlich, alles überdeckt er. Auch die Erde ist gerecht und unparteiisch und selbstlos. Das Kleine trägt sie ebenso wie das Große.*

Damit Ströme befruchtenden Segens gleichmäßig die Menschen netzen, reiht sich der Herrscher als dritter dem Himmel und der Erde an. Der Herrscher gleiche dem Himmel, der selbstlos alles überdeckt. Er gleiche der Erde, die selbstlos alles trägt. Herrschaft aus Selbstsucht führt zur Anarchie.»

Wer im Volke hätte einen solchen Fürsten nicht dankbar gepriesen? Wer hätte gewagt, ihn ob seiner Schwächen zu tadeln und des Unrechts zu zeihen?

Soweit Mong tse.

Mit Wohlgefallen hatte ihm der Fürst Hsüan von Tsi zugehört. Er nahm sich seine Worte zu Herzen und befolgte sie. Fortan führte er eine verständige Regierung. Und wenn ihm Mong tse wieder mit wohlmeinenden Ratschlägen kam, dann entzog er sich ihm nicht mehr mit Ausreden und Berufung auf die und die ‹Schwäche› und den und den Natur-‹Fehler›.

* Vgl. Kuhn «Altchinesische Staatsweisheit», S. 34.

Verfasser hat sich mit Fleiß bemüht, nach dem klassischen Vorbild eines Mong tse aus Sumpf und Morast die unschuldweiße Lotosblume emporblühen zu lassen. Möge die geneigte Leserschaft seinen Roman entsprechend einschätzen und in ihm nicht den Sumpf und Morast einer reichlich freien, realistischen Sittenschilderung, sondern die reine Lotosblüte einer guten, weisen Lehre und ernsten Mahnung zu besinnlicher Einkehr als wesentlich erkennen und anerkennen!

Wenn Verfasser sich nebenher in drastischer Schilderung intimer ‹Bettvorhang›-Szenen ergeht und in der Ausmalung zugestandenermaßen mitunter hart in die Nähe von Schmutzliteratur gerät, so sei zur Entschuldigung gesagt, daß er mit solch schmückendem Beiwerk die Leserschaft bis zum Schluß fesseln wollte, bis zu dem Augenblick, da der Vorhang über der Bühne des Romangeschehens fällt. Nur so konnte er sie dazu bringen, daß sie den ernsten Vergeltungsgedanken, der ja gegen Ende des Romans nachdrücklich genug zu Worte kommt, in sich aufnimmt und verarbeitet. Ohne das würde die Lektüre im Gaumen des Lesers den unangenehmen, beißenden, stechenden Bei- und Nebengeschmack der Olive hinterlassen haben. Mit besagtem Beiwerk eingehender Schilderung intimer Details der ‹Kammerkunst› wollte Verfasser der Leserschaft gewissermaßen bitteren Olivengeschmack in süßes Dattelfleisch eingebettet bieten und damit verhüten, daß der Roman abfällige Kritik erfährt und als ‹öder, langweiliger Aufguß› abgelehnt wird.

Das Originaltitelblatt
der japanischen Jou Pu Tuan-Ausgabe von 1705,
mit der Querschrift-Schlagzeile oben:
Unter dem Himmel der erste Wind- und Welle-Roman

BEGLEITWORT DES ÜBERSETZERS

Text: Ich hatte zwei verschiedene Textausgaben zur Verfügung:

A. Eine alte japanische Ausgabe vom Herbst 1705. Ich konnte im Sommer 1956 ein sehr gut erhaltenes Exemplar dieser Ausgabe durch die Paragon Book Gallery, New York, beziehen. Zwanzig Kapitel, je fünf Kapitel in einem Heft großen Formats vereinigt, die vier Hefte in einem stabilen Pappkarton zusammengefaßt. Die einzelnen Hefte sind nach den vier Jahreszeiten mit Frühling, Sommer, Herbst und Winter bezeichnet.

Titelblatt – Photokopie steht dieser Textseite gegenüber – gibt in blumiger Umschreibung als Verfasser an den «Meister, der das Dunkel erotischer Mysterien mondklar und sonnenlicht erhellt» (ming tsing yin hsiän schong), als Herausgeber und Übersetzer ins Japanische sowie Verfasser des Vorworts den «Herrn des eisvogelblauen Schlosses der Geborgenheit» (i tsui loh tschu jen), als Verlag die «Halle des Aether-Herzens» (tsing hsin ko). Erscheinensort ist nicht genannt, vermutlich Tokio.

Das Titelblatt bringt weiter oben in Querschrift die rühmende Anpreisung: «Unter dem Himmel der erste (d. h. beste) Wind- und Welle-Roman» (tiän hsia ti i fong liu hsiao schuo). «Wind und Welle» (fong liu) ist der herkömmliche chinesische Ausdruck für erotisch, Erotik. Schließlich besagt das Titelblatt unten in der Mitte rechts noch: «Anderer Titel: nach Erweckung Einkehr zum Dienst an Buddha» (i ming: küe hou tschan). Der chinesische Text dieser Ausgabe weist zwischen den Zeilen Randglossen in japanischer Schrift auf.

B. Eine chinesische Neudruck-Ausgabe von 1943. Ich erhielt diesen vortrefflichen Text im Februar 1957 aus Beirut zugesandt durch den dortigen holländischen Gesandten, den bedeutenden Sinologen Dr. R. H. van Gulik. Ihm sei für die liebenswürdige, kollegiale Unterstützung, die er meinem Unternehmen durch leihweise Überlassung dieses ausgezeichneten, gut leserlichen und noch dazu künstlerisch illustrierten Textes hat angedeihen lassen, an dieser Stelle mein aufrichtiger Dank ausgesprochen. Meine deutsche Fassung beruht im wesentlichen auf dieser Textausgabe B. Nur in den ersten Monaten – ich begann das Unternehmen meiner Verdeutschung im Herbst 1956 und vollendete es im Winter 1958, benötigte also zur Fertigstellung der Arbeit zwei Jahre – war ich allein auf Ausgabe A angewiesen. Genau wie Text A enthält Text B zwanzig Kapitel (hui), zu je fünf in vier Heften (küan) zusammengefaßt, die gleichfalls nach den vier Jahreszeiten bezeichnet sind.

Leider fehlt in Textausgabe B das übliche Titelblatt mit den Angaben der Namen des Verfassers und Herausgebers, des Verlags sowie Ortes des Erscheinens. Das alles bleibt im Dunkeln. Eine exakte Angabe finden wir lediglich bezüglich der Zeit des Erscheinens im Vorwort des Herausgebers: das Jahr 1943. Der Herausgeber selber wahrt strengstes Inkognito: Er bezeichnet sich völlig vage und unbestimmt ganz einfach als Schi «Kenner», das heißt natürlich Literaturkenner. Sein Vorwort überschreibt er kurz Schi Yü «Worte (Yü, Vorwort) eines Literaturkenners (Schi)». Wir wissen also weder seinen Namen noch seine Herkunft und können nur annehmen, daß es ein möglicherweise noch heute lebender Vertreter der modernen chinesischen Literaturwissenschaft ist.

Die beiden Textausgaben, die mir zur Verfügung standen, unterscheiden sich in mehrfacher Hinsicht voneinander:

a) Text A ist nicht illustriert, Text B ist reich bebildert, er bringt elf Portraitbilder der Hauptpersonen der Romanhandlung sowie insgesamt zweiundfünfzig Textillustrationen zu den neunzehn Kapiteln der eigentlichen Erzählung. Das erste Kapitel des Originaltextes ist eine Art erklärendes Vorwort oder Nachwort, wie man es nimmt, des Verfassers. Die eigentliche Erzählung hebt mit Kapitel zwei des Originaltextes an.

b) Ausgabe A gibt im Druck einen handgeschriebenen Text wieder, Ausgabe B ist in schöner, klarer Druckschrift gesetzt. Jede Handschrift, zumal eine chinesische, pflegt ihre individuellen Eigenheiten und Schriftzüge, mitunter Tücken und Mucken zu haben, die eine Entzifferung erschweren. Kurz, Text B liest sich ungleich leichter als der handschriftliche Text A, auch wenn dieser sonst im Druck gut und sauber reproduziert ist.

c) Textlich stimmen beide Ausgaben im wesentlichen überein mit der Einschränkung, daß Text A hin und wieder Sätze ausläßt, die in Text B enthalten sind. Text B ist also vollständiger als der gelegentlich Abstriche und Kürzungen aufweisende Text A.

d) In Ausgabe B ist jedem der zwanzig Kapitel eine Art dichterisches Vorspann, entweder ein Gedicht (Schi) oder ein Stück Zierprosa (Tse) vorangestellt, gedanklich zum Inhalt des jeweiligen Kapitels passend. Ausgabe A weist ein derartiges poetisches Vorspann lediglich zu vier, nämlich den Kapiteln 1, 6, 11 und 16 auf.

e) Beide Ausgaben bringen hinter den einzelnen Kapiteln Glossen, kritische Werturteile (Ping) mit der Einschränkung, daß diese Glossen fehlen in Ausgabe A zu den Kapiteln 1, 5, 9, 11, in Ausgabe B zu den Kapiteln 3 und 11. Die Glossen stimmen in beiden Ausgaben textlich überein. Sie stammen vom Herausgeber einer gemeinsam benutzten älteren Textquelle. Damit kommen wir zu einer weiteren Textausgabe C.

Wie der anonyme Herausgeber in seinem Vorwort zu Ausgabe B erwähnt, habe es auf dem Büchermarkt seit langem keine gute Jou Pu Tuan-Ausgabe mehr gegeben, die Buchläden von Schanghai hätten nur eine mit beweglichen Satztypen gedruckte Kleinschriftausgabe in sechs Heften geführt. Bezüglich der Beschaffenheit dieser Ausgabe gibt er noch folgende Einzelheiten an: Sie enthielt ein Vorwort, geschrieben von einem «buddhistischen Patron und Laienbruder namens So und So am fünften Tag des Sommers im Jahre kweh yu» (kweh yu hsia wu ju ju kü schi hsü), als Verfasser wird angegeben ein «Liebestoller Narr, der sich zum rechten Weg zurückfindet und frommer Klausner wird» (tsing tschi fan tschong tao jen piän tze), als Glossator wird genannt ein «Klubfreund (d. h. Freund aus einem literarischen Klub), in dessen Leib nach Tod aus Liebeswahn die

Seele wieder zurückgekehrt ist» (tsing sse huan hun scho yo pi ping). Also wieder auf der ganzen Linie dunkle Anonymität, in vielsagende, blumige Umschreibung gehüllt.

Einen sicheren Anhalt zu wenigstens näherer chronologischer Bestimmung bietet innerhalb dieser dreifachen dunklen Voransage das Zyklusdoppelzeichen kweh yu. Zu bemerken ist hierzu, daß die altchinesische Zeitrechnung bekanntlich nicht wie westliche die ablaufenden Jahre von einem bestimmten Zeitpunkt (z. B. Christi Geburt) ab summiert und so historische Daten nach Jahren und Jahrzehnten, Jahrhunderten und Jahrtausenden angibt, sondern von Anbeginn ihrer ältesten Geschichte an bis zum Ausbruch der Revolution von 1912 – von da ab wird analog der westlichen Methode nach ablaufenden Jahren gezählt, es heißt also heute «min kwo (Volksrepublik) das soundsovielte Jahr» – nach ständig aufeinanderfolgenden und sich wiederholenden Zyklen von je sechzig Jahren rechnet. Das einzelne Jahr innerhalb eines Zyklus wird durch eines von sechzig astronomischen Doppelzeichen (wie oben genanntes kweh yu) bezeichnet.

Diese sechzig Doppelzeichen ergeben sich durch Kombination einer Reihe von zwölf Zeichen, sog. «Ästen», mit einer Reihe von zehn Zeichen, sog. «Stämmen». Zwecks genauer Zeitbestimmung – so ein Zyklusdoppelzeichen erscheint ja alle sechzig Jahre wieder – stellt ihm altchinesische Zeitrechnung das Schriftzeichen der in Betracht kommenden Dynastie, z. B. Tang für Tang-Dynastie, Ming für Ming-Dynastie, ferner das Doppelzeichen für den jeweils herrschenden Kaiser, z. B. Kang Hsi, und schließlich das Doppelzeichen für die in Betracht kommende Regierungsära – die Regierungszeit eines Herrschers pflegte periodisch aufgegliedert und jede einzelne Ära oder Periode durch das Doppelzeichen einer Devise von möglichst glücklicher Bedeutung gekennzeichnet zu werden, deren Wahl Aufgabe der Hofastrologen war.

Unser anonymer Herausgeber von Text B sah sich, wenn er das exakte Erscheinungsjahr von Text C errechnen wollte, vor die Aufgabe einer selbständigen Kombination gestellt. Mit dem astronomischen Zyklus-Doppelzeichen kweh yu als Anhalt kombinierte er in überzeugend logischer Schlußfolgerung, daß das Jahr kweh yu, hier aus den und den Gründen, nur in die Regierungszeit des letzten Ming-Herrschers, und zwar als sechstes Jahr der Regierungsära tschung tschong «erhabener Segen» (1628–1644) fallen könne. Nach westlicher Zeitrechnung entspricht das sechste Jahr tschung tschong unserem Jahr 1633/34.

Wie ein heller, klarer Stern hatte sich damit aus dem dunklen Gewölk blumiger Umschreibung für alles, was mit der Entwicklungsgeschichte des Jou Pu Tuan zusammenhängt, wenigstens eine exakte Angabe, eine zeitliche, herausgeschält: Wir haben als Jahr des Erscheinens der vermutlichen Erstausgabe des Jou Pu Tuan mit Sicherheit das Jahr 1633/34 anzusehen.

Wie besagter Herausgeber in seinem Vorwort weiter berichtet, hat er Text C in großer Schrift abschreiben lassen, die Abschrift textkritisch mit der japanischen Ausgabe A verglichen und nach sorgfältiger Revision in vier Heften, jedes Heft zu fünf Kapiteln, neu drucken lassen. So ist seine Neuausgabe von 1943 entstanden. Auf ihr basiert im wesentlichen meine vorliegende deutsche Fassung.

Leider habe ich den Kleinschrift-Urtext von 1633 bisher nicht zu Gesicht bekommen können. Als ich im Januar 1956 in Hongkong weilte, konnten mir meine dortigen chinesischen Buchhändler nicht einmal den Neudruck von 1943 heranschaffen. Ein Jou Pu Tuan-Text ist eine Seltenheit nicht nur auf dem Büchermarkt, sondern auch in wissenschaftlichen Fachbibliotheken. Ich bezweifle, ob auch nur eine einzige sinologische Bibliothek unserer Universitäten ein Exemplar des Jou Pu Tuan besitzt. Als ich kürzlich die Kataloge der Orientabteilung des Britischen Museums daraufhin überprüfte, konnte ich keinen Jou Pu Tuan-Titel entdecken.

Titel: Jou Pu Tuan bedeutet wörtlich «Fleisch Andachtsmatte» d. h. «Andachtsmatte aus Fleisch» (statt aus Bast oder Stroh, wie bei Dienern Buddhas gebräuchlich). Der Titel ist ohne weiteres verständlich, es bedarf keiner weiteren Erklärung, in welch weltlich schroffem Gegensatz sein Sinn zum geistlichen, weltabgewandten Sinn einer normalen Andachtsmatte aus Bast steht.

Wie schon erwähnt, vermerkt das Titelblatt der Ausgabe A einen zweiten Titel für den Roman: «Nach Erweckung Einkehr zum Dienst an Buddha» (küe hou tschan). Dieser zweite Titel findet sich auch in der Ausgabe C mitgenannt.

Es gibt sogar noch einen dritten Titel: «Vergeltung im Kreislauf» (hsün huan pao). Unter diesem Titel findet sich Jou Pu Tuan mit aufgeführt in einem Verzeichnis von Werken der Erzählungsliteratur von 1868.

Verfasser: Die Verfasserschaft am Jou Pu Tuan wird von maßgebenden chinesischen Literaturhistorikern, wie *Lu Hsün, Tsai Yüan Peh, Sun Kai Ti* u. a., dem *Dichter Li Yü* zugeschrieben. Über seine Person und sein Leben wissen wir hinreichend Bescheid. Das biographische Standardwerk «Eminent Chinese of the Ch'ing Period», herausgegeben von *Arthur W. Hummel*, erschienen 1943 in Washington im Verlag des Gouvernment Printing Office, bringt in Band I auf den Seiten 495–497 eine ausführliche, von dem chinesischen Gelehrten *Man Kwei Li* zusammengestellte Biographie des Dichters. Wir entnehmen ihr folgende Angaben:

Li Yü (1611–1680), Dramatiker, Novellist, Essayist, entstammte einer Sippe, die ursprünglich in Lan Ki in der Provinz Tsche Kiang beheimatet war. Er selber wurde geboren in Ju Kao in der Provinz Kiang Su. Mit 24 Jahren bestand er im Jahre 1635 die erste Staatsprüfung und erwarb den Titel Hsiu tsai «blühendes Talent», also Doktor ersten Grades. Bei der nächsten Prüfung fiel er zu mehreren Malen durch. Mit dem Sturz der Ming-Dynastie (1644) entsagte er endgültig der Ämterlaufbahn und widmete sich fortan dem Beruf des freien Schriftstellers.

Da die Einkünfte aus der Tätigkeit seines Pinsels nicht ausreichten, um seinen Haushalt von vierzig Köpfen zu ernähren, suchte er die Gönnerschaft hoher, seiner Sippe befreundeter und kunstsinniger Würdenträger. Zu diesem Zwecke unternahm er ausgedehnte Reisen durch ganz China, mit Ausnahme der südwestlichen Provinzen.

Auf diesen Reisen führte er seine eigene Theatertruppe mit sich, bestehend hauptsächlich aus einer

Schar von jungen Künstlerinnen, die in den herkömmlichen Künsten des Gesangs, des mimischen Tanzes, des Saiten- und Flötenspiels und Schauspiels geschult waren. Eigens für diese seine Haustruppe schrieb er eine große Anzahl von Theaterstücken, die er dann in den Häusern seiner vornehmen Gönner und Gastgeber zur Aufführung brachte.

Li Yü war somit Bühnenautor, Regisseur, Theaterdirektor, alles in einer Person. Eine Art chinesischer Shakespeare.

Not infolge der politischen Wirren, die der Sturz der Ming mit sich brachte, zwang ihn im Jahre 1648 zum Verkauf eines hübschen Familienlandsitzes im Umfang von hundert mou ‹Morgen› unweit Lan Ki und zur Übersiedlung in die Provinzhauptstadt Hang Tschou am Westsee. Dort nahm er den Beinamen Hu schang li wong an, das heißt ‹der Alte (wong) vom Westsee mit dem bastgeflochtenen Fischerhut (li)›.

Im Jahre 1657 machte er seine erste Reise in die neue Reichshauptstadt Peking, das er bald wieder verließ, um sich nach Nanking zu begeben und sich dort unweit des südlichen Stadttors ansässig zu machen. Er bewohnte dort ein Stück hügeligen Geländes, das er im Hinblick auf seine Winzigkeit scherzhaft ‹Senfkorngarten› benannte. Unter diesem Namen ist im Westen ein chinesisches Werk über Malkunst bekannt geworden. Li Yü war damals als Mitherausgeber an dem Werk beteiligt. Er eröffnete in Nanking ferner einen eigenen Buchladen und versuchte sich eine Zeitlang als Buchhändler.

1666 packte ihn wieder der Wandertrieb. Nach einem neuerlichen Aufenthalt in Peking reiste er nach Hsi An Fu, der Hauptstadt der Provinz Schen

Hsi im Westen des Reichs. Unterwegs dorthin traf er die schöne Kiao Ki, die er zu seiner Lieblingsfrau machte. Sie war eine begabte Sängerin und Schauspielerin und wurde der Star seiner kleinen Theatertruppe. Nach vier Monaten Aufenthalt in Hsi An Fu reiste er noch weiter westlich in die Provinz Kan Su. Diese Tournee gestaltete sich für ihn besonders erfolgreich, sowohl was den finanziellen Ertrag wie den künstlerischen Lorbeer betraf.

1670 war er wieder im Osten des Reichs, erst in der Küstenprovinz Fu Kiän, dann im südlichen Kwang Tung und Kanton.

In den Jahren 1672 und 1673 bereiste er die Mittelprovinz Hu Peh mit Han Kou am Yang tse.

Im Sommer 1673 folgte er einer ehrenvollen Einladung des Statthalters der Provinz Schan Hsi und gab Gastspiele in dessen Residenz Tai Yüan Fu. Im Winter 1673 zog es ihn wieder nach Peking, wo er bis zum kommenden Frühjahr blieb.

Neuerliche Geld- und Nahrungssorgen zwangen ihn im Jahre 1674 zum Verkauf seines geliebten ‹Senfkorngartens› in Nanking.

1675 trieb ihn Heimweh zu einem Besuch seiner Heimat in der Provinz Kiang Su. Mit Hilfe von Gönnern und Mäzenen erwarb er hierauf ein altes, hügeliges Parkgrundstück in Hang Tschou, das bis zu seinem Lebensende sein buon retiro bleiben sollte. Er ließ es 1678 wohnlich herrichten und nannte es Tsong Yüan, d. h. ‹Terrassengarten›.

Noch einmal packte ihn im Sommer 1677 der alte Wandertrieb und bewog ihn zu einer Reise nach der Kreisstadt Wu Tschou in Tsche Kiang, wo seine beiden Söhne gleichzeitig ihre Hsiu tsai-Prüfung ablegten. Da wollte er dabei sein. Es war seine letzte Reise. Nach seinem neuen Wohnsitz in Hang Tschou zurückgekehrt, begann er zu kränkeln und starb 1680.

Soweit sein Lebenslauf. Es war ein bewegtes Leben voll vielseitiger Abwechslung, Eindrücken und Erfahrungen. Daß er unter so vielseitigen Reiseeindrücken und Erfahrungen im Umgang mit Menschen hoher geistiger Kultur zu einem Mann von Welt und abgeklärter Lebensweisheit heranreifte, nimmt nicht wunder. Nicht umsonst zitiert Lin Yü Tang in seinen Büchern ‹Mein Land mein Volk› und ‹Weisheit des lächelnden Lebens› unseren Li Yü so gern und häufig als vorbildlichen Meister der Lebenskunst. Höhere Weisheit und Lebenskunst spiegeln sich auch wider in dem literarischen Niederschlag seines Wirkens und Schaffens. Zahlreich sind die von ihm hinterlassenen, hauptsächlich dramatischen Schriften.

An Epik hat er uns zwei Romane, einer davon das Jou Pu Tuan, sowie eine als klassisch anzusprechende Sammlung von zwölf Novellen unter dem Titel Schi erl loh ‹Zwölf Türme› hinterlassen.

Allgemeines: Jou Pu Tuan war dem Westen bisher völlig unbekannt. Nicht einmal dem Namen nach erwähnt findet es sich in den gängigen westlichen China-Literaturgeschichten z. B. von Wilhelm Grube, Richard Wilhelm, P. Eugen Feifel, Herbert Giles, J. Margoulies, James Hightower (Topics in Chinese Literature).

Es war im Frühjahr 1943, als ich den Titel Jou Pu Tuan erstmals aus dem Munde eines jungen chinesischen Gelehrten hörte. Er hatte an der Sorbonne in französischer Literatur promoviert und weilte damals besuchsweise in Freiburg. Wir sprachen über den im

Abendland bereits bekanntgewordenen großen Sittenroman Kin Ping Meh (meine deutsche Fassung wurde im Lizenzwege inzwischen in alle wesentlichen Kultursprachen des Westens übernommen), und in diesem Zusammenhang teilte er mir ziemlich geheimnisvoll, sozusagen im Flüsterton mit, es gäbe in der chinesischen Literatur noch etwas Ähnliches wie Kin Ping Meh, nämlich den Roman Jou Pu Tuan.

Ich witterte sofort einen verborgenen Literaturschatz. Denn an einem Roman, der von unterrichteter Seite dem berühmten Kin Ping Meh an die Seite gestellt, mit ihm in einem Atem genannt wird, muß schon etwas sein, sagte ich mir. Das China alten Gepräges pflegt seinen besten Besitz zu verstecken und nicht wie der lärm- und reklamefreudige Westen mit lautem Trara aller Welt anzupreisen. Das entspricht der taoistischen Grundhaltung des alten China: Der Weise liebt die Stille und Verborgenheit. Das war seit je Richtschnur für die Anhängerschaft der taoistischen Lehre eines Lao tse und Tschuang tse.

Gerade die etwas scheue Zurückhaltung, mit der mich jener chinesische Gelehrte auf den mir bis dahin völlig unbekannten Roman aufmerksam gemacht hatte, gerade das Dunkel, das sich um ihn breitete, waren dazu angetan, meine Wißbegier zu erwecken. Aber noch war ich weit von der Fundstelle des von mir vermuteten heimlichen Literaturschatzes entfernt.

Erst Jahre später fand ich eine weitere Fährte. Im Tschung kwo hsiao schuo schi lüe, in der «Geschichte der chinesischen Erzählungsliteratur» von Lu Hsün (im Verlag der Hsin Tschao Scho «Neue Flut literarische Gesellschaft», Schanghai 1924), stieß ich im Abschnitt Ming tschi jen tsing hsiao schuo «erotische

Romane der Ming-Zeit» am Schluß der Besprechung über Kin Ping Meh auf einen kurzen, aber gewichtigen Hinweis auf Jou Pu Tuan (Bd. II, S. 205). Da heißt es:

«Verfasser des Kin Ping Meh konnte literarisch schreiben. Ungeachtet mancher vulgärer Stellen, die sich zwischendurch eingestreut finden, liest man den Roman um seiner sonstigen Vortrefflichkeit willen mit Genuß und Behagen. Spätere Romanschriftsteller, die sich in der Art des Kin Ping Meh versuchten, gefielen sich bei der Schilderung erotischer Vorgänge in geschmackloser Übertreibung und Vorliebe für das Abnorme und Perverse, so daß ihre Machwerke anmuten wie Ausgeburten kranker, irrer Gehirne. Diese Leute wollten zwar frivol galante Erzähler sein, aber es fehlte ihnen das Zeug dazu, nämlich der entsprechend elegante literarische Stil.

Eine rühmliche Ausnahme bildet einzig und allein das Jou Pu Tuan, das hoch über den Durchschnitt ragt und nach Geist und Stil wohl dem Dichter Li Yü zuzusprechen ist.»

Also eine Anerkennung von sehr beachtlicher Seite. Denn an der Autorität eines Lu Hsün, neben dem heute in Peking als Kultusminister amtierenden Mao Tun (bürgerlicher Name Tschen Yen Ping) bedeutendster Epiker des neueren China und außerdem Literaturhistoriker von Rang, ist kaum zu rütteln. Damit war mein Jagdeifer geweckt und mein Entschluß, besagten Schatz zu heben, gefaßt.

Es sollten freilich wiederum Jahre vergehen, ehe ich das chinesische Original, und zwar gleich in zwei verschiedenen Textausgaben, in die Hand bekommen und damit an das Werk der Schatzhebung herangehen konnte. Es hat mich, wie oben gesagt, zwei volle Jahre in Anspruch genommen. Ob sich die Schatzgräberei gelohnt, ob tatsächlich ein literarischer Schatz zutage gefördert wurde, das darf ich dem Urteil der geschätzten Leserschaft überlassen.

Begnügen wir uns einstweilen mit der Feststellung, daß wir es beim Jou Pu Tuan mit einem bedeutenden Nachläufer (mo liu) des etwa siebzig Jahre früher entstandenen Kin Ping Meh zu tun haben, einem Sittenroman mit stark erotischem Einschlag aus dem Ende der Ming-Zeit (1633). Zweifellos war Li Yü vom Kin Ping Meh beeinflußt. Ein Vergleich zwischen seinem Jou Pu Tuan und dem Kin Ping Meh liegt nahe. Er ergibt neben Unterschiedlichem manches Gemeinsame.

Gemeinsam haben beide Romane das Thema Erotik (so). Hier wie dort steht im Mittelpunkt der Romanhandlung ein junger, skrupelloser Frauenjäger und Wüstling. Aber während Kin Ping Meh in der Person seines Hsi Men einen Vertreter der bürgerlichen Mittelklasse, einen reichen Händler, einen Emporkömmling ohne akademische Bildung und ohne akademischen Grad – sein späteres Regierungsamt hat er sich gekauft – zum Romanhelden macht, repräsentiert der Held der Jou Pu Tuan-Handlung, der Vormitternachts-Scholar, ein Hsiu tsai, ein «blühendes Talent», ein Doktor ersten Grades und Anwärter auf künftige höchste Ämter, die höhere Gesellschaftsklasse des alten China, die geistig führende Akademikerschicht. Kin Ping Meh schildert das erotische Sichausleben in der bürgerlichen Mittelschicht, Jou Pu Tuan erotische Exzesse innerhalb der gehobenen

Schicht der Akademiker. Dabei reicht der Lichtkegel der Sittenschilderung in Jou Pu Tuan noch weiter als im Kin Ping Meh und erfaßt auch versteckte Winkel und Seitenpfade der Erotik, die sich im Kin Ping Meh der Beleuchtung entzogen hatten. Insofern ist die Schilderung des jüngeren Romans vollständiger, umfassender als die seines älteren Vorgängers und – möglicherweise – Vorbilds.

«Jou Pu Tuan ist ein herrlicher ‹achtbeiniger Aufsatz› über das alleinige Thema ‹Durchlässe und Löcher durch Wände bohren, nur um die Geliebte zu erspähen, über Mauern und Wälle klettern, nur um die Geliebte zu treffen› –.»

So kennzeichnet drastisch Herausgeber der Textausgabe B in seinem Vorwort das Jou Pu Tuan. Zum näheren Verständnis sei hierzu bemerkt: der ‹achtbeinige› Aufsatz (pa ku wen tze) war der von den Prüfungskandidaten des alten China gefürchtete Aufsatz, den sie bei Ablegung der Staatsprüfung zu bauen hatten. Dieser Aufsatz sollte nicht nur auf vier, nein, gleich auf acht Beinen stehen, das heißt das von der hohen Prüfungskommission gestellte Thema nach allen Richtungen hin umfassend und erschöpfend behandeln. Mit der Wendung ‹Durchlässe und Löcher durch Wände bohren› usw. ist, wie leicht zu erraten, auf wilde, hemmungslose Liebesabenteurerei hingedeutet, die vor keinen Schranken und Hindernissen zurückschreckt.

Besagter Lichtkegel der Sittenschilderung im Jou Pu Tuan läßt an schonungsloser, mitunter schmerzhafter Grelle nichts zu wünschen übrig.

«Dinge, über die seit tausendjährigem Altertum der Schleier der Heimlichkeit gebreitet lag, verschwiegene

Rezepte der Liebeskunst, die bisher für tausend Goldbatzen nicht käuflich waren, werden hier vor aller Welt enthüllt und preisgegeben – wirklich schade!»

Also klagt die Glosse zu Kapitel 9. Nun, unsere aufgeklärte und zumal durch den Film reichlich abgebrühte Gegenwart dürfte diesen Stoßseufzer eines konfuzianischen Puritaners aus Chinas guten alten Tagen nur nachsichtig belächeln.

Übereinstimmung wiederum zwischen beiden Romanen herrscht hinsichtlich der Anzahl der weiblichen Hauptpersonen: Hsi Men leistete sich in seinem Haushalt eine Hauptfrau oder Erste (Mondfrau) und dazu fünf Nebenfrauen, also zusammen sechs Frauen, der Vormitternachts-Scholar brachte es zu einer Hauptfrau (Edelduft), einer Nebenfrau (Aroma), und pflog außerdem buhlerischen Umgang mit vier weiteren verheirateten Damen. Analog dem Untertitel zum Kin Ping Meh könnte man das Jou Pu Tuan also auch betiteln: ‹Die Geschichte vom Vormitternachts-Scholaren und seinen sechs Frauen!›

Ein beträchtlicher Unterschied in der Gegenstands-, Orts- und Milieuschilderung ist ohne weiteres festzustellen: Der Verfasser des Kin Ping Meh schwelgt in ausführlicher Detailmalerei, wenn es gilt, Kleidung, Frisur, Schmuck, also Äußeres seiner Personen, ferner Örtlichkeiten, Gebäude, Wohnungseinrichtung, Parkanlagen, Tafelgenüsse und dergleichen zu beschreiben.

Der Autor des Jou Pu Tuan hält sich nicht bei eingehender Beschreibung solcher Äußerlichkeiten auf, er deutet in kurzen Strichen bloß an, ähnlich wie altchinesische Tuschmalerei, die nur mit wenigen charakteristischen Strichen arbeitet und andeutet und nähere Details sich hinzuzudenken der Phantasie des

Betrachters überläßt. Vielleicht äußert sich darin ein Einfluß seiner Beschäftigung mit Malerei. Er war ja nicht umsonst Mitherausgeber der bekannten Malschulsammlung «Senfkorngarten».

Im Ausgleich hat Jou Pu Tuan vor Kin Ping Meh den Vorzug sorgfältiger Charakterschilderung und feinster, geradezu modern anmutender psychologischer Linienführung voraus. Bei Kin Ping Meh stehen, wie meist bei den Romanen der älteren Ming-Zeit, die Charaktere der einzelnen Personen von vornherein fest, sind gewissermaßen ein für allemal abgestempelt und erfahren im Verlaufe der Romanschilderung keine sonderliche Entwicklung oder Wandlung.

Im Gegensatz dazu verläuft das charakterliche Bild der Hauptpersonen des Jou Pu Tuan in Kurven, in feinen und feinsten Schwingungen je nach äußerem Geschehen und innerem Erleben. Die Hauptgestalten des Romans muten uns darum menschlich weit verständlicher und zeitnäher an als die etwas marionettenhaften Romanfiguren der älteren Ming-Epik. In Hinsicht psychologischer Linienführung hat sich Li Yü zweifellos weitgehend von der stereotypen Schwarzweiß-Malerei – hie gut, hie schlecht – der älteren Ming-Romane emanzipiert und dermaßen selbständig gemacht, daß man seinem Jou Pu Tuan unrecht täte, wenn man es bloß als ‹Epigonen› des Kin Ping Meh einstufen wollte.

Li Yü war von Haus aus hauptsächlich Dramatiker, nicht nur das, er vereinigte in seiner Person Bühnendichter, Regisseur und Theaterdirektor, der mit seiner eigenen Truppe von Schauspielern, Schauspielerinnen und Tänzerinnen durchs ganze Reich von Stadt zu

Stadt zog, um an den Höfen der Großen seine eigenen Theaterstücke mit seinen eigenen Kräften zur Aufführung zu bringen. Kurz, er war eine Art chinesischer Shakespeare und obendrein – merkwürdiger Zufall – fast Zeitgenosse seines englischen Kollegen (Shakespeare 1564–1616, Li Yü 1611–1680). Sein Roman Jou Pu Tuan verrät zweifellos den Dramatiker, er ist eine einzige Folge von straff gebauten, in sich abgeschlossenen Szenen, förmliche Auftritte, so klar und eindringlich gestaltet, daß man das, was jeweils vorgeht, bühnenmäßig bildhaft vor Augen sieht und die handelnden Personen in ihrem einprägsam gezeichneten Charakter spielend im Gedächtnis behält. Überdies bekräftigt Verfasser seine Verbundenheit mit dem Theater, indem er sich öfters technischer Ausdrücke der Bühnensprache bedient, wie z. B. «Auftritt», «Abgang von der Bühne», «Hauptperson», «Nebenperson», «Pause» u. a. m.

Wenn man die unbestreitbaren Vorzüge des Jou Pu Tuan bedenkt: dramatisch klare und straffe Gestaltung des Stoffes, scharfe und einprägsame Charakterisierung der handelnden Personen, feine psychologische Linienführung, hohes geistiges Niveau der teils sehr seriösen (zwischen Vormitternachts-Scholar und Einsamem Gipfel, Kun Lun Rivalen, Wunderdoktor), teils spritzig-lockeren und amüsanten Dialoge zwischen Vormitternachts-Scholar und den verschiedenen Weiblichkeiten oder letzterer unter sich, die sprachliche Eleganz und gedankliche Höhe der eingestreuten Verse und Zierprosastellen, die Reife der vorgebrachten Ansichten ebenso zu schwierigen Themen aus der buddhistischen oder konfuzianischen Gedankenwelt, wie zu heiklen Themen aus dem menschlichen, allzu menschlichen Bereich der Erotik und der ars amandi – schließlich aber nicht zuletzt den überlegenen Humor, der erfrischend das Ganze durchweht, keine stickige Schwüle aufkommen und die Leserschaft auch über textliches Glatteis schmunzelnd hinwegtänzeln läßt –, wenn man das alles bedenkt, so möchte man im Verfasser einen Mann von reicher Lebenserfahrung und reifen Jahren vermuten. Da erfahren wir nun zu unserer Überraschung aus dem Vorwort zu Textausgabe B, daß das Werk erstmalig 1633 erschienen ist, demnach ein Erzählertalent im recht jugendlichen Alter von dreiundzwanzig Jahren zum Verfasser hat! Das ist erstaunlich. Aber das Zyklusdoppelzeichen kweh yu steht nun einmal im Vorwort zum Text A, es läßt sich nicht herausradieren, und an der Logik der chronologischen Berechnung des Herausgebers von Textausgabe B ist keineswegs zu rütteln.

Nun, es hat in allen Ländern und zu allen Zeiten frühgereifte Talente und Genies gegeben, denen in erstaunlich jungen Jahren ein großer Wurf geglückt ist. Shakespeare schuf mit fünfundzwanzig Jahren seinen Titus Andronicus, bis zum dreißigsten Lebensjahre hatte er der Welt bereits Meisterdramen wie Richard II., Richard III., Romeo und Julia, Der Widerspenstigen Zähmung, Kaufmann von Venedig, Sommernachtstraum u. a. geschenkt. Denken wir auch an manche Frühkompositionen musikalischer Genies, etwa eines Mozart, eines Schubert. Warum sollte dem offenbar begnadeten Dichter Li Yü nicht schon mit dreiundzwanzig Jahren ein großer Wurf geglückt sein? – Er stammte aus der Südprovinz Tsche Kiang, also aus einer Zone zwischen dem 28. und 30. Breitengrad. Der heißere Süden läßt Früchte und Menschen schneller reifen als der kühlere Norden.

Wir haben verschiedene Anhaltspunkte, die die Vermutung nahelegen, daß Verfasser den Stoff zu seinem Jou Pu Tuan zu einem gut Teil aus eigenem, persönlichem Erleben geschöpft und in der Figur des einundzwanzigjährigen Vormitternachts-Scholars, zumindest in Einzelzügen, sich selber portraitiert hat.

Laut Hummel «Eminent Chinese» soll Li Yü seine erste Staatsprüfung «about» also etwa um 1635 bestanden haben, das wäre also zwei Jahre nach Erscheinen des Jou Pu Tuan. Lassen wir dahingestellt, ob die angegebenen Daten nun auch ganz genau stimmen – hinter den Lebensdaten 1611–1680 ist bei Hummel vorsichtshalber ein Fragezeichen gesetzt –, auf ein Jahr früher oder später soll es nicht ankommen. Jedenfalls fielen Entstehung und Erscheinen des Jou Pu Tuan in eine Lebensphase, da so ein Prüfungskandidat mit einem Ballast von ungeheurem Wissen vollgestopft war, dessen Beherrschung nun einmal die hohe Prüfungskommission verlangte. In diesen Jahren der Vorbereitung glich das Hirn eines Kandidaten einem vollgesogenen Schwamm. Daß ein solcher geistiger Schwamm das Bedürfnis spürte, seinerseits etwas in Gestalt von geistigen Erzeugnissen, Gedichten, Stanzen, Essays, einer Novelle oder sogar eines Romans wieder abtröpfeln zu lassen, ist nur natürlich. Der Geist war nicht nur angekurbelt, er lief auf vollen Touren.

«Ich habe den Ehrgeiz, ein bedeutendes Werk zu schreiben und künftig in der Literaturgeschichte unseres Landes als erster Meister der Prosadichtung fortzuleben.»

Also läßt im ersten Kapitel der Verfasser seinen jugendlichen Helden von einundzwanzig Jahren zum Einsiedler ‹Einsamer Gipfel› sprechen. Nun, das paßt haarscharf auf den Verfasser selbst. Mit dreiundzwanzig Jahren hat er sein Jou Pu Tuan geschaffen, und daß dieser bedeutende Roman in der Literaturgeschichte aller Kulturländer, nicht nur Chinas, fortleben wird, daran besteht wohl kein Zweifel mehr. ‹Einsamer Gipfel› – er hauste in seiner Einsiedlerklause auf dem Kwa tsang schan, auf dem ‹in Azurbläue gehüllten› Berg irgendwo in der Provinz Tsche Kiang. Es war die Heimat des Dichters Li Yü. Seine Familie war seit Generationen auf einem Landgut bei Lan Ki ansässig. Als Einsiedler aber lebten auch die oder jene berühmten Hsiän schong, die Meister der Wissenschaften, bei denen die Studenten Ausbildung und Vorbereitung für die schwierigen Staatsprüfungen suchten und fanden.

Es gab im damaligen China keine Universitäten, wie schon im damaligen Europa und im heutigen China. So ein Studiosus mußte schon Fußmärsche oder Ritte von hunderten oder gar tausenden kleinen Meilen (li = ein halber Kilometer) in Kauf nehmen, um zu seinem ‹Meister›, entsprechend einem heutigen Universitätsprofessor, zu gelangen und dann für eine Weile zu seinen Füßen zu sitzen und zu lernen.

Solches Herumreisen bildete übrigens einen wohltätigen Ausgleich zu einseitigem Büffeln und andauernder Stubenhockerei. Die jungen Leute lernten unterwegs Land und Leute kennen und lüfteten in der frischen Luft ihre geistig überfütterten Hirne. So mag wohl auch Verfasser eines Tages auf den in Azurbläue gehüllten Berg gekommen und dort die –

möglicherweise – noch erhaltene Klause besichtigt haben, wo vor Jahren einmal der berühmte heilige Einsiedler ‹Einsamer Gipfel› gehaust hatte. Vielleicht waren noch schriftliche Zeugnisse von seinem Erdenwallen vorhanden, vielleicht waren bei den Einheimischen noch Legenden über ihn im Umlauf. Er hörte herum und machte sich Notizen, und so entstand der äußere Rahmen des Jou Pu Tuan, das Eingangs- und das Schlußkapitel.

Einen buddhistischen Einsiedler mit Beinamen Pi pu tai ho schang «Mönchlein Ledersack» hat es tatsächlich gegeben. Er ist eine historische Persönlichkeit, zählt zu den Zierden im Pantheon der Bodhisatvas oder Lo han, der buddhistischen Heiligen. Das Foh hsüe ta tze tiän, eine große buddhistische Enzyklopädie von 1925, erwähnt ihn auf Seite 861 und weiß allerlei Einzelheiten von seinem Wirken und seinen Eigenarten zu berichten. Allerdings hat das historische «Mönchlein Ledersack» um 900 n. Chr., also volle vier Jahrhunderte vor dem Einsiedler gleichen Namens im Jou Pu Tuan gelebt. Ob dem Verfasser ein Anachronismus unterlaufen ist – Anachronismen leisten sich chinesische Romanschriftsteller öfters, das muß man wohl dem Recht auf dichterische Freiheit zugute halten – oder ob der heilige Einsiedler des Romans, den Verfasser vierhundert Jahre später in der Zeit der Mongolenherrschaft, während der Regierungsepoche Tschi Ho ‹erreichte Harmonie› (1328) leben und auftreten läßt, von der Mitwelt als Wiedergeburt, als Reinkarnation jenes früheren Heiligen gleichen Namens angesehen wurde, sei dahingestellt.

Nebenbei bemerkt – es gibt oder gab sogar einen Roman des Titels Pi Pu Tai «Ledersack». Demnach hat die Figur jenes wunderlichen Heiligen außer unserem Li Yü noch ein weiteres ‹blühendes Talent› zu dichterischer Gestaltung inspiriert.

Einen wertvollen Fingerzeig bieten die zwei Schriftzeichen Scho Yo auf der in Blumensprache gehaltenen Visitenkarte, mit der sich der anonyme Glossator zum Urtext, zu Textausgabe C, dem Lesepublikum vorstellt. Scho bedeutet Gesellschaft, Verein, Klub, Yo bedeutet Freund. Also ein Klubfreund – natürlich des Verfassers. Demnach gehörte Li Yü einem literarischen Klub an. Der Brauch, daß sich junge Akademiker, Freunde der Literatur, aber auch politische Reformer, Stürmer und Dränger zu einem Klub zusammenschließen, bestand seit Jahrhunderten im alten China und lebt im heutigen China fort. Solche Klubs betätigen sich nicht nur literarisch schaffend, sondern auch literaturfördernd, ja verlegerisch, indem sie Drucklegung und Publikation von Arbeiten der Klubmitglieder, von Zeitschriften und Büchern finanzieren. Unter den Publikationen des modernen China finden wir häufig solche, die irgendeine Scho zum Verlag haben.

So ist die oben erwähnte Literaturgeschichte des *Lu Hsün* im Verlag des Hsin Tschao Scho, d. h. eines literarischen Klubs namens ‹Neue Flut› erschienen.

In solchen Klubs wurde nicht nur gemeinsam produziert, es wurde auch heftig debattiert und diskutiert und – politisiert. Da erzählte man sich nicht nur galante Erlebnisse und Abenteuer, da tauschte man auch seine Ansichten und Sorgen zur derzeitigen politischen Lage aus, da erörterte man Mißstände und Nöte der Zeit und brütete wohlmeinend über Abhilfe.

Jugend ist empfindlicher gegen Zeitübel als die ältere Generation, die sich mit zunehmendem Alter aus Bequemlichkeit die Dickhäuterhaut der Anpassung und Gewöhnung zuzulegen liebt. In der Lebensphase, in der Li Yü seinem Klub angehörte und das Jou Pu Tuan schrieb – der Klub hat vermutlich seine Drucklegung und Publikation finanziert –, war er zweifellos wie so viele seinesgleichen und seines Alters Idealist, Weltverbesserer.

Die jungen Akademiker des alten China, die künftigen Pfeiler des Staates, fühlten sich als eine Art Volksgewissen, als Wortführer und Anwälte der unwissenden, leidenden Millionen. Sie scheuten sich nicht, für eine gute, gerechte Sache auf die Straße zu gehen und zu demonstrieren. Man denke an die erfolgreiche Studentenrevolte in der Tang-Zeit, die den Sturz eines mißliebigen allmächtigen Kanzlers erzielte*, man denke an die öffentlichen Studentendemonstrationen während des umstürzlerischen Jahrzehnts zwischen 1911 und 1920. Der politischen Revolution parallel lief die literarische Revolution!

Li Yü wurde in eine Krisenzeit politischen Umbruchs hineingeboren. Nach zweihundertfünfzig Jahren Herrschaft begann der Stern der nationalen Ming-Dynastie zu bleichen, ein neuer Stern war im Aufstieg begriffen. Finsteres Kriegsgewölk ballte sich im Nordosten des Reiches. Unverbrauchte, kriegerische Söhne der mandschurischen Steppe pochten Einlaß heischend an die Pforten der Großen Mauer. Es waren die Nachfahren der wilden Kin-Tartaren, die schon

---

* Vgl. die Schilderung dieses historischen Vorganges in dem Ming-Roman Erl Tu Meh «Rache des jungen Meh», deutsch von Franz Kuhn, Arche Verlag, Zürich.

gegen Ende der Nördlichen Sung-Dynastie (um 1100 herum) das verweichlichte ‹Blumenreich der Mitte› bedrängt und überrannt und dann jahrzehntelang bis zum Yang tse herunter besetzt hatten.

Genau das gleiche sollte sich in der Zeit wiederholen, während Li Yü vom Kind zum Jüngling und Mann heranwuchs. 1644 war die Katastrophe da. Als junger Mann von vierunddreißig Jahren mußte er, ein Chinese von hoher Kultur, zähneknirschend erleben, wie der Herrscher eines verhaßten barbarischen Fremdvolkes aus dem rauhen Norden den Drachenthron bestieg.

Es läßt sich denken, daß junge glühende Patrioten wie Li Yü und seine Klubfreunde schon um 1630 herum das am politischen Himmel heraufziehende Gewitter mit Sorge betrachteten und auf Abhilfe sannen. Noch immer hat in Chinas Geschichte Sittenverfall bei Hof den Sturz einer dekadent gewordenen Dynastie begleitet, richtiger eingeleitet. Die krassesten Beispiele dafür liefert die Geschichte in den beiden weiberhörigen Tyrannen Kiä oder Li Kweh (1818 v. Chr.), der letzte Herrscher der Hsia-Dynastie, und Tschou Hsin (1154 v. Chr), letzter Herrscher der Schang- oder Yin-Dynastie. Sie wurden beide mit Schimpf und Schande vom Thron verjagt.

Solche weit entlegenen historischen Vorgänge waren einem hochgebildeten Jungakademiker wie Li Yü selbstverständlich gegenwärtig und geläufig, als ob sie sich erst tags zuvor ereignet hätten. Er befürchtete die gleiche Katastrophe für den Ming-Thron. Denn bei Hofe und in den höheren Gesellschaftskreisen machte sich wieder einmal bedenkliche Laxheit der Sitten breit.

Es scheint damals in den vornehmen Kreisen der Wang sun ziemlich toll hergegangen zu sein. Frauen anderer scheinen als Freiwild betrachtet worden, die Jagd auf Frauen anderer eine Art aristokratischen Sports gewesen, der altehrwürdige Sittenkodex eines Kung tse bedenklich in Vergessenheit geraten zu sein.

Ein Wort der Erklärung zu dem Ausdruck Wang sun: Er bedeutet wörtlich Wang Kaiser, König, Fürst, sun Enkel, also Prinzen, im engeren Sinne sind gemeint die Prinzen, die in näherer oder entfernterer verwandtschaftlicher Beziehung zur kaiserlichen Sippe standen, im weiteren Sinne ist Jugend aristokratischer Herkunft im allgemeinen gemeint.

Sittenverderbnis in diesen dem Thron nahestehenden Kreisen mußte selbstverständlich dem Ansehen des Throns schaden, bedeutet also eine ernste Gefahr für den Bestand des regierenden Herrscherhauses. Eigentlich war es Amt und Aufgabe der Zensoren, den Thron auf Mißstände und drohende Gefahren aufmerksam zu machen. Zensoren hatten das Privileg des freien Worts gegenüber dem Himmelssohn. Eine parlamentarische Volksvertretung gibt es in China erst seit 1911. Wenn nun aber die Zensoren selber versagten? – Der häufige Gebrauch des Ausdrucks Wang sun im Text läßt gar keinen Zweifel, daß Jou Pu Tuan seine Spitze vornehmlich gegen diese Gesellschaftsschicht richtete.

Idealist, der er war, fühlte sich Li Yü genau wie sein Zeitgenosse Ting Yao Kang (1620–1691), Verfasser des Romans Ko Liän Hua Ying «Blumenschatten hinter dem Vorhang»* zum Reformer, zum Welt-

---

* Deutsch von Franz Kuhn, Herm. Klemm Verlag, Freiburg 1956.

verbesserer berufen. Mit seinem Roman Jou Pu Tuan wollte er jenen verderbten Kreisen einen Spiegel vorhalten, genau wie Ting Yao Kang wollte er sie durch eindringliche Betonung und Ausgestaltung des altkonfuzianischen und zugleich buddhistischen Vergeltungsgedankens warnen und schrecken und zur Einkehr bringen. Das war seine gute reformerische Absicht, der tief moralische Gedanke, der ihn bei Abfassung und Veröffentlichung des Jou Pu Tuan leitete.

Da könnte nun der Einwand erhoben werden: Was kann ein Roman schon groß zur Hebung der Sitten, zur Besserung der allgemeinen Moral, zur Abwendung drohenden politischen Unheils ausrichten? Das trifft zweifellos für unsere heutigen Zustände im Westen zu. Wenn die Frankfurter Buchmesse den Büchermarkt alljährlich mit zehntausend Neuerscheinungen der Belletristik überschwemmt, welcher einzelne Roman, sei er auch Bestseller, hat denn die Möglichkeit, sich derart aus der Masse herauszuheben, daß er die öffentliche Meinung beeindrucken und den allgemeinen Kurs beeinflussen könnte? Dies um so weniger, als die Aufmerksamkeit der Menschen außer durch das Buch auch noch durch Presse, Radio, Fernsehen und Film weitgehend abgelenkt und absorbiert wird.

Welcher verantwortliche Staatsmann hat denn heute überhaupt die Zeit, einen Roman zu lesen? Wenn sich heute einer, mag er sich noch so berufen fühlen, einbilden wollte, er könne sich mit einem Roman, mag er auch noch so wohlgemeint und noch so hervorragend abgefaßt sein, den Mächten, die unser Menschenschicksal heute wirklich bestimmen, Maschine, Motor, Atom, Physik, Chemie – entgegenstemmen, der könnte sich ebenso gut auf eine belebte Fahrbahn stellen und versuchen, einen daherrasenden Kraftwagen aufzuhalten.

Anders im damaligen China. Da verlief das häusliche Leben noch in sehr geruhsamen, gemächlichen und behaglichen Bahnen. Was gab es schon an geistiger Anregung? Presse gab es nicht, abgesehen von einer Tsing pao, der hauptstädtischen Staatszeitung, die sich auf amtliche Verlautbarungen beschränkte. Es gab kein Telefon, kein Radio, kein Fernsehen, keinen Film. Die einzige geistige Anregung und Unterhaltung bot neben dem Theater für Männer und Frauen, künstlerisch-literarischen Darbietungen in Klubs und Blumenhöfen (nur für Männer) – das Buch, am stärksten ein Roman, die leichte und amüsante Unterhaltungslektüre des Hsiao schuo, «die kleine Erzählung», der Roman, die Novelle, als willkommene Ablenkung vom täglichen Einerlei dankbar begrüßt.

Es besteht ja auch ein gewaltiger Unterschied in der Art und Weise und in den Voraussetzungen, unter denen ein Roman im alten China entstand, und wie er heutzutage bei uns entsteht. Bei uns braucht einer oder eine nur lesen und schreiben gelernt zu haben, also das Alphabet von sechsundzwanzig Buchstaben zu beherrschen, braucht nur ein paar Jahre Volksschule absolviert zu haben, um einen Roman zu verfassen, gedruckt zu werden, möglicherweise einen Bestseller zu erzielen und Anwartschaft auf Literaturpreise zu erlangen. Das alte China stellte weit höhere Anforderungen an einen Romanverfasser. Da wurde nicht nur eine gehörige Kenntnis der schwierigen Schriftsprache mit ihren vierzigtausend Schriftzeichen verlangt, je mehr seltene Schriftzeichen er kannte, desto höher wurde sein Opus eingeschätzt. Unter Kenntnis von wenigstens zehntausend Schriftzeichen konnte er sich kaum an die Abfassung eines Romans wagen. Ein Romanverfasser im heutigen China kommt schon, genau wie die Tagespresse, mit dreitausend aus.

Da wurde auch ein eleganter Stil, da wurden eingestreute dichterische Finessen und Delikatessen ähnlich den unzähligen Gängen und Leckerbissen eines opulenten chinesischen Mahls – Chinesen von Kultur sind eben nicht nur in kulinarischer, sondern auch in literarischer und sonstiger Hinsicht Feinschmekker – kurz, da wurde literarisches Niveau verlangt.

Der altchinesische Romanschriftsteller wandte sich ja nicht wie der heutige westliche an die breite Masse, die breite Masse der Millionen im alten China konnte ja gar nicht lesen, er wandte sich vielmehr an eine dünne Oberschicht von schriftkundigen, kulturtragenden Gebildeten, und die waren sehr kritisch eingestellt.

Kritisch, sehr kritisch waren auch die Klubfreunde, die das Manuskript des Klubmitglieds prüften, ehe sie seine Drucklegung finanzierten, und mit nicht minder kritischer Strenge prüften die Gelehrten, die als Lektoren in den Verlagen fungierten. Aus all den aufgezählten Gründen hatte im alten China ein Roman eine Art Seltenheitswert, stand höher im Kurs und hatte mehr Aussicht auf Beachtung in maßgebenden Kreisen als einer von den vielen tausenden Romanen, die heutzutage alljährlich den westlichen Büchermarkt überschwemmen.

164 Titel zählt das Verzeichnis von Ming-Romanen auf, das ein japanischer Sinologe des 18. Jahrhunderts

angelegt hatte. Was bedeutet schon diese bescheidene Zahl für fast drei Jahrhunderte, gemessen an den Riesenzahlen unserer heutigen westlichen Romanproduktion? Man möchte fast sagen, ein Segen, daß die Schwierigkeit der chinesischen Schriftsprache eine ähnliche Überproduktion wie auf dem westlichen Büchermarkt verhindert hat.

Wenden wir uns nach dieser kleinen Abschweifung wieder der guten Absicht des Reformers Li Yü zu.

Wenn noch der mindeste Zweifel über die gute Absicht des Verfassers und die ethische Grundtendenz seines Jou Pu Tuan bestünde, so wird er behoben durch das sehr aufschlußreiche Vorwort zur japanischen Textausgabe B von 1705. Lesen wir:

«Der Inhaber des To tsing schu sse ‹Verlag für Erotik›, Herr Tsing Schi Küan ‹Azurblaufelsquell›, suchte mich eines Tages auf. Er brachte einen Jou Pu Tuan-Text mit und bat mich, ihn ins Japanische zu übersetzen. Es war sein Wunsch, das Werk in einer japanischen Ausgabe zu drucken und zu verbreiten und damit das Seine dazu beizutragen, daß skrupellose Frauenjäger weitgehend zur Erweckung gelangen und einsehen, daß frivole Verführung und dreiste Verletzung fremder Hausehre empfindliche Vergeltung nach sich ziehen muß, auf daß sie endlich aufhören, die eigene Gattin und die eigenen Nebenfrauen zu vernachlässigen und sich außer Hauses in gewagte galante Abenteuer mit fremden Frauen einzulassen, wobei sie sich nicht scheuen, sogar über Mauern zu klettern und sich den Weg durch Kellerwände zu bohren, nur um zum Ziel ihrer frechen Wünsche zu gelangen. Er tat einen Seufzer und fuhr fort: ‹Ehemänner sollen keine verbotenen Seitenpfade wandeln, dann werden auch ihre Frauen die Sittsamkeit wahren und auf eheliche Treue halten. Ein harmonisches Familienleben und geordnete Zustände im Lande werden die wohltätige Folge sein – das ist die Moral, das ist der wundervolle Leitgedanke des Romans Jou Pu Tuan› ...»

Das dürfte deutlich genug sein. Nachdem sich der ‹Herr des eisvogelblauen Schlosses der Geborgenheit›, offenbar ein vornehmer, der chinesischen Sprache mächtiger Japaner, mit dem Inhalt des Jou Pu Tuan vertraut gemacht hatte, mußte er dem Verleger ‹Azurblaufelsquell› recht geben und entschloß sich zur Erfüllung seines Wunsches. Seine japanische Fassung des Jou Pu Tuan ist 1705 erschienen.

Der Idealist Li Yü war Realist genug, um sich zu sagen, daß er die verirrten Seelen schwerlich in den Ledersack der Vernunft und Zucht werde einfangen können, wenn er mit einem trockenen Moraltraktat, mit einer erbaulichen Hauspostille daherkäme. So etwas würde ungelesen in den Papierkorb wandern oder als Lunte zum Anzünden der Tabakpfeife Verwendung finden. Li Yü kannte seine Leute. Und so bediente er sich eines listigen Tricks. Er hatte ihn einem erhabenen Vorbild aus dem Altertum, einem sehr illustren Geist, dem berühmten Philosophen Mong tse abgeguckt. Mong tse (372–289) wird in China als Ya Schong ‹zweiter Heiliger› oder ‹Weiser› hinter Kung tse als erstem Weisen hoch verehrt. Die ihm zugeschriebene Schrift gleichen Namens zählt unter die Sse schu, die ‹vier klassischen Bücher›, deren genaue Kenntnis im alten China Grundpfeiler der Erziehung und Bildung war. Seine Autorität war gewaltig. Bei seinen Wanderungen von Fürstenhof zu

Fürstenhof kam er auch zum Fürsten Hsüan vom Staate Tsi (heute Schan Tung). Er führte mit ihm mehrere Gespräche über die Grundsätze einer weisen Regierung. Der etwas leichtlebige und harthörige Fürst wollte anfangs nicht viel davon wissen und redete sich mit allen möglichen, ihm nun einmal angeborenen Fehlern und Schwächen, u. a. auch seiner Schwäche für weibliche Reize, heraus. Mong tse wendete die kluge Taktik an, daß er geschmeidig auf die genannte Schwäche einging und dem Fürsten zunächst in unterhaltsamem Plauderton Histörchen von einem früheren berühmten Fürsten erzählte. Damit erzielte er den Erfolg, daß ihm der Fürst überhaupt, und zwar sehr angeregt, zuhörte und auch für die Tonart ernster staatsmännischer Belehrung, in die Mong tse allgemach überschwenkte, zugänglich wurde.

Der gleichen Taktik bediente sich bei Abfassung des Jou Pu Tuan sein Verfasser Li Yü, indem er – doch wozu wollen wir wiederholen und uns mit einem Pa ku wen tze, einem umständlichen ‹achtbeinigen› Aufsatz über Motiv und Absicht und Methode des Verfassers abmühen? Er erklärt sich erschöpfend ja selber im Schlußkapitel seines Romans. Wenn er in seiner unübertrefflichen plastischen und drastischen Ausdrucksweise davon spricht, er wolle seinen Patienten bitteren Olivengeschmack der Moral in süßes Dattelfleisch gebettet verabreichen – was wäre dem noch hinzuzufügen?

Dr. Franz Kuhn

NACHWORT DES VERLEGERS

Die geschätzte Leserschaft hat nun ausführlich den Chinesen und Sinologen angehört. Sie möge zu guter Letzt auch dem Verleger der ersten westlichen Ausgabe des Jou Pu Tuan ein kurzes Wort vergönnen. Es diene dem Bemühen, das Werk vom vergleichend-literarhistorischen Standpunkt aus in erster, gröbster Sichtung zu begreifen und seine Bedeutung wenn auch nur ganz vorläufig abzuschätzen. Damit wird auch zugleich gesagt, warum und in welchem Sinne es verlegt worden ist.

Das Werk wird vorgestellt als ein achtbeiniger Prüfungsaufsatz zum Thema «Unerlaubte Liebe» und vom Verfasser selbst als ernsthafteste Mahnung im Sinne konfuzianisch-buddhistischer Moral interpretiert. Ist es das wirklich?

Wir können die Antwort auf diese Frage auf verschiedenen Ebenen suchen. Erstens beim Verfasser selbst: Ist ihm zu glauben? Spricht sein übriges Leben und Werk, sein Ansehen und die Autorität seiner Persönlichkeit für die Glaubwürdigkeit seines moralischen Themas?

Das ist im Ernst nicht abzustreiten und geht aus seiner Biographie und dem Ruf, den er noch heute bei Chinas Elite als feingebildeter Mann und Autor geschliffensten Stils genießt, hervor.

Zweitens bei seiner Zeit: War das Jahr 1633, das Entstehungsjahr des Jou Pu Tuan, einem moralischen

Anliegen günstig? Diese Frage erweist sich von besonderer Fruchtbarkeit.

Die Ming-Zeit ganz allgemein gilt im Ablauf der chinesischen Kulturgeschichte gegenüber den früheren Epochen etwa der Tang- oder Sung-Zeit als eine Periode der Aufweichung, der wollüstigen Verfeinerung von Kultur, Kunst und Sitte in China. Eine Art chinesischen Ancien régime-, Empire- oder Rokokostils hatte sich Bahn gebrochen. Alte konfuzianische Sittenstrenge galt als schrullig, überlebt. Man wollte fortschrittlich, urban, aufgeschlossen, lebensfroh und ohne Härte sein. Gegen Ende der Ming-Zeit, als die außenpolitischen und militärischen Schwierigkeiten an der Mandschurengrenze sich häuften, kam eine Stimmung auf, die wir mit «après nous le déluge» oder mit «fin de siècle» in Parallele setzen dürfen. Weite Kreise der führenden Schicht waren nicht mehr gewillt oder nicht mehr fähig, den Realitäten ins Auge zu schauen. Wie immer und überall in solchen Situationen findet man nichts öder als die Mahner, die auf die sogenannten «Lehren der Geschichte» hinweisen, und hofft blind und taub, diesmal werde alles anders sein, weil gewisse Faktoren, die niemand kenne, nicht in die Rechnung eingesetzt worden seien, dort aber entscheidend zugunsten einer glücklichen Lösung wirken würden.

Wir haben gehört, daß das Jou Pu Tuan 1633 entstand, elf Jahre vor dem Sturz der Ming-Dynastie und dem Ende der Ming-Zeit. In Europa herrschte von 1618–1648 der Dreißigjährige Krieg. Ein Roman wie das lebenslustige und satirische Kin Ping Meh konnte noch siebzig Jahre früher entstehen und seine genießerische Leserschaft finden. Ein Roman von epischer Breite, unbegrenzter Freude an der objektiven Zustandsschilderung, Kultur- und Zivilisationsbeschreibung, tendenzlos und unbedenklich. Siebzig Jahre später hatte sich die Atmosphäre völlig gewandelt. Li Yü, ein jugendlicher Idealist und Mitglied einer patriotisch besorgten Gesellschaft von Gleichgesinnten, schreibt nunmehr ein Buch für die gleiche Leserschaft, die dem Kin Ping Meh so viele moralisch lähmende Reize abgewinnt. Aber wie ganz anders ist das Anliegen, das ihn dabei treibt! Und wie frappant ist es, daß bald darauf ein anderer Besorgter, Ting Yao Kang (1620–1691), sich getrieben fühlt, sogar das Kin Ping Meh selbst mit einem moralischen Fortsetzungsroman, dem «Blumenschatten hinter dem Vorhang», zu krönen, in dem er die Helden jenes Schlagers und Bestsellers in späteren Wiederverkörperungen wieder auftreten und Strafe und Lohn für die Taten im Romanleben des Kin Ping Meh empfangen läßt. Insofern als dieser moralische Fortsetzungsroman erst 1685 erschienen ist, kann wohl angenommen werden, daß das Jou Pu Tuan, dessen Unter- oder Nebentitel «Ring der Wiedervergeltung» sehr populär war, den Autor Ting Yao Kang dazu wesentlich angeregt hat, nun sogar den Roman Kin Ping Meh selbst seiner moralisch auflösenden Wirkung zu berauben und ihn durch die Fortsetzung und den Abschluß zu einem erbaulich-aufbauenden Volksbuch zu machen, nachdem einmal an der Beliebtheit dieser literarischen Gattung weder zu zweifeln noch etwas zu ändern war.

Welche Bedeutung aber dieser moralischen Zeittendenz in China selber zukommt, darüber kann uns ein Einblick in die schöne Auswahl von Historikerschriften, die Franz Kuhn unter dem Titel «Altchinesische Staatsweisheit» veröffentlicht hat, hinreichend aufklären. Es zeigt sich dort, daß offensichtlich in China während Jahrtausenden zwei Grundtendenzen in seinem historisch-philosophischen Schrifttum herrschend waren, die in verblüffender Weise in Parallele stehen zu dem, was Alttestamentler im vorchristlich-jüdischen Bereich Halachismus und Hagadismus nennen. Das halachische Schrifttum verfeinert und vervollkommnet immer mehr die Exegese und Kommentierung des Gesetzes, das die Heilige Schrift, hier von Bibel und Talmud, dort von Meister Kung, aufgestellt hat. Das hagadische Schrifttum aber interpretiert alles Leiden, das die äußere und innere Nationalgeschichte dem Volk und seinen Führern auferlegt, als unabwendbare Folge seiner eigenen Sünden, als verdiente Züchtigung.

In China hat das nie unterbrochene «halachische» Bemühen der Gelehrten, der Zensoren und Historiker dazu geführt, daß gerade auch die «hagadische» Tendenz immer lebendig blieb und jederzeit besonders virulent werden konnte, wenn äußere oder innere Not die Harmonie von Staat und Gesellschaft bedrohte. So gehörte es seit Jahrtausenden zu den unbestrittensten Dogmen des Konfuzianismus, daß sittlicher Verfall am Hofe des Kaisers und in den Familien der Beamten zum Verfall des Reiches und zum Sturz der Dynastie führen muß. Von hier aus gesehen ergibt es sich von selbst, daß die Zeit um 1633 einem echten moralischen Anliegen, wie es das Jou Pu Tuan vertritt, überaus günstig war.

Für uns heutige Europäer mag es noch besonders sympathisch berühren, daß der Roman elf Jahre vor dem Ende der Ming-Zeit veröffentlicht ist und nicht erst unter der Mandschu-Dynastie, die ja von oben herab einen sehr starken Druck ausübte, um die altkonfuzianische Sittenstrenge den ihrer Zucht entwöhnten Chinesen selber wieder aufzuzwingen. Wenn im Zuge dieser von der Fremdherrschaft aufgezwungenen Tendenz das Jou Pu Tuan entstanden wäre, trüge es die für uns fatalen Züge der Kollaboration. Daß es schon zur Zeit der beinahe zügellosen Freiheit und Auflösung der Ming-Zeit entstand, gibt dem Buche und seinem Anliegen einen besonderen Zug von Ernst, Heroismus und idealistischem Patriotismus.

Nun aber zur letzten Frage: Wie steht es mit dem Werke selber? Ist seine Moral ernstzunehmen? Und wie hat Li Yü versucht, seinem Anliegen zum Durchbruch zu verhelfen?

Da muß zunächst folgendes auffallen: Li Yü, gleich wie Ting Yao Kang im «Blumenschatten», verläßt die für die Elite überlieferungsgemäß sakrosankte rein konfuzianische Ebene, was er niemals hätte tun können, wenn er nur einen moralischen Traktat hätte schreiben wollen, und geht für die chinesische Elite neue Wege! Er holt den Buddhismus zu Hilfe, das Substrat der buddhistischen Volksreligion sozusagen. Mit den rein konfuzianischen Lehren, deren Wundergebäude durch Musik und gute Sitten getragen worden war, war offenbar nichts mehr zu retten. Die hatten ausgespielt. Sie zogen nicht mehr. Sie waren durch das schamlose Spiel korrupter Generationen von Beamten und kaiserlichen Prinzen entwertet und selbst korrumpiert und suspekt geworden. Nun brauchen sie eine Stütze, ein Fundament. Das finden Li

Yü wie Ting Yao Kang in der buddhistischen Volksreligion.

Ist es nicht naheliegend, dabei als Parallele ans Abendland zu denken, wo seit Jahrzehnten die besten Köpfe nach einer Grundlage für die überlebte offizielle Staatsmoral des 19. Jahrhunderts suchen, welche auf Freimaurerei und säkularisiertem Humanismus beruhte, sich aber unter den Stürmen des 20. Jahrhunderts als zu schwach erwiesen hatte? So kommt es bei uns zu all den verschiedensten und mächtigen Rechristianisierungsbestrebungen, dem großen Aufschwung der katholischen Kirche und Aktion, dem Sieg der christlich-sozialen Bewegungen und Parteien, der moralischen Wiederaufrüstung, der Oxfordbewegung, dem regen Sektenleben, aber auch zur internationalen Neugeistbewegung, zur verbreiteten Yogapraxis, zur Liebe zu indischen Religions- und Lebenslehren und anderen Beweisen eines religiösen Suchens, wie es dem 19. Jahrhundert durchaus fremd war.

Wie seltsam ist doch das erste Gespräch im Jou Pu Tuan, das den Buddhisten Ku Fong und den jungen Scholaren gemeinsam Niveau und Rahmen der Romanhandlung und ihrer moralischen Zielsetzung abstecken läßt. Als der Einsiedler mit Wiedervergeltung in kommenden Existenzen droht, einem Glauben also, der im breiten Volke allzeit lebendig und wirkungsvoll war und der ja auch Ting Yao Kangs «Blumenschatten» restlos trägt, da wehrt sich der durch und durch konfuzianisch gebildete Studiosus wie gegen eine unerhörte, niveaulose Zumutung: Das ist Aberglaube für die unteren Schichten des Volkes, aber indiskutabel für Gebildete. Vom Karma wird einfach nicht geredet, und der alles sehende und richtende Himmelsfürst ist eine komische Figur, mit der sich ein Konfuzianer ins superkluge Räsonieren und naseweise Nachrechnen einlassen zu können glaubt. Mit dieser Lage der Dinge hat Li Yü zu rechnen und versucht, damit fertig zu werden.

Seine Aufgabe ist damit wesentlich schwerer als etwa diejenige, die sich Ting Yao Kang stellte. Denn wir haben ja gehört: Das Kin Ping Meh spielte unter der einfachen Schicht ungebildeter, ungraduierter Kaufleute und Gewerbetreibender. Dort war der Glaube an Wiedervergeltung nach primitivem Schema Aug um Auge, Zahn um Zahn, durchaus gegenwärtig, lebendig und adäquat.

Li Yü wendete sich an die oberste Schicht. Die war nicht so leicht zu gewinnen, zu überzeugen. Ein Konfuzianer, auch ein lax gewordener, lehnte taoistische wie buddhistische Behauptungen, Geheimniskrämerei und Mysterien strikte ab. Er hatte dafür so wenig Sensorium wie die Mehrzahl der geistig heimatlos gewordenen Abendländer des 19. und 20. Jahrhunderts für Mystik und Buße.

Was blieb Li Yü übrig? Er mußte psychologisch motivieren, was dogmatisch als Resultat glaubhaft werden sollte. Und da liegt der Grund dafür, daß für uns Abendländer dieser altchinesische Roman so einzigartig lebendig, aktuell und modern erscheint.

Ob sich moralisch und geistig Li Yüs Anstrengung für seine Zeit und sein Volk gelohnt hat, sei dahingestellt. Da ja die Mandschus bald wieder mit harter Faust dem reinen, strengen Konfuzianismus zum Durchbruch verhalfen, wenigstens offiziell und nach außen hin, mußte Li Yüs Werk, wie dasjenige Ting Yao Kangs und das Kin Ping Meh selbst der Acht verfallen. Literarisch aber darf Li Yüs Werk unseres höchsten Interesses, Lobes und Wohlgefallens sicher sein.

Wir verdanken Li Yüs psychologischer Beweisführung vor allem eine Fülle von Gesprächen, «witty dialogues», wie Dr. R. H. van Gulik in seinem Standardwerk über den «Erotic Colour-Print of the Ming Period» rühmen muß. Die vielen Gespräche unter den Helden und Heldinnen des Romans sind von einem Niveau und einer psychologischen Lebendigkeit, die unvergeßlich bleiben und die der Übersetzungskunst Franz Kuhns Gelegenheit zur Entfaltung letzter Möglichkeiten geben, wie sie wohl keinem zweiten Übersetzer zu Gebote stehen. Wer sich etwa des Gesprächs zwischen dem Vormitternachts-Scholar und dem Kun Lun Rivalen im fünften Kapitel erinnert, oder desjenigen zwischen den vier Frauen, die sich im fünfzehnten um den Jüngling raufen, der in seiner Bildrollentruhe liegt, der weiß, was gemeint ist. Es liegt auf der Hand: Je klüger, je glaubhafter seine Helden sind, um so überzeugender wird auch die Moral der ganzen Geschichte, um so zwingender für die zeitgenössischen Leser. Je weniger wir uns alle von den Argumenten und Motiven der handelnden Personen distanzieren können, je mehr wir uns identifizieren müssen, desto sicherer trifft uns auch die Lehre, die für Li Yü und die Haupthelden daraus hervorgeht.

Aber nicht nur in den Gesprächen und in der psychologischen Entwicklung der Helden verrät sich Li Yüs moralische Tendenz. Womöglich noch meisterhafter ist in diesem Sinne der Aufbau des Romans konzipiert. Schon der Titel ist nicht anders als «une trouvaille» zu nennen und verrät sofort die Reife und Weltoffenheit des Verfassers. Bleibt es doch für immer wahr, daß die meisten Menschen nicht über die reine Kontemplation und Meditation die ihnen mögliche Reifestufe erreichen, sondern als Frucht und Lohn eines aktiven, ungeschützten, tätigen Lebens. Manch einen hat so die bis zum bitteren Ende durchgehaltene Andacht auf dem Fleisch der Geliebten sicherer zur Erkenntnis und reifen Erweckung geführt als andere die bloße asketische Andachtsmatte. Daß und wie.Li Yü diese Einsicht aber in seinem moralischen Roman durchgestaltet, das verrät Mut, Originalität, Unerschrockenheit und hohe Unabhängigkeit des Denkens.

Schon vom Titel und dann vom ersten Kapitel an, das bei uns als zwanzigstes an den Schluß des Romans gestellt ist, gibt es keine Stelle, welche die Vergeistigung durch die moralische Tendenz nicht wohltuend spürbar machte, sei es, daß in dramatischer Weise als retardierendes Moment moralische Hemmungen eintreten, wie im dritten, vierten, fünften, sechsten Kapitel, sei es, daß für den Leser schon schaurig offenbar ist, welch böses Ende die Lust der Ausschweifung in den Kapiteln der zweiten Buchhälfte nehmen wird. Ein Meisterstück ist wohl ganz besonders die Einschiebung der Küan-Kapitel 12 und 13, kaum daß es dem Scholaren gelungen war, mit Frau Duftwolke den ersten, durch nichts mehr zu rechtfertigenden Ehebruch zu begehen. Damit wird die Schlinge um seinen Hals gelegt, der er sich nicht mehr entziehen kann, und jeder Leser kennt sein Schicksal, während nur er allein sich noch ahnungslos vergnügt und glaubt, der ewigen Gerechtigkeit ein Schnippchen schlagen zu können. *Und wie hoch ist es Li Yü anzurechnen, daß er das alles nicht lehrhaft aufdringlich tut, sondern mit jener Diskretion, für die die Chinesen ein einzigartiges Sensorium entwickelt haben, und mit einem überlegenen Humor, wie er uns bisher noch aus keinem Roman Chinas so unmittelbar, so köstlich überwältigt hat.* Welch ein Unterschied zu den pornographischen Werken aller Zeiten und Zonen, nicht zu reden vom Schundroman, der oft ein moralisches Pflaster wie einen Fremdkörper aufgeklebt erhält! Beim Jou Pu Tuan ist an keiner Stelle die «mütterlich-besorgte Absicht» des Verfassers zu verkennen und vom Text abzulösen. Im Gegenteil! Erotische wie moralische Partien sind von derselben wohlmeinenden und sauberen Haltung eines hilfsbereiten Lehrers und Freundes durchsetzt, dem der Leser sich rückhaltlos anvertrauen darf.

Eine Besonderheit des Jou Pu Tuan verdient es noch, hervorgehoben zu werden: Es sind seine «*katholischen*» *Stellen*, die um so bedeutsamer erscheinen, als sie immer gerade dort auftreten, wo Li Yü besonders stark zurückgreift auf seine letzten Fundamente «moraltheologischer» Art. Diese Stellen finden sich demnach am Anfang und am Schluß des Werkes. So fühlen wir Abendländer uns ein erstes Mal besonders berührt, wenn der Einsiedler im Anfangsgespräch mit dem lebenshungrigen Jüngling, kurz vor seiner weisen Kapitulation auf dem Felde bloßer Schlagfertigkeiten, dem Jüngling zu bedenken gibt: Es ist nicht damit getan, daß du deine Gattin einsperrst, um sie daran zu hindern, deine Ehebrüche mit gleicher Münze zu vergelten. Auch wenn sie nichts davon erführe, sie würde es an deinem Wesen, deiner veränderten Liebe doch spüren, selbst auch davon beeinflußt und besudelt werden und dich deshalb in Gedanken, der Begierde nach, betrügen, auch wenn sie gezwungenermaßen nur mit dir schlafen dürfte. Diese vergeistigte Auffassung von Sünde, Schuld und Ehebruch stößt zu einer mystischen Tiefe vor, in die, abgesehen von katholischer Theologie, nur wenige größte Geister – wie Goethe in den «Wahlverwandtschaften» – hinabgelotet haben.

Noch schöner berührt uns christliche Abendländer die Stelle am Ende des Jou Pu Tuan, wo der Einsiedler wieder auftritt und deutlich wird, daß er kein Hinayana-Buddhist ist, der keine Verantwortung mehr anerkennt. Vielmehr wird klar, daß er seine Kapitulation am Anfang der Romanhandlung nicht aus Mangel an Liebe zum Jüngling und seinen Opfern vollzogen hat, sondern, seiner Empfindung und Gewissenserforschung nach, infolge seiner eigenen schuldhaften Unwürdigkeit dazu gezwungen war. Hätte er durch ein noch asketischeres, noch reineres und wesentlicheres eigenes Leben mehr karmische Gnade, mehr Heiligkeit und Autorität angesammelt, so hätte es gelingen müssen, des Widersachers Herr zu werden und all das Unheil zu verhüten, das er von Anfang an kommen sah. Jou Pu Tuan gibt damit auch einen wesentlichen Beitrag zur Schuldfrage, die das Abendland bewegt.

Sehr interessant ist auch die Wesentlichkeit der Generalbeichte, welche den Jüngern vor der Profeßablegung durch den Einsiedler abgenommen wird. Sie besteht wie die katholische Beichte aus fünf Teilen: Einer sehr eingehenden, durch spirituell-meditative Exerzitien geförderten *Gewissenserforschung*, welche durch harte *Bußübungen* in der Askese und durch eine sehr tiefe *Reue* beantwortet wird. Es folgen das demütige öffentliche *Sündenbekenntnis* im Ordensverband und ein *Vorsatz*, der, in der Profeß gipfelnd, nicht aufrichtiger sein könnte. Nur die Art der *Absolution* ist naturgemäß unchristlich. Es ist aber unzweifelhaft, daß sogar die Absolution unter den genannten Bedingungen als gegeben verstanden wird.

Es ist eine vielgenannte Tatsache, daß zwischen Mahayana-Buddhismus und Katholizismus sehr weitgehende Übereinstimmung in Theologie und religiöser Praxis bestehen. Man erinnert dabei immer wieder an eher äußerliche Verwandtschaften wie Katechismus, Rosenkranzgebet, Heiligen- und Gottesmutter-Verehrung. Wir verdanken dem Jou Pu Tuan einen meines Wissens unerreicht lebendigen Einblick in die ganze Wesenstiefe dieser Verwandtschaft.

Der Weg, den Li Yü als Moralist einschlägt, ist der eine von zwei möglichen, die in Ost und West immer wieder von Pädagogen und Aposteln zur Wahl offenstehen. Wie im Westen bei der christlichen Verkündigung unterschieden wird zwischen der kompromißlos unbedingten Haltung eines Tertullian und der weltoffenen, anpassungswilligen Haltung von Paulus und Origines, so sind auch in Indien, in China beide Lehrwege nachweisbar. Gerade die beiden größten moralischen Sammlungen von Lehr-Erzählungen Indiens, das Pantschatantra und die Schukasaptati, das Papageienbuch, die sich von unerschöpflicher Fruchtbarkeit und Beliebtheit in der ganzen Kulturwelt erwiesen haben, sind ganz dem Weg und der Weise verschrieben, die Li Yü für sein erotisch-moralisches

Jou Pu Tuan wählt. Als nächsten Verwandten finden wir das indische Papageienbuch, das ja auch rein erotisch-moralische Tendenz hat und genau die Situation mit Drastik zeichnet, in der sich Li Yü selber befindlich empfand:

Ein Mann, Gatte einer schönen, jungen Frau, muß eine längere Reise tun und sorgt sich um die Treue seiner allein zurückgebliebenen Gattin. Um sie zu bewahren, schenkt er ihr als Tugendwächter zwei Vögel, einen Raben und einen Papagei, und reist ab. Kaum ist er fort, da beginnt die Treulose schon sich zu schmücken und sich für den Ausgang bereitzumachen. Der Rabe, reiner, kompromißloser Moralist, erbost und wirft ihr in harten Worten ihr schändliches Verhalten vor. Die Frau ergreift ihn und dreht ihm den Hals um. Der Papagei zieht daraus seine Lehre. Er lobt sie vorsichtig, bestätigt sie in ihrer Jugendlust und Lebensfreude und rät ihr, zu gehen und sich nach Verlangen zu vergnügen. Nur mahnt er zur Klugheit und Vorsicht und erzählt ihr zur Bildung und Warnung Geschichten von gleichgesinnten Liebesglücksuchern, die wegen mangelnder Klugheit und Vorsicht ins Verderben gerieten. Jeden Abend wiederholt sich dasselbe: Die Frau bereitet sich zum Ausgehen vor, der Papagei lobt sie, schmeichelt ihr und weiß mit seiner neuen, meist recht saftigen und pikanten Geschichte sie so lange zu fesseln und hinzuhalten, bis es für ein Abenteuer zu spät ist. Endlich, nach 60 Tagen, kommt der Mann zurück und findet seine Gattin so vor, wie er sie verlassen hat. Groß ist das Lob, das dann dem Papagei und seiner klugen Taktik gespendet wird, während der nicht minder brave und pflichtbewußte Rabe, der nur mit seinem

Talent nicht fruchtbar zu wirken verstanden hatte, verhöhnt wird.

Li Yü wählt die Taktik des Papageis. Freilich entsagt er, mit Hinblick auf seine Leserschaft, jeglichem Wunderbaren, Märchenhaften und Okkulten. Es fällt auf, daß sein Buch völlig durchdrungen ist vom vernünftigen Atem der konfuzianischen Welt. Da ist keine Person seines Werks, die nicht durch und durch vernünftig, glaubhaft und bei aller Lebendigkeit auch ehrenhaft wäre. Man denke an die unbedingte Korrektheit des Kun Lun Rivalen und seine Ermahnungen und Weigerungen gegenüber den verständlichen Ansinnen des Vormitternachts-Scholaren. Man denke an den Wunderdoktor und seine Bedingungen und Vorschriften. Man denke an Doktor Eisentür oder den biederen Küan und seine Entwicklung. Von allen Männern des Buches geht etwas moralisch Sauberes aus, ohne je aufdringlich lehrhaft zu werden. Nicht so von den Frauen. Sie sind, wie die Heldin des Papageienbuches, zwar ebenso ungemein lebendig gezeichnet und verstanden, aber sie werden offenbar einer moralischen Ausstrahlung nicht für fähig gehalten. Sie sind Menschen zweiter Klasse, als welche Männer zur Strafe wiedergeboren werden können, die sich ihrer männlichen Würde in einer früheren Existenz nicht gewachsen erwiesen haben, wie das die köstliche Novelle «Die Wandlung des eitlen Tseng» von Pu Sung Ling[*] so unvergeßlich schildert. Wie muß das in meinem Lande gefallen, das noch immer den Frauen, wie Kindern und Ehrlosen, die politischen Rechte, die der Mann genießt, verweigert!

[*] Vgl. «Irrlicht und Morgenröte». Fünf chinesische Erzählungen, deutsch von A. v. Rottauscher. Verlag Die Waage, Zürich.

Soweit der Rahmen der Erzählung. Ausgefüllt wird er von der unerschöpflichen lebendigen Kunst und Erfahrung eines genialen Erzählers. Was er zu berichten weiß, ist eine Fundgrube nicht nur für alle Genießer echter Weltliteratur, sondern ebensosehr für die Spezialisten, die Psychologen, die Ethnologen, die Ärzte, Chirurgen, Gynäkologen, Anaesthesieforscher, Carezzapraktiker. Die Auswertung des Jou Pu Tuan nach diesen Seiten hin wird gewiß jahrzehntelang fruchtbar sein und die unerwartetsten Überraschungen bringen, wie ich selbst schon erfahren durfte. Die Bedeutung dieses Buches auf solchen Sondergebieten geht weit über alles hinaus, was bisher chinesische Romane vermittelt haben, trotz oder gerade wegen der Tatsache, daß Li Yü völlig darauf verzichtet, krankhafte Abnormitäten zur Darstellung zu bringen.

Die vollkommene Gesundheit und Vernünftigkeit der Helden und Heldinnen seines Romans erlaubt es Li Yü, gerade so viel an praktischer Hygiene und Erfahrung hineinzuflechten, daß daraus zugleich auch die schönste Ars amandi wird, die wir aus China kennen. Nicht überladen mit Abstrusem, Besonderem, Unbrauchbarem, enthält das Werk gerade so viel an wertvollem Alltagswissen, wie normale Menschen beiderlei Geschlechts für ihr Zusammenleben benötigen mögen.

Ein achtbeiniger Prüfungsaufsatz über die Liebe wollte das Jou Pu Tuan sein. Es ist es geworden. Welches Buch der Weltliteratur über dieses Thema bestreicht ein so weites Gebiet in so unbelastet erschöpfender Weise? Wo wird zugleich das Physische und das Moralische, die psychologische und die metaphysische Seite der Sache so meisterlich und souverän aufgezeigt? Es ist eine Ehre für mich, als Verleger einem solchen Meisterwerk zur Geburt, ans Licht der Weltöffentlichkeit verhelfen zu dürfen. Ich tue es im Bewußtsein meiner Verantwortung und im Vertrauen auf das reife Urteil einer Elite unter meinen Zeitgenossen. Möge ihre Freude über dieses besondere Werk lange anhalten!

Felix M. Wiesner

INHALT

I. Kapitel: Um Jünger anzulocken, bringt der alte Einsiedler einen leeren Ledersack vor seiner Hütte zum Aushang. Der junge Scholar verschmäht die harte Andachtsmatte aus Bast und zieht das weiche Andachtspolster aus Fleisch vor 9

II. Kapitel: O Irrtum! Der strenge Tugendwächter nimmt den lockeren Jüngling als Tochtermann ins Haus. O Verblendung! Die hochehrbare Jungfrau verliert ihr Herz an einen herzlosen Galan 39

III. Kapital: In der öden Vorstadtherberge nimmt sich des Einsamen mitfühlend ein Fremdling an. Die lange Nacht zu kürzen, klärt ihn der Edelbandit über neue Seiten des Wind- und Mondspiels auf 80

IV. Kapitel: Nach strengem Maßstab wählt er die Elite aus und setzt eine Namensliste der Blumen auf. Er begegnet einladenden Mienen und verliebten Blicken und hält sich an die Dame mit den krausen Stirnlöckchen 104

V. Kapitel: Er gibt an und übertreibt maßlos Größe und Ausdauer seines bescheidenen ‹Talents›. Der Augenschein reizt den großen Experten zu schallendem Gelächter 122

VI. Kapitel: Voll Groll über den Körperfehler ergeht er sich in bitterer Anklage gegen den Himmels-

fürsten. Kniefällig bettelt er den fahrenden Arzt um
Operation 148

VII. Kapitel: Vier Monate entsagungsvoller Kur in
der Verborgenheit zeitigen eine Besserung, über die
sich der gute Freund vor Staunen die Augen reibt.
Nur ein einziges Mal braucht er seinen Charme und
seine Künste spielen zu lassen, um das standhafte
Herz der spröden Schönen im Nu zum Umkippen
zu bringen 172

VIII. Kapitel: Schon im glücklichen Besitz sensationeller Genüsse, hat sie gut Dekor wahren. Sie läßt
die andere zwar am Vergnügen teilhaben, sichert
sich selber aber die Vorzugsaktien 197

IX. Kapitel: Aus dem Kampfgetöse des Vorgefechts
zieht sie Schlüsse auf die Stärke des Gegners. Erst auf
dem restlichen Kampfgelände soll er seine wahre
Könnerschaft erweisen 215

X. Kapitel: Der hochherzige Freund bohrt einen
Durchlaß durch die Mauer der Hindernisse und wirft
großzügig mit Geld um sich. Die sich wild in Tau
und Gras paarten, werden in aller Form zum bürgerlichen Ehepaar 237

XI. Kapitel: Nicht eher gewährt sie ihm Bettfreuden,
bevor er den schuldig gebliebenen Fußfall nachgeholt hat. Die erst Essigsäure im Gaumen spürte,
verkuppelt ihn selber an die Busenfreundinnen 261

XII. Kapitel: Er zerschmeißt Bratpfannen und Kochtöpfe und versenkt sein Hausboot, um in die Ferne
zu ziehen und seinem heimlichen Ingrimm freien
Lauf zu lassen. Er nächtigt auf Reisig und nährt sich
von Galle, um Rache am Räuber seiner Hausehre zu
nehmen 305

XIII. Kapitel: Beim Liebesgeflüster hinter verriegelten Pforten wähnen sie sich unbelauscht, doch die Wände haben Ohren. Astlockgucken ins Damenbad, sonst streng verboten, ist in diesem Fall erlaubt 328

XIV. Kapitel: Getreu dem Freundschaftsschwur vertraut sie den andern das aufregende Erlebnis einer Liebesnacht an. Schwesterlich teilen sich die Bundesschwestern in das nächtliche Vergnügen 351

XV. Kapitel: Auf halbem Wege zum vollen Genuß begegnen sie einer unliebsamen Störung. Der lebende ‹Lenz Palast› wird im Koffer entführt 384

XVI. Kapitel: Über einen Spottvers verschnupft, läßt sie die Jugend ihre Überlegenheit fühlen. Im Besitz aller Vorteile, gräbt sie den anderen eine Grube und fällt selber hinein............................. 410

XVII. Kapitel: Eine Tochter aus ehrsamem Bürgerhaus gerät in den Dreck der Straße und büßt offensichtlich ein gerüttelt Maß Gattenschuld mit ab. Zwei Brüder buhlen um die Wette mit einer exklusiven Kurtisane und treiben unwissentlich eine alte Schuld ein 451

XVIII. Kapitel: Das Maß der Sünden ist voll. Mit beiden ‹Duftgemächern›, mit seiner Ersten wie mit seiner Zweiten, erlebt er Schmach und Schande. Das Triebwerk seelischer Einkehr kommt in Gang. Alle Arten Fleischeslust sind erschöpft und gehen ins Leere auf 474

XIX. Kapitel: Einsiedler Ledersack nimmt in milder Nachsicht zwei Sünder auf, den Lustteufel und den hochgemuten Edelbanditen. Auf dem breiten Sandelholzpfad zum Heil begegnen sich zwei Feinde von früher ohne Groll wieder...................... 503

XX. Kapitel: Hört her: Einhalt soll geboten werden dem Zug der Zeit zu hemmungslosem Sichausleben! Die Schilderung erotischer Vorgänge dient nur als Mittel zum Zweck, der Stimme der Vernunft Gehör zu verschaffen 537

Begleitwort des Übersetzers 553

Nachwort des Verlegers 585

Inhalt 601

Bitte beachten Sie auch
die folgenden Seiten

Lonnie Barbach
WELCHE FARBE HAT DIE LUST?
Frauen erzählen ihre erotischen Phantasien

---

320 Seiten, Broschur

Einundzwanzig Frauen geben in einundzwanzig Erzählungen ihre geheimsten sexuellen Phantasien preis. Die Texte, von der amerikanischen Sexualtherapeutin und Bestsellerautorin Lonnie Barbach kommentiert, sind Beispiele für eine weibliche Erotik, wie sie bisher selten beschrieben wurde.

ULLSTEIN

Ashley Thirleby
DAS TANTRA DER LIEBE
Ullstein Taschenbuch 20221

TANTRA-REIGEN DER VOLLKOMMENEN LUST
Ullstein Taschenbuch 20648

Die Geheimnisse der Vielfalt und der höchsten Steigerungsformen altindischer Liebeskunst – der Tantra-Forscher Ashley Thirleby hat die sorgsam gehüteten Weisheiten der alten Tantra-Meister entschlüsselt: Liebesspiele, bei denen Farben, Klänge, Düfte, Speisen und Getränke eine wichtige Rolle spielen und die Intensität des Genusses auf ungeahnte Weise zu steigern vermögen.

ULLSTEIN